国家自然科学基金面上项目：空间集聚优势与制造业高质量发展研究：理论机制、效应识别与政策优化（项目编号:72073071）

经管文库·经济类

前沿·学术·经典

空间集聚优势与
制造业高质量发展研究

Research on the Advantages of Spatial
Agglomeration and High-quality Development of
Manufacturing Industry

韩 峰 著

经济管理出版社
ECONOMY & MANAGEMENT PUBLISHING HOUSE

图书在版编目（CIP）数据

空间集聚优势与制造业高质量发展研究 ／ 韩峰著.
北京 ：经济管理出版社，2025. 4. -- ISBN 978-7-5243-
0290-2

Ⅰ. F426. 4

中国国家版本馆 CIP 数据核字第 2025GY9183 号

组稿编辑：杨国强
责任编辑：杨国强
责任印制：张莉琼
责任校对：陈　颖

出版发行：经济管理出版社
　　　　　（北京市海淀区北蜂窝 8 号中雅大厦 A 座 11 层　100038）
网　　　址：www. E-mp. com. cn
电　　　话：（010）51915602
印　　　刷：唐山昊达印刷有限公司
经　　　销：新华书店
开　　　本：720mm×1000mm/16
印　　　张：21
字　　　数：421 千字
版　　　次：2025 年 9 月第 1 版　　2025 年 9 月第 1 次印刷
书　　　号：ISBN 978-7-5243-0290-2
定　　　价：98.00 元

前　言

党的二十届三中全会指出，要加快推进新型工业化，培育壮大先进制造业集群，推动制造业高端化、智能化、绿色化发展。这昭示着中国政府通过培育、壮大高质量产业集群，依托空间集聚优势推进制造业高质量发展的强烈愿景。然而，当前我国制造业在发展中依然面临着结构性失衡问题日益严峻、集聚效应发挥不充分、技术创新相对滞后、产品缺乏国际竞争力、发展方式粗放等诸多不平衡、不协调和不可持续的突出问题。这些问题的解决，关键在于正确识别并充分发挥我国制造业产业集群的空间集聚优势，促进重点产业与统筹发展相结合，通过释放大国空间红利将空间集聚优势转变为制造业高质量发展优势，助推制造业向更高发展阶段迈进。但是，目前对于制造业发展质量方面的研究在指标测度、集聚效应的识别以及空间关联效应的分解等方面依然不够全面、深入。本书正是为弥补这些不足或缺失而做的努力。

本书基于集聚程度和集聚来源的综合视角，从创新驱动、效率提升、价值链升级、产品升级、污染减排五个方面入手，在集聚经济理论、新经济地理理论、社会关系网络理论、全球价值链理论、贸易附加值理论、企业污染排放理论基础上，构建空间集聚优势推进制造业高质量发展的理论分析框架，以此研究制造业高质量发展中空间综合集聚优势的协同作用。实证分析中，利用微观企业地理信息大数据和潜力模型测度企业层面集聚经济外部性指标，同时使用潜力模型测度城市层面市场外部性指标，进而运用固定效应、中介效应和工具变量模型相结合的方法检验空间集聚优势对制造业创新驱动、效率提升、价值链升级和污染减排的影响；运用空间滞后解释变量模型探讨生产性服务业集聚对企业产品升级的影响。

通过系统的理论和实证研究，本书得到了以下主要结论：①国内大市场的需求优势和制造业中间品的空间供给优势可通过降低企业平均成本和企业中间品成本、促进产业链技术外溢等渠道显著提升企业创新水平，进而在企业创新过程中形成中间品供给推动和最终产品市场需求拉动的空间协同效应。②企业空间集聚在30千米的空间范围内显著提升了其创新质量，且该结果主要是企业空间集聚通过发挥技能人才"蓄水池"效应和人力资本外部性、强化技术外溢效应、提高中间品的空间可得性以及促进企业间竞争等途径实现的。③企业数字化和集聚网络均有助于全要素生产率提升，且二者在推进生产率提升进程中还具有明显的协同效应和相互强化作用；知识外溢效应是企业数字化和集聚网络推动全要素生产率提升的重要机制，且多样化知识外溢的作用明显强于专业化知识外溢。④要素供给和市场需求的空间外部性可通过降低企业平均成本、提高国内中间品效率和增加国内中间品种类等机制提升制造业企业出口国内附加值率，且市场潜力扩大有助于强化制造业中间品空间共享效应对企业出口国内附加值率的促进作用，但却弱化了中间服务空间共享效应以及空间技术外溢效应的作用效果，对劳动力"蓄水池"效应的影响不显著。⑤生产性服务业集聚通过降低企业生产成本和促进企业技术创新等途径显著提升了城市自身制造业出口产品质量，但抑制了周边城市的制造业出口产品质量升级；伴随城市规模的扩大，生产性服务业集聚对城市自身制造业出口产品质量的促进作用不断加大，且Ⅰ型及以上大城市生产性服务业集聚提高了周边Ⅱ型大城市和中小城市的制造业出口产品质量。⑥企业集聚可通过绿色知识溢出效应、绿色劳动力"蓄水池"效应和绿色中间品共享效应显著降低企业污染排放强度，且数字化转型和国内大市场优势进一步强化了企业空间集聚的污染减排效应。

基于理论和实证研究结论，本书进一步从如何充分挖掘和利用空间集聚优势促进企业创新水平和创新质量提升，如何充分发挥数字化转型和集聚优势、网络外部性优势的协同作用提高企业全要素生产率，如何立足空间集聚外部性培育和打造制造业贸易竞争新优势，如何发挥生产性服务业集聚效应促进制造业出口产品质量升级，以及如何利用统一国内大市场壮大空间集聚红利五个方面提出了依托空间集聚优势推进制造业高质量发展的政策方案。

与现有研究相比，本书从三个方面对现有研究做出重要创新性贡献。首先，在研究视角方面，目前多数研究仅从集聚规模和集聚密度等形式上的空间布局状态来反映产业集聚，无法对表征内在集聚机制的集聚经济效应进行细致、准确刻画，对于集聚效应来源于何种空间集聚外部性知之较少。本书更加关注集聚的效果，注重具体集聚经济效应的发挥，而非"集聚"本身，通过系统识别和测度制造业集聚程度以及不同集聚经济来源，探讨不同集聚优势下的制造业高质量发展模式。其次，在研究框架方面，以往研究产业集聚和制造业发展的多数文献主要基于产业集聚规模或集聚密度与制造业某一方面特征进行探讨，不仅未考虑制造业发展质量的多维性，而且忽视了产业集聚背后的知识外溢、劳动力"蓄水池"效应、中间品共享效应、市场外部性等集聚机制的综合作用。本书在理论框架方面将集聚经济理论与新经济地理理论、社会关系网络理论、全球价值链理论、贸易附加值理论、企业污染排放理论相结合，从创新驱动、效率提升、价值链升级、产品升级、污染减排五个方面构建了空间集聚优势推进制造业高质量发展的理论分析框架，弥补了现有研究中单一理论分析的片面性。最后，在指标及研究方法方面，已有研究关于制造业或经济高质量发展的测度多从区域或行业的整体层面展开，忽视了制造业内部微观主体的真实行为特征，且多数研究使用预先确定的地理区域（省、市或县等）来测度制造业集聚程度和集聚外部性，但这些地理单元不仅大小和形状各不相同，而且其边界也是预先任意确定，无法反映制造业集聚的真实状态和效果。本书一方面采用制造业企业微观数据，从创新驱动、效率提升、价值链升级、产品升级、污染减排五个方面对中国制造业企业发展质量进行测度和分析；另一方面采用基于距离的集聚测度方法，基于微观企业地理信息数据，在每个企业周边定义的连续的、非重叠的距离带内测算制造业企业集聚程度和集聚来源，探讨不同企业在集聚外部性产生中的异质性特征。

总之，本书是根据中国制造业集聚和发展实践对高质量发展动力机制的一次拓展和补充，不仅有助于各地区、各行业及各类型企业依托自身集聚优势制定适宜的、有差别的高质量发展战略，而且能够帮助其认识自身在制造业发展中的优势和短板，通过趋利避害、取长补短，利用"综合集聚优势"有效推进高质量发展。

目　录

第一章 绪论

一、研究背景和意义

中国经济已由高速增长阶段转向高质量发展阶段，正处于转变发展方式、优化经济结构、转换增长动力的重要关口。实现经济提质增效关键在于推动制造业由大变强。党的十九大报告也提出了加快发展先进制造业、加快建设制造强国和提高供给体系质量的要求。党的二十届三中全会进一步指出，要加快推进新型工业化，培育壮大先进制造业集群，推动制造业高端化、智能化、绿色化发展。可见，推进以制造业为主体的实体经济提质增效，已成为决定中国经济能否顺利实现高质量发展的关键因素。然而，在经历高速增长后，中国制造业所面临的"结构性矛盾"正愈加突出。中国制造业发展中依然存在诸多制约高质量发展的不利因素。第一，长期依靠大量要素投入和投资驱动的制造业发展模式导致的资源错配和实体经济行业间的结构失衡，进一步导致了制造业技术创新不足，要素利用效率和资源配置效率偏低（王文甫等，2014；余泳泽和张先轸，2015；周密和刘秉镰，2017；王永钦等，2018）。第二，依靠高投入、低成本优势参与全球价值链分工的发展模式，使制造业长期锁定于全球价值链低端环节，制造业面临较大转型升级和价值链升级压力（吕越等，2015；刘斌等，2016；马述忠等，2017；荆林波和袁平红，2019）。第三，中国制造业出口贸易的迅速增长并未伴随着出口产品质量的同步提升，出口产品附加值、产品质量和国内技术含量依然偏低（姚洋和张晔，2008；李坤望和王有鑫，2013；张杰等，2014；倪红福，2017）。第四，以"高污染、高能耗、高排放"为特征的制造业粗放发展模式使环境质量付出了沉重代价，污染防治成为中国绿色发展过程中难以回避的攻坚战。

由此可见，在高质量发展背景下，传统依靠高投入、低成本优势推进制造业发展的粗放模式已然难以为继，迫切需要推进制造业发展动能转换，促使制造业向质量、效率和效益并举的高质量发展阶段迈进。党的十九大报告指出，要促进中国产业迈向全球价值链中高端，培育若干世界级先进制造业集群。2019 年，中央财经委员会第五次会议提出发挥各地区比较优势，促进各类要素合理流动和高效集聚，增强创新发展动力，加快构建高质量发展的动力系统的要求。2019年中央经济工作会议更是强调，要健全体制机制，打造一批有国际影响力的先进制造业集群，提升产业基础能力和产业链现代化水平。这充分昭示着中国政府通过培育、壮大高质量产业集群，依托空间集聚优势推进制造业高质量发展的强烈愿景。伴随城镇化进程深入推进，城市之间以及不同城市企业间的联系日益密切，城市和城市群经济以其巨大的集聚经济效益势必对中国制造业，乃至经济的高质量发展产生重大影响。Capello（2007）指出，生产要素的空间供给和产品市场的空间需求是地区发展的重要动力，决定着地区的要素投入、经济活动的成本和效益。因此，即使在要素供给既定情况下，空间集聚优势带来的规模经济效应和技术外溢效应也会影响到企业生产经营成本、要素配置效率和技术创新能力，最终对制造业整体发展质量产生影响。在中国经济转型和高质量发展的关键时期，通过释放大国空间红利将空间集聚优势转变为制造业高质量发展优势具有重要的现实意义。

企业是经济活动的微观主体，制造业乃至整个经济发展质量的关键取决于企业发展的质量水平。然而，目前探讨高质量发展的研究多基于整体经济或整个产业的宏观层面展开，且多数以全要素生产率来近似代表经济发展的质量水平，不仅掩盖了制造业内部微观企业主体的真实行为特征，而且无法从质量、效益和效率等方面全面反映制造业发展的质量水平。而在产业集聚的度量方面，已有研究多基于某一特定空间单元（如省、市或县等）探讨经济活动的空间分布状况（如区位熵、基尼系数、密度、EG 指数等）。这种将所分析的区域划分为若干专属地区或空间单元，并在给定的样本观测水平上评估经济活动空间集聚状况的做法，受到空间单元尺度、区域边界偏差、样本观测水平的影响，使同一经济活动出现不同的集聚状态。这不仅无法确定集聚效应的具体来源，更加无法获得各类集聚经济外部性的空间作用范围、影响差异等信息，从而带来可塑性地域单元问题（Modifiable Areal Unit Problem，MAUP），并产生严重偏误，难以准确反映经济活动的空间分布状态。因而，已有研究依然无法从空间集聚优势视角准确解答制造业高质量发展的空间尺度、影响机制及其具体作用方式。

鉴于此，本书在中国式现代化加速推进和拓展的背景下，从创新驱动、效率提升、价值链升级、产品升级和污染减排五个方面综合反映制造业高质量发展水平，并基于制造业企业微观数据，立足于中国产业空间布局和制造业发展的特征事实，依据集聚经济理论和新经济地理理论对产业集聚背后的劳动力"蓄水池"效应、中间产品共享效应、知识外溢效应、市场外部性等机制进行全面识别，系统研究各类空间集聚优势影响制造业高质量发展的理论机制、效应识别与政策优化路径。本书从空间集聚优势是否充分发挥这一视角，探寻出一条推动制造业高质量发展的有效之路，也可为各地区、各制造业行业以及各类型企业依托自身集聚优势，因地制宜地制定适宜的、有差别的高质量发展战略提供理论支撑和现实依据。

二、研究脉络与内容框架

（一）研究脉络

本书以制造业高质量发展为研究对象，基于空间集聚优势的充分发挥视角，锚定四个方面的研究目标而展开深入探讨：①界定制造业高质量发展及空间集聚优势的内涵及特征，识别空间集聚优势充分发挥视角下制造业高质量发展的空间推进机制。②基于集聚经济理论、新经济地理理论、社会关系网络理论、全球价值链理论、贸易附加值理论、企业污染排放理论，分别从创新驱动、效率提升、价值链升级、产品升级及污染减排五个方面构建制造业高质量发展的空间分析框架和理论模型，为空间经济理论与产业经济理论的新发展结合起来提供了综合可行的理论分析框架。③综合应用空间计量及各类宏微观计量分析方法，基于企业微观地理信息数据从集聚程度和集聚来源两个方面系统测度制造业空间集聚优势，构建企业层面制造业高质量发展指标体系，结合我国不同地区和地级市层面的面板数据和微观企业数据，对各类空间集聚优势对制造业高质量发展的影响效应、空间尺度和作用方式进行实证检验，为理论分析提供实证依据。④根据理论与实证研究结果，提出积极挖掘和充分利用空间集聚优势，因地制宜地推进制造业高质量发展的基本思路与对策措施。

针对中国制造业、产品技术等高质量发展问题以及空间集聚优势发挥不充分问题，本书拟从集聚经济学视角，沿着"空间集聚效应的充分发挥→要素的充分流动和有效配置→制造业发展质量提升"的思路构建中国制造业高质量发展的空间分析框架。首先，根据中国各地区、各制造业行业的空间分布特征，从集聚程度、集聚来源两个方面明确界定空间集聚优势的内涵及充分发挥空间集聚优势的必要性；其次，紧扣空间集聚优势内涵及其充分发挥空间集聚优势的条件，基于集聚经济理论、新经济地理理论、社会关系网络理论、全球价值链理论、贸易附加值理论、企业污染排放理论，分别从"创新驱动、效率提升、价值链升级、产品升级、污染减排"等方面识别制造业高质量发展的空间动力机制；最后，对中国各地区、各行业、各企业如何充分发挥和利用空间集聚优势，进而实现制造业高质量发展，有针对性地给出政策建议。依托空间集聚优势推进制造业高质量发展的逻辑分析框架如图 1.1 所示。

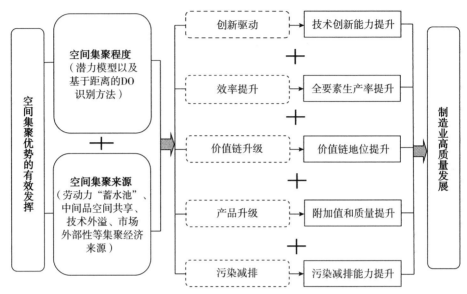

图 1.1 空间集聚优势推进制造业高质量发展的逻辑分析框架

（二）内容框架

本书共十二章，其逻辑结构和基本内容如下：

第一章是对本书的综合介绍和说明。主要介绍本书的研究背景、意义、研究脉络、内容框架、研究方法以及创新研究。

第二章是文献综述。从五个方面对现有文献进行评述。第一，探讨高质量发展内涵及指标构建方面的相关研究；第二，梳理经济或产业发展质量影响因素的相关研究；第三，对产业集聚影响生产率及经济增长的相关文献进行评述；第四，分析产业集聚与制造业出口及价值链升级间的关系；第五，探讨产业集聚对环境质量影响的相关文献。

第三章是特征事实描述和现状分析。一方面，分析不同地区（城市）、不同行业及不同类型企业的制造业发展质量水平、结构特征和空间布局状况，总结各地区制造业发展中的现状问题。另一方面，识别中国制造业发展过程中的空间集聚优势，并根据集聚经济理论，利用制造业企业微观地理信息数据构建企业空间集聚优势指标，分析各地区、制造业行业及不同类型企业的空间集聚优势来源。

第四章是理论机制和分析框架。围绕空间集聚优势和内涵、表现形式以及发挥空间集聚优势的必要条件，将集聚经济理论与新经济地理理论、社会关系网络理论、全球价值链理论、贸易附加值理论、企业污染排放理论相结合，识别制造业高质量发展的空间作用机制，并从创新驱动、效率提升、价值链升级、产品升级、污染减排五个方面构建空间集聚优势影响制造业高质量发展的理论分析框架和影响机制。

第五至第十章分别从创新驱动、效率提升、价值链升级、产品升级、污染减排五个方面研究了空间集聚优势对制造业高质量发展的影响效应。其中，第五章从市场外部性和中间品共享效应的综合视角，使用中国工业企业数据、中国海关贸易数据和中国城市面板数据的匹配数据，实证检验国内大市场优势、中间品空间供给对企业创新的影响。第六章探讨了企业空间集聚对创新质量的影响。聚焦制造业创新质量的提升，使用绿色专利引用数据测度创新质量指标，进而基于上市企业制造业数据，利用面板固定效应模型、工具变量模型等进行实证检验。第七章探讨了企业集聚网络对全要素生产率的影响。打破传统集聚经济理论范畴，从数字化转型视角将网络关联效应纳入到企业集聚问题分析中，并基于集聚经济理论和社会关系网络理论的综合视角，使用上市制造业企业数据和面板固定效应、两阶段最小二乘法等对数字化转型和企业集聚网络通过知识外溢效应影响企业全要素生产率的效应进行实证检验。第八章分析了集聚外部性和市场外部性对企业出口价值攀升的影响。在全球价值链分工理论、贸易附加值理论、集聚经济理论和新经济地理理论的基础上，使用城市面板数据和中国工业企业数据的匹配数据对集聚外部性和市场外部性影响企业出口国内附加值率的效应进行实证检验。第九章是从产品升级视角探讨空间集聚优势对制造业高质量发展的影响。着重从空间集聚优势中的生产性服务业集聚入手，使用城市面板数据和中国工业企业数据的匹配数据对生产性服务业集聚影响制造业企业出口产品质量升级的效应进行实证检验。第十章探讨企业空间集聚对污染减排的影响。在集聚经济理论和企业污染排放理论的基础上，使用上市制造业企业层面的微观数据，结合面板固定效应模型和两阶段最小二乘法等，对企业空间集聚影响污染减排的机制进行实证分析。

第十一章在以上研究结果的基础上，从"充分利用各地区及企业集群的空间集聚优势提高企业创新水平和创新质量""协同发挥数字化转型及集聚经济、网络外部性综合优势，不断提升企业生产率""立足空间集聚外部性，培育和打造制造业全球价值链新优势""最大化发挥生产性服务业集聚效应，促进制造业出口产品质量升级""充分利用企业集群的空间集聚优势，推进企业绿色可持续发展""发挥统一大市场和空间集聚协同优势，促进制造业企业高质量发展"等方面，提出依托空间集聚优势推进制造业高质量发展的政策建议。

第十二章是总结和展望，用以对各章内容进行总结并对后续需要进一步研究的方向和内容进行概括。本书的技术路线如图 1.2 所示。

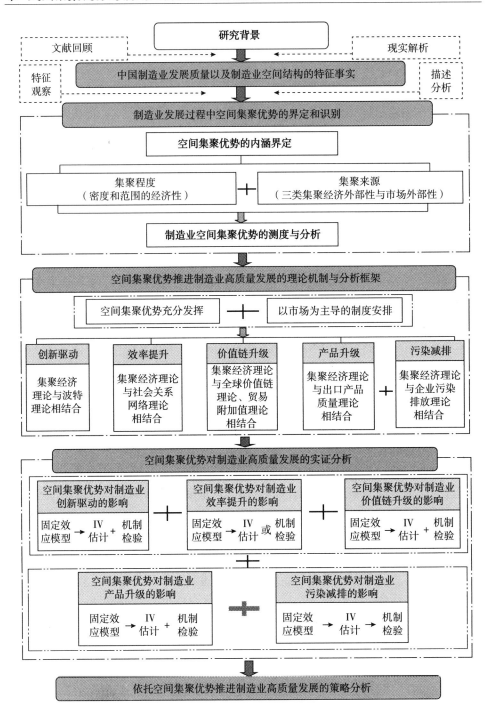

图 1.2　本书的技术路线

三、研究方法

在研究工作开展过程中，本书主要使用理论建模与逻辑推演、微观计量、宏观计量、潜力模型爬虫技术和文本分析对企业集聚及其空间外部性影响制造业高质量发展的机制进行了深入探讨。

（一）理论建模与逻辑推演

本书在理论机制分析中主要采用构建数理模型与逻辑推演相结合的方法，厘清变量间的内在逻辑关系。本书将集聚经济理论与新经济地理理论、社会关系网络理论、全球价值链理论、贸易附加值理论、企业污染排放理论相结合，分别从创新驱动、效率提升、价值链升级、产品升级、污染减排五个方面构建空间集聚优势推进制造业高质量发展的理论模型和分析框架。具体而言，在分析空间集聚优势对制造业创新驱动的影响时，在马歇尔集聚经济理论和波特竞争理论基础上，探讨空间集聚优势通过发挥劳动力"蓄水池"效应、中间品共享效应、技术外溢效应和竞争效应进而影响企业创新的机制。为探讨空间集聚优势对制造业全要素生产率的影响，需同时结合集聚经济理论和社会关系网络理论的建模思路，将要素集聚外部性和网络外部性纳入统一框架构建理论模型。为从集聚经济视角探讨制造业价值链升级和产品升级机制，需要基于空间关联视角从中间品贸易、集聚外部性、企业利润最大化条件等方面将 Kee 和 Tang（2016）的贸易附加值理论以及 Fan 等（2018）的出口产品质量分析框架拓展为相应的制造业价值链升级和产品升级空间驱动模型。而在空间集聚优势影响制造业污染减排的理论框架构建中，需在 Forslid 等（2018）的异质企业排污模型中进一步纳入空间集聚因素，将其进一步拓展为企业异质性和集聚效应相互作用的企业排污分析框架。

（二）微观计量与宏观计量

本书系统整理了中国城市面板数据、中国上市企业数据、中国工业企业数据、中国海关进出口贸易数据、中国工业企业和上市企业专利数据等宏微观数据进行实证分析。与宏观计量经济分析主要使用定量方法研究宏观经济问题相比，微观计量经济分析是使用定量方法研究微观领域的经济学问题，如企业的经济行为问题等。本书在使用城市层面数据反映来自需求侧的市场外部性的同时，还从城市和企业的综合视角反映集聚经济外部性，从企业层面反映制造业高质量发展水平，因而本书在探讨空间集聚优势推动制造业高质量发展的影响时用到了宏观计量和微观计量相结合的方法。具体而言，在探讨空间集聚优势对企业价值链升级、产品升级的影响机制时，主要使用城市面板数据和企业数据的匹配数据进行计量分析，因而采用了宏观计量与微观计量相结合的方法；在探讨空间集聚优势对制造业创新驱动、效率提升、污染减排的影响时，主要使用上市企业微观数据进行计量分析，因而用到了微观计量的方法。此外，本书在探讨要素和产品市场空间优势影响制造业创新驱动、效率提升、价值链升级、产品升级、污染减排的作用机制时，还需使用中介效应模型和交互项模型进行机制检验，使用工具变量模型进行内生性检验。这些估计结果的获得，均需要用到微观计量和宏观计量方法。

（三）潜力模型

本书在研究制造业高质量发展中各类要素和产品市场空间优势的空间作用尺度时，运用了潜力模型这类表征空间关联效应的模型。潜力模型用来测度市场潜力、供求市场空间韧性以及要素集聚外部性的空间可达性或空间关联性。利用潜力模型测度空间关联性的一大优势在于能够脱离传统空间计量模型中的权重矩阵，而精准测度任何距离范围内的空间效应，能够基于连续空间从更为微观的视角对各类空间集聚优势进行分析。

（四）爬虫技术和文本分析

文本分析是指对文本的表示及其特征项的选取。本书在分析数字化转型下企业集聚网络对全要素生产率的影响时，使用文本分析法测算了企业数字化转型指标。具体而言，主要使用企业年报中与数字经济相关的词频数来反映企业数字化转型水平。首先筛选数字经济关键词来构建数字经济词库，其次使用网络爬虫技术得到企业年报文本数据，最后测算企业年报中数字经济词频数及词频数占年报"管理层讨论与分析"（MD&A）部分字数比重，并借助基于机器学习的"词频—逆文本频率"方法衡量企业数字化转型水平。

四、研究创新

（1）本书在研究视角方面，更加关注集聚的效果，注重具体集聚经济效应的发挥，而非"集聚"本身，通过系统识别和测度制造业集聚程度以及不同集聚经济来源，探讨不同集聚优势下的制造业高质量发展模式。

尽管国内外大量文献主要以集聚经济理论为基础，探讨了产业集聚的空间外部性或空间外溢效应，但多数研究仅从集聚规模和集聚密度等形式上的空间布局来反映产业集聚状态，无法对表征内在集聚机制的集聚经济效应进行细致、准确刻画，对于集聚效应来源于何种空间集聚外部性（专业化劳动力"蓄水池"效应、中间品及中间服务的规模经济效应、空间技术外溢效应及市场外部性）却知之较少。这就无法准确识别推进制造业高质量发展的具体集聚机制，也就无法判断制造业高质量发展的具体推进模式。本书将具体识别和测度企业层面专业化劳动力"蓄水池"效应、中间品规模经济效应、空间技术外溢效应及城市层面的市场外部性等空间集聚机制，系统探讨不同空间集聚机制的衰减特征、作用尺度及其对制造业高质量发展的影响的差异，识别不同集聚优势作用下的制造业高质量发展模式，为各地区、各城市、各行业乃至各类型企业根据自身优势因地制宜地推进制造业高质量发展提供学理支撑和现实依据。

（2）本书在理论框架方面，将集聚经济理论与新经济地理理论、社会关系网络理论、全球价值链理论、贸易附加值理论、企业污染排放理论相结合，从创新驱动、效率提升、价值链升级、产品升级、污染减排五个方面构建了空间集聚优势推进制造业高质量发展的理论分析框架，弥补了现有研究中单一理论分析的片面性。

以往研究产业集聚和制造业发展的多数文献主要基于产业集聚规模或集聚密度与制造业某一方面特征进行探讨，不仅未考虑制造业发展质量的多维性，而且忽视了产业集聚背后的知识外溢、劳动力"蓄水池"效应、中间品共享效应、市场外部性等集聚机制的综合作用。我国是不均质大国，不同地区的制造业空间布局的集聚优势和制造业高质量发展的模式各异，单一方面的研究难以全面反映制造业高质量发展的真实动因。本书将从空间集聚效应充分发挥视角提出构建制造业高质量发展空间驱动机制的五维分析框架。通过将各类集聚来源与制造业高质量发展的创新驱动、效率提升、价值链升级、产品升级、污染减排五维概念框架纳入统一分析框架，探讨不同集聚优势对制造业高质量发展的空间作用机制以及市场和政府对空间集聚效应发挥的影响。由此，本书将本质上具有互补性的集聚经济理论、新经济地理理论、社会关系网络理论、全球价值链理论、贸易附加值理论、企业污染排放理论以高质量发展为纽带统一于同一空间分析框架，为有效反映我国制造业发展质量提升的真实动因，实现地区间、行业间乃至企业间制造业高质量发展的有效、协同推进提供理论依据。

（3）本书在指标测度和研究方法方面，不仅使用微观企业数据和微观企业地理信息数据测度制造业发展质量和空间集聚优势指标，而且采用潜力模型和宏微观计量相结合的方法，量化制造业高质量发展中不同空间关联机制的空间特征及作用方式。

多数研究在测度制造业发展质量或集聚效应方面存在以下不足：①关于制造业或经济高质量发展的测度多从区域或行业的整体层面展开，忽视了制造业内部微观主体的真实行为特征，掩盖了企业生产、经营、出口、分配等方面发展质量的异质性特征。②多数研究使用预先确定的地理区域（省、市或县等）来测度制造业集聚程度和集聚外部性，但这些地理单元不仅大小和形状各不相同，而且其边界预先任意确定，无法反映制造业集聚的真实状态和效果。换言之，由于这些地理单元并不一定与实际的经济区域一致，因而这种基于地域范围来测度集聚的方法，很可能会因地理尺度和加总水平而产生偏误。③多数探讨地区集聚水平的文献均假设集聚企业具有相似的特征（如规模、生产率和技术等）。这种企业的同质性假设意味着，在特定地理区域中集聚的所有企业对集聚外部性产生的贡献的方式和强度相同，这显然与实际的企业空间集聚状况不符。

本书一方面采用制造业企业微观数据，从创新驱动、效率提升、价值链升级、产品升级、污染减排五个方面对中国制造业企业发展质量进行测度和分析；另一方面采用基于距离的集聚测度方法，基于微观企业地理信息数据，在每个企业周边定义的连续的非重叠的距离带内测算制造业企业集聚程度和集聚来源，探讨不同企业在集聚外部性产生中的异质性特征。

第二章 空间集聚优势影响制造业高质量发展的文献综述

中国经济已由高速增长阶段转向高质量发展阶段，如何提升发展质量和效益成为了中国经济发展的中心议题。制造业作为实体经济的基础，提高制造业发展的质量水平对于推进整体经济高质量发展具有不可替代的作用。本书将从空间集聚优势的充分发挥视角，探讨制造业高质量发展的推进机制和实现路径。就本书涉及的研究主题而言，本章将从三个方面对国内外研究现状进行评述：一是经济发展质量界定、测度与评价；二是经济或产业发展质量影响因素；三是产业集聚与制造业发展关系。

一、经济发展质量界定、测度与评价的相关研究

关于高质量发展的研究主要从经济整体和产业两个层面探讨了发展质量的内涵、测度方法和影响因素。经济发展质量的内涵是多元且宽泛的，目前学术界并未统一定义经济发展质量，对经济发展质量的测度方法也是见仁见智。金碚（2018）认为，经济发展质量应以经济发展能否满足人民日益增长的美好生活需要为判断准则，而不是单纯追求经济总量上的扩张。何强（2014）将经济增长质量界定为在一定生产要素禀赋以及资源环境、经济结构、收入结构约束下的经济增长效率。从经济发展质量内涵引申出的测度方法，也多从"增长效率"与"内涵的多维性"两个角度入手。

就"增长效率"角度而言，增加值率（Shishido et al.，2000；沈利生和王恒，2006；沈坤荣和傅元海，2010；范金等，2017）与全要素生产率（刘海英等，2004；向国成等，2018；詹新宇和苗真子，2019）是目前经济发展质量使用频率最高的代理变量，他们认为增加值率越高，生产消耗越小，经济增长效率乃至经济发展质量越高。蔡跃洲和付一夫（2017）认为，全要素生产率增长是未来保持中国经济中高速增长、提高经济发展质量的重要支撑，在某种程度上，全要素生产率的高低可以表征经济发展质量。郑玉歆（2007）、林毅夫和任若恩

（2007）指出，以全要素生产率为经济发展质量的衡量指标存在明显的局限性，原因在于全要素生产率受测度方法与所用数据的影响很大，且低估了资本积累的重要性。余泳泽等（2016）、李勇和任保平（2019）进一步将非期望产出纳入SBM模型中，以绿色全要素生产率测度中国地市级层面的经济发展质量。除增加值率与全要素生产率外，也有少数学者使用劳动生产率（陈诗一和陈登科，2018）、技术进步在经济增长中的贡献度（徐现祥等，2018）等指标反映经济发展的质量水平。

就内涵的多维性角度而言，金碚（2018）认为，在理论上可以构建现阶段的发展质量因素评价体系，作为衡量发展质量的评价工具。Barro（2002）指出，经济发展质量是一个比经济增长数量更为宽泛的概念，经济发展质量除包括经济系统自身的增长外，还应包括健康、人口出生率、收入分配、政治制度、犯罪和宗教等维度。郭克莎（1996）从经济增长的效率、国际竞争力的高低、通货膨胀的状况及环境污染的程度四个维度评价了中国的经济增长质量。钞小静和任保平（2011）从经济增长的结构、稳定性、福利变化与成果分配、资源利用和生态环境代价四个维度，采用主成分分析法（Principal Component Analysis，PCA）测度并分析了中国省级行政单位的经济增长质量指数。随洪光和刘廷华（2014）从增长效率、稳定性和可持续性三个维度对不同国家的经济增长质量进行刻画，并选取1990~2009年亚太、非洲和拉美地区FDI平均流入数量分别排名第6、7、9的国家作为样本，同样采用PCA法合成经济发展质量指标。郝颖等（2014）和张杰等（2016）采用《中国经济增长质量报告（2012）》中的经济增长质量评价体系，以2001~2010年30个省份的经济增长质量总指数为中国经济增长质量的衡量指标。李强和魏巍（2016）通过构建包含经济结构、科学与创新、民主、资源与环境、对外开放五个维度的经济发展质量指标体系来评价中国多个省份的经济增长质量指数。詹新宇和崔培培（2016）进一步基于"五大发展理念"从创新、协调、绿色、开放、共享五个维度，采用主成分分析法测算了2000~2014年中国各省份经济发展质量综合指数。尽管大量学者从不同角度、采用不同方法探讨了中国经济发展质量状况，但这些研究对于经济发展质量的多维内涵和测度指标依然是"人云亦云"，并未形成统一的标准。因而，即使是使用同样的方法对同样的研究对象进行分析，由于对发展质量内涵界定的不同，其分析结果也会存在明显差异。

除对经济整体发展质量进行测度和评析外，许多学者也将研究视角深入经济发展的内部结构，从产业层面展开对工业或制造业高质量发展的研究。陈启斐和李伟军（2017）使用制造业全要素生产率对制造业增长的贡献率来表征制造业发展质量，探讨了逆向金融服务外包战略对制造业发展质量的影响。赵玉林和谷军健（2018）进一步从制造业全要素生产率、全球价值链（GVC）经济地位指数和增加值视角下的技术复杂度三个角度扩展了制造业发展质量的内涵，并对2000～2014 年中国与美国的制造业发展质量进行了比较分析。唐红祥等（2019）从经济发展质量、效率和动力三个子系统，评价和测度了制造业发展质量的综合水平。史丹和李鹏（2019）认为，仅从单一指标或制造业发展的几个方面衡量制造业发展质量的做法在合理性与可行性方面存在较大的局限性，他们进一步从产出效率、结构优化、产品需求、技术创新等8个维度对中国工业发展不同阶段的质量进行界定和测度，详细刻画了省级层面的工业发展质量，认为中国工业发展质量总体呈波动性上升趋势，且各省份发展质量分化明显。

尽管大多数学者从经济整体或产业层面对发展质量的内涵、特征及表现形式进行了深入分析，但由于这些研究在研究对象、判断标准、测度方法等方面存在较大差异，因而对于高质量发展的水平高低、地区差异、发展趋势等均未达成共识。本书认为，不论将高质量发展的研究尺度限定在省域、城市，还是较为微观的县域或城镇，其研究结论都将表现出明显的异质性特征。这是因为这些给定空间单元的研究，将不可避免地受到地域的空间尺度、经济规模以及"加总偏误"的影响。只有在根本上从影响经济增长和行业发展的最直接的微观主体视角切入，探讨制造业或经济活动发展质量问题，才有助于化解空间尺度、经济规模等宏观因素带来的估算误差，彻底解决"加总偏误"问题。本书将基于制造业微观企业视角，依据党的十九大报告对于经济高质量发展的相关论述，从创新驱动、效率提升、价值链升级、产品升级、污染减排五个方面对中国制造业企业发展质量进行测度和分析，以期对中国制造业发展质量做出更为全面和系统的分析。

二、经济或产业发展质量影响因素的相关研究

现有研究主要探讨了两类影响经济发展质量的因素：一是要素供给方面的驱动因素；二是与经济发展方式转型有关的因素。对于要素供给方面的驱动因素，主要探讨了 FDI、人力资本、企业投资与技术进步等因素对经济发展质量的影响。在 FDI 影响经济发展质量方面，随洪光和刘廷华（2014）认为，FDI 有效促进了发展中东道国的经济增长质量的提高，其贡献主要在于其对增长效率和可持续性的影响，但对增长稳定性的作用有限。从国内角度看，外资企业生产本地化反映的技术转移对经济增长绩效具有正面作用；外资参与度反映的溢出效应能提高经济增长绩效，但小于技术转移产生的作用（傅元海等，2010）。随洪光

（2013）在研究 FDI 与中国经济增长质量的关系时，还加入了国际贸易与政府因素等变量，研究发现，FDI 和国际贸易对经济增长质量发挥了积极作用；政府因素有效促进了 FDI 的积极作用，但对国际贸易的作用不显著。在人力资本与经济发展质量关系方面，刘海英等（2004）认为，提高人均资本的"均化"程度，会使人力资本积累量上升，从而提高经济增长的质量。钞小静和任保平（2014）指出，人力资本投资对经济增长质量提高会产生积极影响。在企业投资和技术进步影响制造业发展质量方面，Fisher（2006）和 Justiniano 等（2011）认为，经济增长对固定资产投资的过度依赖，将引发企业投资缩胀与经济增减波动的叠加效应，破坏经济增长的稳定性与内部调节机制，损害经济增长的质量。就中国而言，尽管企业技术投入对经济发展质量具有正向作用，但只有在经济发展水平较高的地区，技术投资对经济质量的提升效果才被显著释放（郝颖等，2014）。通过增加研发与技术（R&D）投资，不仅可以提高全要素生产率、转变经济增长方式、降低资源消耗率（Fukao et al.，2009），而且能激发技术要素产出效率，为资本的价值最大化寻找可持续的方向（Acemoglu，2009；Jorgenson，2001），进而对地区经济发展质量的提升产生较强的促进作用。进一步地，张杰等（2016）发现，1999 年后发明专利、实用新型专利和外观设计专利对各省份经济发展质量并未造成理论预期的促进效应，但扣除专利资助政策信息后的发明和实用新型专利对各省份人均真实 GDP 增长率和经济发展质量造成了显著的促进作用。向国成等（2018）发现，研发投入对经济发展质量的影响作用具有显著的分工门槛效应，并且这种效应在选择不同分工发展门槛变量时呈现出异质性。

对于经济发展方式转型因素，现有文献重点研究了金融中介、转换成本、环境污染、城乡收入差距和经济增长目标对经济发展质量的影响。在金融中介与经济发展质量关系方面，钞小静和任保平（2014）研究指出，金融发展和产业结构对中国经济增长质量具有负面影响。随洪光等（2017）认为，金融中介发展对提升经济增长质量具有显著的积极作用，中介规模的扩张显著提升了中国经济发展的质量。在转换成本与经济发展质量关系方面，李勇和任保平（2019）将转换成本定义为转变传统经济增长方式以实现政治晋升时所需支付的成本，并发现转换成本越高的地区经济增长质量越低。在环境污染与经济发展质量方面，陈诗一和陈登科（2018）从雾霾污染视角切入，认为雾霾污染主要通过减缓城市化进程、降低人力资本水平等途径降低了中国经济发展质量，且对大中城市的负面影响强于小城市。在城乡收入差距与经济增长目标及经济发展关系方面，钞小静和任保平（2014）认为，城乡收入差距过大，会影响经济增长的基础条件、运行过程以及最终结果，从而对经济增长质量产生制约作用。徐现祥等（2018）结合理论与经验分析，得出目前中国地方政府的政策工具主要依赖于要素投入的研究结论，并发现中国经济增长目标与经济发展质量负相关，若经济增长目标提高1个百分点，经济发展质量将平均下降约1个百分点。

纵观现有关于经济发展质量影响因素的相关文献，多数研究着眼于宏观层面探讨高质量发展驱动因素，从微观企业层面探讨制造业高质量发展驱动机制的文献尚属少数；大量研究分析了要素投入规模、经济发展结果和制度因素对经济发展质量的影响，但并未深入要素和经济活动空间组织结构来探讨高质量发展的实现路径。集聚作为要素和经济活动在空间中的一种重要组织结构，集聚程度的高低以及集聚效应的发挥等都将不可避免地对经济发展质量产生影响。本书将从集聚程度及集聚来源两个方面，系统探讨制造业集聚中产生的空间集聚优势对制造业发展质量的影响，以期对现有研究做出进一步的补充和完善。

三、产业集聚对制造业发展影响的相关研究

与本书相关的一类文献是产业集聚对制造业发展的影响。本部分将从三个方面对这部分文献进行梳理：其一，探讨产业集聚对生产率和经济增长的影响；其二，产业集聚对制造业出口和价值链升级的影响；其三，产业集聚对环境质量的影响。

（一）产业集聚对生产率及经济增长的影响研究

经济活动的空间分布不均往往会使得产业在不同地区拥有不同的集聚外部性，同时，企业在地区内不同产业间的聚集程度也有所不同。Marshall（1890，1961）最早提出集聚和集聚外部性概念，认为当地的密集经济活动可使厂商受益于三个方面的集聚经济外部性：劳动力"蓄水池"效应、中间投入的规模经济效应和知识外溢，从而强调集聚规模和密度的重要性（Henderson，1974；Duranton and Puga，2004；吴建峰和符育明，2012；Cainelli et al.，2018）。首先，产业集聚不仅有助于降低劳动力市场剧烈波动带来的风险，保障劳动力供求的稳定性，而且有助于企业便捷地从劳动力"蓄水池"中获得具备所需技能的劳动力，提高工人和企业间的匹配度，从而降低培训成本和提高劳动生产率（Coles and Smith，1998，Abel and Deitz，2015；Haller and Heuermann，2016）。其次，产业集聚使产品的设计和生产更为匹配，提高了中间投入品生产的规模经济效应和产品多样化水平，进而使下游企业在分享中间品供给中降低成本、提高生产效率（Ethier，1982；Abdel-Rahman and Fujita，1990；Venables，1996；Hanlon and Miscio，2017）。最后，产业集聚提高了人们面对面接触的机会和交流频率，不仅使劳动者交换知识变得更加便利化，而且增加了人与人之间的学习机会和社会交

往机会，促进了知识外溢，提高了个人和企业的创新能力和技术进步水平（Koo，2005；Raspe and Van Oort，2011；He et al.，2017）。这些外部性因素通过厂商之间的相互作用和溢出效应而产生递增收益，从而成为推动要素和经济活动空间集聚的重要因素。在集聚效应的作用下，要素生产率的提升不仅有助于现有企业扩大生产规模，而且能够促进新企业建立和吸引新企业转移（Head et al.，1995；Rosenthal and Strange，2003；Raspe and Van Oort，2011；Koo and Cho，2011），从而进一步提升经济规模、促进经济增长。Van Soest 等（2006）利用荷兰南部 416 个邮政编码区域的数据探讨了集聚经济对劳动就业和新企业产生的影响，指出集聚经济对就业增长和新企业产生均具有显著促进作用。可见，城市因拥有大规模专业化劳动力、便利的中间品市场以及高效的知识溢出机制而使人口和经济活动不断向城市集聚，进而促进城市竞争力提升和城市经济增长。

集聚经济是在企业和个人相互作用中产生并发挥作用的。在马歇尔集聚经济基础上，通过综合不同学者的研究贡献，Duranton 和 Puga（2004）、Puga（2010）进一步识别了集聚效应来源的三个微观机制，即共享、匹配和学习。当解释经济活动在不同地区间的空间分布时，这些集聚外部性被认为是静态的（静态外部性），而当与生产率增长和知识溢出相关时，这些集聚外部性被称为动态外部性（De Groot et al.，2007；Pessoa，2014）。根据 Rosenthal 和 Strange（2004）、Barufi 等（2016）的研究，这些外部性可能发生于特定行业之内或不同行业之间。前者可看作由专业化而产生的本地化外部性，即同一行业内各企业的专业化集聚产生了正的集聚经济外部性，促进了企业间技术外溢、投入产出关联和专业化劳动力市场的形成，从而提高了行业增长水平；后者则源于生产多样化的城市化外部性，即多样化集聚促进了不同行业间新思想、新观念的相互渗透和交互融合以及互补知识的传播、公共设施和公共服务共享中的规模经济效应，因而是提高企业间正外部性的有效途径，有助于促进区域增长。一般而言，由专业化导致的集聚经济外部性被称为马歇尔外部性（Marshall，1890，1961），而由多样化产生的集聚外部性被称为雅各布斯外部性（Jacobs，1969）。基于此，大量理论和实证研究通过在同一框架中纳入专业化集聚和多样化集聚，试图确定集聚经济效应产生的结构性来源。Glaeser 等（1992）和 Henderson 等（1995）最早区分了专业化集聚经济和多样化集聚经济，并使用基本相同的模型分析了二者对就业增长的影响，但前者支持就业增长中存在雅各布斯外部性的作用，而后者认为专业化集聚产生的马歇尔外部性更为重要（尤其对于成熟产业）。后续研究沿用类似的方法，主要从两个方面展开更为深入的研究。①继续探讨专业化集聚和多样化集聚对劳动就业的影响。Bradley 和 Gans（1998）探讨了澳大利亚城市层面专业化集聚和多样化集聚对劳动力和人口增长的影响，发现专业化集聚的作用为负，而多样化集聚促进了就业和人口增长。Combes（2000）对法国 1984 ~ 1993 年 341 个区域就业数据的研究发现，专业化集聚和多样化集聚对大部分制造业行业就业产生了负向影响，仅对个别行业就业有促进作用；服务业部门专业化集聚对就业的影响为负，而多样化集聚的作用为正。Suedekum 和 Blien（2007）对德国 26 个地区 15 个制造业行业就业的动态面板数据的回归分析发现，仅多样化集聚促进了制造业就业增长，专业化集聚的作用不显著。Shearmur 和 Polèse（2007）对加拿大的研究显示，专业化集聚降低了地区就业水平，而多样化集聚对地区就业产生了显著促进作用。此外，一些关于意大利的研究也得出了与 Glaeser 等（1992）、Bradley 和 Gans（1998）以及 Shearmur 和 Polèse（2007）等一致的结论，即专业化集聚对地区就业有负向影响，而多样化集聚发挥着促进作用（Usai and Paci，2003；Mameli et al.，2007）。②由于生产率对经济增长的贡献更为直接（Thabet，2015），研究主要探讨专业化集聚和多样化集聚对劳动生产率、工资水平、技术进步、企业利润等与生产率相关的变量的影响。其中 Henderson（2003）、Cingano 和 Schivardi（2004）、Martin（2011）、Ehrl（2013）、范剑勇等（2014）、Wixe（2015）、Slaper 等（2018）及 Cainelli 和 Ganau（2018）分别利用美国、意大利、法国、德国、中国和瑞典企业层面微观数据和城市数据探讨了专业化集聚和多样化集聚对劳动生产率的影响，均发现专业化集聚有助于生产率提升，而多样化集聚未产生明显影响或影响为负。Fazio 和 Maltese（2015）分析了马歇尔外部性和雅各布斯外部性对意大利企业生产率及其增长率的影响，发现马歇尔外部性显著提高了全要素生产率水平，而雅各布斯外部性对全要素生产率增长率产生了显著促进作用。杨仁发（2013）和孙三百（2016）利用中国城市数据探讨专业化集聚和多样化集聚对劳动工资和收入的影响发现，多样化集聚对工资或收入产生显著促进作用，而专业化集聚影响不显著。Fontagné 和 Santoni（2019）探讨了专业化集聚经济和多样化集聚经济对企业层面劳动力错配的影响，他们指出，多样化集聚经济更有助于缓解劳动力资源错配，提高劳动力配置效率。但有研究显示，专业化集聚和多样化集聚对劳动生产率的影响因行业不同而各异。Jofre-Monseny 等（2014）研究了西班牙城市层面三位码制造业行业专业化集聚和多样化集聚的影响效应，指出多样化集聚效应在知识密集型行业更为明显，而专业化集聚效应在劳动密集型行业更易于得到发挥。Thabet（2015）利用突尼斯制造业企业微观数据的研究显示，多样化集聚是促进高技术行业生产率增长的重要因素。Barufi 等（2016）通过研究巴西不同行业专业化集聚和多样化集聚对工资水平的影响，指出不同技术部门中并不存在促使生产率增长的唯一的最优生产结构：对于知识密集型服务业，多样化集聚对生产率具有显著促进作用；对于低中端技术制造业和非知识密集型服务业，专业化集聚对生产率的影响更为明显；对于高端技术制造业，专业化集聚和多样化集聚均具有显著的生产率提升效应。除生产率和工资水平外，有学者研究了专业化集聚和多样化集聚对创新的影响。Zhang（2015）利用中国1998~2007年工业企业数据探讨了集聚经济对企业产品创新的影响，结果发现中国企业产品创新更多地受益于多样化集聚，而专业化集聚的作用并不显著。Agovino 和 Rapposelli（2015）利用意大利20个地区的面板数据探讨了集聚经济对技术效率的影响及其空间外溢效应，指出专业化集聚和多样化集聚不仅有助于提升区域技术效率，而且具有明显的空间外溢效应。尽管多数研究通过探讨生产率提升或成本降低等方式对集聚经济效应进行了成功识别，但 Asche 等（2016）指出，这对于产业集群的成长而言可能是不充分的，因为利润才是衡量企业股权资本所有者从集聚中获得潜在递增经济收益的基本指标，因而是推动企业生产活动集中布局的重要经济激励。他们同时指出，考虑产业集群中集聚经济对企业利润的影响对于高支出集群中的厂商而言尤为重要，因为企业除需要不断提高劳动生产率、降低成本外，还需要使收益能够覆盖集群中较高的外在成本支出。Asche 等（2016）通过研究专业化集聚和多样化集聚对企业利润的影响，发现多样化集聚更有助于提高企业获利能力，而专业化集聚的影响并不明显。除研究集聚经济对行业或企业层面生产率及相关变量的影响外，Batisse（2002）进一步研究了专业化集聚和多样化集聚对经济增长的影响。他利用中国1988~1995年29个省份30个制造业行业数据进行实证研究，发现多样化集聚有助于当地经济增长，而专业化集聚的作用为负。

此外有学者指出，马歇尔外部性和雅各布斯外部性在制造业增长和效率提升中并不尽是非此即彼的关系，二者还可能具有互补性。Faggio 等（2017）利用英国企业层面的共同集聚数据探讨了集聚经济微观机制的行业间异质性特征，并指出雅各布斯外部性与劳动力"蓄水池"效应、中间品共享效应以及技术外溢效应等传统马歇尔集聚外部性存在明显的互补性，二者相辅相成、共同推进经济活动空间集聚和行业增长。然而，众多企业在同一地区的空间布局在产生集聚外部性的同时还会加剧企业间的竞争，通过竞争效应降低产品价格进而降低加成率（Zhao，2011），有些实证研究甚至指出，竞争效应在产业集聚对企业价格加成率影响的过程中起主导作用，即产业集聚对企业价格加成率有显著的负向影响（Zhao，2011；Lu et al.，2014）。Melitz 和 Ottaviano（2008）在模型构建中假定企业生产率外生于产业集聚，证实了集聚降低企业价格加成率这一结论。除企业间竞争效应会削弱集聚经济效应外，师博和沈坤荣（2013）指出，地方政府对制造业发展的过度干预使得经济活动在空间上形成了"扎堆式"集聚，不仅使得应有的效率提升效应随之降低，而且阻碍了集聚经济效应的充分发挥。李晓萍等（2015）进一步指出，产业集聚对企业生产率之所以产生负向影响，主要原因在于地方政府的过度干预和地区间为招商引资而进行的"竞次式"补贴竞争削弱了区域内产业、企业的内在联系与协同发展，产业集聚过程中的集聚效应被显著削弱。

通过文献梳理不难发现，大量研究探讨了专业化集聚和多样化集聚对生产率、工资、就业、经济增长、新企业产生及企业进入和退出的影响，但对于不同产业集聚模式究竟通过怎样的具体集聚机制对生产效率和经济增长产生影响，这些研究则稍显不足。本书在集聚经济理论基础上，综合探讨企业集聚通过劳动力"蓄水池"效应、中间品共享效应、空间技术外溢效应等集聚来源对制造业发展的影响，以期准确反映推动制造业发展质量提升的集聚经济机制。

（二）产业集聚对制造业出口及价值链升级的影响研究

产业集聚在影响企业生产效率的同时，也会通过企业生产率的变化进一步影响企业出口决策（Melitz，2003）。因此，产业集聚不仅可以通过行业间沟通与交流所形成的出口信息外溢对企业出口行为产生直接影响（Argüello et al.，2013；张国锋等，2016），还可以通过提升企业生产率进而对企业出口产生间接影响（包群等，2012）。产业集聚在影响企业生产、出口行为的同时，势必进一步影响行业乃至企业参与全球价值链的位置，进而对制造业价值链升级产生影响。刘志彪（2008）指出，支持单一功能的制造业集群的投资和建设可能无法在动态发展中改善投入结构，挣脱中国参与全球价值链分工的"比较优势"陷阱，必须要注重集群中现代服务业与先进制造业之间的协同定位和协同集聚机制的建设，打造具有综合功能的产业集群。何曼青（2008）指出，产业集群根据自身条件及价值链的驱动和治理模式在全球价值链中找准定位，并依据各地区产业集群的比较优势和发展水平差异进行科学规划和分类指导，变"同质竞争"为"异质互补"有助于提升制造业竞争力、促进制造业价值链升级。尽管以上研究在理论上系统论述了产业集聚对制造业全球价值链攀升的促进作用，但从实证层面系统分析二者关系的文献尚属少数。

关于产业集聚与制造业价值链升级的相关文献可分为两类：一类是探讨产业集聚对制造业行业全球价值链升级的影响；另一类是基于企业层面全球价值链信息的微观视角，探讨产业集聚与制造业价值链升级间的关系。从产业集聚与行业层面全球价值链升级的关系看，潘闽和张自然（2017）研究指出，产业聚集促进了中国工业行业全球价值链嵌入，尤其是高技术行业集聚对于全球价值链嵌入的促进作用更大。杨仁发和李娜娜（2018）研究指出，产业集聚显著促进了全球价值链地位提升，但受到外资进入的约束。戴翔等（2017）进一步将产业集聚分解为行业集中度和地区专业化两个方面，探讨了二者对价值链升级的影响，指出行业集中度更多体现的是市场垄断程度，对制造业价值链升级产生了抑制作用，而地区专业化显著促进了制造业价值链向高端攀升。从产业集聚与企业层面全球价值链升级间的关系看，多数文献并未对产业集聚影响企业全球价值链分工地位的效应进行直接探讨，而是从不同侧面反映了产业集聚的价值链升级效应。其中，Bacchiocchi 等（2012）使用意大利微观企业数据探讨了行业层面产业集聚对企业国际化的影响，指出企业所在产业区的密度越高，越有利于提升其国际化水平，进而增加其参与全球价值链分工的可能性。邵朝对和苏丹妮（2019）利用2000~2007 年中国微观数据证实了产业集聚可以作为中国企业沿着价值链向高端攀升的本地化路径，但其研究仅涉及与价值链升级相关的企业出口国内附加值率，并未对产业集聚与企业层面全球价值链升级的关系进行直接探讨。苏丹妮等（2020）将国际生产体系下的全球价值链（GVC）和国内生产体系下的本地化产业集群置于统一的分析框架，在阐述全球价值链、产业集聚与企业生产率的互动机制时，也说明了不同集聚机制对企业全球价值链分工地位，进而对企业生产率的作用。他们指出，产业集聚的劳动力"蓄水池"效应和技术外溢效应与企业全球价值链嵌入的生产率提升效应间存在显著联系，而中间品共享效应并未发挥作用。尽管如此，该项研究依旧未能给出产业集聚助推企业全球价值链分工地位提升的直接证据。本书将从企业出口产品附加值方面反映其全球价值链升级水平，基于集聚程度和集聚来源的综合视角，结合集聚经济理论和全球价值链理论，探讨空间集聚优势对制造业价值链升级的影响。

（三）产业集聚对环境质量的影响研究

生产中的能源消耗也可像劳动和资本一样被看作企业的要素投入，产业集聚不仅能够运用价格机制和竞争机制提高能源资源配置效率，亦可通过知识溢出、技术创新、资源共享等，加快清洁技术创新，提高能源利用效率，从而促进环境质量提升。具体而言，专业化集聚和多样化集聚可通过三种路径对环境质量产生促进作用：一是专业化集聚和多样化集聚均有助于促进企业间知识外溢和信息交流，加强企业学习行为，提升企业协同创新能力和清洁技术进步水平。而技术进步在污染治理中的关键作用已被多数文献证实。Grossman 和 Krueger（1994）研究表明，环境污染与技术进步间存在单调递减的作用关系。师博和沈坤荣（2013）指出，产业集聚的技术外溢效应是能源效率提升的重要机制。Han 等（2018）使用动态空间杜宾模型探讨了集聚经济对碳排放的影响，认为集聚的空间技术外溢效应显著提升了工业能源效率，因而有助于节约能源、降低碳排放。二是产业集聚为集聚区内企业提供了多种基础设施，其中包括公共低碳设施和专业化环保设施。尽管专业化集聚有利于同行业的各企业受益于专业化的环保服务，但与之相比，多样化集聚为集聚的各类企业提供共享各类环保基础设施的机会，从而实现了污染治理的规模经济效应，降低了企业的平均污染成本。

Capello（2007）指出，具有竞争化和多样化集聚结构的城市与具有垄断化和专业化集聚结构的城市相比，在共享基础设施、获得规模效益方面拥有更大的发展潜力。三是产业集聚有助于实现中间投入品的规模经济效应，促进了集聚区内资源的循环利用，从而降低环境污染。Enrenfeld（2003）认为，产业集聚过程中，企业间将因物质交换而存在共生状态，即一个企业的副产品或废弃物可能恰恰是另一个企业生产中所必需的原材料或中间投入品。由此，企业间的共生发展形成集聚区内不同企业物质资源的循环利用和共生共享，提高了资源利用效率，从而促进环境质量提升。而在产业集聚推进环境质量提升方面，许多学者也给出了直接证据，比如 Dong 等（2020）、陆铭和冯皓（2014）、Han 等（2018）等。

尽管专业化集聚和多样化集聚可通过发挥集聚经济外部性促进环境质量提升，但 Cainelli 等（2014）指出，只有产业内集聚和产业间集聚水平越过某一门槛值，专业化集聚和多样化集聚经济外部性才会显现。正如集群生命周期理论所认为的，集聚处于生命周期的不同阶段，其在资源配置效率、研发效率、竞争程度、公共设施建设及企业间的合作等方面均呈现不同的特征（Ingstrup and Dam-gaard，2013）。因此，产业集聚与环境质量间可能存在非线性关系。一方面，当集聚规模较小时，基础设施尚不完善，减排和治污公共设施尚未建成，资源配置还未达到最优状态；规模经济效应和知识外溢效应较低，集聚区内清洁生产技术创新不足且尚未得到广泛推广，企业的边际减排、治污成本呈上涨趋势。另一方面，处于规模扩张阶段的产业集聚需要大量能源投入，从而导致污染物大量排放。伴随产业集聚水平不断提高，集聚规模趋于稳定，专业化集聚经济和多样化集聚经济得到充分发挥，集聚区内的资源配置效率达到最优点，污染治理的规模经济效应和知识外溢效应对清洁技术创新的促进作用逐渐显现，从而提高了企业能源利用效率，降低了边际污染成本。这时，集聚经济外部性发挥了明显的环境质量提升效应。可见，专业化集聚和多样化集聚还可能对环境质量具有非线性影响，只有当产业集聚水平跨过某一特定的"门槛值"时，其对污染治理的集聚经济外部性才会显现。许多学者也得到了产业集聚与污染治理的非线性关系，如李筱乐（2014）利用中国省级面板数据的研究发现，产业集聚与环境污染间存在倒 U 形关系。邵帅等（2019）以碳排放这一环境现象为研究对象，使用省级数据进行实证研究，得出了经济集聚与碳排放强度和人均碳排放间存在倒 N 形关系的结论。从不同集聚模式的影响差异看，谢荣辉和原毅军（2016）使用中国地级及以上城市面板数据研究发现，专业化集聚对环境污染产生了先抑制后促进的作用，多样化集聚与污染排放间呈现出较为复杂的曲线关系。

综观产业集聚与环境质量关系的现有研究，无论是在产业集聚的识别和度量，还是在环境污染或环境质量的测度方面，均基于地区或产业的宏观层面数据展开实证分析。这种基于特定地域的研究方法，都将不可避免地受到空间尺度、地域规模、地理边界以及加总偏误的影响，从而使得研究结论变化无常，难以达成一致共识，无法对现有理论进行更为全面、科学的检验。本书将基于企业微观地理信息和企业污染排放数据，系统探讨集聚程度和集聚来源对企业污染排放的影响，从而给出产业集聚影响环境质量的直接证据。

四、研究总结与评价

现有研究针对经济或产业发展质量的测度、发展质量影响因素以及产业集聚与制造业发展关系展开了大量有益的研究，同时对产业集聚影响制造业发展质量的机制做了初步探索，为进一步深入探讨产业集聚形成的空间集聚优势对制造业高质量发展的影响机制提供了重要的理论支撑和经验依据。但从中国产业空间布局和制造业发展的现实背景看，这些研究均未涉及产业集聚背后集聚效应发挥的具体作用机制。因而，目前国内外关于制造业发展质量方面的研究在指标测度、集聚效应的识别以及空间关联效应的分解等方面依然存在一些不足。这成为本书重点攻克的内容。

第一，从高质量发展指标的测度看，缺少经济高质量发展背景下制造业高质量发展的系统测度和研究，尤其缺乏从微观企业层面反映制造业高质量发展的系统研究。企业是经济活动的微观主体，制造业乃至整个经济发展质量高低关键取决于企业发展的质量水平。然而，目前探讨高质量发展的研究多基于整体经济或整个产业的宏观层面展开，且多数以全要素生产率来近似代表经济发展的质量水平，不仅掩盖了制造业内部微观企业主体的真实行为特征，而且无法从质量、效益和效率等方面全面反映制造业发展的质量水平。本书将基于制造业微观企业视角，从创新驱动、效率提升、价值链升级、产品升级、污染减排五个方面对中国制造业企业发展质量进行测度和分析，为理解和破除中国制造业结构性失衡问题日益严峻、集聚效应发挥不充分、技术创新相对滞后、产品缺乏国际竞争力、发展方式粗放等现实困境提供微观依据。

第二，从产业集聚指标的度量看，基于企业微观距离和连续空间来测度制造业空间集聚程度的文献尚属少数。现有研究关于产业集聚的度量，多是基于某一特定空间单元（如省、市或县等）探讨经济活动的空间分布状况（如区位熵、基尼系数、密度、EG 指数等）。然而，将所分析的区域划分为若干专属地区或空间单元，并在给定的样本观测水平上评估经济活动的空间集聚状况，将受到空间单元尺度、区域边界偏差、样本观测水平的影响，使同一经济活动出现不同的集聚状态，从而带来严重偏误，无法准确反映经济活动的空间分布状态。由离散空间产生的这些问题可称为可塑性地域单元问题（Modifiable Areal Unit Problem，MAUP）。为解决这些问题，本书将打破任何空间分区的限制，使用基于距离的方法（Distance-Based Methods）和制造业企业微观地理信息数据，通过构建 DO 指数（Duranton and Overman，2005；Behrens et al.，2018）反映制造业空间集聚程度。由于基于微观距离的测度方法是空间的连续函数，不依赖于地理分区而同时提供所有空间尺度上的集聚信息，因而能够为科学反映中国制造业空间集聚形态提供支撑和依据。

第三，从制造业发展中集聚的空间关联或空间外溢效应来看，多数文献依然将集聚外部性视为"黑匣子"，而未在连续空间中对集聚背后的知识外溢、劳动力"蓄水池"效应、中间品共享效应等微观集聚机制的空间衰减特征、作用边界等做进一步分析。国内外大量文献以集聚经济理论为基础，探讨了产业集聚的空间外部性或空间外溢效应，但这些研究仅从集聚效应的某一方面（技术外部性或市场外部性）或者仅用一个专属地域意义上的集聚规模或密度变量来研究分割空间中产业集聚的经济外部性，不仅无法确定集聚效应的具体来源，更加无法获得各类集聚经济外部性的空间作用范围、影响差异等信息。因而，目前文献依然无法从空间集聚优势视角准确解答制造业高质量发展的空间作用类型及其具体作用方式。本书将依据集聚经济理论，对劳动力"蓄水池"效应、中间品共享效应、空间技术外溢等集聚来源进行分解，在构建 DO 指数识别制造业集聚效应和集聚模式基础上，进一步使用微观企业数据和企业微观地理数据系统探讨不同空间关联机制的衰减特征、作用尺度及其影响差异，为不同地区、不同制造业行业和不同类型企业根据自身优势有差别地推进高质量发展提供学理支撑和现实依据。

综合来看，本书拟基于空间集聚优势视角，通过综合集聚经济理论、新经济地理理论、社会关系网络理论、全球价值链理论、贸易附加值理论、企业污染排放理论，将空间集聚程度及集聚来源与"创新驱动、效率提升、价值链升级、产品升级、污染减排"等高质量发展因素相结合，构建中国制造业高质量发展的空间分析框架。这不仅是根据中国制造业集聚和发展实践对高质量发展动力机制的一次拓展和补充，而且为明确界定中国空间集聚优势的来源及空间边界提供了新的理论支撑。在实践层面上，本书不仅有助于各地区、各制造业行业以及各类型企业依托自身集聚优势制定适宜的、有差别的高质量发展战略，而且能够帮助其认识自身在制造业发展中的优势和短板，通过趋利避害、取长补短，利用"综合集聚优势"有效推进高质量发展。因而，本书具有重要的理论意义和实践意义。

第三章 空间集聚优势及制造业高质量发展的现状分析与特征事实

本章对空间集聚优势和企业高质量发展的现状进行分析。首先,对空间集聚优势和企业高质量发展的内涵进行界定,并在此基础上构建空间集聚优势和企业高质量发展的测度指标;其次,探讨空间集聚优势、企业发展质量的发展趋势及其空间分布特征;最后,对本章现状分析和特征实施的总结,为后续的理论和实证研究奠定基础。由于本书关于空间集聚优势和企业高质量发展的测度综合了中国城市面板数据、中国工业企业数据和中国上市企业数据等多套数据,因而各个指标的样本区间、空间尺度因数据库不同而具有较大差异。鉴于本书关于企业高质量发展的研究是基于中国工业企业数据和中国上市企业数据而展开,且企业全球价值链升级和出口产品质量指标依赖于中国工业企业数据和中国海关贸易数据,因而在探讨企业层面高质量发展综合指数时,企业全球价值链升级和出口产品质量指标以中国工业企业样本为依据进行分析,而除此之外的企业高质量发展指标以中国上市企业样本为依据进行分析。

一、空间集聚优势与制造业高质量发展的概念界定与指标测度

(一)空间集聚优势的概念界定与指标测度

目前大量研究主要从经济活动空间布局密度和规模角度表征空间集聚,但单纯的集聚密度和规模无法体现出集聚的效果和效益,更加无法反映集聚经济外部性的表现形式和重要来源。传统意义上的产业集聚是由市场主导的,这种市场化的产业集聚是由经济主体在约束条件下追求目标最优化的行为选择所引发的,因而有助于降低企业交易成本、激发技术外溢(师博和沈坤荣,2013)。但产业集聚形成广泛受到非市场作用的影响。在辖区经济发展过程中,劳动力、中间品和技术等要素的流动并非完全受市场调节,地方政府"看得见的手"一直在发挥作用。出于政治晋升和财政收入最大化的考虑,地方政府往往会给入驻本地的企业提供各类土地、

税收和融资方面的优惠，从而诱导大量外来企业为追逐政策优惠向本地区内集聚。李晓萍等（2015）指出，中国区域经济或城市发展的过程并非经济自发集聚的过程，而具有很强的政府主导特性。这种非市场效率主导下的空间集聚虽然具有很快的集聚速度，但往往并不具备真正意义上的集聚效应。换言之，非市场主导下的空间集聚活动并不是依靠集聚外部性或市场外部性所形成的产业集聚，这是一种建立在"政策租"基础之上的虚假产业集聚（钱学锋等，2012）。这种"扎堆式"的产业集聚虽然能够使得本地经济活动的集聚达到一定密度和规模，但其忽视了区域特有的本地化优势以及企业与企业之间的关联效应，只反映了经济集聚的表象，无法从本质上揭示空间集聚带来的外部性优势和规模递增优势。这意味着单从集聚规模和密度角度无法清晰界定本地拥有的空间集聚优势，也无法对产业集聚的外部性进行准确、细致的刻画。

一般而言，在市场力量作用下，企业和各类要素会以市场机制为导向、依据效率原则通过选择最优的区位而形成自发集聚。这种集聚模式更注重不同企业间的内在关联性及企业行为与当地比较优势的匹配性，因而能够有效激发集聚的规模经济效应，从而有助于企业出口贸易利益的获取和企业出口国内附加值率的提升（邵朝对和苏丹妮，2019）。在马歇尔集聚经济理论下，集聚外部性主要从要素的空间供给方面阐释了集聚优势在企业降低成本、提高效率中的作用（Marshall，1890，1961）。而在新经济地理理论的框架中，Krugman（1992）分析了需求的空间分布对制造业企业集聚的作用，将不同地区间市场的空间关联效应（以市场潜力来表示）作为企业规模经济收益的来源。区域间的市场外部性主要从需求方面阐释了空间规模经济优势对企业成本和效率的影响（韩峰和赖明勇，2016）。而对于同一企业而言，要素供给和市场需求的空间集聚优势可能并非孤立发挥作用，二者可能同时存在、共同对企业发展质量产生影响。本书根据马歇尔集聚经济理论和新经济地理理论，从要素供给和市场需求两个方面综合识别和界定企业的空间集聚优势。其中，来自需求方面的空间集聚优势是市场外部性，而来自要素供给方面的空间集聚优势主要由微观企业的空间集聚产生。

1. 市场需求的空间外部性优势

本书以国内市场潜力（DMP）表征企业所面临的市场需求的空间外部性优势。该指标度量了城市可获得的市场空间规模或不同城市间最终产品市场的相互作用和需求关联效应。随着互联网和通信技术的发展，城市间的有效贸易距离会不断扩展，市场的相互作用程度不断加深、互动频率不断加大，城市市场潜力也随之不断扩张。基于传统地理距离测算的市场潜力无法反映通信、信息技术发展带来的市场潜力扩张效应。本书在 Harris（1954）研究的基础上，对市场潜力进行了修正和完善。修正后的最终产品市场需求潜力可表示为：

$$DMP_v = \sum_j \frac{I_j}{(\gamma d_{jv})^\delta} + \frac{I_v}{d_{vv}^\delta} \qquad (3.1)$$

式中，I 为城市对各种产品的消费支出总额，用市辖区社会消费品的零售总额表示；d_{jv} 为城市间距离，利用城市中心坐标和距离公式 $\Omega \times arccos(cos(\alpha_j - \alpha_v)cos\beta_j cos\beta_v + sin\beta_j sin\beta_v)$ 来测算。γ 为城市间的距离修正系数，令 $\gamma = e^{-\sqrt{C_j \times C_v}}$，其中，$C_j$ 和 C_v 分别为城市 j 和城市 v 的互联网应用水平，用历年各城市互联网宽带接入用户数来表示。$\sqrt{C_j \times C_v}$ 为使用容量耦合系数模型中的协调度模型测算的城市间互联网发展的协同水平，其值越大，则两城市互联网协同发展水平越高，而城市间有效贸易距离越小，市场潜力越大；反之，如果两城市中仅有一个城市互联网发展水平高或两城市发展水平均较低，那么城市间互联网协同发展水平越低，则市场潜力越小。d_{vv} 为城市自身距离，δ 为距离衰减参数，设为 1。

2. 企业空间集聚的外部性优势

现有研究关于产业集聚的度量，多基于某一特定空间单元（如省、市或县等）探讨经济活动的空间分布状况（如区位熵、基尼系数、密度、EG 指数等）。然而，将所分析的区域划分为若干专属地区或空间单元，并在给定的样本观测水平上评估经济活动的空间集聚状况，将受到空间单元尺度、区域边界偏差、样本观测水平的影响，使同一经济活动出现不同的集聚状态，从而带来较大偏误，无法准确反映经济活动的空间分布状态。由离散空间产生的这些问题可称为可塑性地域单元问题（Modifiable Areal Unit Problem，MAUP）。为解决这些问题，Duranton 和 Overman（2005）打破了任何空间分区的限制，利用厂商的邮编获取其空间地理信息，再根据这一信息计算厂商间的距离，使用企业两两距离反映企业空间集聚水平。然而，企业间两两距离尽管能够从微观层面反映企业间的空间邻近性，但无法体现企业异质性（比如不同规模企业）在集聚效应发挥中的作用。本章借鉴 Duranton 和 Overman（2005）的思路，进一步使用基于微观距离的潜力模型方法和上市制造业企业微观地理信息数据，测度企业层面的空间集聚指标。由于基于微观距离和潜力模型的测度方法是空间的连续函数，能够不依赖于地理分区而同时提供所有空间尺度上的集聚信息，因而能够为科学反映企业空间集聚形态提供支撑和依据。企业集聚指标可表示为：

$$enagg_i = \sum_{j \neq i} \frac{E_j}{d_{ij}^\delta} \qquad (3.2)$$

式中，E_j 为企业规模，以企业 j 的就业人数来表示；d_{ij} 表示企业 i 和企业 j 之间的距离，通过使用百度地图 Web 服务 API 中的地理编码服务将上市企业结构化地址数据（如北京市海淀区第十街十号）转化为对应的经纬度，以此测算两两企业间的地理距离。本章以 10 千米的空间间隔将企业周边区域划为不同的地理圈层，并对企业空间集聚水平进行测算，将 30 千米作为企业空间集聚效应发挥的最优空间尺度。该指标不仅体现了既定空间范围内企业数量的变化情况，而且衡量了企业规模异质性在集聚效应发挥中的作用。企业间相互作用及企业空间集聚指标测度如图 3.1 所示。图中实线圆圈反映的是能够有效发挥集聚经济效应的企业空间集聚边界，该范围内企业间通过集聚外部性而相互作用（实线箭头所示），进而产生递增收益；实线圆圈之外、虚线圆圈之内的灰色区域为无法有效发挥集聚效应的区域，企业 i 无法从该区域其他企业中获得明显的集聚收益（虚线箭头所示）。

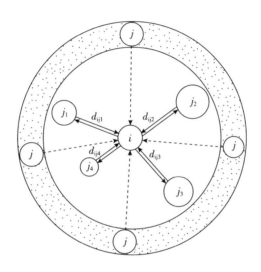

图 3.1 企业在空间中的相互作用及空间集聚

（二）制造业高质量发展的概念界定与指标测度

关于产业或经济高质量发展的测度多从区域或行业的整体层面展开，忽视了行业内部微观主体的真实行为特征，掩盖了企业生产、经营、出口、分配等方面发展质量的异质性特征。本章依据党的十九大报告中关于经济高质量发展的论述来界定企业层面制造业高质量发展的内涵。党的十九大报告指出，必须坚持质量第一、效益优先，以供给侧结构性改革为主线，推动经济发展质量变革、效率变革、动力变革，提高全要素生产率。因而推进经济高质量发展，关键在于提升经济发展的质量、效率和动力。本章依据这三个方面界定企业高质量发展的内涵和外延。企业高质量发展是以技术创新为根本动力，以全要素生产率提升为主要目的，以价值链升级、绿色发展和成果共享为主要特征和普遍形态的发展模式。具体而言，针对企业发展的质量变革，从企业价值链升级、产品升级和污染减排三个方面界定和测度；针对企业发展的效率变革，从企业效率提升方面反映，具体表现为全要素生产率的提升；针对企业发展的动力变革，从企业创新驱动方面界定和测度。本章综合利用 2000~2019 年中国上市公司数据库、2000~2013 年中国工业企业数据库以及 2000~2016 年中国海关贸易数据库中的微观企业数据对企业高质量发展进行测度。其中，创新驱动以上市企业创新质量和中国工业企业专利申请量表示，企业效率以企业全要素生产率表示，价值链升级以企业出口国内附加值率表示，产品升级以企业出口产品质量测度，污染减排以企业层面废水、废气等污染物排放指标表示。

二、空间集聚优势的时空特征分析

（一）城市层面市场外部性的时空特征分析

1. 城市层面市场外部性的空间差异性分析

本部分先按照城市规模等级与地理区位特征对市场潜力的测算结果展开差异性分析。依据《国务院关于调整城市规模划分标准的通知》（2014 年），按城市常住人口可将中国城市划分为超大及特大城市（人口 500 万以上）、I 型及以上大城市（人口 300 万以上 500 万以下）、II 型大城市（人口 100 万以上 300 万以下）、中等城市（人口 50 万以上 100 万以下）、小城市（人口 50 万以下）五类。根据城市的地理区位特征，可将 31 个省、自治区、直辖市分为东部地区、中部地区和西部地区①。市场潜力指数测算结果的差异性分析如表 3.1 所示。

就整体而言，全国 283 个地级及以上城市的市场潜力均值为 26446940。从不同等级规模城市来看，市场潜力基本上与城市规模呈现正相关关系，即超大及特大城市的市场潜能最高，I 型大城市次之，再次是 II 型大城市，最后依次是中等城市和小城市。除中等城市和小城市外，其余类型城市的市场潜力均值均高于全国平均水平。从不同地区市场潜力均值看也会得到较为类似的结论，市场潜力均值沿"东—中—西"方向依次递减。其中，东部地区城市市场潜力均值为 36902828，

---

① 根据 2014 年《国务院关于调整城市规模划分标准的通知》和《中国城市统计年鉴》公布的年末市辖区人口数，将全国 283 个地级市划分为超大及特大城市、I 型大城市、II 型大城市、中等城市和小城市五个等级。其中特大城市共 11 个，东部地区 7 个，中部地区 1 个，西部地区 3 个；I 型大城市共 7 个，东部地区 4 个，中部地区 3 个，西部地区没有 I 型大城市；II 型大城市共 101 个，东部地区 44 个，中部地区 31 个，西部地区 26 个；中等城市共 105 个，东部地区 35 个，中部地区 46 个，西部地区 24 个；小城市共 59 个，东部地区 11 个，中部地区 19 个，西部地区 29 个。

表 3.1　市场潜力测算结果的差异性分析

地区	城市等级	城市数量（个）	市场潜力	地区	城市等级	城市数量（个）	市场潜力
全国	全国平均	283	26446940	中部地区	中部平均	100	25029298
	超大及特大城市	11	67549800		超大及特大城市	1	43272488
	Ⅰ型大城市	7	44019372		Ⅰ型大城市	3	30723134
	Ⅱ型大城市	101	31329686		Ⅱ型大城市	31	24796536
	中等城市	105	23338658		中等城市	46	25552018
	小城市	59	13052334		小城市	19	20274532
东部地区	东部平均	101	36902828	西部地区	西部平均	82	12401190
	超大及特大城市	7	87439768		超大及特大城市	3	43954756
	Ⅰ型大城市	4	49717760		Ⅰ型大城市	0	0.0000
	Ⅱ型大城市	44	43319616		Ⅱ型大城市	26	15937457
	中等城市	35	27814038		中等城市	24	12095733
	小城市	11	19057862		小城市	29	6009505

明显高于全国均值；中部地区均值为 25029298，西部地区均值为 12401190，二者均明显低于全国城市市场潜力平均水平。

就东部地区而言，东部地区的市场潜力均值远高于全国平均水平和中、西部地区，且其内部不同规模等级城市间的市场潜力均值波动幅度明显高于中部地区。其中，超大及特大城市、Ⅰ型大城市、Ⅱ型大城市的市场潜力均值分别为 87439768、49717760、43319616，均高于东部地区的均值；中等城市、小城市的市场潜力均值分别为 27814038 和 19057862，说明东部地区不同规模城市的市场潜力基本与城市规模正相关。与全国层面、中部地区、西部地区同等级城市均值相比，东部地区所有类型城市的市场潜力均值几乎均高于其他地区和全国的同等级城市均值，但东部地区小城市市场潜力均值低于中部地区。

就中部地区而言，中部地区的市场潜力均值为 25029298，低于东部地区均值和全国平均水平。中部地区城市间的市场潜力均值差异明显低于东部地区。中部地区不同类型城市的市场潜力均值基本呈现出随城市规模扩大市场潜力提升的特点，但中等城市的市场潜力均值略高于Ⅱ型大城市。绝大多数中部地区的细分城市规模的市场潜力均值均低于对应的东部地区城市、高于对应的西部地区城市。

就西部地区而言，西部地区的市场潜力整体均值为 12401190，远低于东、中部地区及全国平均水平，但其内部差异最大。西部地区超大及特大城市的市场潜力均值为 43954756，低于东部地区和全国同规模城市的平均水平，但略高于中部地区的超大及特大城市。西部地区不同规模城市的市场潜力基本上与城市规模呈现正相关关系。

市场潜力的差异分析结果表明，对于不同等级规模城市而言，随着城市规模等级的降低，城市市场潜力均值基本呈现逐渐降低的空间特征。这说明规模更大的城市具有更强的资源集聚能力、更多元化的产业结构、更厚重的市场需求以及更强的消费能力，因而具有更高的市场潜力。就不同地理区位城市而言，市场潜力的地区均值基本沿"东—中—西"方向逐级递减。东部沿海地区拥有着更加优越的地理位置、便捷的交通和发达的经济水平，因此其拥有较高的市场潜力均值。

2. 城市层面市场外部性的时序特征分析

前文分析了城市层面市场潜力（市场外部性）的空间分布特征，本部分进一步分析不同地区及不同等级城市市场潜力的时序特征。

2003～2022 年我国东部地区不同城市规模的市场潜力均值变化趋势如图 3.2 所示。可以总结出两个主要规律：第一，2003～2022 年我国东部地区不同规模城市的市场潜力呈现出稳步提升的趋势，除 2020 年呈现下降趋势外，其余年份的市场潜力基本上都较为稳定地在提升。第二，不同规模的城市在市场潜力指数上存在一定的差异。超大及特大城市的市场潜力指数普遍较高，这可能与这些城市的经济基础、产业结构、人口规模等因素密切相关。相比之下，其他规模的城市如中等城市和小城市的市场潜力指数虽然也在上升，但起点相对较低，增长速度相对较慢。值得注意的是，虽然东部地区各城市的市场潜力指数整体呈现上升趋势，但其内部不同城市之间的差异在逐渐扩大。

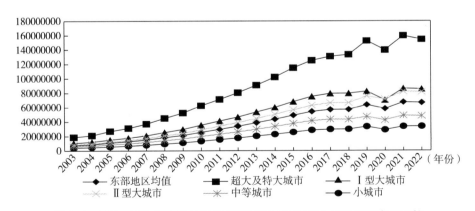

图 3.2　2003～2022 年东部地区各规模城市的市场潜力指数均值变化趋势

2003～2022 年我国中部地区不同规模城市的市场潜力均值变化趋势如图 3.3 所示。总的来看，中部地区不同规模城市市场潜力均值的变化趋势与东部地区较为类似，即不同规模城市的市场潜力均值在样本期间均呈现出明显的上升趋势。中部地区不同规模城市的市场潜力均值基本上也与其市场规模呈正相关，但其内部不同规模城市的市场潜力差异明显小于东部地区。一方面，中部地区小城市与超大及特大城市的市场潜力均值之间的差异小于东部地区；另一方面，中部地区中等城市的市场潜力均值曲线几乎与Ⅱ型大城市的重合，这些都说明中部地区内部的市场潜力差异相对较小。

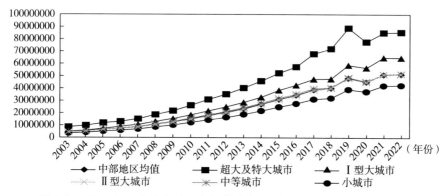

图 3.3　2003~2022 年中部地区各规模城市的市场潜力指数均值变化趋势

2003~2022 年我国西部地区不同规模城市的市场潜力均值变化趋势如图 3.4 所示。可以发现，西部地区除超大及特大城市以外，其他规模城市尤其是小城市的市场潜力均值时间增长趋势并不明显。因此，西部地区也展现出了最大的市场潜力均值差异。西部地区中等城市的市场潜力均值曲线几乎与西部地区均值曲线重合，说明西部地区众多中小城市的市场还存在巨大的挖掘空间。可以通过进一步释放中小城市的需求潜力，持续弥补西部地区的市场短板。

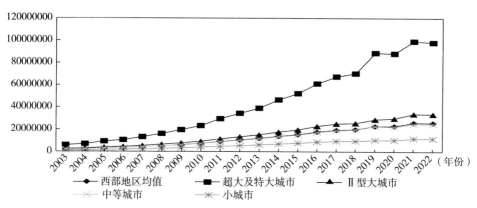

图 3.4　2003~2022 年西部地区各规模城市的市场潜力指数均值变化趋势

（二）企业空间集聚的时空特征分析

1. 企业集聚的空间差异性分析

本部分按照城市规模等级与地理区位特征对集聚指数的测算结果展开差异性分析。全国层面、东部地区、中部地区以及西部地区不同规模城市的集聚指数均值差异如表3.2所示。

表3.2　集聚测算结果的差异性分析

地区	城市等级	城市数量（个）	集聚指数	地区	城市等级	城市数量（个）	集聚指数
全国	全国平均	283	1002352.0000	中部地区	中部地区均值	100	345473.9000
	特大及以上城市	11	1768840.3000		超大及特大城市	1	316242.3400
	Ⅰ型大城市	7	590566.1900		Ⅰ型大城市	3	306303.5300
	Ⅱ型大城市	101	714911.9400		Ⅱ型大城市	31	410277.8400
	中等城市	105	548520.9400		中等城市	46	343084.6900
	小城市	59	317248.5000		小城市	19	253790.0800
东部地区	东部地区均值	101	1297063.0000	西部地区	西部地区均值	82	278280.9000
	超大及特大城市	7	2235813.5000		超大及特大城市	3	294532.6000
	Ⅰ型大城市	4	689440.1300		Ⅰ型大城市	0	—
	Ⅱ型大城市	44	871582.6900		Ⅱ型大城市	26	246021.1100
	中等城市	35	732094.5000		中等城市	24	224225.1700
	小城市	11	235857.0900		小城市	29	464327.6900

就整体而言，全国283个地级及以上城市的集聚指数均值为1002352.0000。从不同等级规模城市看，集聚指数基本上与城市规模呈现正相关关系，即超大及特大城市的集聚指数最高，Ⅱ型大城市次之，再次是Ⅰ型大城市，最后依次是中等城市和小城市。仅有超大及特大城市的集聚指数高于全国平均水平，其余类型城市的集聚指数均值均明显低于全国平均水平。从不同地区集聚水平总体趋势来看也会得到较为类似的结论，集聚指数均值沿"东—中—西"方向依次递减。其中，东部地区城市集聚指数均值为1297063.0000，明显高于全国均值；中部地区均值为345473.9000，西部地区均值为278280.9000，二者均明显低于全国城市集聚指数平均水平。

就东部地区而言，东部地区的集聚指数整体均值远高于全国平均水平和中、西部地区，且其内部不同规模等级城市间的集聚指数均值波动幅度明显高于中部地区和西部地区。其中，超大及特大城市的集聚指数均值为2235813.5000，远高于东部地区平均集聚指数, 余下的如Ⅱ型大城市、中等城市、Ⅰ型大城市和小城市的集聚指数均值分别为 871582.6900、732094.5000、689440.1300 和 235857.0900, 均低于东部地区的均值。与全国层面、中部地区、西部地区同等级城市均值相比, 东部地区所有类型城市的集聚指数均值几乎均高于其他地区和全国的同等级城市均值, 但东部地区小城市集聚均值低于中、西部地区和全国均值。

就中部地区而言, 中部地区的集聚指数均值为 345473.9000, 低于东部地区均值和全国平均水平。中部地区城市间的集聚指数均值差异明显低于东部地区和西部地区。中部地区不同类型城市的集聚指数均值并未呈现出随城市规模扩大而提升的特点。具体而言, Ⅱ型大城市的集聚指数均值最高, 然后依次是中等城市、超大及特大城市、Ⅰ型大城市和小城市。绝大多数中部地区的细分城市规模的集聚指数均值均低于对应的东部地区城市、高于对应的西部地区城市, 但小城市的集聚指数均值高于对应的东部地区城市、低于对应的西部地区城市。

就西部地区而言, 西部地区的集聚指数整体均值为 278280.9000, 远低于东、中部地区及全国平均水平, 但其内部差异低于东部地区、高于中部地区。西部地区小城市的集聚指数均值最高, 为 464327.6900, 也高于东部地区和西部地区小城市的平均水平。接着按照集聚指数均值的高低, 分别是超大及特大城市、Ⅱ型大城市和中等大城市。

集聚指数的差异分析结果表明, 对于不同等级规模城市而言, 随着城市规模的缩小, 城市集聚指数均值基本呈现逐渐降低的空间特征。就不同地理区位城市而言, 集聚指数的地区均值基本沿"东—中—西"方向逐级递减, 但不同区域内部展现出不同的城市规模特征。

2. 企业集聚的时序特征分析

本部分将从不同地区及不同等级城市等方面分析东、中、西部地区以及超大及特大城市、Ⅰ型大城市、Ⅱ型大城市、中等城市、小城市的企业集聚趋势及特征。

2003~2021 年我国东部地区不同城市规模的集聚指数均值变化趋势如图 3.5 所示。不难总结出以下主要规律: 在我国东部地区, 2003~2021 年大多数规模城市的集聚指数呈现不同幅度的增长趋势, 超大及特大城市的集聚指数增长幅度最大。东部地区小城市的集聚指数虽然也在上升, 但起点最低, 而且增长速度相对最慢。因此, 东部地区各城市规模的集聚指数虽然整体均呈现上升趋势, 但其内部不同城市之间的差异呈扩大化态势。主要原因是少数小城市未能跟上东部地区整体的集聚步伐, 拉大了其与东部地区其他规模城市如超大及特大城市等的集聚指数差距。

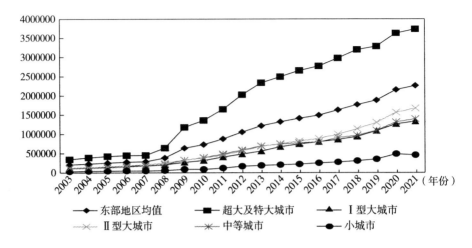

图 3.5　2003~2021 年东部地区各城市规模的集聚指数均值变化趋势

2003~2021 年我国中部地区不同城市规模的集聚指数均值变化趋势如图 3.6 所示。与东部地区相比，中部地区各城市规模的集聚指数几乎呈现出一致的时间增长趋势，并未有明显的规模城市表现出分异的集聚态势，这使得中部地区各城市规模的集聚指数差异最小。所有类型城市的集聚指数均值在 2010 年前早期阶段的差异并不大，直至 2011 年后Ⅱ型大城市才表现出最强的集聚指数增长态势，逐渐拉开了与其他规模城市的集聚指数均值。总的来看，与东部地区相比，中部地区各规模城市的集聚指数增长较为协调，各规模城市的集聚指数均表现出较大的时间增长趋势。

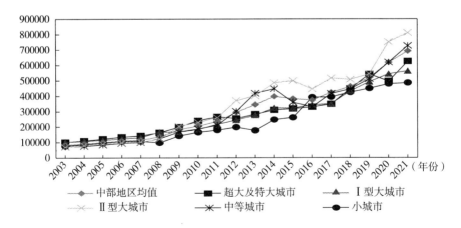

图 3.6　2003~2021 年中部地区各城市规模的集聚指数均值变化趋势

2003~2021年我国西部地区不同城市规模的集聚指数均值变化趋势如图 3.7 所示。西部地区不同规模城市的集聚指数呈现出与东部地区、中部地区不同的趋势。具体而言，在样本初期，小城市的集聚指数在西部地区所有规模城市中几乎是最低的，但在 2010 年后这类城市呈现出非常强劲的集聚态势，使得其集聚指数均值逐渐超过其他规模城市，而且其他规模城市的集聚指数与小城市间的差距进一步扩大。相比之下，除小城市以外，其他规模城市的集聚指数均表现出一致的时间增长趋势。因此，目前西部地区不同城市规模间集聚态势的差异主要表现为小城市集聚程度较高，而其他规模城市的集聚程度较低。

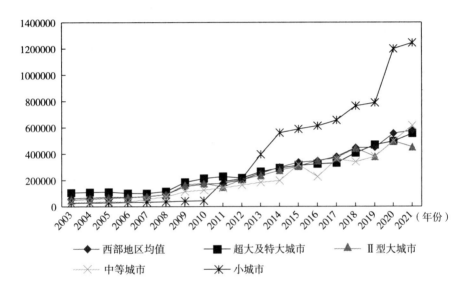

图 3.7　2003~2021 年西部地区各城市规模的集聚指数均值变化趋势

三、制造业发展质量的时空特征分析

（一）基于工业企业专利申请的企业创新水平时空特征分析

企业创新数量和企业创新质量是学界常用来度量企业创新能力的指标。本书主要使用中国工业企业专利申请量和中国上市企业专利引用量来分别测度企业创新数量和创新质量，进而对企业综合创新水平的时空特征进行深入分析。相较于企业研发活动的高失败率和未来不确定性，企业当年申请专利数量可以更直观、稳健地反映企业创新成效，而且这一数据较易获取。本部分将中国工业企业专利申请数量作为企业创新数量的测度指标，分析其时空分布特征及发展趋势。

1. 企业创新数量的空间差异性分析

根据地理位置和经济发展情况，本部分将全国 283 个地级市划分为东部地区、中部地区和西部地区。本部分对基于工业企业专利数据测度的企业创新数量指标（Apply）进行差异性分析，结果如表 3.3 所示。总的来看，全国 283 个地级及以上城市基于中国工业企业专利数量测度的企业创新指标均值为 9.4231。通过区分不同城市规模可知，除 II 型城市外，工业企业创新指标均值与城市规模呈正相关关系，即城市规模越大，创新指标均值越大。其中，特大及以上城市的创新数量指标均值为 10.1831，排第一位。其次是 II 型城市的创新数量指标均值为 9.8510，均超过全国均值水平。最后分别是 I 型城市、中等城市和小城市。通过区分不同地理区位看，仅东部地区的工业企业创新数量指标均值超过全国均值水平，为 9.8073，而中部地区和西部地区均值水平均未超过全国平均水平。

表 3.3　基于专利数据测度的工业企业创新数量指标差异性分析

地理分区	等级分区	城市数量（个）	*Apply*	地理分区	等级分区	城市数量（个）	*Apply*
全国	全国均值	283	9.4231	东部地区	东部地区均值	101	9.8073
	特大及以上城市	11	10.1831		特大及以上城市	6	10.5581
	I 型城市	7	8.8318		I 型城市	5	8.8397
	II 型城市	101	9.8510		II 型城市	44	9.7431
	中等城市	105	8.0282		中等城市	35	8.6092
	小城市	59	6.3807		小城市	11	5.7137
中部地区	中部地区均值	100	8.4156	西部地区	西部地区均值	82	8.3701
	特大及以上城市	2	9.6561		特大及以上城市	3	10.9989
	I 型城市	2	8.7534		I 型城市	0	—
	II 型城市	31	8.6316		II 型城市	26	6.5032
	中等城市	46	7.2064		中等城市	24	7.0451
	小城市	19	7.1415		小城市	29	6.7560

东部地区基于专利数据测度的工业企业创新数量指标均值为 9.8073，高于全国均值水平。其中，特大及以上城市的创新指标均值排第一位，为 10.5581，高于全国均值水平。II 型城市以 9.7431 的工业企业创新数量指标均值位居第二，也超过全国均值水平。I 型城市、中等城市和小型城市分别排第三、第四、第五位，均为超过东部地区工业企业创新数量指标均值。除 II 型城市外，东部地区工

业企业创新数量指标均值与城市等级呈正相关关系，即城市等级越高，其工业企业创新数量指标均值越高，变化趋势与全国层面各等级城市相同。

中部地区基于专利数量数据测度的工业企业创新数量指标均值为 8.4156，低于全国均值水平。中部地区工业企业创新数量指标均值与城市等级呈正相关关系，即城市等级越高，其工业企业创新数量指标均值越高。特大及以上城市的企业创新数量指标均值为 9.6561，高于全国均值水平，位列中部地区五类规模等级城市第一。然后依次是Ⅰ型城市、Ⅱ型城市、中等城市和小城市，仅前二者均值水平超过中部地区工业企业创新数量指标均值，这四类规模城市之间的均值差异较小，说明中部地区工业企业创新较为平均。

西部地区基于专利数量数据测度的工业企业创新数量指标均值为 8.3701，低于全国均值水平。其中，特大及以上城市的工业企业创新数量指标均值为 10.9989，高于东部地区和中部地区特大及以上城市的均值水平。第二位是中等城市，其创新数量指标均值为 7.0451，小城市和Ⅱ型城市分别位居第三、第四。

根据基于专利数量测度的工业企业创新数量指标的差异性分析结果，东部地区除Ⅱ型城市外和中部地区的工业企业创新数量指标均值与城市规模等级呈现正相关关系，而西部地区的工业企业创新数量指标均值变化与城市规模等级不存在明显规律。东部地区的工业企业创新数量指标最大，其次是中部地区，最后是西部地区。东、中部地区中小城市的工业企业创新数量指标均值最低，西部地区是Ⅱ型城市。

2. 企业创新数量的时序特征分析

（1）不同地区企业创新数量指标的时序分析。为深入探究全国层面、东部地区、中部地区和西部地区城市的基于专利数量数据测度的工业企业创新数量指标均值的时间变化趋势，本书根据 2003~2013 年全国、东部地区、中部地区和西部地区的工业企业创新数量指标均值绘制折线图，如图 3.8 所示。

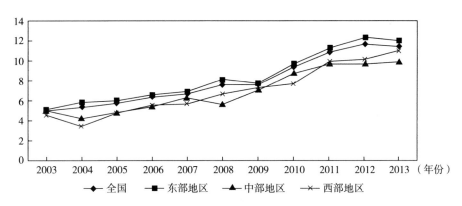

图 3.8　2003~2013 年各地区工业企业创新数量指标均值变化趋势

总的来看，东部地区基于专利数量数据测度的工业企业创新数量指标均值水平曲线位于全国均值曲线上方，而中、西部地区的工业企业创新数量均值曲线则出现反复的上升、下降波动，二者曲线交错。2009年，东部地区企业创新数量指标均值曲线下降，中、西部地区均值曲线上升，三条曲线与全国均值曲线接近。2009~2012年，由于东部、中部和西部地区工业企业创新数量指标均值增长速度差异，三条曲线逐渐拉开距离。东部地区的工业企业创新数量指标均值曲线在2012年达到顶点，然后与处于上升趋势的西部地区均值曲线趋近。2007年、2008年和2010年，中部地区和西部地区的工业企业创新数量指标均值曲线存在明显的差距，2007年和2010年时，中部地区的工业企业创新数量指标均值曲线位于上方高峰，而西部地区均值曲线位于下方低谷，而在2008年则相反。

（2）不同规模城市中工业企业创新数量指标的时序分析。为深入分析2003~2013年全国层面及各类等级城市基于专利数量数据测度的工业企业创新数量指标均值的时间变化趋势，本部分根据2003~2013年全国和各规模等级城市的工业企业创新数量指标均值绘制折线图，如图3.9所示。

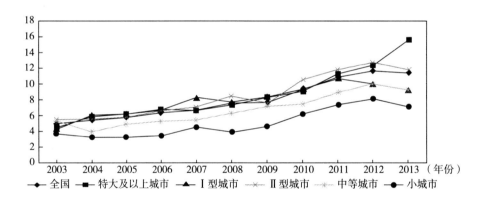

图3.9 2003~2013年全国和各规模等级城市的工业企业创新数量指标均值变化趋势

总的来看，2003~2012年五类规模城市基于专利数量数据测度的工业企业创新数量指标均值呈波折上升趋势。其中，2003~2006年特大及以上城市、Ⅰ型城市和Ⅱ型城市的企业创新数量指标均值曲线与全国均值曲线趋近；2006~2009年Ⅱ型城市、Ⅰ型城市的工业企业创新数量指标均值曲线位于全国均值曲线上方；2010~2013年特大及以上城市、Ⅱ型城市的均值曲线位于全国均值曲线上方，而从2011年开始，Ⅰ型城市均值曲线开始下降，位于全国均值曲线下方；2012年开始只有特大及以上城市的工业企业创新数量指标均值曲线保持上升趋势，位于所有曲线上方。中等城市和小城市的工业企业创新数量指标均值曲线始终位于全国均值曲线下方。

（3）不同地区各城市规模中工业企业创新数量指标的时序分析。根据前面对数据的处理方法，本部分进一步分析基于专利数量数据测度的工业企业创新数量指标均值在东部、中部和西部地区的时间变化趋势。

2003~2013 年东部地区各规模等级城市基于专利数量数据测度的工业企业创新数量指标均值曲线总体呈上升趋势，如图 3.10 所示。2003~2013 年特大及以上城市的工业企业创新数量指标均值曲线保持明显的上升趋势，2012 年后，只有特大及以上城市的均值曲线保持较大幅度的上升趋势，位于所有曲线之上。小城市的工业企业创新数量指标均值曲线始终位于所有曲线下方。中等城市的工业企业创新数量指标均值曲线始终位于特大及以上城市、Ⅱ型城市均值曲线之下，除 2003 年、2012 年位于Ⅰ型城市均值曲线之上以外，其余年份均仅高于小城市均值曲线。Ⅰ型城市处于小范围波动上升趋势，波动幅度相较其他规模城市的均值曲线比较小。Ⅱ型城市在 2007~2009 年出现小高峰，在 2009~2012 年呈现大幅度上升，达到高峰，然后开始下降。

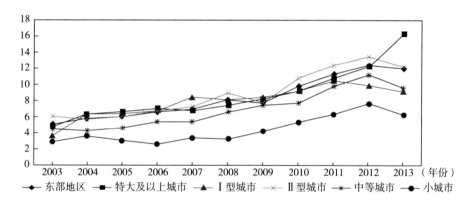

图 3.10　2003~2013 年东部地区各规模等级城市的工业企业创新数量指标均值变化趋势

中部地区各规模等级城市基于专利数量数据测度的企业创新数量指标均值曲线相较于其他地区出现了更显著的波动趋势，如图 3.11 所示。除中等城市的企业创新数量指标均值曲线外，其余四类城市的企业创新数量指标均值曲线呈现明显的高峰和低谷。2004~2008 年，特大及以上城市、Ⅰ型城市、Ⅱ型城市和小城市均出现了第一个高峰，Ⅱ型城市的企业创新数量指标均值曲线位于最上方。2008~2012 年，特大及以上城市、Ⅰ型城市、Ⅱ型城市以及小城市出现第二个甚至第三个顶点，基本在 2011 年达到峰值。2011~2013 年，特大及以上城市、Ⅱ型城市、中等城市的均值曲线保持小幅度上升趋势，Ⅰ型城市呈现下降趋势。小城市的企业创新数量指标均值曲线也在 2012 年之后呈现下降趋势。

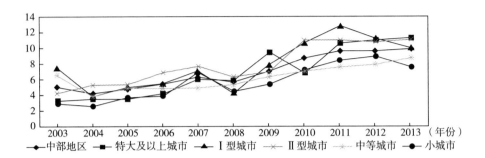

图 3.11　2003~2013 年中部地区各城市规模的企业创新数量指标均值变化趋势

　　2004~2013 年西部地区五类规模等级城市基于专利数量数据测度的企业创新数量指标均值曲线总体呈上升趋势，如图 3.12 所示。2003~2004 年所有均值曲线均呈下降趋势，2004 年之后开始逐渐上升。2007~2013 年，西部地区特大及以上城市的企业创新数量指标均值曲线始终位于所有曲线之上且具有明显差距，与西部地区均值曲线变化趋势相似。2005 年之后，Ⅱ型城市的企业创新数量指标均值曲线始终位于西部地区均值曲线之下，呈现上升趋势。中等城市的企业创新数量均值曲线在 2004~2005 年出现较大幅度上升，2005~2009 年位于西部地区均值曲线上方。小城市的企业创新数量指标均值曲线自 2004 年后始终位于西部地区均值曲线之下，在 2006 年、2011 年出现两次高峰。

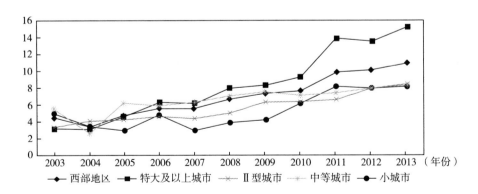

图 3.12　2003~2013 年西部地区各城市规模的企业创新数量指标均值变化趋势

（二）基于绿色专利引用的上市企业创新质量时空特征分析

　　关于创新质量的测量，现有文献大多基于专利数据展开研究。专利被引量是衡量创新质量最常用的指标。当创新成果被大量后续专利引用时，则具有较高的商业价值和技术影响力。一项重要的技术突破，必然会被越来越多的经济主体所认知、推广和应用，从而产生较大的社会经济价值。企业专利的被引用状况更能反映创新技术被认知、接纳、推广和传播的程度，有助于衡量企业创新的影响力、创新价值和创新质量。此外，创新质量除了与社会经济价值、创新影响力有关，还与创新的可持续发展效应密切相关。高质量创新应同时实现社会经济价值和绿色发展价值。因此，本部分主要采用上市企业绿色专利当年被引次数（Innov）和绿色发明当年累计专利被引次数（Green）来衡量企业创新质量。

1. 企业创新质量指标的差异性分析

基于上市企业绿色专利当年被引数据测度的企业创新质量指标差异性分析结果如表3.4所示。总的来看，全国层面基于当年上市企业专利被引数据测度的企业创新质量指标均值为68.3603。从不同城市规模看，企业创新质量指标均值与城市等级呈正相关关系，即城市等级越高，基于当年上市企业专利被引数据测度的企业创新质量指标均值越大。特大及以上城市和Ⅰ型城市基于企业专利被引数据测度的企业创新质量指标均值为89.1794，高于全国均值水平，排第一名。第二名是Ⅰ型城市，其均值为77.8305，也超过了全国均值水平，其余城市的创新质量指标均值均未超过全国均值水平。

表3.4 基于上市企业当年专利被引数据测度的企业创新质量指标差异性分析

地理分区	等级分区	城市数量（个）	Innov	地理分区	等级分区	城市数量（个）	Innov
全国	全国均值	283	68.3603	东部地区	东部地区均值	101	84.4685
	特大及以上城市	11	89.1794		特大及以上城市	6	104.2824
	Ⅰ型城市	7	77.8305		Ⅰ型城市	5	95.6138
	Ⅱ型城市	101	64.5378		Ⅱ型城市	44	76.4318
	中等城市	105	34.3433		中等城市	35	43.0268
	小城市	59	21.1352		小城市	11	15.1646
中部地区	中部地区均值	100	36.5447	西部地区	西部地区均值	82	28.4144
	特大及以上城市	2	55.3304		特大及以上城市	3	31.7769
	Ⅰ型城市	2	7.6472		Ⅰ型城市	0	—
	Ⅱ型城市	31	42.9556		Ⅱ型城市	26	30.3490
	中等城市	46	21.9699		中等城市	24	21.1733
	小城市	19	33.0952		小城市	29	10.2518

从不同地理区位看，基于当年上市企业专利被引数据测度的企业创新质量指标均值呈"东部地区>中部地区>西部地区"的变化趋势。在同等级规模城市中，除小城市外，也基本满足这一规律。其中，东部地区的企业创新质量指标均值为84.4685，远高于中、西部地区和全国均值水平。以上分析说明，东部地区的创新水平位于全国领先地位，具有绝对的创新质量提升优势。

东部地区基于上市企业当年专利被引数据测度的企业创新质量指标均值为84.4685。东部地区各等级城市的均值变化趋势也满足逐级递减规律，即城市规模等级越低，创新质量指标均值越小。特大及以上城市、Ⅰ型城市和Ⅱ型城市的企业创新质量指标均值分别为104.2824、95.6138和76.4318，均超过全国和东部地区均值水平。

中部地区基于上市企业当年专利被引数据测度的企业创新质量指标均值为36.5447。中部地区各等级城市的创新质量指标均值均低于全国均值水平。中部地区各等级城市的企业创新质量指标均值变化趋势不存在明显的变动规律。特大及以上城市的企业创新质量指标均值为55.3304，位居中部地区五类规模城市之首。然后依次是Ⅱ型城市、小城市和中等城市。Ⅰ型城市的企业创新质量指标均值最小。

西部地区基于上市企业当年专利被引数据测度的企业创新质量指标均值为28.4144。其各等级城市的企业创新质量指标均值与城市规模等级呈正相关关系，即城市等级越高，其企业创新质量指标均值越大。西部地区各等级城市的创新质量指标均值均低于全国均值水平。特大及以上城市、Ⅱ型城市、中等城市以及小城市的创新质量指标均值水平分别为31.7769、30.3490、21.1733和10.2518。

以上基于上市企业当年绿色专利被引数据测度的企业创新质量指标的差异性分析表明，全国层面、东部地区和西部地区的企业创新质量指标均值与城市规模呈正相关关系，即城市等级越高，其企业创新质量指标均值越大。特大及以上城市、Ⅰ型城市是超过全国均值水平的两类城市。企业创新质量指标均值变化趋势呈"东部地区>中部地区>西部地区"的规律。除小城市外，各地区同一等级的城市企业创新质量指标均值也满足同一变化趋势。

基于上市企业累计绿色专利被引数据测度的企业创新质量指标的差异性分析结果如表3.5所示。总的来看，全国基于上市企业累计绿色专利被引数据测度的企业创新质量指标均值为65.6232。通过区分城市规模看，小城市的企业创新质量指标均值为104.6720，与全国层面以及其他规模等级城市拉开距离，位居第一。其次是特大及以上城市的创新质量指标，为96.6507，也高于全国均值水平，其余三类规模城市的企业创新质量指标均值均未超过全国均值。通过区分地理区位来看，各地区基于上市企业累计绿色专利被引数据测度的企业创新质量指标均值呈现"东部>西部>中部"的变化趋势。东部地区的创新质量指标均值为74.7927，大于全国均值水平，远高于中部地区和西部地区的均值水平。

表3.5　基于上市企业累计绿色专利被引数据测度的企业创新质量指标差异性分析

地理分区	等级分区	城市数量（个）	*Green*	地理分区	等级分区	城市数量（个）	*Green*
全国	全国均值	283	65.6232	东部地区	东部地区均值	101	74.7927
	特大及以上城市	11	96.6507		特大及以上城市	6	108.9784
	Ⅰ型城市	7	43.3567		Ⅰ型城市	5	46.7437
	Ⅱ型城市	101	51.3018		Ⅱ型城市	44	57.4175
	中等城市	105	22.9001		中等城市	35	23.5304
	小城市	59	104.6720		小城市	11	54.2935
中部地区	中部地区均值	100	41.6528	西部地区	西部地区均值	82	44.2977
	特大及以上城市	2	48.4458		特大及以上城市	3	55.1247
	Ⅰ型城市	2	15.3289		Ⅰ型城市	0	—
	Ⅱ型城市	31	32.6673		Ⅱ型城市	26	37.8722
	中等城市	46	20.3843		中等城市	24	26.3967
	小城市	19	170.3459		小城市	29	7.8833

　　东部地区基于上市企业累计绿色专利被引数据测度的企业创新质量指标均值为74.7927。东部地区的特大及以上城市的企业创新质量指标均值为108.9784，是五类等级城市中唯一高于全国和东部地区均值水平的城市规模。Ⅱ型城市的企业创新质量指标均值水平为57.4175，位居第二。小城市、Ⅰ型城市和中等城市分别排第三、第四、第五位。以上分析可以看出，东部地区的企业创新质量集中在特大及以上城市，说明东部地区特大及以上城市具备充足的资金和技术支持，在提升绿色创新质量方面具有显著优势。

　　中部地区基于上市企业累计绿色专利被引数据测度的企业创新质量指标均值为41.6528，远低于全国均值水平。中部地区小城市的企业创新质量指标均值为170.3459，远高于全国均值水平，位居第一。特大及以上城市的企业创新质量指标均值为48.4458，高于中部地区均值水平，居第二位。最后依次是Ⅱ型城市、中等城市以及Ⅰ型城市。基于以上分析可以发现，中部地区内各等级城市基于上市企业累计绿色专利被引数据测度的企业创新质量指标均值存在极大差距，创新质量指标均值的最大值与最小值之差高达155.017。原因可能在于中部小城市中包括大量需要依托资源寻求绿色发展转型的城市。这类城市近年来不断强化环境保护，优化产业结构，其在煤炭清洁高效利用、绿色智能铜基新材料项目等绿色低碳技术领域增长显著。因而基于上市企业累计绿色专利被引数据测度的企业智能化转型指标均值较大。

西部地区基于上市企业累计绿色专利被引数据测度的企业创新质量指标均值为44.2977，西部地区企业创新质量指标均值均小于全国均值水平。西部地区各等级城市的企业创新质量指标均值与城市规模大小正相关，即城市规模越大，其创新质量指标均值越大。特大及以上城市企业创新质量指标均值为55.1247，是五类城市规模中唯一超过西部地区均值水平的等级城市。然后依次是Ⅱ型城市、中等城市，小城市企业创新质量指标均值最低，为7.8833。

以上基于上市企业累计绿色专利被引数据测度的企业创新质量指标均值的差异性分析结果显示，除小城市外，东部地区整体企业创新质量指标高于中部地区和西部地区。中部地区小城市基于上市企业累计绿色专利被引数据测度的企业创新质量指标均值远高于其他地区其他城市规模的均值水平，可能和该地区产业发展相关。西部地区企业创新质量指标均值变化趋势和城市等级高低变化一致，总体创新质量指标均值较低。

2. 企业创新质量指标的时序特征分析

（1）不同地区企业创新质量指标的时序分析。为直观地观察全国层面、东部地区、中部地区和西部地区企业创新质量指标的时间变化趋势，根据2000～2022年企业创新质量指标相关数据绘制折线图，如图3.13所示。

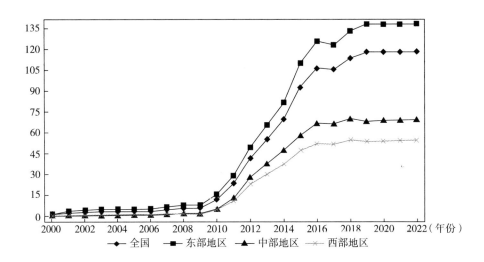

图3.13　2000～2022年全国各地区基于当年专利被引数据的
企业创新质量指标均值变化趋势

总体来看，2000~2022 年全国层面、东部地区、中部地区和西部地区基于上市企业当年专利被引数据测度的企业创新质量指标均值曲线呈上升趋势，在2016~2017 年略微下降，但在 2018 年后开始上升并趋于平缓。东部地区基于上市企业当年专利被引数据测度的企业创新质量均值曲线始终位于其他均值曲线之上。而中部地区和西部地区也是依次位于全国均值曲线之下，与其具有明显差距。与中部地区和西部地区相比，东部地区在企业创新质量提升方面具有显著优势。2009~2016 年，我国企业创新质量指标均值曲线呈现明显的高速上升趋势，说明 2014 年夏季达沃斯论坛上提出的"大众创业、万众创新"具有一定的引导作用。

如图 3.14 所示，2000~2022 年全国层面、东部地区、中部地区和西部地区基于上市企业累计绿色专利被引数据测度的企业创新质量指标均值曲线整体呈上升趋势。东部地区和中部地区的创新质量指标均值曲线变化趋势与全国均值曲线基本保持一致，前者与全国均值曲线的差距较小且始终位于上方，后者与全国均值曲线的差距较大且始终位于下方。西部地区的企业创新质量指标均值曲线在2000~2015 年呈现小幅度波动上升趋势，在 2007~2013 年西部地区均值曲线位于所有曲线上方，2014~2016 年出现下降，但在 2016 年后继续保持上升趋势。

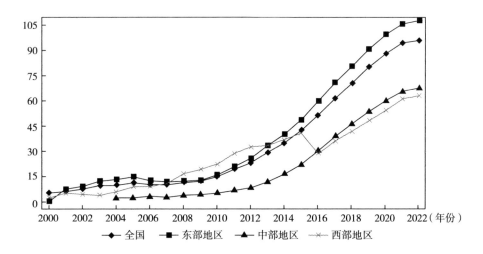

**图 3.14　全国各地区基于上市企业累计绿色专利被引数据的企业创新质量
指标均值变化趋势**

（2）不同规模城市中企业创新质量指标的时序分析。为深入剖析全国层面和不同城市等级下企业创新质量指标均值的时间变化趋势，本书根据 2000~2022 年全国和五类城市规模的相关数据绘制折线图，如图 3.15 所示。

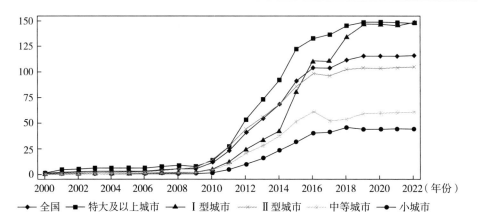

**图 3.15　全国各等级城市基于当年专利被引数据的企业创新质量指标
均值变化趋势**

　　各城市规模基于上市企业当年专利被引数据测度的企业创新质量指标均值
曲线与全国均值曲线有相似的变化趋势但并不趋同。2009~2016 年，五类城市
规模的企业创新质量指标均值曲线呈现急剧上升，而 2018 年后则趋于平缓。
特大及以上城市的企业创新质量指标均值曲线始终位于所有曲线之上，在
2011~2019 年其他均值曲线与其具有明显差距。2014~2016 年，Ⅰ型城市的企
业创新质量指标曲线呈现较高的上升趋势，并在 2016 年后居于全国均值曲线
之上，2019 年后向特大及以上城市企业创新质量指标均值曲线趋近。Ⅱ型城
市企业创新质量指标均值在 2014 年后增长速度低于全国均值水平，其曲线逐
渐低于全国均值曲线。中等城市和小城市的企业创新质量指标均值曲线依次低
于全国均值曲线。

　　如图 3.16 所示，2000~2022 年，各等级城市基于上市企业累计绿色专利被
引数据测度的企业创新质量指标均值曲线与全国均值曲线变化趋势一致，基本呈
上升趋势。2001~2019 年，特大及以上城市的企业创新质量指标均值明显高于其
他城市规模，其曲线位于最上方。2019 年后，特大及以上城市的企业创新质量
指标曲线上升趋势减缓，位于小城市均值曲线下方。2012~2021 年，小城市的企
业创新质量指标均值曲线呈现急剧上升的趋势，在 2021 年达到峰值，而后开始
下降。Ⅱ型城市、Ⅰ型城市、中等城市的企业创新质量指标均值曲线依次位于全
国均值曲线下方，差距逐渐增大。这三类城市规模的企业创新质量指标均值曲线
增长趋势相对较为平稳。

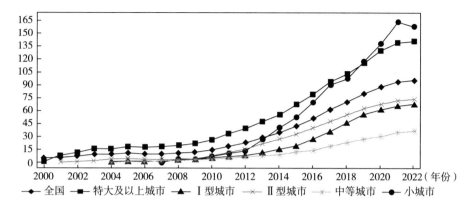

**图 3.16 全国各等级城市基于上市企业累计绿色专利被引数据测度的
企业创新质量指标均值变化趋势**

（3）不同地区各城市规模中企业创新质量指标的时序分析。如图 3.17 所示，在东部地区，各等级城市基于上市企业当年专利被引数据测度的企业创新质量指标均值曲线与东部均值曲线变化趋势相似。2009~2019 年，特大及以上城市的企业创新质量指标均值曲线呈上升状态，与其他城市规模的均值曲线具有明显差距。Ⅰ 型城市的企业创新质量指标均值曲线在 2010~2016 年出现大幅度上升趋势，并在 2016 年超出东部地区均值曲线，2017 年后向特大及以上城市的均值曲线趋近。Ⅱ 型城市、中等城市和小城市在 2016 年达到第一个顶点后出现下降，2017 年后又开始呈现小幅度增长，但曲线始终位于东部地区均值曲线下方。

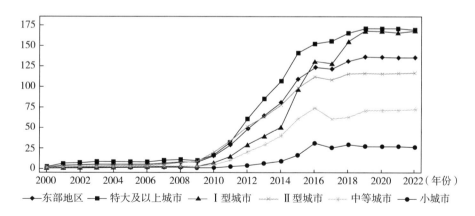

**图 3.17 东部地区各等级城市基于当年专利被引数据测度的
企业创新质量指标均值变化趋势**

东部地区各等级城市基于上市企业累计绿色专利被引数据测度的企业创新质量指标均值曲线整体呈上升趋势，如图3.18所示。东部地区特大及以上城市的企业创新质量指标均值曲线始终位于其他曲线之上，且存在明显的差距。小城市在2014~2021年出现显著上升趋势，在2021年达到峰值且与东部地区均值曲线相交，而后下降。Ⅱ型城市、中等城市和小城市的企业创新质量指标曲线始终依次位于东部地区均值曲线下方。

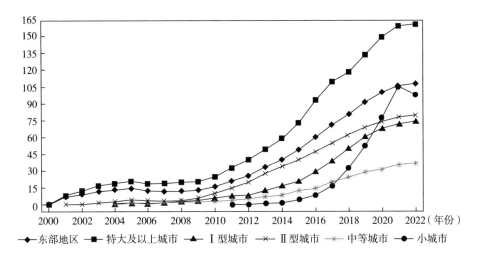

图3.18 东部地区各等级城市基于累计绿色专利被引数据的企业创新质量指标均值变化趋势

中部地区各等级城市基于上市企业累计绿色专利被引数据测度的企业创新质量指标均值曲线变化趋势有相同点但并不趋向一致，如图3.19所示。特大及以上城市的企业创新质量指标均值曲线始终位于其他等级城市的均值曲线之上，且差距显著。2010~2018年，特大及以上城市的企业创新质量指标曲线呈现急剧上升趋势，并于2018年达到峰值，随后下降并保持小幅度波动。Ⅱ型城市在2010~2015年呈现急剧上升趋势，2016年后呈现小幅度下降趋势，始终位于中部地区均值曲线之上。小城市的企业创新质量指标均值在2010年后出现急剧上升趋势，2018年达到顶点，然后出现小幅度下降并向Ⅱ型城市趋近。中等城市和Ⅰ型城市的企业创新质量指标均值曲线始终位于中部地区均值曲线之下，且具有明显差距。

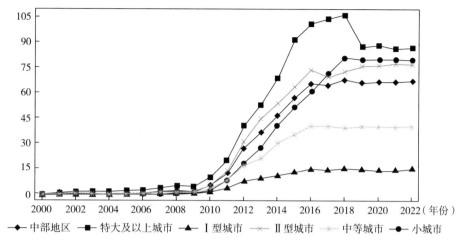

图 3.19　中部地区各等级城市基于当年专利被引数据的
企业创新质量指标均值变化趋势

2004~2022 年中部地区各等级城市基于上市企业累计绿色专利被引数据测度的企业创新质量指标均值曲线呈上升趋势，如图 3.20 所示。2011~2021 年中部地区小城市的企业创新质量指标均值曲线呈急剧上升趋势，然后达到峰值，其他城市规模均值曲线与其保持明显差距。特大及以上城市的企业创新质量均值曲线始终位于中部地区均值曲线之上。Ⅱ型城市、中等城市以及Ⅰ型城市的企业创新质量指标曲线依次位于中部地区均值曲线之下。

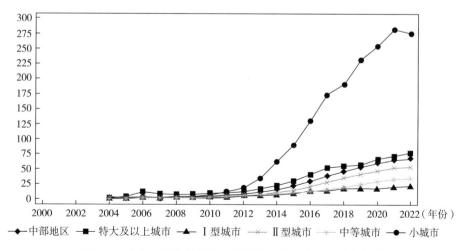

图 3.20　中部地区各等级城市基于累计绿色专利被引数据的
企业创新质量指标均值变化趋势

西部地区Ⅱ型城市、特大及以上城市基于上市企业当年专利被引数据测度的企业创新质量指标均值曲线与西部地区均值曲线变化趋势相近，并位于西部地区均值曲线之上，如图3.21所示。2010~2013年中等城市呈现急剧上升趋势，并达到峰值，2013年之后下降，并开始小幅度波动。小城市在2009~2015年出现明显上升趋势，2015年之后呈现小范围波动变化，并始终位于西部地区均值曲线之下，与其他均值曲线差距明显。

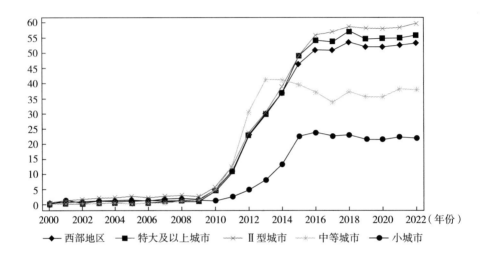

图3.21　西部地区各等级城市基于当年专利被引数据的企业创新质量指标均值变化趋势

西部地区各等级城市基于上市企业累计绿色专利被引数据测度的企业创新质量指标均值曲线具有显著的波动变化趋势，如图3.22所示。特大及以上城市的企业创新质量指标均值曲线出现了明显的高峰和低谷。2006~2022年，特大及以上城市的企业创新质量指标均值曲线始终位于所有均值曲线之上。在2006~2014年急剧上升达到峰值，然后又急剧下降，达到低点，2016年之后又急剧上升。Ⅱ型城市的企业创新质量指标均值曲线在2005~2009年呈现下降趋势后又于2009~2022年保持明显上升趋势，并逐渐趋近特大及以上城市曲线。中等城市和小型城市的企业创新质量指标均值曲线依次位于西部地区均值曲线下方，且具有明显差距。

（三）企业全要素生产率的时空特征分析

企业全要素生产率是企业投入产出效率、产品质量和技术创新能力等方面的综合反映。常见的企业全要素生产率测算方法主要有OLS、GMM、FE、前沿分析法、OP、LP等。OSL法由于企业异质性和数据可获得性，存在内生性、估计

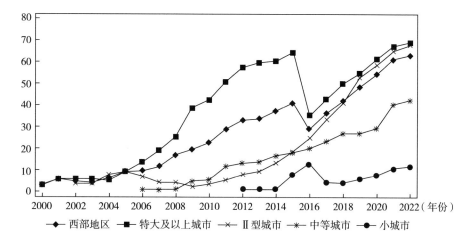

图 3.22　西部地区各等级城市基于累计绿色专利被引数据的企业创新质量指标均值变化趋势

偏误等问题。GMM 通过在估计模型中加入工具变量，解决了估计中的内生性问题，但工具变量选择比较困难，一旦工具变量失效，其模型的解释能力也会降低。FE 通过引入固定效应模型，对模型进行一阶差分，一定程度上解决了 OLS 方法的内生性问题和样本选择偏误问题，但使用条件苛刻，操作起来较为困难。前沿分析法是通过构造前沿面进行技术效率测算，分为随机前沿法（SFP）和数据包络分析法（如数据包络分析的衍生形式 SBM 等）。SFA 需要事先确定生产函数的形式，用极大似然法估计出各个参数后，再用条件期望计算出各个决策单元的技术效率。SBM 法不需要考虑生产前沿的具体形式，主要通过技术有效的样本来构造前沿，但其结果受到样本异常值的影响较大。OP 模型的基本思路是使用可观测的企业投资作为不可观测的 TFP（全要素生产率）的代理变量来解决内生性问题，使用企业价值最大化的 Bellman 方程和生存概率来确定企业的退出准则，进而解决样本选择偏误问题（刘方和赵彦云，2020）。LP 方法进一步针对 OP 方法样本损失过多的缺点对全要素生产率测度方法进行了改进。本书主要采用 LP 方法测算的企业全要素生产率进行实证分析。同时，本书使用 OLS 法、FE 法和 OP 法对上市制造业企业全要素生产率进行测度，并以此对 LP 方法测算的全要素生产率计量回归结果进行稳健性检验。

1. 企业全要素生产率的差异性分析

本部分根据前文所述的地理分区和城市等级分类标准，分析企业全要素生产率区位差异情况，结果如表 3.6 所示。

表 3.6　全国及各地区企业全要素生产率差异性分析

地区	城市等级	城市数量（个）	*tfp*	地区	城市等级	城市数量（个）	*tfp*
全国	全国平均	283	3.5364	中部地区	中部地区平均	100	3.5537
	特大及以上城市	11	3.5973		特大及以上城市	2	3.6274
	Ⅰ型大城市	7	3.4722		Ⅰ型大城市	2	3.4578
	Ⅱ型大城市	101	3.5379		Ⅱ型大城市	31	3.5481
	中等城市	105	3.5454		中等城市	46	3.6362
	小城市	59	3.5435		小城市	19	3.5767
东部地区	东部地区平均	101	3.5430	西部地区	西部地区平均	82	3.5104
	特大及以上城市	6	3.5937		特大及以上城市	3	3.5842
	Ⅰ型大城市	5	3.5252		Ⅰ型大城市	0	—
	Ⅱ型大城市	44	3.5326		Ⅱ型大城市	26	3.5470
	中等城市	35	3.5279		中等城市	24	3.4774
	小城市	11	3.5456		小城市	29	3.4845

　　从全国整体情况看，全国企业全要素生产率均值为3.5364。就全国层面企业全要素生产率区域差异而言，中部地区企业全要素生产率最高，为3.5537，明显高于全国平均水平，东部地区略低于中部地区，但仍然高于全国平均水平，西部地区在全国平均水平之下。中部地区既能通过靠近东部地区的区位优势，获取更低的先进知识、信息、设备等的引入成本，以提升企业生产效率，又能通过资源优势、劳动力成本优势降低要素使用成本，因而其企业全要素生产效率较高。而随着新一轮产业革命和产业结构调整，东部地区开始丧失劳动力成本优势，要素使用成本、设备更新成本、研发创新成本等大幅提升，因而其企业全要素生产率发展水平并不占优势地位。在改革开放以来的资本积累、技术积累、先发优势和临海区位优势等因素作用下，东部地区企业全要素生产率仍高于全国平均水平。处于内陆地区又缺乏资本积累的西部地区，交通条件、生产技术水平、数字化建设程度、人才吸引力等都远小于东部地区和中部地区，因而其企业全要素生产效率也较低。

　　就全国层面企业全要素生产率的城市等级差异情况来看，特大及以上城市显著高于全国平均水平，Ⅱ型大城市略高于全国平均水平，其他等级城市则低于全国平均水平。特大及以上城市的城市规模效应和较雄厚的资本技术积累，为产业转型提供了基础，也成为抵御经济下行压力和缓解产业革命阵痛的有效力量，因而其企业全要素生产率维持在较高水平，远高于其他各等级城市的企业全要素生产效率。从各地区具体情况看，东部地区特大及以上城市和小城市企业全要素生产率发展较好，均在全国平均水平之上，其他各等级城市也处于较低水平，其中特大及以上城市发展较好的原因与全国层面相似，小城市较高的企业全要素生产效率则可能来源于对其他等级城市产业转移的承接。中部地区企业全要素生产率整体较高，特大及以上城市仍然处于较高水平。值得注意的是，中部地区中等城市企业全要素生产率整体水平更高，甚至高于特大及以上城市，这可能是由于中部地区企业布局主要分布在中等城市，导致中等城市企业全要素生产率远高于其他各等级城市。西部地区企业全要素生产率整体处在较低水平，且呈现出明显的城市梯度递减效应，即随着城市等级降低，企业全要素生产效率也下降，说明城市规模扩张有利于西部地区企业全要素生产效率提升，但对东部地区和中部地区影响不显著。

2. 企业全要素生产率时序变化情况

（1）全国各地区企业全要素率时序变化情况。本部分进一步总结出各地区2011~2019年的企业全要素生产率变化情况（见图3.23），以反映样本区间内企业全要素生产率的时序变化情况。可以看到，2011~2015年，各地区企业全要素生产率整体呈下降趋势，且自东向西递减。受2008年金融危机的时滞效应影响，企业投资积极性不高可能是导致该区间企业全要素生产率下降的主要原因。此外，该区间内出现的经济增长速度放缓、产能过剩、要素使用成本增加、资本边际报酬开始下降等问题进一步加剧了企业全要素生产率下滑。而经济发展水平较高地区具有较雄厚的资本、技术、知识积累，对金融风险和经济波动具有较强的应对和抵御能力，因而在企业全要素生产率下滑区间，呈现出自东向西递减的梯度差异。2015~2017年，各地区出现短暂上升趋势，且中、西部地区开始快速增长，并超过东部地区。2016年，数字经济开始蓬勃发展，生产技术变革成果开始显现，产业结构调整初显成效，要素配置结构和形式发生改变，因而这段时期企业全要素生产率也开始回升。产业结构调整后，大量企业向要素使用成本较低的中、西部地区转移，导致中、西部地区企业全要素生产率回升速度加快，并超过东部地区。2018年后，国际经济形势发生剧烈变化，尤其是中美贸易战使得国内企业比较优势难以发挥、企业成本大幅增加，因而企业全要素生产率又开始回落，尤其是东部地区下降剧烈，这可能也是导致全国差异情况分析中东部地区整体略低于中部地区的重要原因。

（2）全国各等级城市企业全要素生产率时序变化情况。2011~2019年各等级城市企业全要素生产率的时序变化情况，如图3.24所示。其中特大及以上城市和Ⅰ型大城市整体呈平稳下降趋势，尤其是2016年后变化幅度很小，变化趋势接近水平线。经济增长速度放缓、产业结构调整、要素使用成本上涨等对城市层

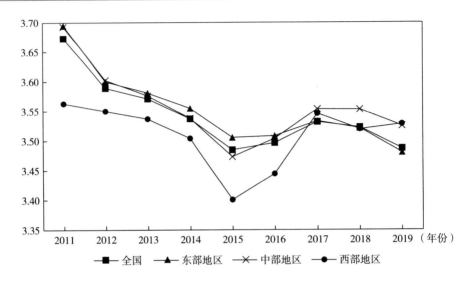

图 3.23 2011~2019 年全国和各地区企业全要素生产率变化情况

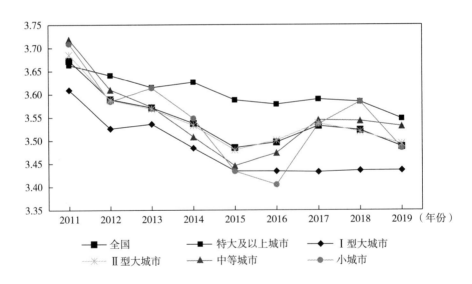

图 3.24 2011~2019 年全国各等级城市企业全要素生产率的时序变化情况

面的企业全要素生产率产生了抑制作用，但与区域层面状况不同，特大及以上城市和Ⅰ型大城市企业在产业结构转型、技术变革等过程中承担了较多的研发成本和转型成本，短时间内还无法摊减，而外部经济形势变化等对特大及以上城市和Ⅰ型大城市的冲击更大，因而企业全要素生产率呈持续下降趋势。其他各等级城市的变动趋势则与区域层面变动趋势基本一致。除Ⅰ型大城市外，其他各等级城市企业全要素生产率都呈现随城市等级提高而提升的特征，说明城市规模合理扩张能有效促进企业全要素生产效率提升。相较于Ⅰ型大城市，特大及以上城市基础设施完善、交通便利、人才政策健全，技术水平和创新水平较高，吸引了较多企业投资，生产效率较高；Ⅱ型大城市及以下等级城市则具备劳动力成本优势，且受益于数字经济，学习新技术的成本较低，因而企业生产成本较低；从而导致了Ⅰ型大城市企业全要素生产率低于其他各等级城市。

（3）不同地区各等级城市企业全要素生产率时序变化情况。前文整体分析了全国层面各等级城市的企业全要素生产率变化情况，但我国幅员辽阔，各地区之间比较优势不同，发展情况也不尽相同，因此本部分进一步深入分析不同地区各等级城市企业全要素生产率的时序变化情况。

东部地区特大及以上城市企业全要素生产率尽管呈下降趋势，但波动平缓，集中在3.60附近（见图3.25）。Ⅰ型大城市也呈持续下降趋势，而且下降幅度较大，2014年前企业全要素生产率水平仅次于特大及以上城市，2014年开始出现大幅下降，并在2015年后下降到东部地区最低水平。其他各等级城市变动情况则与东部地区平均变动趋势基本一致，且整体上看城市等级越高，企业全要素生产率也越高。此外，还可以发现，随着城市等级提升，企业全要素生产率变动趋势更加平稳，尤其是小城市波动剧烈，而特大及以上城市变动曲线则十分平缓，几乎接近水平线。这说明东部地区城市规模扩张不仅可以促进企业全要素生产率水平提升，还能提升其对外部环境干扰的抵抗能力，提高企业全要素生产率发展的稳定性。

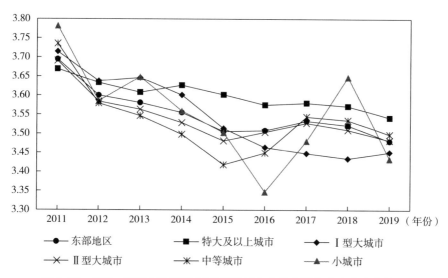

图3.25　2011~2019年东部地区各等级城市企业全要素生产率变化情况

中部地区除特大及以上城市外，其他各等级城市变化趋势与中部地区平均基本一致，如图3.26所示，2015年以前整体呈下降趋势，2016~2017年短暂上升后，2018年受国际经济形势变化影响又出现回落。但区别于中部地区平均，中部地区中等城市企业全要素生产率表现良好，这可能是由于中部地区中等城市数量较多，且联系密切，为企业生产提供了规模经济和范围经济，因而中部地区中等城市企业生产成本较低，企业全要素生产率较高。不过，特大及以上城市具备生产技术较高的绝对优势，其全要素生产率整体仍然高于中等城市。与中部地区平均状况一样，中部地区Ⅰ型大城市企业全要素生产率发展水平也较低，整体低于其他各等级城市，其原因与中部地区平均相似，但中部地区特大及以上城市"虹吸效应"更强，因而其中等城市与其他各等级城市的差距更大。

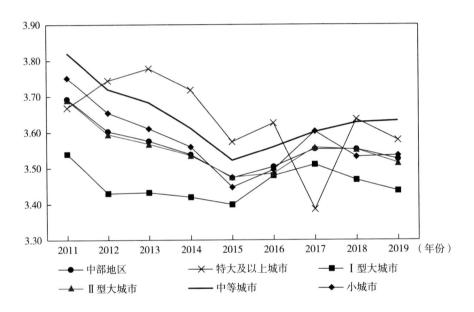

图3.26 2011~2019年中部地区各等级城市企业全要素生产率变化情况

西部地区各等级城市企业全要素生产率的时序变化情况，如图3.27所示。可以发现，西部地区各等级城市企业全要素整体也呈现U形变化趋势，2016~2017年各等级城市企业全要素生产率增长率较高，迅速回升到2011年水平，2018年后虽然有回落趋势，但仍维持在较高水平。一方面，西部地区企业全要素生产率基数较小，增长空间较大；另一方面，西部地区受国际经济环境变化影响较小，因而其下降幅度较小。还可以看到，西部地区企业全要素生产率具有明显的自高等级城市向低等级城市递减的特征，而且特大及以上城市、Ⅰ型大城市和 II 型大城市波动幅度较小，中小城市尤其是小城市的波动幅度较大，说明城市规模扩张对西部地区企业全要素生产率稳定增长具有一定的促进作用。

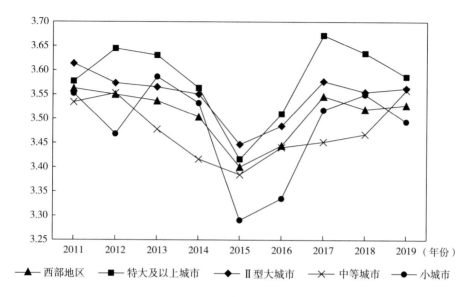

图 3.27　2011~2019 年西部地区各等级城市企业全要素生产率变化情况

（四）企业全球价值链升级的时空特征分析

本书使用企业出口国内附加值率来反映制造业全球价值链升级水平。企业出口国内附加值率通过结合中国海关进出口贸易数据和中国工业企业数据进行测算。企业出口国内附加值率定义为企业出口中的国内附加值（DVA）与企业总出口（EXP）之比。根据 Kee 和 Tang（2016）的方法，企业出口的国内增加值可以用企业总收入的会计恒等式的方法定义。即企业 i 的总收入 PY_i 可以由以下等式给出：

$$PY_i = \pi_i + wL_i + rK_i + P^D M_i^D + P^I M_i^I \tag{3.3}$$

式中，π_i、wL_i、rK_i、$P^D M_i^D$、$P^I M_i^I$ 分别表示利润、工资、资本成本、国内原材料成本及进口原材料成本。

国内原材料中可能也包含着国外的价值成分，同样，进口原材料中可能也会包含着国内的价值成分。国外价值的成分与国内的价值成分分别用 δ_i^F 与 δ_i^D 表示，这样国内原材料成本就可以用国外价值成分与纯粹国内价值成分（q_i^D）之和来表示，国外原材料成本就可以用国内价值成分与纯粹国外价值成分（q_i^F）之和来表示，即有：$P^D M_i^D \equiv \delta_i^F + q_i^D$ 以及 $P^I M_i^I \equiv \delta_i^D + q_i^F$。

企业的出口国内附加值（DVA）在概念上与国内生产总值相似，在数量上等同于利润、工资、资本租赁成本，以及直接或间接的国内原材料价格支出之和，即

$$DVA_i = \pi_i + wL_i + rK_i + q_i^D + \delta_i^D \tag{3.4}$$

对于出口加工贸易企业而言，其总收入在数量上与出口（EXP_i）相等，而其进口等于进口原材料成本（$P^I M_i^I$）与进口资本（δ_i^K）之和，因此式（3.3）可变为：

$$EXP_i^p = DVA_i^p + IMP_i^p - \delta_i^D + \delta_i^F - \delta_i^K$$

$$DVA_i^p = (EXP_i^p - IMP_i^p) + (\delta_i^D - \delta_i^F + \delta_i^K) \tag{3.5}$$

式（3.5）表明，在调整 δ_i^D、δ_i^F、δ_i^K 之后，加工贸易企业 i 的 DVA_i 可以通过 $EXP_i - IMP_i$ 来测算。一些学者（Wang et al.，2013；Koopman et al.，2014）研究得出，中国加工贸易出口商的 δ_i^D 在数值上接近于 0。根据中国海关数据库中记录的有关企业总进口中原材料、资本物品的信息，可得到 $\delta_i^K = 0$，因此，为保证 DVA_i 不被高估，需要将国内原材料成本中的国外价值部分 δ_i^F 分离出来。这样，利用式（3.5）就可以将加工贸易企业出口中所包含的国内增加值比率计算出来：

$$DVAR_i^p = \frac{DVA_i^p}{EXP_i^p} = 1 - \frac{P^I M_i^I}{PY_i^p} - \frac{\delta_i^F}{EXP_i^p} \tag{3.6}$$

式中，由于缺失企业层面 $\dfrac{\delta_i^F}{EXP_i^p}$ 的信息，Kee 和 Tang（2016）利用 Koopman 等（2012）对 2007 年的行业估计值，得到了 2000~2007 年的国内材料中的国外价值部分，以此计算企业的出口国内附加值率（$DVAR$）。

拓展至一般贸易企业，这类出口商的产品并非全部用于出口，存在部分产品流入国内市场。鉴于此，假设为了出口进行中间品投入的比率等于出口在总销售中的比例，利用工业企业数据库对此进行估算。可得

$$DVA_i^o = EXP_i^o - (IMP_i^o - \delta_i^F + \delta_i^K)\left(\frac{EXP_i^o}{PY_i^o}\right) \tag{3.7}$$

基于以上推导可得出企业出口国内附加值率（$DVAR$）：

$$DVAR_{it} = \begin{cases} 1 - \dfrac{P^I M_i^I}{PY_i^p} - \dfrac{\delta_i^F}{EXP_i^p}, & shipment = P \\[3mm] 1 - \dfrac{IMP_i^o - \delta_i^K - \delta_i^F}{PY_i^o}, & shipment = O \end{cases} \tag{3.8}$$

式中，i 和 t 分别代表企业和年份；P、O 分别表示加工贸易和一般贸易。该指标越大，代表全球分工背景下，该企业更倾向于使用国内中间品进行生产，其

从出口中获得的产品附加值就越高，出口竞争力就越大。

1. 企业出口国内附加值率差异性分析

根据城市的地理区位特征及经济发展水平，将全国 31 个省份分为东部地区、中部地区和西部地区。企业出口 DVAR 测算结果的差异性分析如表 3.7 所示。

表 3.7　企业出口国内附加值率测算结果的差异性分析

地区	城市等级	城市数量（个）	DVAR	地区	城市等级	城市数量（个）	DVAR
全国	全国平均	156260	0.8149	中部地区	中部地区平均	11661	0.8564
	Ⅰ型及以上大城市	46878	0.8353		Ⅰ型及以上大城市	6758	0.8396
	Ⅱ型大城市	86756	0.7952		Ⅱ型大城市	2401	0.8938
	中等城市	20697	0.8485		中等城市	2096	0.8616
	小城市	1929	0.8462		小城市	406	0.8882
东部地区	东部地区平均	142369	0.8103	西部地区	西部地区平均	2230	0.8943
	Ⅰ型及以上大城市	39546	0.8333		Ⅰ型及以上大城市	574	0.9251
	Ⅱ型大城市	83580	0.7914		Ⅱ型大城市	775	0.9048
	中等城市	17946	0.8462		中等城市	655	0.8698
	小城市	1297	0.8323		小城市	226	0.8507

从整体而言，全国 283 个地级及以上城市出口 DVAR 均值为 0.8149。从不同等级规模城市来看，中等城市企业的出口 DVAR 总体水平最高，小城市次之，再次是Ⅰ型及以上大城市，最后是Ⅱ型大城市。除Ⅱ型大城市外，其余类型城市的出口 DVAR 均值均高于全国平均水平，其中，中等城市均值略高于小城市，小城市的出口 DVAR 总体水平略高于Ⅰ型及以上大城市。从不同地区出口 DVAR 来看，出口 DVAR 沿"西—中—东"方向依次递减。其中，西部地区出口 DVAR 均值为 0.8943，中部地区均值为 0.8564，二者均明显高于全国出口 DVAR 平均水平。对于东部地区来说，其出口 DVAR 水平为 0.8103，略低于全国平均水平。

东部地区的企业出口 DVAR 整体均值为 0.8103，低于全国平均水平。其中，Ⅰ型及以上大城市、中等城市、小城市的企业 DVAR 均值分别为 0.8333、0.8462、0.8323，明显高于东部地区整体均值和全国整体均值，而Ⅱ型大城市的均值为 0.7914，低于东部地区和全国平均水平。与全国层面、中部地区、西部地区同等级城市均值相较而言，东部地区所有类型城市的出口 DVAR 均值均低于其他地区和全国的同等级城市均值。

中部地区的企业出口 DVAR 整体均值为 0.8564，高于全国平均水平。中部地区不同等级城市间企业出口 *DVAR* 波动性低于东、西部地区。其中，除Ⅰ型及以上大城市外，其余类型城市的出口 *DVAR* 均值均高于中部整体均值，按中等城市—小城市—Ⅱ型大城市依次递增。

西部地区的出口 *DVAR* 整体均值为 0.8943，整体处于较高水平，且均高于全国平均水平。西部地区不同等级城市间出口 *DVAR* 波动性处于中等地位。Ⅰ型及以上大城市的出口 *DVAR* 均值为 0.9251，高于西部整体和其他类型城市均值。Ⅱ型大城市的出口 *DVAR* 均值仅次于Ⅰ型及以上大城市，略高于西部地区均值。低于西部地区均值的依次是中等城市和小城市。

企业出口 *DVAR* 的差异分析结果表明，对于不同等级规模城市而言，随着城市规模等级的降低，出口 *DVAR* 均值虽呈错落式分布特征，但较为直接的趋势是较高等级城市的企业出口 *DVAR* 低于较低等级城市，原因可能在于等级较高的城市与国际中间品市场联系更为紧密，因而倾向于更多使用国际中间品，导致出口中间品中所含的国内附加值较少。而等级较低的城市受限于自身的经济发展水平和外向型程度，在从事出口活动时会倾向于更多地使用国内中间品，从而使得这些城市企业出口 *DVAR* 较高。就不同地理区位城市而言，总体均值沿"东—中—西"方向逐级递增。

2. 企业出口国内附加值率的时序特征分析

不同等级城市的比较优势的不同，导致制造业发展模式不尽相同。对不同等级城市我国制造业企业出口 *DVAR* 时序进行分析，如图 3.28 所示。

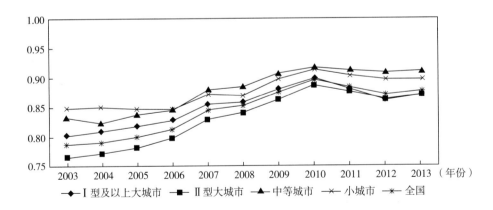

图 3.28　不同等级城市我国制造业企业出口国内附加值率的现状分析

总体而言，不同等级城市的企业出口 *DVAR* 呈现稳步上升的态势，说明在我国政策的引领与制造业企业自身努力的共同作用下，企业能够从中间品贸易中获取更多的利润。从各个等级城市个体而言，在我国不同等级城市内出口 *DVAR* 有着明显的分界线，其中中等城市与小城市出口 *DVAR* 显著高于全国平均水平，而Ⅰ型及以上大城市与Ⅱ型大城市出口 *DVAR* 显著低于全国平均水平。究其原因在于：相较于Ⅰ型及以上大城市与Ⅱ型大城市而言，中小城市由于自身基础设施等原因，出口贸易的水平较低，相较于大城市能够迅速方便从国外引入中间品而言，中小城市更可能使用容易获得的国内企业生产的中间品，进而能够从较大幅度提升中小城市企业出口产品中包含的出口国内附加值；Ⅰ型及以上大城市与Ⅱ型大城市相较于中小城市能够更加方便地进行中间品贸易，快速获取国外中间品，通过企业加工进而销售出去，虽然可能由于技术的优势，能够在加工方面相较中小城市获取更多的出口国内附加值，但总体而言，与从国内获取中间品产生的出口 *DVAR* 差异较大，这导致了相较中小城市企业而言从中获得的国内附加值水平较低；而将Ⅰ型及以上大城市与Ⅱ型大城市比较，同样是能够迅速从国际市场获取中间品，Ⅰ型及以上大城市在技术方面更加有优势，能够在加工中获得更多的出口国内附加值，这就导致了Ⅰ型及以上大城市的出口 *DVAR* 始终显著高于Ⅱ型大城市。

（五）企业产品升级的时空特征分析

本书使用企业出口产品质量来反映制造业产品升级水平。企业出口产品质量主要使用中国工业企业数据和中国海关贸易数据来测算。参考施炳展（2013）的研究，使用中国海关贸易数据库中企业出口数据来测算制造业企业出口产品质量，企业 i 在 t 年对 w 国出口产品 θ 的需求方程为：

$$Q_{iwt}^{\theta} = \left(p_{iwt}^{\theta}\right)^{-\sigma}\left(\lambda_{iwt}^{\theta}\right)^{\sigma-1}\left(\frac{E_{wt}^{\theta}}{P_{wt}^{\theta}}\right) \tag{3.9}$$

式中，p_{iwt}^{θ} 代表企业 i 在 t 年对 w 国出口产品的价格，λ_{iwt}^{θ} 代表企业 i 在 t 年对 w 国出口产品的质量，E_{wt}^{θ} 代表 w 国消费者在 t 年对进口产品 θ 的总支出，P_{wt}^{θ} 代表 w 国在 t 年进口所有类型产品 θ 的价格指数。$\sigma>1$ 为产品 θ 的固定价格弹性。对式（3.9）取自然对数并整理得到：

$$\ln Q_{iwt}^{\theta} = -\sigma\ln P_{iwt}^{\theta} + (\sigma-1)\ln\lambda_{iwt}^{\theta} + \Delta_{wt} \tag{3.10}$$

式（3.10）是产品 θ 的回归方程，控制了产品特征。其中，$(\sigma-1)\ln\lambda_{iwt}^{\theta}$ 是包含了一国企业出口产品质量的残差项；$\Delta_{wt} = \ln E_{wt}^{\theta} - \ln P_{wt}^{\theta}$ 是"进口国—时间"固定效应，控制了不同进口国家之间收入水平和价格指数的差异。考虑产品多样性、产品价格和产品质量之间存在关联性进而导致的内生性问题，使用市场规模作为对产品多样性的替代变量，使用企业在除 w 国外其他市场的平均出口产品价格作为产品价格 P_{iwt}^{θ} 的工具变量。采用工具变量法对式（3.10）进行回归估计，得到出口产品质量的方程：

$$quality^{\theta}_{iwt} = \frac{\xi^{\theta}_{iwt}}{\sigma-1} = \frac{\ln Q^{\theta}_{iwt} - \ln \hat{Q}^{\theta}_{iwt}}{\sigma-1} \tag{3.11}$$

$$\xi^{\theta}_{iwt} = (\sigma-1)\ln\lambda^{\theta}_{iwt}$$

参考 Broda 等（2017）的研究，将商品的固定价格弹性 σ 设定为 4。另外，本书考虑指标的通度性，使用极值法对产品质量进行标准化处理：

$$qu\hat{a}lity^{\theta}_{iwt} = \frac{quality^{\theta}_{iwt} - \min quality^{\theta}_{iwt}}{\max quality^{\theta}_{iwt} - \min quality^{\theta}_{iwt}} \tag{3.12}$$

式中，$\max quality^{\theta}_{iwt}$ 是企业 i 的出口产品 θ 质量的最大值，$\min quality^{\theta}_{iwt}$ 是企业 i 的出口产品 θ 质量的最小值。将出口产品价值量 z^{θ}_{iwt} 作为权重，通过加总标准化产品质量到企业层面，可以得到企业的整体产品质量：

$$q_{it} = \sum_{\theta} \frac{z^{\theta}_{iwt}}{\sum_{\theta \in \Omega} z^{\theta}_{iwt}} \times qu\hat{a}lity^{\theta}_{iwt} \tag{3.13}$$

式中，$quality_{it}$ 是企业层面的产品质量；Ω 是企业 i 对 w 国出口产品种类数；z^{θ}_{iwt} 是在 t 年出口到 w 国的产品 θ 的数量。

1. 企业出口产品质量升级的差异性分析

本部分以城区常住人口规模为条件，将 283 个样本城市划分为五个城市等级，其中，城区常住人口规模超过 1000 万的为超大城市，共有 10 个；城区常住人口规模 500 万~1000 万的为特大城市，共有 13 个；城区常住人口规模 300 万~500 万的为Ⅰ型城市，共有 12 个；城区常住人口规模 100 万~300 万的为Ⅱ型城市，共有 71 个；其余为中小型城市。我们在区分城市等级的基础上，对各类型城市的基于需求信息测度的企业出口产品质量指标均值进行差异性分析，结果如表 3.8 所示。

表 3.8　基于需求信息测度的企业出口产品质量指标差异性分析

地理分区	等级分区	城市数量（个）	q	地理分区	等级分区	城市数量（个）	q
全国	全国均值	283	0.5340	东部地区	东部地区均值	101	0.5375
	超大城市	10	0.5508		超大城市	7	0.5529
	特大城市	13	0.5471		特大城市	7	0.5482
	Ⅰ型城市	12	0.5179		Ⅰ型城市	7	0.5184
	Ⅱ型城市	71	0.5135		Ⅱ型城市	44	0.5179
	中小城市	177	0.5204		中小城市	36	0.5310

续表

地理分区	等级分区	城市数量（个）	q	地理分区	等级分区	城市数量（个）	q
中部地区	中部地区均值	100	0.5232	西部地区	西部地区均值	82	0.5334
	超大城市	1	0.5520		超大城市	2	0.5349
	特大城市	4	0.5380		特大城市	2	0.5714
	Ⅰ型城市	3	0.5209		Ⅰ型城市	2	0.4985
	Ⅱ型城市	31	0.5051		Ⅱ型城市	26	0.5239
	中小城市	61	0.5123		中小城市	50	0.5182

总的来看，样本均值为 0.5340。通过区分不同城市规模可知，超大城市、特大城市的企业出口产品质量指标均值，超过全国平均水平，且明显大于Ⅰ型城市、Ⅱ型城市和中小型城市的企业出口产品质量指标均值。其中，超大城市的企业出口产品质量指标均值为 0.5508，排第一位；其次是特大城市，企业出口产品质量指标均值为 0.5471；然后依次是中小城市、Ⅰ型城市和Ⅱ型城市。从不同地理区位视角来看，东部地区企业出口产品质量指标均值超过全国平均水平，为 0.5375；中部地区低于西部地区，且两者均低于全国平均水平。

东部地区城市的企业出口产品质量指标均值为 0.5375，高于全国平均水平。其中，超大城市的企业出口产品质量指标均值排第一位，为 0.5529，高于全国均值水平；其次是特大城市，企业出口产品质量指标均值为 0.5482；中小城市、Ⅰ型城市和Ⅱ型城市分别排第三、第四、第五位。东部地区各类城市的企业出口产品质量指标均值均超过全国同级别城市企业出口产品质量指标的平均水平。从数据上看，东部地区超大城市和特大城市的企业出口产品质量指标均值明显超过其他东部地区城市；东部地区中小城市展现出一定水平的生产出口活力；东部地区城市的企业出口产品质量指标均值在不同等级城市内的变化趋势与全国层面各等级城市相同。

中部地区城市的企业出口产品质量指标均值为 0.5232，低于全国均值水平。其中，超大城市的企业出口产品质量指标均值排第一位，为 0.5520，高于全国同级别城市均值水平；其次是特大城市，企业出口产品质量指标均值为 0.5380，低于全国同级别城市平均水平；Ⅰ型城市排第三位，企业出口产品质量指标均值为 0.5209，超过Ⅱ型城市和中小城市，且超过全国同级别城市平均水平；中小城市和Ⅱ型城市分列第四、第五位。从数据上看，除了中小城市，中部地区超大城市、特大城市、Ⅰ型城市和Ⅱ型城市的企业出口产品质量与城市等级呈正相关关系，即城市等级越高，其企业出口产品质量指标均值越高。

西部地区城市的企业出口产品质量指标均值为 0.5334，低于全国均值水平。

其中，特大城市的企业出口产品质量指标均值排第一位，为0.5714，高于全国同级别城市平均水平；超大城市排第二位，企业出口产品质量指标均值为0.5349，高于全国同级别城市平均水平；Ⅱ型城市、中小城市和Ⅰ型城市分别排第三、第四、第五位。西部地区城市的企业出口产品质量与城市等级没有明显的相关性，且相较于东、中部地区，西部地区的企业样本数量较少，多集中于西部地区超大城市、特大城市和Ⅰ型城市。

基于上述差异性分析结果，东部地区、中部地区和西部地区的超大城市和特大城市的企业出口产品质量指标均值明显超过地区内其他等级城市。东部地区超大城市的企业出口产品质量指标均值最大，且各等级城市均超过全国平均水平。西部地区特大城市的企业出口产品质量指标均值最大，超过全国同等级城市均值，但西部其他等级城市均低于全国同等级城市均值。中部地区除Ⅰ型城市超过全国同等级城市平均水平外，其他等级城市均低于全国同等级城市平均值。

2. 企业出口产品质量升级的时序特征分析

（1）不同地区企业出口产品质量指标的时序分析。为深入探究东部地区、中部地区和西部地区基于需求信息构建的企业出口产品质量指标的时间变化趋势，本书以年份为时间跨度，根据2003～2013年全国、东部地区、中部地区和西部地区的企业出口产品质量指标均值绘制折线图，如图3.29所示。

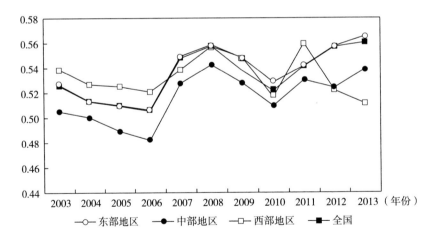

图3.29　2003～2013年各地区企业出口产品质量指标均值变化趋势

总的来看，2003～2013年全国企业出口产品质量指标均值曲线呈现波动上升趋势，低于东部地区企业出口产品质量指标均值曲线，且与东部地区曲线重合度较高。全国和东部地区企业出口产品质量指标均值曲线在2003～2006年下降，随后在2006～2008年上升，再在2008～2010年下降，最后在2010年后上升。中部地区曲线整体低于全国和东部地区，但起伏情况与全国和东部地区曲线存在相似性。西部地区曲线与其他三条曲线多次交错，起伏程度更大，但对全国企业出口产品质量指标均值曲线的影响不明显。

（2）东、中、西部地区企业出口产品质量指标均值的时序分析。为更深入探究 2003～2013 年全国东、中、西部地区各等级城市的企业出口产品质量指标均值的时间变化趋势，本部分依据城市城区常住人口规划分城市等级，并绘制各地区各等级城市的企业出口产品质量指标均值折线图，东部地区如图 3.30 所示，中部地区如图 3.31 所示，西部地区如图 3.32 所示。

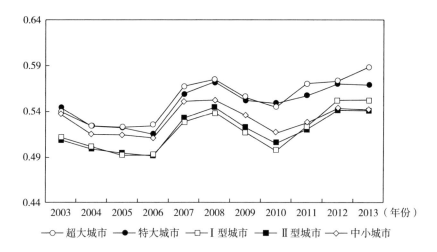

图 3.30　2003～2013 年东部地区的企业出口产品质量指标均值变化趋势

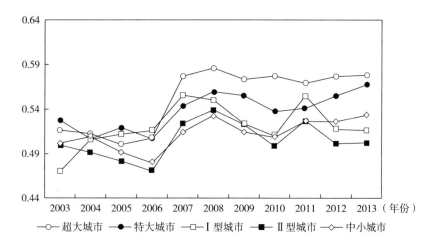

图 3.31　2003～2013 年中部地区的企业出口产品质量指标均值变化趋势

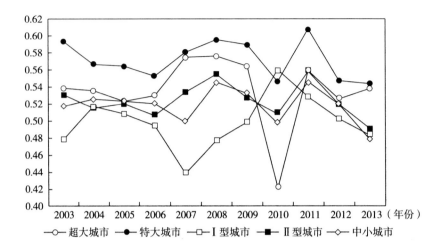

图 3.32　2003~2013 年西部地区的企业出口产品质量指标均值变化趋势

由图 3.30 可知，东部地区各等级城市企业出口产品质量指标均值曲线呈现波动上升趋势，曲线具有相似的起伏性。从曲线整体高度来看，超大城市、特大城市分列第一、第二位，从 2007 年之后明显高于其他等级城市的曲线。中小型城市曲线位列第三，其与Ⅱ型城市和Ⅰ型城市的差距在 2008 年后被缩小。Ⅰ型城市和Ⅱ型城市的曲线大致处于同一水平，且多次交错。东部地区各等级城市的曲线均在 2003~2006 年和 2008~2010 年下降，在 2006~2008 年和 2010 年之后上升。

由图 3.31 可知，2007 年中部地区各等级城市的企业出口产品质量指标均值曲线有明显的上升。2007 年之前，各曲线多次交错，没有明显规律。2007 年之后，超大城市的企业出口产品质量指标均值曲线在快速上升后达到一个较高值，后续虽有小幅度起伏，但始终维持在一个高水平，明显超过中部地区其他城市的曲线。特大城市的企业出口产品质量指标均值曲线紧随超大城市之后，在 2007 年后也维持在较高水平，虽然在 2009 年和 2010 年有短暂回落，但 2010 年后缓慢上升。Ⅰ型城市曲线的起伏程度最大，在 2007 年和 2011 年达到两次高峰。Ⅱ型城市和中小城市曲线水平偏低，两条曲线有多次交错。

由图 3.32 可知，西部地区各等级城市的企业出口产品质量指标均值曲线相互交错，比东部地区和中部地区城市的曲线呈现出更大的波动趋势。整体来看，西部地区特大城市的企业出口产品质量水平最高，其曲线除在 2010 年被Ⅰ型城市短暂反超外，其他年份均高于西部地区其他等级城市的曲线，并在 2008 年和

2011 年达到两个小高峰。超大城市的曲线仅次于特大城市，在 2010 年有一个明显的低谷，其余年份均高于除特大城市外其他等级城市的曲线。Ⅰ型城市的曲线在 2007 年到达低谷，低于西部地区其他等级城市，在 2010 年到达高峰，高于西部地区其他等级城市。相比西部地区其他三种等级城市，Ⅱ型城市和中小城市曲线波动较为平稳，整体水平偏低。

（六）企业污染排放的时空特征分析

企业排放的污染物有很多种，为更全面具体地描述企业污染排放强度，本书采用综合指数法，选取水污染和空气污染两种最重要的污染类型的七种污染物数据构建企业污染排放强度指标。水污染指标包括化学需氧量、氨氮排放量、总氮和总磷，空气污染指标包括二氧化硫、氮氧化合物和烟尘。首先，本书对两类七种污染物指标的原始数据进行线性标准化处理：

$$pr_{itn} = \frac{p_{itn} - \min p_{int}}{\max p_{int} - \min p_{int}} \tag{3.14}$$

式中，p_{itn} 表示企业 i 在第 t 时期的第 n 种污染物排放量数据。$\min p_{int}$ 表示第 n 种污染物排放量同期最小值，$\max p_{int}$ 表示同期最大值。

其次，本书计算企业 i 在第 t 时期的第 n 种污染物排放量的调整系数：

$$\eta_{itn} = \frac{pr_{itn}}{\overline{pr_{itn}}} \tag{3.15}$$

式中，$\overline{pr_{itn}}$ 表示样本内所有企业在第 t 时期第 n 种污染物排放的平均水平。

最后，结合式（3.14）、式（3.15）和企业 i 在第 t 时期总营业收入规模，本书得到企业 i 的综合污染排放强度指数：

$$E_{it} = \frac{\frac{1}{n} \sum_n (pr_{itn} \times \eta_{itn})}{M_{it}} \tag{3.16}$$

式中，$\frac{1}{n} \sum_n (pr_{itn} \times \eta_{itn})$ 是企业 i 在第 t 时期的加权平均污染物排放量；M_{it} 是企业 i 在第 t 时期的总营业收入规模，表示企业的产品产出水平。E_{it} 数值越大，代表着该企业每增加一单位营业收入所需要增加的污染排放强度越大。

1. 不同地理分区下企业污染排放指标的差异性分析

为观察全国层面及东部、中部、西部各地区企业污染排放指标均值在 2008~2020 年的变化趋势和分布特征，本部分首先将全国 283 个地级市按照地理位置和经济发展水平划分为东部、中部和西部三个地区，然后逐年计算出 2008~2020 年全国及分地区层面的企业污染排放指标均值，如图 3.33 所示。

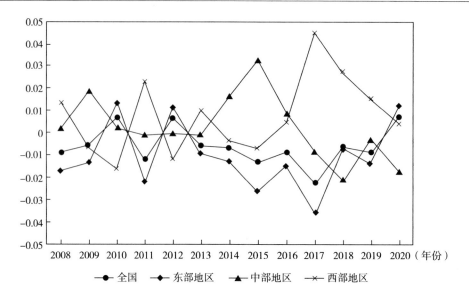

图 3.33　不同地理区位企业污染排放指标均值变化趋势

整体而言，2008~2020 年，全国层面企业污染排放指标均值呈现波动上升的趋势，各地区企业污染排放指标均值的变化趋势存在较大差异。具体来看，全国层面和东部地区的企业污染排放指标均值在 2017 年达到最低点后逐渐回升；中部地区和西部地区的均值分别在 2015 年、2017 年达到最高点，然后迅速下降。特别地，除个别年份外，东部地区的企业污染排放指标均值曲线与全国层面的变化趋势较为一致，且整体均值低于全国层面、中部地区和西部地区。西部地区和东部地区企业污染排放指标均值整体较高，在大多数年份超过全国平均水平。但 2017 年之后，各地区的企业污染排放指标的均值曲线总体呈现向全国均值曲线收敛的趋势，表明东部地区与中部地区、西部地区企业污染排放指标均值之间的差距有缩小的趋势。

2. 不同城市等级分区下企业污染排放指标的差异性分析

为观察全国层面及各地区不同规模等级城市企业污染排放指标均值随时间变化的趋势，本部分将全国 283 个地级市按人口规模将各地区城市划分为特大及以上城市、Ⅰ 型城市、Ⅱ 型大城市、中等城市和小城市，并逐年计算出 2008~2020 年全国及各地区不同规模等级城市的企业污染排放指标均值，如图 3.34 所示。

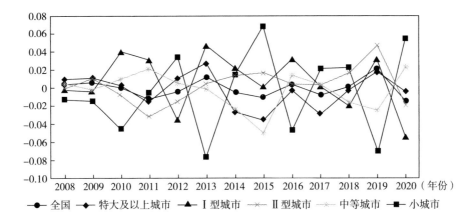

图 3.34　全国层面不同规模等级城市历年企业污染排放指标均值变化趋势

从不同规模等级城市来看，除中小城市外，其他规模等级城市的企业污染排放指标的均值曲线与全国层面的变化趋势较为一致。具体而言，特大及以上城市的企业污染排放均值指标波动幅度较小，整体低于全国层面和Ⅰ型城市的均值水平。Ⅰ型城市的企业污染排放指标均值曲线在 2012～2017 年高于全国层面、特大及以上大城市和中等城市的均值曲线，表明在此期间，Ⅰ型城市的企业污染排放水平整体位于全国、特大城市及中等城市的均值之上。2017 年之后，Ⅰ型城市的企业污染排放指标均值缓慢下降，并逐渐向全国层面和特大城市的均值曲线收敛。Ⅱ型城市的企业污染排放指标均值总体呈上升趋势，在 2013 年之前，Ⅱ型城市的污染排放水平整体低于全国均值，在 2013 年之后缓慢上升并超过全国均值水平。中等城市和小城市企业污染排放指标均值曲线在 2015 年之前变化趋势相反，在 2015 年之后两类城市的均值变化趋势相对一致，但小城市的企业污染排放指标均值在 2010 年、2013 年、2015 年和 2019 年与全国层面和其他规模等级城市呈现不同的波动。

东部地区的分析结果如图 3.35 所示。2008～2019 年，除小城市外，东部地区和其他规模等级城市的企业污染排放指标均值曲线总体较为平缓，波动幅度较小，但在 2019 年之后出现明显的下降趋势。在东部地区的所有城市中，特大城市、Ⅱ型城市和中等城市的企业污染排放指标均值曲线与东部地区整体均值曲线的重合趋势最为明显，说明这些城市的企业污染排放水平总体属于东部地区均值水平。除个别年份外，Ⅰ型城市的企业污染排放指标均值曲线略高于东部地区整体均值曲线，说明Ⅰ型城市的企业污染排放水平稍高于东部地区的整体均值。小城市的企业污染排放指标均值呈现波动上升的变化趋势，且在 2019 年之后出现快速上升的趋势，与东部地区及其他规模等级城市形成了相反的变化趋势。

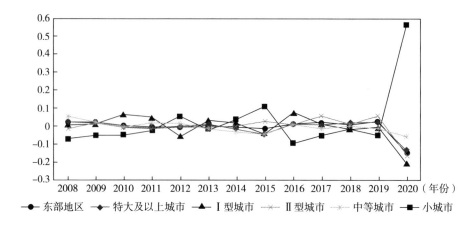

图 3.35 东部地区不同规模等级城市历年企业污染排放指标均值变化趋势

中部地区的分析结果如图 3.36 所示。2008~2020 年，各规模等级城市的企业污染排放指标均值围绕中部地区整体均值上下波动，未呈现明显的单一上升或下降趋势，其中小城市的波动幅度最大，Ⅰ型城市和特大及以上城市次之，Ⅱ型城市和中等城市波动幅度相对较小。具体分时间段看，2008~2010 年，各规模等级城市的企业污染排放指标均值相对稳定，中等城市略有上升。2011~2013 年，特大及以上城市和小城市的企业污染排放指标平均水平出现显著下降。2014~2019 年各规模等级城市的企业污染排放指标均值波动幅度较大，且在不同年份达到各自的最高点或最低点。2020 年，Ⅰ型城市和中等城市的企业污染排放指标均值逐渐向中部地区整体均值收敛，但其他规模等级城市的均值呈现与中部地区整体均值发散的趋势。

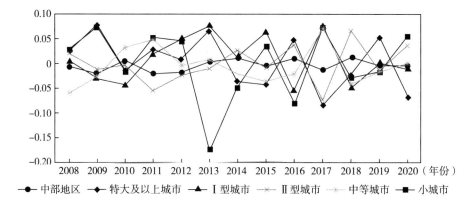

图 3.36 中部地区不同规模等级城市历年企业污染排放指标均值变化趋势

西部地区的分析结果如图 3.37 所示。2008～2015 年，西部地区以及各规模等级城市的企业污染排放指标均值的变化趋势相对平稳，2015 年之后，Ⅰ型城市和中小城市的企业污染排放指标均值逐渐偏离西部地区整体均值，并呈现"先上升，后下降"的变化特征。特大及以上城市和Ⅱ型城市企业污染排放指标均值的曲线与西部地区整体均值曲线高度重合，表明两类城市的企业污染排放均值总体处于西部地区的平均水平。Ⅰ型城市的企业污染排放均值曲线在 2017 年之前与西部地区整体均值曲线趋于一致，但在 2017 年之后出现"先上升，后下降"的变化特征，并在 2019 年达到最高点，超过同期其他规模等级城市企业污染排放指标均值。中等城市和小城市的企业污染排放水平在 2008～2015 年主要围绕西部地区整体均值上下波动。然而，中、小城市在 2015 年之后的波动幅度增大，呈现出"先上升，后下降，再上升"的变化特征，其均值曲线逐渐偏离西部地区整体均值曲线。总体而言，西部地区不同规模等级城市的企业污染排放水平在 2015 年后出现了显著的分化趋势，其中，Ⅰ型城市和中、小城市的波动尤为明显。

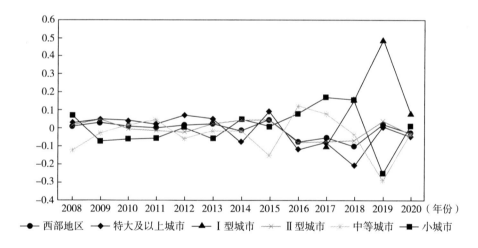

图 3.37　西部地区不同规模等级城市历年企业污染排放指标均值变化趋势

四、本章小结

本章介绍了城市层面市场潜力（市场外部性）、企业层面集聚程度及制造业企业发展质量的指标测度方法，进而对城市层面市场潜力、企业集聚程度以及企业创新水平、创新质量、全要素生产率、企业出口国内附加值率、企业出口产品质量及企业污染排放水平等高质量发展指标进行时空特征分析。主要结论如下：

（1）在城市市场潜力方面，市场潜力基本上与城市规模及地区经济发展水平间呈现正相关关系，即规模更大的城市、东部地区城市的市场潜力均值更高。将东、中、西部地区的城市按照不同规模细分后发现，各地区不同规模城市的市场潜力均值在样本期间均呈现出明显的上升趋势，但上升幅度不一，区域内部市场潜力增长差异最大的是西部地区，然后依次是东部地区及中部地区。

（2）在集聚水平方面，企业集聚指数均值在不同地区上呈现沿"东—中—西"方向递减，在不同规模城市上呈现沿"超大及特大城市—Ⅱ型大城市—Ⅰ型大城市—中等城市—小城市"逐渐递减的趋势。将东、中、西部地区的城市按照不同规模细分后发现，东部地区超大及特大城市的集聚指数增长更快，西部地区小城市的集聚指数增长更快，使这两地区内部不同城市之间的集聚水平差异呈扩大化态势。相比之下，中部地区各规模城市的集聚指数增长较为协调。

（3）在企业创新水平及创新质量方面：①东部地区除Ⅱ型城市外和中部地区的企业创新数量指标均值与城市规模等级呈现正相关关系，而西部地区的企业创新数量指标均值变化与城市规模等级不存在明显规律。②企业创新数量指标均值根据东、中、西部地区递减。③东、中和西部的企业创新数量呈现波折上升逐渐趋近的趋势。④全国层面、东部地区和西部地区的企业创新质量指标均值与城市规模呈正相关关系，即城市等级越高，其企业创新质量指标均值越大。⑤企业创新质量指标均值变化趋势呈"东部地区＞中部地区＞西部地区"的规律。除小城市外，各地区同一等级的城市企业创新质量指标均值也满足同一变化趋势。⑥各地区企业创新质量均存在时间增长趋势，但东部地区和中、西部地区的企业创新质量的差距越来越大。

（4）在企业全要素生产率方面，企业全要素生产率空间分布呈现明显不平衡特征，东部地区和中部地区生产率发展水平较高，西部地区发展水平相对较低；全要素生产率中等城市和特大及以上城市发展较好，而小城市全要素生产率水平较低，因而在不同等级城市中整体上呈现出随城市等级提高不断提升的特征。

（5）在企业出口国内附加值率方面：①企业出口 DVAR 随城市等级和区域的不同，呈现出一定的规律性变动，总体而言，较低等级城市的企业出口 DVAR 高于较高等级城市，企业出口 DVAR 呈现沿"西—中—东"递减的趋势。②企业出口 DVAR 随着城市等级降低先下降后上升。结合高铁开通与出口 DVAR 现状分析可知，由于东部地区经济发达，高铁等交通运输业发达，企业会更多利用国外中间品进行生产，产品中的国内附加值较少，从而 DVAR 较低；中、西部地区由于经济较落后，高铁等交通运输业并不发达，企业会更多使用国内中间品进行生产，导致产品中的国内附加值较高，从而 *DVAR* 较高。

（6）在企业出口产品质量方面，全国层面的企业出口产品质量指标在2003～2007年整体呈现波动式上升的趋势，企业出口产品质量指标的均值为0.5340。从区分东、中和西部地区的视角看，东部地区的企业出口产品质量指标高于全国平均水平，且对全国层面指标的影响最大；中部地区的企业出口产品质量指标整体低于东部地区，且中部地区的企业出口产品质量指标曲线与东部地区的曲线起伏情况有相似性；西部地区的企业出口产品质量指标曲线波动幅度最大，但对全国平均水平的影响很小。在区分不同地域的基础上，进一步区分不同的城市等级，可以发现超大城市和特大城市的企业出口产品质量指标明显超过其他等级的城市，其中在东部地区和中部地区，超大城市的企业出口产品质量指标均值大于特大城市，但在西部地区，特大城市的企业出口产品质量指标均值大于超大城市。在东部地区，不同等级城市的企业出口产品质量指标均值曲线起伏情况具有相似性，整体呈现波动上升；在中部地区，2007年后各等级城市的企业出口产品质量指标均值曲线明显上升，其中超大城市和特大城市的曲线在2007年后保持较高水平；在西部地区，各等级城市的企业出口产品质量指标均值曲线起伏程度较大，曲线间多次交错，整体来看西部地区的特大城市企业出口产品质量较高。

（7）在企业污染排放方面，全国层面企业污染排放指标均值2008～2020年呈波动上升趋势，各地区和不同规模等级城市企业污染排放指标均值的变化趋势存在显著差异。分地区来看，东部地区企业污染排放水平整体低于全国均值，而西部地区整体高于全国均值。分城市规模等级来看，特大及以上城市的企业污染排放指标均值波动幅度较小，且整体低于全国均值水平；Ⅰ型城市和Ⅱ型城市企业污染排放指标均值整体高于全国平均水平；中小城市企业污染排放指标均值相对于全国均值主要表现为上下波动，并未呈现明显的规律性变化特征。进一步分地区看，东部地区和西部地区各规模等级城市企业污染排放指标均值差异较小，波动幅度也较小；而中部地区各规模等级城市企业污染排放指标均值存在较大差异，且未呈现明显上升或下降趋势。这表明不同地区和不同规模等级城市间企业污染排放水平表现不一，在污染治理中的挑战和进展各不相同，各城市应根据自身特点采取更为精准的环保政策，以推动企业污染减排和区域环境质量提升。

第四章　空间集聚优势对制造业高质量发展的影响机制

本章在集聚经济理论、新经济地理理论、社会关系网络理论、全球价值链理论、贸易附加值理论、企业污染排放理论基础上，围绕空间集聚优势的来源以及制造业高质量发展的本质内涵，从创新驱动、效率提升、价值链升级、产品升级、污染减排五个方面构建空间集聚优势推进制造业高质量发展的理论机制与分析框架。其中，在空间集聚优势对制造业创新驱动的影响机制方面，主要从市场外部性和中间品共享效应对企业创新的影响、企业集聚外部性对创新质量的影响两个方面进行阐述；在空间集聚优势影响制造业效率提升方面，基于集聚经济理论和社会关系网络理论的综合视角构建理论分析框架，探讨数字化转型背景下企业集聚网络对全要素生产率的影响；在空间集聚优势影响制造业价值链升级方面，在集聚经济理论、贸易附加值理论基础上，研究空间集聚优势对企业出口国内附加值率的影响机制；在空间集聚优势影响制造业产品升级方面，基于空间集聚优势对企业贸易附加值影响机制，侧重从生产性服务业集聚视角来探讨集聚经济外部性对制造业企业出口产品质量升级的作用机制；在空间集聚优势影响制造业污染减排方面，本章基于集聚经济理论和企业污染排放理论，通过拓展 Forslid 等（2018）的分析框架，探讨了企业级空间集聚影响其污染排放强度的作用机制。

一、空间集聚优势对企业创新的影响机制

（一）市场外部性和中间品共享效应对企业创新的影响机制

本部分从国内大市场的需求优势、制造业中间品的空间供给优势及最终产品市场与中间品市场的协同作用三个方面探讨企业创新的推动机制并提出相应的研究假设。国内大市场、中间品空间供给及其协同效应对企业创新的作用机制，如图 4.1 所示。

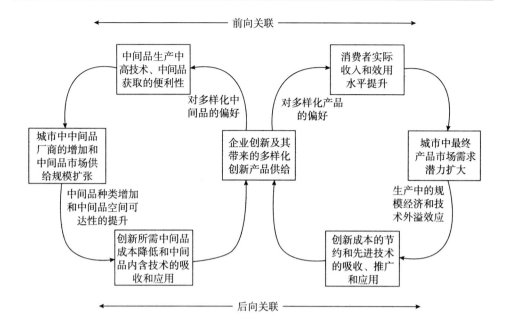

图4.1　国内大市场和中间品空间供给对企业创新的影响

1. 国内大市场的需求优势与企业创新

新经济地理理论认为，除传统基本生产要素（劳动力、资本以及技术等）外，市场潜力（Market Potential）的可获得性也是经济活动空间集聚和地区经济增长的持续驱动力。Krugman（1991）最早在一般均衡模型中引入市场潜力来探讨市场空间规模对经济活动空间集聚和经济增长的影响机制。Helpman 等（1998）、Hanson（2005）等进一步对市场潜力的内涵进行拓展，用于表征经济活动空间集聚和经济增长过程中需求方面递增收益的主要来源。已有研究主要从制造业区际关联、制造业集聚、区际边界效应、产品多样化和企业生产率等方面探讨市场潜力或区际需求关联的外部性机制，论证了市场潜力扩张带来的规模经济优势在经济集聚、企业转型升级中的重要作用。然而，现有文献中从最终产品市场需求视角探讨企业创新机制的研究较为少见。Schmookler（1962）指出，最终产品市场需求是企业技术创新的重要动力来源，市场特定需求的满足已成为决定创新产出是否拥有价值的重要标准之一。这意味着企业创新产出绩效的提升要从挖掘市场潜力入手。企业创新能力不仅仅是技术进步的体现，更是市场需求的映射。某地区越接近大型市场，其企业所能得到的潜在购买力越大，越能够为企业深化分工、推进产品创新和生产技术创新提供充分的市场保障，提高创新成功的概率。本书将从最终产品市场引发的规模经济效应和技术外溢效应两个方面探讨其对企业创新的影响机制。

（1）国内大市场通过发挥规模经济效应降低企业平均成本，进而作用于企业创新。规模经济效应由市场供给和需求关联机制引致的循环因果关系而产生，即 Hirschman（1958）提出的"前向关联"和"后向关联"。市场潜力反映了城市中代表性企业在空间中获得最终产品市场的能力或者不同地区企业间的供求关联效应。厂商选择在市场潜力较大、厂商数目较多的地区设厂，能够更为便利地与周边企业基于"前向关联"和"后向关联"形成稳固的投入产出关联机制；而扩大的市场需求又通过这一关联机制促使区域内上下游企业间的供给和需求均得到增加，从而帮助企业获得规模收益。在规模效应和递增收益作用下，城市中企业间的分工效率和要素生产效率得到提升，有利于激发企业研发活动和创新活力。

首先，从前向关联来看，在资源约束和产品市场竞争条件下，企业往往以市场为导向，基于消费者不断升级的消费需求开展研发、生产活动，通过新产品的研发和创新扩大市场规模，从而获得超额利润。聂辉华等（2008）指出，企业技术创新实质是市场需求导向型的创新，追逐更大的产品市场规模是企业进行技术创新活动的主要动力来源，市场需求规模的扩大提高了企业的创新收益率，使得企业在研发投入和科技人员引进方面得以投入更多的资金，直接构成了企业进行技术创新活动和进一步占取市场份额的动力。同样，企业在市场潜力的作用下实现规模经济，进一步提升了本地产品的种类和数量，距离大型市场较为接近的消费者更易于以较低价格获得所需多样化产品，从而降低生活成本、提高消费者获得感，并吸引更多消费者和潜在消费者在城市集聚，进而引致企业发展方式转变和产业结构性调整，使城市内企业研发动力和投入产出效率得到提升。

其次，从后向关联来看，企业为降低运输成本，倾向定位于市场需求较大的地区。邻近大型市场的制造业企业不仅能够节约运输成本和交易成本，而且能够深化分工、提升要素生产率，使其在总成本不变情况下扩大产出，降低平均成本、获得递增收益和规模经济优势；而递增收益一方面使企业积累更多研发资金用于科研活动和新产品开发，另一方面会吸引更多企业定位于此，加剧企业间竞争，促使企业有动机依据市场需求开展更多创新活动，通过开发新产品来扩大市场规模和竞争优势。基于此，本书提出以下研究假说：

假说 1.1：国内市场潜力扩张有助于通过发挥规模经济效应降低企业平均成本，从而激发企业研发创新动力和创新活力，提升企业创新水平。

（2）国内大市场通过强化空间技术外溢效应作用于企业创新。技术外部性强调技术外溢和知识扩散对企业生产率的影响效应。然而，企业间的知识和技能流动是有成本的，这种成本随企业间距离缩短而不断降低。由于知识和技术在空间传播的时滞以及其在传播过程中的衰减特征，技术溢出往往存在空间局限性。尤其对于那些不能被编码的缄默知识，距离更是技术溢出的重要阻碍。而由市场潜力扩张形成的产业集聚，则缩短了企业间距离，为企业获得技术外溢和知识扩散创造了良好条件。在递增收益作用下，企业在大型市场地区集聚有助于便利地获取其他经济主体所从事的技术创新活动信息并从中学习新知识、新思想。不仅如此，集聚区内因市场关联机制而链接在一起的企业能在一定程度上降低创新主体间的协调成本和从事创新活动的风险，从而扩大集聚创新网络，促进集体学习和企业创新。具体而言，一方面，市场潜力扩张可使处于同一行业的上下游关联企业形成专业化集聚，从而深化创新价值链分工，提升信息收集、筛选、转换及传播效率，促使区域内企业共享专有技术和专业化知识，实现创新价值链各环节的内部整合。而集聚区中上下游关联企业在创新过程中建立的稳定的合作关系，有助于不同企业之间形成共担创新风险的良性机制，从而降低创新风险和不确定性，激发企业创新潜能，提升企业研发和创新水平。另一方面，大型市场区域还能吸引处于不同行业的企业集中布局，形成产业多样化集聚。不同行业间互补共生的多样化聚集有利于多样化知识的传播和交流，而互补行业的信息传播和差异化思维的融合碰撞更有利于促进企业创新的多元化水平，进一步促进行业间资源的有效配置，提高企业创新效率。可见，市场潜力扩张带来的产业集聚和创新要素集聚程度越高，越有利于新思想和新技术的传播，最终在更深层次上促进企业创新能力提升。基于此，本书提出以下研究假说：

假说 1.2：国内大市场通过强化空间技术外溢效应促进企业创新水平提升。

2. 制造业中间品的空间供给优势与企业创新

国内大市场的需求优势从最终产品市场角度探讨了企业创新的影响机制。而就产业链角度而言，企业研发和创新活动除受到需求牵引作用以外，还与高质量中间品投入密切相关。提升国内中间品供给水平，尤其是掌握核心技术、关键部件和特殊材料等中间投入品的发展主动权，将有助于提升中国制造业自主创新能力和国际竞争水平，保障国内产业链安全，进而促进产业转型升级和经济发展方式转变。本部分从中间品空间供给带来的中间品成本降低和技术外溢效应两个方面探讨中间品空间供给对企业创新的影响。

（1）中间品空间供给通过降低企业中间品成本作用于企业创新。上下游企业在生产链条中天然地存在着投入产出关联效应，而更便利的物流通道和更低的沟通成本有助于进一步强化这种关联效应，提升中间品在产业链中的空间供给能力，使更多最终产品厂商共享中间品规模效应的好处。中间品共享效应的发挥使最终产品厂商能够更便利地获得研发和创新活动所需的各类中间品，从而降低单位产品中间投入成本、提高研发效率和技术创新水平。熊彼特创新理论指出，产业链中的中间品种类越丰富，企业可获得的中间投入品的多样化水平和技术含量越高，企业开展创新活动越为活跃。从这个意义上说，上游行业中间品种类的增加实际上是通过提升下游行业可获得的中间品多样化水平来增强产业链的中间品供需匹配效应，从而提高下游企业创新过程中获得所需中间品的便利性和空间共享水平，降低下游企业中间品价格和投入成本。这不仅有助于直接提升下游企业的研发、创新和生产效率，而且可为下游行业降低生产成本、获取更高利润创造条件，进而进一步缓解企业创新的融资约束，激励企业开展更多研发创新活动。可见，制造业企业可通过投入产出关联机制依靠产业链上游供应商来获取竞争优势和创新动力来源。基于此，本书提出如下研究假说：

假说 1.3：中间投入品的空间共享效应可通过降低企业中间品投入成本，提升企业创新水平。

（2）中间品空间供给通过影响产业链空间技术外溢效应作用于企业创新。基于产业链的空间技术外溢效应能够使上下游行业间的共性技术外部性得到充分发挥。具体而言，内含先进技术和工艺的中间投入品对下游关联企业能够起到技术创新的示范和引领作用，不仅能直接强化下游企业间引进、消化、吸收和运用新技术的效率，促进企业产出、工艺和功能升级，而且有助于提升企业生产效率和市场竞争力，为企业进行更高层次和水平的创新提供技术支持。从同一行业企业间的关联角度看，内含先进技术的高质量中间投入品的率先创新可通过投入产出关联效应带动下游企业改进生产工艺、促进技术升级、提升产品创新水平。为防止其他企业通过不断创新产品来获取垄断利润，制造业行业内各下游企业都有竞相引入新型中间品、增大研发投入来提升自身生产技术水平的动机。下游企业在生产过程中为了使自身工艺、技术与所承接高质量中间品的技术相匹配，避免因质量和技术错配导致成本上升和生产率下降，会不断进行技术改进和升级，提升自身技术创新水平。另外，在面临下游企业技术升级和产品创新情况下，上游关联企业为了在适配高质量中间品技术需求过程中获得竞争优势，也会竞相增加研发投入以及通过彼此间的模仿学习等途径促进中间产品创新，提升产业链共性技术复杂度。而这反过来会进一步激发下游企业技术升级和研发创新，进而形成产业链上下游企业间知识积累和集体学习的动态循环，提升了整体创新效率。从不同行业关联的角度看，高质量中间品投入为不同行业间技术人员交换异质性信息提供了便利，降低了沟通成本和信息不对称，进一步强化了产业内部及不同产业之间的知识外溢和信息交流，提升了技术人员学习、运用新技术的能力，为企业消化、吸收新技术，进而提升技术创新能力创造了条件。基于此，本书提出如下研究假说：

假说 1.4：中间品空间供给能够通过强化产业链空间技术外溢效应提高企业

创新能力。

3. 国内大市场和中间品空间供给对企业创新的协同效应

生产要素的空间供给和产品市场的需求是地区发展的重要动力，决定着地区的要素投入、经济活动的成本和效益。最终产品市场需求规模扩张有助于拉动企业深化分工、获得规模经济收益，不仅帮助企业获得更多的创新产出，也为上游企业中间品供给和创新提供了巨大引致需求。而中间产品供给网络的建立，是经济内循环中提升产业链完整性和企业自主研发能力的重要一环。来自空间中不同城市的中间品供给市场又为企业产品生产和创新提供了中间品支撑，从而形成中间品供给和最终产品需求的投入产出国内循环系统。与此同时，不同种类制造业产品又有可能成为其他制造业产品生产、创新的中间投入品，上下游产业链的联动效应激发了企业技术创新、工艺改进和产品创新的学习效应和示范效应。具体而言，国内中间投入品创新将通过提升中间投入品的产品种类、质量水平，促使国内中间产品以较低的相对价格、较高的相对质量嵌入生产制造环节，形成对进口中间品的替代。而较强的中间品供给和创新能力，又为制造业企业深入推进技术创新、优化生产工艺，进而生产出满足市场需求的创新产品提供了保障。中间产品供给的丰富与成熟，最终产品市场潜能的激发和完善，都为制造业企业降低成本、获得利益、吸收先进技术从而进行创新研发活动提供了发展路径，从而形成企业创新、中间品市场和最终产品市场的良性循环。可见，中间品供给推动和最终产品需求拉动形成的投入产出协同效应及空间外部经济为制造业企业获得规模经济优势和递增收益提供了保障，成为企业技术创新和进一步发展的动力来源。基于此，本书提出以下研究假说：

假说 1.5：国内大市场的需求优势和制造业中间品的空间供给优势能够在企业创新过程中产生协同效应。

（二）集聚外部性对企业创新质量的影响机制

创新质量反映了创新成果的影响力、认可度，以及其能够带来持续的经济社会价值的能力。根据 Marshall（1890）和 Porter（1990）的研究，企业空间集聚可通过集聚外部性和竞争效应促进节能减排领域重要技术创新实现突破，并推动绿色创新成果的有效传播、扩散和应用，进而提升企业绿色创新质量。根据 Marshall（1890）的分析，空间集聚会通过显性和隐性效应使企业受益，提升企业创新能力和创新质量。其中，显性效应指企业集聚会降低运输成本、实现外部规模经济，并以更低成本使绿色创新中间产品和服务的供应更为便利化；会因靠近工人或消费者而使企业拥有更厚、更庞大的劳动力市场（尹靖华和韩峰，2019），从而降低工人失业风险以及企业在特殊冲击后未搜寻到适宜技能工人来填补职位空缺的风险等。隐性效应主要指空间集聚会通过面对面的交流互动，增加企业间的信任、商誉和互惠机会，进而降低交易成本，促进生产、研发过程中相关技术和创新实践等知识和隐性信息的有效传播、应用（Chang and Oxley，2009）。除集聚外部性外，空间集聚还有助于培育竞争优势（Porter，1990；Klepper，2010），能够激励企业在环境规制约束愈发收紧情况下竞相增强绿色技术创新力度、提升创新质量。创新过程也会产生污染物等非期望产出。污染排放及能源资源粗放利用的加剧不利于创新质量的提升。因而，创新质量还要体现可持续发展和绿色转型的内容，即绿色创新质量。本书从劳动力"蓄水池"效应和人力资本外部性、技术外溢、绿色中间品空间可得性以及竞争效应四个方面梳理和分析企业空间集聚影响绿色创新质量的机制，如图4.2所示。

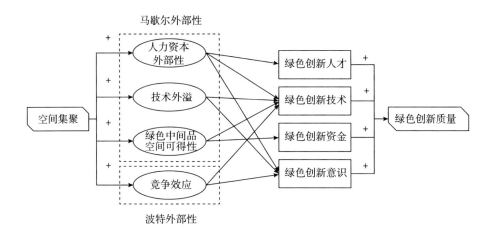

图4.2　企业空间集聚促进绿色创新质量提升的逻辑机制

1. 企业空间集聚通过发挥绿色技能人才"蓄水池"效应和人力资本外部性作用于企业绿色创新质量

创新活动往往出现于人口稠密地区，人才集聚带来的厚劳动力市场更易发挥人力资本外部性，从而使集聚区具有明显的创新性（Carlino et al.，2007）。人口随企业而集聚，企业集聚易形成各类专业化劳动力、高技能人才或创新型人才"蓄水池"（Greenstone et al.，2010），从而产生明显的人力资本外部性。随着环境规制水平及企业对于绿色可持续发展意愿的不断提升，企业对于绿色创新型人才的需求日益增加，因而企业集聚势必导致不同层次、不同类型绿色技能人才，尤其是掌握前沿绿色创新科技的高技能人才的集聚，易形成各类从事节能减排工作的高技能人才或绿色创新型人才的"蓄水池"或厚劳动力市场。这不仅会加速与节能减排和绿色发展相关的先进知识、技术和信息在高技能劳动力间有效流动和传播，增强企业对新知识的吸收、学习能力，促使企业及时掌握绿色技术前沿（Glaeser and Gottlieb，2009），而且更容易产生新技术和新思想，从而实现绿色技术革新，提高企业绿色技术研发水平和绿色创新质量（Moretti，2004；梁文泉和陆铭，2016）。同时，企业集聚带来的高技能人才"蓄水池"效应和人力资本外部性，还会通过提高企业员工的综合素质，提升企业整体绿色创新意识，从而进一步激发企业主动提升绿色创新质量的意愿，使企业绿色研发和创新过程更科学、更高效，更多专注于绿色创新质量的提升。另外，专业化技能人才"蓄水池"形成的厚劳动力市场，一方面，增加了绿色创新企业所需的合适候选人的数量，从而降低由企业绿色创新部门岗位空缺引起的损失（Orlando et al.，2019）；另一方面，便于不同技能劳动力匹配合适的岗位，降低了工人的求职成本和工作搜寻成本，使与节能减排领域相关的专业工人无须在创新集群中改变位置便可较容易地找到与自身技能水平相吻合的新职位，并获得较高工资（李红阳和邵敏，2017），从而减少摩擦性失业，吸引更多绿色创新人才集聚，进一步发挥人力资本外部性在绿色创新质量提升中的作用。基于以上分析，本书提出以下研究假说：

假说 1.6：企业空间集聚会通过发挥绿色技能人才"蓄水池"效应和人力资本外部性来促进企业绿色创新质量提升。

2. 企业空间集聚通过强化绿色技术外溢效应作用于企业绿色创新质量

技术外溢效应有利于降低企业绿色创新过程中的不确定性和复杂性，加速企业间绿色环保知识和技术的交流、传播及应用，从而实现绿色创新质量的提高（彭向和蒋传海，2011）。空间集聚会促使企业间进行频繁且丰富的信息共享和技术交流，产生技术外溢效应，提升企业在市场中的竞争优势（Porter，1990）。在绿色转型和高质量发展背景下，企业在绿色创新方面的做法、经验及其在绿色环保、清洁生产、节能减排等方面积累的知识和技术，也会因空间集聚而在不同企业间相互传播和学习，进而增强重要绿色技术创新的影响力、认可度及应用价值，提升企业绿色创新质量。

首先，对于绿色创新这种复杂且多变的领域来说，能够快速获得专业知识和关键信息至关重要。企业空间集聚缩短了企业收集、学习绿色创新及清洁环保技术和知识的时间与空间距离，在地理空间上为研发人员间、企业间以及行业间的沟通提供了天然优势（Li et al.，2023），有助于加强彼此间的互动和分享，促进与绿色、清洁、环保相关的技术、知识以及观念在集聚区内的快速传播，推动显性和隐性知识转移。Olson（2003）探讨了技术外溢效应和距离之间急剧衰减的关系，指出相邻企业间的技术外溢效应更显著，更方便彼此间共享知识和相互学习。集聚区内企业互动和交流越充分，往往代表着越开放的研发环境，从而越有利于企业产生和吸收异质性知识（陈长石等，2019），进而提升绿色创新质量。

集聚区内企业间频繁地相互作用意味着产业边界的弱化（陈劲等，2013），产业间的研发人员流动或学科交叉学习能够有效传递相关信息和技术（Almeida and Kogut，1999；陈露等，2020），促使与节能环保等相关的绿色技术得到更大广度和深度的扩散。空间集聚使企业间在绿色创新和清洁技术研发等方面的科研合作和交流更为便利。而 Boschma 等（2009）也指出，在知识密集型企业集群中，企业间员工的频繁流动和相互作用是推动技术外溢的重要渠道。这种正式的科研合作以及企业间员工的频繁择业行为会使绿色创新过程中积累的经验和知识在企业间得到有效传播和应用（Eriksson and Lindgren，2009），助推绿色创新获得更大突破及实现更大经济社会价值，从而有效推动企业绿色创新质量提升。

其次，绿色创新具有内容多样性、过程复杂性、研发周期长及创新风险高等特征，而企业在集聚区内频繁地互动和交流，有助于增进彼此的社会认同、相互信任以及对特定空间组织的归属感，增强集聚区内企业间的社会邻近性（Capello，2016），进而降低信息不对称和绿色创新过程中的不确定性，提升绿色创新质量。集聚的空间组织形式有助于企业在相互作用中形成共同的行为准则和自觉的行为规范，从而能够约束机会主义行为（Camagni and Capello，2013），促进企业间各类正式、非正式及以灵活可变形式为主的合作。各类合作关系相互交织使企业间建立起地域化的稳定关系网络系统，有效确保了资源和信息在个体间的传播、共享和利用（Ben Arfi et al.，2018），从而为降低研发过程的不确定性、提升绿色创新质量提供保障。Feldman（1994）指出，参与创新的协同企业间的信息交换可以减少研发过程的不确定性。Capello 和 Lenzi（2018）进一步强调，集聚带来的企业间空间互动提升了企业行为的透明度，有助于彼此建立起统一的行为规则和社会价值观，并在社会邻近性和关系邻近性共同作用下形成稳定的合作关系，从而降低创新不确定性，提升创新质量。

最后，空间集聚不仅意味着运输和交易成本的降低，更意味着创新和参与集体学习的可能性（Jacobs et al.，2014）。企业集聚加强了企业之间的联系，并允许知识和技术以较低成本在集群内流动（Helmers，2019）。畅通的信息沟通将有助于企业就绿色产品创新、绿色流程创新以及绿色管理和服务等非技术性创新达成共识，进而促进整个集聚区域的绿色创新质量提升（Peng et al.，2020）。企业空间集聚有利于将先进的绿色生产、绿色产品设计及绿色管理和服务等知识外溢至关联企业，特别是对于专业化程度较高、发展基础较好的成熟企业。集聚区内绿色产业链上不同环节厂商的专业化分工，绿色产品设计、生产中的纵向和横向分工，以及厂商间紧密的供求关系，使知识和技术的扩散、吸收、利用效率得到整体提升。企业间在绿色创新方面的"产供销"活动正在实现由"量"到"质"的转变，进而使得绿色创新意识愈发浓厚、绿色创新成果扩散更为便利、绿色创新质量提升更为有效（苏屹和李丹，2022）。基于以上分析，本书提出以下研究假说：

假说 1.7：企业空间集聚会通过强化绿色技术外溢效应来促进企业绿色创新质量提升。

3. 企业空间集聚通过提高绿色中间品的空间可得性作用于企业绿色创新质量

绿色创新过程往往需要绿色材料、绿色包装等绿色中间品以及绿色产品设计、低能耗服务等中间服务作为投入。集聚使企业可以便捷地从集群中获得绿色创新所需的各类中间品和中间服务，并以更低的成本和更丰富的资源进行更高质量的绿色创新活动。

首先，空间集聚有利于企业获得绿色创新过程所需的制造业中间品。空间邻近性使绿色产业链中的上下游企业的专业化生产，通过投入产出关联效应在集聚区内进行有效整合（陈建军等，2009），从而产生资源共享效应和协同效率。上下游企业在同一空间中的集聚，一方面使得每家制造业绿色中间品企业在多个下游绿色产品制造企业需求拉动下进行规模化生产、获得规模经济收益，从而为下游绿色创新企业提供质优价廉的绿色中间品；另一方面，便于下游企业根据绿色创新需求快速、精准定位中间品交易目标，从而有利于降低交易成本和绿色中间品搜寻成本，提高绿色创新质量。另外，在供需一体化的企业集群中，绿色产业链各环节中的严格分工使企业各自具备相应的专门知识，不仅能够有效评估集群中供应商的质量，而且更容易获得供应商的信任和议价资格（Becattini，2004），从而以更低的成本、更可靠地获取绿色创新所需的专业中间品。可见，空间集聚能够显著降低企业绿色技术创新及绿色产品研发、生产及销售各环节的成本，提升企业对于多样化绿色中间品的空间可得性，为绿色创新质量提升提供高质量中间品保障。

其次，空间集聚有利于企业获得绿色创新过程所需的中间服务品。技术创新的成功很大程度上依赖于中间品厂商的研发投入以及金融、信息传输、科学研究与技术服务等生产性服务业中间品的发展和集聚水平（韩峰和阳立高，2020）。比如，空间集聚可以通过提升绿色创新企业的信贷配给能力，从而有效缓解企业申请绿色信贷时面临的信息不对称，有助于企业获取更大规模的绿色贷款、更低的融资成本以及更长的贷款期限，推动企业开展绿色治理（Ganau，2016），促进企业提高绿色创新数量和质量。除此之外，空间集聚有助于绿色创新企业以较低价格快速获得法律咨询、会计服务以及技能培训等多样化的高质量中间服务品，以降低绿色创新企业交易成本、中间品搜寻成本和生产成本，有效支撑了企业绿色创新质量提升。基于以上分析，本书提出以下研究假说：

假设 1.8：企业空间集聚可通过提高制造业绿色中间品和中间服务的空间可

得性来促进企业绿色创新质量提升。

4. 企业空间集聚通过竞争效应作用于企业绿色创新质量

企业提升绿色创新质量的动力在于实现经济绩效和环境绩效的双赢。随着人们环境保护意识的不断提升和对生活质量的要求不断提高，消费者对绿色环保产品的需求日益增加。为抢占绿色产品市场，企业有动力进行绿色技术创新和绿色产品的研发，以期通过不断提升绿色创新质量来塑造绿色形象、获得更多竞争优势（Gupta and Barua，2018）。空间集聚在一定程度上有助于加剧企业之间的竞争（Porter，1998；Baldwin and Okubo，2006），从而更好地发挥竞争效应在促进绿色创新资源的有效整合和优化配置，进而提高绿色创新效率和质量中的作用（Turkina et al.，2019）。

首先，集聚使企业拥有便利的信息获取渠道，能及时把握竞争对手的研发动态，竞相增加绿色研发支出，加快研发和生产符合市场需求的、差异化绿色产品。Peng 等（2020）认为，产业集聚加速了绿色知识和技术的扩散，从而激发了企业的竞争意识，提高了企业从事绿色创新的意愿，进而有助于提高绿色创新效率。

其次，企业为了保持自身竞争优势，会利用集聚带来的便利性改进绿色产品设计、推进绿色技术创新和绿色产品研发，以生产出满足消费者需求偏好和符合绿色环保标准的产品（Zhang et al.，2018）。

最后，新的绿色产品的研发和创新将打破原有模式下的竞争格局，使创新企业相对集聚区中的其他企业获得更多收益，进而激励更多企业不断精进绿色创新技术、开展新的创新，实现集聚区内企业绿色创新的循环累进，促进企业集群绿色创新质量的整体提升（Kekezi and Klaesson，2020）。此外，集聚带来的企业间竞争效应会倒逼企业不断深化专业化分工，以促进绿色创新要素的高效配置和有效利用，从而提升绿色创新质量，持续保持绿色创新的竞争优势。基于以上分析，本书提出以下研究假说：

假说1.9： 企业空间集聚会通过竞争效应促进企业绿色创新质量提升。

二、数字化转型背景下企业集聚网络影响
全要素生产率的作用机制

本部分将在社会网络理论和空间经济理论基础上，构建企业数字化和集聚网络影响全要素生产率的理论分析框架，探讨企业数字化和集聚网络通过影响企业间相互作用强度和频率，以提升知识外溢效应，进而作用于全要素生产率的作用

机制，为进一步的实证分析提供依据。

（一）理论分析框架

1. 企业生产方面

由于数字环境下缄默知识转移仍需要在既定空间范围内进行，因而我们假设一定空间范围 R 内分布有 N 家企业，每个企业均可从与其他企业的互动中获益。经济系统中代表性企业 i 使用技术（或全要素生产率）A_i 和劳动力 l_i 进行生产，生产函数为：

$$y_i = A_i l_i \tag{4.1}$$

式中，y_i 为企业生产的产品产量。式（4.1）意味着，劳动力的边际报酬不变，但劳动力和技术要素一起的综合边际报酬是递增的。企业生产技术水平依赖于其获取、掌握知识的能力（Matusik and Hill，1998；Metcalfe，2002）。企业拥有的知识，一方面来自自身的知识学习和生产过程，另一方面来源于其周边企业的知识外溢。知识的空间分布对企业生产率及其增长路径具有重要影响。一方面，企业间的"示范—模仿"行为可使一个企业的边际要素生产率因另一企业生产中的正外部性而得到提升（Barro et al.，1991；Fritsch and Franke，2000）；另一方面，经验和好的想法可以通过企业及个人间的互动和沟通而在企业间传播，这不仅能够直接作用于企业生产过程、提升要素生产率，而且有助于降低单位成本，使企业获得规模报酬和递增收益（Glaeser et al.，1992；Smolny，2000）。空间知识外溢既可以是来自同一行业内部不同企业间的专业化外溢，也可表现为不同行业企业间的多样化外溢。专业化知识外溢反映了同一行业内研究人员、企业家及高技能人才相互作用而产生的知识外溢和学习过程，即知识在致力于解决类似或具有较高相关性问题的企业或个人间的溢出（Glaeser et al.，1992），这类知识往往是易于编码、标准化程度较高的知识。多样化知识外溢是企业通过与其他行业互动来获得多样化的、互补性知识的过程，从而扩大了企业获取知识的种类和广度（Jacobs，1986；Zhang，2018），这类知识具有较高的复杂性、不易编码性，因而更需企业或个体间频繁地互动来促进其实现有效传播和外溢。知识溢出的存在能够克服单个企业下的规模报酬递减问题，使企业生产率在与其他企业空间互动中得到提升。以 S 表示企业从外部获取的知识外溢，则企业全要素生产率可进一步表示为：

$$A_i = A_0 S_i^{\eta} \tag{4.2}$$

式中，A_0 代表除空间知识外溢效应外，企业从其他途径获取的技术；η 为空间知识外溢的产出弹性，是经济系统中决定知识外溢重要性的关键参数，$0 < \eta < 1$。根据社会网络理论和空间经济理论，空间知识外溢水平与经济个体间的相互作用程度密切相关。空间互动频率的提升增加了企业间知识外溢的机会（Krugman，

1991）。Becattini（2004）和 Van Oort（2004）指出，企业间空间互动在决定知识流及创新的地理特性和模式方面发挥着关键作用。Gleaser（1999）、Storper 和 Venables（2004）指出，企业间相互作用的最重要好处在于能够获得知识外溢。企业间接触强度的增加意味着企业在一定时间段内与越来越多的其他企业或个人产生互动关系，因而有更多的学习交流机会来提升自身创新水平和生产率（Gordon and McCann，2005；McCann，2007）。除空间互动程度外，企业获得的知识外溢水平还取决于企业对于知识的接收能力（Caniels，2000）。新知识的接受者需要具备使用现有知识的必要能力（Cohen and Levinthal，1990），不仅包括其对知识的认知能力，也包括其承担为学习新知识而产生的成本的能力。发展水平越高的企业，越有能力识别、甄选有用知识，也越有意愿去学习新的知识，也更有能力承担为学习新知识而产生的成本，从而对知识外溢具有更强的接收能力。因而，以企业整体发展水平 y_i（企业产出）表征企业在每次相互作用中能够接收的最大知识量，以 f_i 表示既定空间范围内企业 i 与周边企业的空间互动频率（程度），则空间知识外溢 S_i 可表示为：

$$S_i = f_i y_i \qquad (4.3)$$

将式（4.2）、式（4.3）代入式（4.1）整理得到：

$$y_i = A_0^{\frac{1}{1-\eta}} f_i^{\frac{\eta}{1-\eta}} l_i^{\frac{1}{1-\eta}} \qquad (4.4)$$

式（4.4）反映了考虑知识外溢效应的企业生产函数。进一步结合式（4.4）和式（4.1），企业 i 的全要素生产率或生产技术可表示为：

$$A_i = A_0^{\frac{1}{1-\eta}} f_i^{\frac{\eta}{1-\eta}} l_i^{\frac{\eta}{1-\eta}} \qquad (4.5)$$

式（4.5）捕获了企业生产率提升中企业间空间互动带来的递增收益，其作用程度 $\frac{\eta}{1-\eta}$ 随知识外溢在经济中的重要性（η）的提升而不断提高。企业通过高频率的空间互动，提升了其获取外部知识、先进经验和技术方法的便利性，有助于改进生产工艺、促进新产品研发和快速迭代升级，提高全要素生产率。

2. 需求方面

经济系统中企业 i 与周边企业 j 分别位于空间中的不同位置，二者产生的相互作用程度或频率（f_i）及其从空间互动中获得的收益，取决于企业在社会关系网络中的位置（s_{ij}）、与周边企业间社会关系的强度（θ_i）以及企业相对于周边企业的空间可达性（m_i）。与处于地理中心位置的企业一样，位于社会关系网络中心位置的企业具有更高的空间互动水平。本部分模型主要考察企业在社会关系网络中的位置、企业数字化决定的社会关系强度及企业到周边企业空间可达性如何共同决定企业在空间中的均衡互动水平，进而推动企业全要素生产率提升。

根据 Liu 等（2014）的研究，社会关系网络可由一系列节点（企业）$N = \{1, \ldots, n\}$，$n \geqslant 2$，以及节点间的一组链接或直接联系组成。节点间的这些链接 g_{ij} 影响着企业从空间互动中获得的收益。具体而言，以邻接矩阵 $\boldsymbol{G} = [g_{ij}]$ 表示社会关系网络中的直接连接，且定义当且仅当 $g_{ij} = 1$ 时，社会关系网络中的企业 i 与企业 j 具有直接关联关系，反之则 $g_{ij} = 0$。不失一般性，我们假定 $g_{ij} = g_{ji} = 1$，且 $g_{ii} = 0$。因而，$\boldsymbol{G}$ 为对角线为 0 的对称方阵。

假设消费者（或企业 i 员工）从最终商品 y 及其与他人的互动中获得效用。消费者效用以可转移效用函数来表示，即

$$U_i(f_i, \boldsymbol{f}_{-i}, g_{ij}) = y_i + u_i(f_i, \boldsymbol{f}_{-i}, g_{ij}) \tag{4.6}$$

式中，f_i 为企业 i 与周边企业间相互作用的频率或程度，$\boldsymbol{f}_{-i}$ 为除企业 i 外其他企业相应的空间互动向量，$u_i(f_i, \boldsymbol{f}_{-i}, g_{ij})$ 为企业间相互作用的亚效用函数。式（4.6）显示，消费者效用在取决于商品量 y 的同时，还决定于企业 i 与周边企业的相互作用频率 f_i、周边其他企业的空间互动频率 $\boldsymbol{f}_{-i}$，以及企业 i 在社会关系网络中与其他企业的关联情况 g_{ij}。假设每一次的空间互动都会产生一次相互作用或知识交流，那么企业间知识交流的总量便可由相互作用的总次数或频率表示。借用 Liu 等（2014）对效用函数的设置方法，假设亚效用函数 u_i 可表示为以下的线性二次函数形式：

$$u_i(f_i, \boldsymbol{f}_{-i}, g_{ij}) = \phi f_i - \frac{1}{2} f_i^2 + \sum_{j=1}^{n} \theta_i g_{ij} f_i f_j \tag{4.7}$$

式中，ϕ 为参数，且 $\phi > 0$；θ_i 为企业 i 与周边企业的网络关联强度，或者企业 i 与周边企业每次相互作用传递的信息量。式（4.7）显示，企业 i 中员工（消费者）的效用不仅决定于自身企业的空间互动水平 f_i，而且取决于社会关系网络中与其直接连接（$g_{ij} = 1$）的企业 j 的空间互动程度 f_j。

随着数字化进程的不断推进和数字技术的快速应用，企业获取、利用和传输信息能力会大幅提升，其在与周边企业每次互动中传递的信息量势必不断增加，因而社会网络关联强度 θ 是企业数字化的增函数。以 κ 表示企业数字化水平，则企业 i 与周边企业的社会网络关联强度可由下式表示：

$$\theta_i = a \kappa_i^{\lambda} \tag{4.8}$$

式中，a 为参数，反映了除数字化外，其他影响社会关系网络关联强度的因素；λ 为企业数字化对网络关联强度的影响弹性。若 z 表示每次相互作用过程中信息传递路径的长度，则在数字化水平既定情况下，较长的信息传递路径具有较小的 θ，而对于较短的传递路径则赋予较大的 θ。在社会关系网络矩阵中，信息传递路径越长，意味着 g_{ij} 的幂级数越高，因而社会关系网络中从企业 i 到企业 j 传递路径长度为 z 的路径数可表示为 g_{ij}^{z}。由此，社会关系网络中企业 i 到企业 j

所传递的知识或信息总量可表示为：

$$w_{ij} = \sum_z \theta_i^z g_{ij}^z \tag{4.9}$$

为获取缄默知识，企业必须克服一定地理距离与其他企业进行面对面互动，并从这种互动中获得收益。若 I 为企业 i 员工总收入，ω 为其工资水平，τ 为企业从互动中获得的单位信息的边际收益，则有：

$$I_i = \omega_i + \tau m_i \theta f_i \tag{4.10}$$

式中，m_i 为企业 i 对周边企业的空间可达性。式（4.10）意味着，员工总收入水平是工资收入和其从空间互动中所获收益之和，且空间可达性水平越高，企业在相互作用中的交通成本便越低，越有助于在空间互动中获得更多收益。令 E 表示企业规模、d 为企业间的距离，则根据 Kang（2015）和 Ashik 等（2020）对空间可达性的界定方法，企业 i 到周边企业的空间可达性 m_i 可表示为：

$$m_i = \sum_{j=1}^n \frac{E_j}{d_{ij}} \tag{4.11}$$

空间可达性实际上反映了既定空间范围内不同规模企业在地理上的接近性，是反映企业空间集聚水平的重要指标。式（4.11）中，企业规模越大，则企业拥有的知识存量或信息量便越大，其对周边企业越有吸引力；企业间距离越远，则企业克服交通成本进行面对面交流，进而获得信息和知识的难度越大。假设消费者用于商品 y 的总支出与其总收入相等，且总收入以最终商品来计价，则有 $I_i = y_i$。将式（4.10）替换式（4.6）中的 y_i，并结合式（4.7）可得：

$$U_i(f_i, \boldsymbol{f}_{-i}, g_{ij}) = \omega_i + \varphi_i f_i - \frac{1}{2} f_i^2 + \sum_{j=1}^n \theta_i g_{ij} f_i f_j \tag{4.12}$$

式中，$\varphi_i = \phi + \tau m_i \theta_i$。由式（4.12）可知，$\dfrac{\partial^2 U_i}{\partial f_i^2} = -1$，因而消费者效用是空间互动频率 f_i 的凹函数。同时，由于 $\dfrac{\partial^2 U_i}{\partial f_i \partial f_j} = \theta_i \sum_{j=1}^n g_{ij} > 0$，因而企业 i 与周边企业 j 的空间互动频率具有互补性，周边企业空间互动程度会随当地企业空间互动频率的提升而提高。

3. 模型求解与全要素生产率决定方程

在给定社会关系网络结构和其他企业空间互动频率情况下，将式（4.12）对 f_i 求导，并令一阶导数为零，可得到效用最大化情况下企业 i 的最优空间互动频率：

$$f_i^* = \varphi_i + \sum_{j=1}^n \theta_i g_{ij} f_j^* \tag{4.13}$$

由式（4.13）可知，企业 i 的最优空间互动频率（程度）是社会关系网络中与其直接连接的其他企业空间互动频率的线性函数。将式（4.13）写为矩阵形式，则有 $f = \varphi + \theta G f$。其中，f 和 φ 分别为 f_i 和 φ_i 的（$n \times 1$）向量矩阵。求解以上矩阵方程可得到：

$$f^* = [I - \theta G]^{-1} \varphi \tag{4.14}$$

式中，I 为单位矩阵。进一步将式（4.9）写为矩阵形式，得到 $W = \sum\limits_{z} \theta^z G^z$，其中 G^z 为矩阵 G 的 z 次幂。将 W 的幂级数进行扩展，可以进一步得到：

$$W = I + \theta G + \theta^2 G^2 + \theta^3 G^3 + \cdots\cdots \tag{4.15}$$

在式（4.15）两端同乘以 θG 得到：

$$\theta G W = \theta G + \theta^2 G^2 + \theta^3 G^3 + \theta^4 G^4 + \cdots\cdots \tag{4.16}$$

式（4.15）减去式（4.16）可得到 $W - \theta G W = I$。进而有：

$$W = [I - \theta G]^{-1} \tag{4.17}$$

结合式（4.14）和式（4.17）有 $f^* = W\varphi$，进一步将其写为一般形式，得到：

$$f_i^* = \sum_{j=1}^{n} w_{ij} \varphi_i = \sum_{j=1}^{n} \sum_{z=0}^{+\infty} \theta_i^z g_{ij}^z \varphi_i \tag{4.18}$$

式中，$\sum\limits_{j=1}^{n} \sum\limits_{z=0}^{+\infty} \theta_i^z g_{ij}^z$ 衡量了企业从社会关系网络中获得的信息或知识总量，是企业在社会关系网络中位置的重要体现（Bonacich，1987；Ballester et al.，2006），记 $s_i = \sum\limits_{j=1}^{n} \sum\limits_{z=0}^{+\infty} \theta_i^z g_{ij}^z$。企业在社会关系网络中的位置 s_i 越优越，其在获取信息方面越有优势，获得的信息或知识量越大。结合式（4.8），s_i 可进一步表示为：

$$s_i = \sum_{j=1}^{n} \sum_{z=0}^{+\infty} a^z \kappa_i^{z\lambda} g_{ij}^z \tag{4.19}$$

由式（4.19）可得 $\dfrac{\partial s_i}{\partial \kappa_i} = z\lambda \sum\limits_{j=1}^{n} \sum\limits_{z=0}^{+\infty} a^z \kappa_i^{z\lambda-1} g_{ij}^z > 0$。这意味着，企业数字化水平越高，越有利于加强其与周边企业间的社会网络关联强度，从而提升其在社会关系网络中的地位。

将式（4.18）中的 φ_i 替换为 $\phi + \tau m_i \theta_i$，得到：

$$f_i^* = \sum_{j=1}^{n} \sum_{z=0}^{+\infty} \theta_i^z g_{ij}^z (\phi + \tau m_i \theta_i) = s_i(\phi + \tau m_i \theta_i) \tag{4.20}$$

由式（4.20）可知，$\dfrac{\partial f_i^*}{\partial s_i} = \phi + \tau m_i \theta_i > 0$，$\dfrac{\partial f_i^*}{\partial m_i} = \tau s_i \theta_i > 0$，$\dfrac{\partial f_i^*}{\partial \theta_i} = \tau s_i m_i > 0$，因而均

衡状态下企业 i 与周边企业的空间互动频率随企业 i 在社会关系网络中地位的提升、企业 i 对周边企业空间可达性的提高以及企业 i 社会关系网络关联强度（或企业数字化水平）的提高而增加。空间互动频率和程度的不断提升，有助于增强企业间信息传输和技术外溢，使其更便利、充分地获得所需知识和信息，提高技术创新水平和生产率。将式（4.11）代入式（4.20），进一步整理得到：

$$f_i^* = \phi s_i + \tau \theta_i \left(s_i \sum_{j=1}^{n} \frac{E_j}{d_{ij}} \right) \tag{4.21}$$

式中，E_j 为除企业 i 外的其他企业规模，以企业就业规模表示；d_{ij} 是企业 i 与其周边企业 j 间的距离，或企业 i 能够从其他企业获取信息及知识的最优距离；空间可达性 $\sum_{j=1}^{n} \frac{E_j}{d_{ij}}$ 体现了企业 i 与其周边其他企业间的空间分布关系，其值越大，代表企业 i 与周边企业间的联系越为密切，集聚效应越为明显；s_i 为企业 i 在企业集群中所处的网络位置，其值越大代表与其他企业相比，企业 i 在识别潜在市场机会、获取信息、知识和数据资源方面越具优势。

尽管一定地域范围内企业的集中布局有助于提升企业获取数据的便利性和数量，但企业间单纯地理位置的邻近性仅增加了彼此接触或相互作用的可能性，并不意味着企业因此获取的知识或信息对自身发展而言是充分的及有用的。本书将 s_i 与 $\sum_{j=1}^{n} \frac{E_j}{d_{ij}}$ 合并，并将 $s_i \sum_{j=1}^{n} \frac{E_j}{d_{ij}}$ 定义为企业集聚网络，不仅体现了企业间在地理空间中的邻近性，更体现了特定区域内不同企业相互关联而产生的关系邻近性。企业之间的这些相互作用和关系既包含市场力量作用下的集聚关联效应，也包含非市场的社会关系。企业所在产业集群的集聚效应越明显，代表企业更多地依据市场效率而选择最优区位（师博和沈坤荣，2013），其与周边企业在劳动力供求、投入产出关联及技术互动等方面存在密切联系，因而该企业从周边企业获取各类信息、知识就越便利、越充分。此外，企业集群集聚效应的发挥不仅可以通过劳动力市场供需匹配效应、投入产出空间关联效应和空间技术外溢效应等提升企业获取、利用数据信息的能力，而且可以通过集群中企业间的密切联系和不断的相互作用促使企业间建立起稳定的社会关系（Capello，2016）。这些社会关系相互交织构成了一种被集群内企业普遍认同的关系网络。这些关系网络或者表现为供应商与生产商、私人经济主体与公共经济主体间的非正式的"非贸易"关系以及一系列由员工流动和企业间模仿而产生的缄默知识传播、学习网络（Camagni and Capello，2002），或者表现为更正式的、贯穿整个企业集群的合作协议，如企业之间、个人与企业之间在技术发展、职业和在职培训、基础设施和公共服务供给等领域形成的各类合作协议等。企业拥有优越的关系网络位置（s_i 较大）一方面可以使其获得较多外部知识、信息资源和社会资本，增加企业创新的战略性资源拥有量，并使企业通过整合和有效利用外部数据资源准确预测市场发展趋势，减少企业发展面临的不确定性；另一方面则有助于企业降低产品研发、创新中的信息不对称，提高企业决策质量和企业内生发展动力，从而更有助于吸引企业向邻近社会关系网络优越位置的区位集聚。而处于关系网络劣势地位的企业则不具有获取信息或知识的优势地位，其获得的集聚效应和生产率效应相对有限。因而在这一过程中，企业关系网络因集聚效应而产生，反过来进一步强化了企业间的集聚优势，形成一种正向反馈和循环因果关系。由此，由市场力量决定的企业集聚效应与社会关系决定的网络外部性在企业获取外部资源和竞争优势中产生了协同效率，合作与相互作用带来了企业集群内企业的递增收益和区位优势。式（4.21）中的 $s_i \sum_{j=1}^{n} \dfrac{E_j}{d_{ij}}$ 便反映了企业集群中集聚效应和网络外部性的这种协同作用。

同时应注意到，企业与周边企业的网络关联强度以及其在社会关系网络中的位置也由企业数字化决定（见式（4.19））。企业数字化水平的提升势必会进一步强化企业集群中各企业间的网络关联效应，从而赋予企业集聚以更为明显的网络特征，进一步提升企业从网络互动中所获知识和收益，进而吸引企业集聚、强化集聚经济效应。可见，企业数字化会进一步强化集聚网络中企业集聚效应和网络外部性的协同作用，增强企业间的相互作用水平。

将式（4.21）代入式（4.5），并令 $\psi_i = s_i \sum_{j=1}^{n} \dfrac{E_j}{d_{ij}}$ 表示企业 i 的集聚网络，则企业 i 的全要素生产率可表示为：

$$A_i = A_0^{\frac{1}{1-\eta}} l_i^{\frac{\eta}{1-\eta}} (\phi s_i + \tau \theta_i \psi_i)^{\frac{\eta}{1-\eta}} \tag{4.22}$$

式（4.22）是本书得到的企业数字化和集聚网络影响企业全要素生产率的决定方程。本书将以该方程为依据，从知识外溢效应以及企业数字化与集聚网络的协同效应两个方面探讨企业数字化和集聚网络影响企业全要素生产率的机制，并提出相应的研究假说。

（二）机制分析与研究假设

1. 企业数字化通过强化知识外溢效应作用于企业全要素生产率

高频率的空间互动意味着高效率的信息传输和各类知识的空间溢出。由显性知识和隐性知识的特征可知，显性知识多是易于编码的、标准化的专业化知识，而隐性知识或缄默知识主要是那些较为复杂、难以编码的多样化知识。式（4.22）显示，企业数字化可通过三条路径增强企业间知识外溢效应，提升企业的生产率优势。

第一，由式（4.8）、式（4.21）和式（4.22）可知 $\dfrac{\partial A_i}{\partial f_i}\dfrac{\partial f_i}{\partial \theta_i}\dfrac{\partial \theta_i}{\partial \kappa_i}>0$，因而企业数字化可直接通过增强社会网络关联强度来提升企业空间互动频率，进而提高企业全要素生产率。

第二，结合式（4.19）、式（4.21）和式（4.22）可知 $\dfrac{\partial A_i}{\partial f_i}\dfrac{\partial f_i}{\partial s_i}\dfrac{\partial s_i}{\partial \kappa_i}>0$，意味着企业数字化可通过提升企业所处社会关系网络地位，以提高企业间相互作用频率和知识外溢效应，进而获得生产率优势。这两条路径主要体现了企业数字化通过提升显性知识转移频率来获得生产率优势的效应。在数字化作用下，企业在直接传输标准的、易于编码的专业化知识方面具有明显的便利性，因而有助于促进专业化知识的空间外溢。

第三，由式 $\psi_i = s_i \sum\limits_{j=1}^{n} \dfrac{E_j}{d_{ij}}$、式（4.21）和式（4.22）可知 $\dfrac{\partial A_i}{\partial f_i}\dfrac{\partial f_i}{\partial \psi_i}\dfrac{\partial \psi_i}{\partial \kappa_i}>0$，因而数字化转型可通过强化企业集聚网络的集聚效应和网络外部性来提高企业空间互动频率，进而提升企业全要素生产率。该路径主要体现了企业数字化通过强化集聚效应和面对面接触来获取缄默知识，进而提升了全要素生产率的效应。企业能够利用数字技术精确获得关于更为稀有和先进的知识种类的相关信息（Zhang，2018），并通过强化企业间集聚网络的集聚效应和网络外部性而推动这些隐性的多样化知识的转移。随着数字化带来的企业间信息传输数量、知识交流范围和强度的不断提升，信息的种类和复杂性在不断增加。通过空间集聚和近距离面对面接触来解决高度复杂问题的必要性和重要性日益凸显。尤其是集聚组织中形成的稳定社会关系网络为集聚效应的充分发挥和多样化知识的有效转移提供了重要保障。

首先，数字化带来的企业或个人间的接触频率提高，不仅使得企业或个人获取、学习各类知识的机会增加，而且知识的种类和复杂性也在不断提升，甚至有些知识无法直接通过文字表达或编码的方式进行传播，因而势必导致企业及个人间更多的面对面地互动。企业间的相互作用增进了彼此间的了解和信任，有助于构建基于友好和信任的稳定社会关系网络（Boschma，2005；McCann，2007）。在这一关系网络内，企业间拥有统一的体制规则和社会价值观，在社会邻近性和关系邻近性共同作用下较易形成合作关系（Capello and Lenzi，2018）。企业间的合作和协作有助于实现要素和资源在社会关系网络节点企业间的共用共享，从而促进具有隐性、复杂性特征的多样化知识的转移和相互学习。而企业数字化带来的网络关联强度的提升及对网络成员身份的精准验证和识别效应，有助于规避社会网络关系中企业合作的机会主义行为，有效保障企业间的相互作用频率，助推企业在空间互动中实现协同效率。

其次，基于统一社会规则的稳定关系网络有助于提高企业间相互行为的透明度、降低信息不对称，使多样化知识的传播更为安全可靠。企业间频繁的相互作用不仅会导致更大数量知识和信息的交换，而且有助于提升知识和信息的质量（Porter，1985），从而降低不确定性，促进企业创新（McCann，2007）。Porter（1990）指出，企业间空间互动频率的提升增进了彼此信息的透明度和知识交流的准确性，从而有助于降低企业生产、经营和创新风险，提升企业生产率。Boschma（2005）认为，企业间频繁的互动能够增强其组织协调和交流知识的能力，从而提升所获取信息的确定性，并将企业生产和创新风险控制在合理范围内。因而企业数字化不仅能够直接推动专业化知识的转移，而且能够通过强化企业集聚网络的集聚效应和网络外部性而更有效地推进多样化知识的外溢，进而提升企业全要素生产率。由此，本书提出以下研究假说：

假说2.1：企业数字化不仅能够直接推进专业化知识外溢，而且能够通过强化企业集聚网络的集聚效应和网络外部性对多样化知识外溢产生更为明显的促进作用，进而提升企业全要素生产率。

2. 企业数字化和集聚网络在推动全要素生产率提升中的协同效应

从式（4.22）中不仅能够获得企业数字化有助于提升企业全要素生产率的证据，即 $\frac{\partial A_i}{\partial \kappa_i}>0$，还可以发现 $\frac{\partial^2 A_i}{\partial \kappa_i \partial \psi_i}>0$ 或 $\frac{\partial^2 A_i}{\partial \psi_i \partial \kappa_i}>0$。这意味着，企业数字化和集聚网络在推动企业全要素生产率提升中具有协同效应和互补性，不仅企业数字化有助于强化集聚网络的集聚经济效应和网络外部性，而且企业所处集聚网络位置越优越也会使企业在数据资源获取、利用，以及数字技术研发应用中越具优势，进而对企业数字化的生产率提升效应产生促进作用。由此，本书提出以下研究假说：

假说2.2：企业数字化和集聚网络在全要素生产率提升中具有协同效应和相互强化效应。

三、集聚外部性和市场外部性对企业出口国内附加值率的影响机制

伴随制造业企业不断向全球价值链"微笑曲线"两端延伸，企业的附加值在不断提高，因而制造业价值链升级可表示为制造业产品从低附加值环节向高附

加值环节转变、制造业企业在全球价值链分工体系中的位置不断提升的过程（张鹏杨和唐宜红，2018；毛其淋和许家云，2019）。企业所在区位不同，其与周边经济体之间在经济和地理空间上具有的邻近优势也各异。要素和生产活动的空间组织方式或对其更有效的空间配置方式成为决定企业生产中递增收益的来源，也是表现为集聚经济和地方化经济的正外部性的源泉。实际上，中国融入全球价值链分工体系的同时也催生了地区制造业的大规模集聚和发展。在各类集聚外部性交互作用下，规模收益递增直接作用于企业生产率，降低了生产和交易成本，提高了生产要素使用效率，增强了企业创新能力，并由此驱动制造业企业出口产品附加值提升。在马歇尔经济集聚理论下，集聚外部性主要从要素的空间供给方面阐释了集聚优势在企业降低成本、提高效率中的作用。而在新经济地理理论的框架中，Krugman（1992）分析了需求的空间分布对制造业企业集聚的作用，将不同地区之间市场的空间关联效应（以市场潜力来表示）作为企业规模经济收益的来源。区域间的市场外部性主要从需求方面阐释了空间规模经济优势对企业成本和效率的影响（韩峰和赖明勇，2016）。而对于同一企业而言，要素供给和市场需求的空间外部性可能并非孤立发挥作用，二者可能同时存在、共同对企业出口国内附加值产生影响。基于此，本书将在 Krugman（1992）、Halpern 等（2015）以及 Kee 和 Tang（2016）综合研究基础上，从要素供给和市场需求的综合空间视角构建企业出口国内附加值率决定模型，进而探讨劳动力"蓄水池"效应、中间投入品和中间服务的规模经济效应（中间品共享效应）、技术外溢效应以及市场潜力扩大的规模经济效应四个方面的空间集聚优势对制造业企业出口国内附加值率的作用机制。

（一）理论分析框架

假设经济体中有 R 个城市，每个城市中最终商品市场为垄断竞争市场，要素市场为完全竞争市场。借鉴 Halpern 等（2015）对于生产函数的设置方法，企业 j 的生产需要投入劳动力（l）、资本（k）和中间品（M）三类要素。城市 o 代表性企业 j 的生产函数可设定为：

$$Q_{jo} = A_{jo} l_{jo}^{\alpha} k_{jo}^{\beta} M_{jo}^{\gamma} \tag{4.23}$$

式中，A_{jo} 为希克斯中性的企业全要素生产率；α 和 β 分别表示劳动力、资本的产出弹性；柯布—道格拉斯权重 γ 度量了中间投入在生产中的重要性程度，且满足 $\alpha+\beta+\gamma=1$。本书根据 Halpern 等（2015）的研究，也假定劳动力（l）和资本（k）是预先确定的，并通过确定均衡状态下中间品的数量组合来实现利润最大化或成本最小化。中间品数量 M_{jo} 由国内中间品数量（$M_{jo,D}$）和国外中间品数量（$M_{jo,F}$）组合而成。即

$$M_{jo} = \left[(\varphi_{jo} M_{jo,D})^{\frac{\theta-1}{\theta}} + M_{jo,F}^{\frac{\theta-1}{\theta}} \right]^{\frac{\theta}{\theta-1}} \tag{4.24}$$

式中，φ_{jo} 为国内中间品的效率参数，且 $\varphi_{jo}>0$；由于国外中间品效率参数取决于国外厂商的技术水平，可视为外生给定，不失一般性，本书将国外进口中间品效率参数设定为 1；θ 为中间品的替代弹性，且 $\theta>1$。根据 Kee 和 Tang （2016），国内中间品数量（$M_{jo,D}$）和国外中间品数量（$M_{jo,F}$）可看作不同种类国内中间品和国外中间品的 CES 组合。

$$M_{jo,D} = \left[\sum_{i=1}^{I^D} m_{io,D}^{\frac{\lambda-1}{\lambda}} \right]^{\frac{\lambda}{\lambda-1}}, \quad M_{jF} = \left[\sum_{i=1}^{I^F} m_{io,F}^{\frac{\lambda-1}{\lambda}} \right]^{\frac{\lambda}{\lambda-1}} \tag{4.25}$$

式中，I^D、I^F 分别为企业 j 可获得的国内和进口中间品数量；λ 为任何两种进口中间品以及任何两种国内中间品间的替代弹性，且 $\lambda>1$。若国内中间品和国外中间品价格分别为 $P_{jo,D}$、$P_{jo,F}$，则复合中间品 M_{jo} 的有效价格可通过求解与式（4.24）相关的成本最小化问题得到。即

$$P_{jo,M} = \left[\left(\frac{P_{jo,D}}{\varphi_{jo}} \right)^{1-\theta} + P_{jo,F}^{1-\theta} \right]^{\frac{1}{1-\theta}} \tag{4.26}$$

相应地，国内中间品和国外进口中间品价格则可表示为：

$$P_{jo,D} = \left[\sum_{i=1}^{I^D} p_{io,D}^{1-\lambda} \right]^{\frac{1}{1-\lambda}}, \quad P_{jo,F} = \left[\sum_{i=1}^{I^F} p_{io,F}^{1-\lambda} \right]^{\frac{1}{1-\lambda}} \tag{4.27}$$

式中，$p_{io,D}$ 和 $p_{io,F}$ 分别表示每种国内中间品 i 和国外进口中间品 i 的价格。可见，国内中间品价格和国外进口中间品价格均会随中间品数量的增加而减少，中间品价格是中间品数量的递减函数，即 $\frac{\partial P_{jo,D}}{\partial I^D}<0$；$\frac{\partial P_{jo,F}}{\partial I^F}<0$。

若 w 为企业支付给工人的工资，r 为资本价格（即利率），则企业在给定目标产量和要素价格情况下，通过选择劳动力、资本和中间投入的不同组合来实现成本最小化。均衡时，企业的成本函数为：

$$C_{jo} = \frac{Q_{jo}}{A_{jo}} \left(\frac{w_{jo}}{\alpha} \right)^{\alpha} \left(\frac{r_{jo}}{\beta} \right)^{\beta} \left(\frac{P_{jo,M}}{\gamma} \right)^{\gamma} \tag{4.28}$$

相应的企业边际成本为：

$$c_{jo} = \frac{\partial C_{jo}}{\partial Q_{jo}} = \frac{1}{A_{jo}} \left(\frac{w_{jo}}{\alpha} \right)^{\alpha} \left(\frac{r_{jo}}{\beta} \right)^{\beta} \left(\frac{P_{jo,M}}{\gamma} \right)^{\gamma} \tag{4.29}$$

在 Kee 和 Tang （2016）的研究中，企业出口国内附加值率取决于国外进口中间品成本在总产出中的比重，即

$$DVAR_{jo} = 1 - \frac{P_{jo,F} M_{jo,F}}{P_{jo} Q_{jo}} + \phi_j \tag{4.30}$$

式中，$DVAR_{jo}$ 表示城市 o 企业 j 的出口国内附加值率；P_{jo} 为企业 j 最终产品的价格，ϕ_{jo} 为经典回归中的误差项，用以捕捉不可观测项 $\frac{\delta_j^F}{EXP_j}$。若 C_{jo} 表示企业 j 生产 Q 单位最终产品的总成本，则国外进口中间品成本占总产出的份额可表示为：

$$\frac{P_{jo,F}M_{jo,F}}{P_{jo}Q_{jo}}=\frac{P_{jo,F}M_{jo,F}}{P_{jo,M}M_{jo}}\frac{P_{jo,M}M_{jo}}{C_{jo}}\frac{C_{jo}}{P_{jo}Q_{jo}} \tag{4.31}$$

式中，$\frac{P_{jo,M}M_{jo}}{C_{jo}}$ 为中间品成本在总成本中的份额，由生产函数式（4.23）可知，$\frac{P_{jo,M}M_{jo}}{C_{jo}}=\gamma$。结合式（4.28）、式（4.29）和式（4.31）可进一步得到：

$$\frac{P_{jo,F}M_{jo,F}}{P_{jo}Q_{jo}}=\frac{P_{jo,F}M_{jo,F}}{P_{jo,M}M_{jo}}\gamma\frac{c_{jo}}{P_{jo}} \tag{4.32}$$

在给定劳动力和资本情况下，企业进一步通过选择国内中间品和国外进口中间品的不同组合来实现成本最小化。即

$$\min_{M_{jo,D},M_{jo,F}} P_{jo,D}M_{jo,D}+P_{jo,F}M_{jo,F}$$
$$s.t.\ M_{jo}=\left[\left(\varphi_{jo}M_{jo,D}\right)^{\frac{\theta-1}{\theta}}+M_{jo,F}^{\frac{\theta-1}{\theta}}\right]^{\frac{\theta}{\theta-1}} \tag{4.33}$$

求解以上成本最小化问题，可得到国外进口中间品成本占中间品总成本比重为：

$$\frac{P_{jo,F}M_{jo,F}}{P_{jo,M}M_{jo}}=\frac{1}{1+\left(\frac{P_{jo,F}\varphi_{jo}}{P_{jo,D}}\right)^{\theta-1}} \tag{4.34}$$

结合式（4.32）和式（4.34）可得到：

$$\frac{P_{jo,F}M_{jo,F}}{P_{jo}Q_{jo}}=\frac{c_{jo}}{P_{jo}}\frac{\gamma}{1+\left(\frac{P_{jo,F}\varphi_{jo}}{P_{jo,D}}\right)^{\theta-1}} \tag{4.35}$$

借鉴新经济地理文献（Krugman，1992；Redding and Venables，2004）的论述，企业生产的最终产品在非完全竞争市场中交易，且最终产品也可输出，其运输需付出"冰山成本"，$t_{ov}>1$，其中 o 和 v 分别代表不同的城市。假设消费者的效用函数为不变替代弹性效用函数（CES），在效用最大化条件下所有城市对城市 o 中企业 j 产品的需求量可表示为：

$$Q_{jo}=x_{jo}=\sum_v x_{j,ov}t_{ov}=(P_{jo})^{-\sigma}\sum_v\left[(t_{ov})^{1-\sigma}E_v(G_v)^{\sigma-1}\right] \tag{4.36}$$

式中，$x_{j,ov}$ 为城市 v 对城市 o 中企业 j 的制造业产品需求量；E_v 为城市 v 用于制造业消费品的支出；P_{jo} 为企业 j 制造业产品的价格；$P_{jo}t_{ov}$ 为城市 o 中企业 j 的制造业产品在城市 v 中的价格；G_v 代表城市 v 的价格指数；σ 是制造业最终产品的替代弹性，且 $\sigma>1$。$\sum_v \left[(t_{ov})^{1-\sigma} E_v (G_v)^{\sigma-1} \right]$ 代表市场潜力，是城市 o 企业 j 受到的其他市场需求的影响，记为 MP_{jo}。将式（4.36）变形得到城市 o 企业 j 最终商品的价格：

$$P_{jo} = MP_{jo}^{\frac{1}{\sigma}} Q_{jo}^{-\frac{1}{\sigma}} \tag{4.37}$$

在垄断竞争市场中，市场规模扩大有助于企业生产实现规模经济效应，因而企业 j 每种制造业最终产品的生产均需一定的固定投入 f。城市 o 企业 j 的利润函数可表示为：

$$\pi_{jo} = P_{jo} Q_{jo} - C(Q_{jo}) = (P_{jo} - c_{jo}) Q_{jo} - f_{jo} \tag{4.38}$$

由式（4.38）对企业产量 Q_{jo} 求偏导，利用利润最大化的一阶条件可得到均衡状态下企业 j 的商品价格 P_{jo}^*，同时根据均衡状态下企业的自由进出条件（$\pi_{jo}=0$）可进一步得到企业的均衡产量 Q_{jo}^*，即

$$Q_{jo}^* = \frac{f(\sigma-1)}{c_{jo}} \tag{4.39}$$

结合式（4.30）、式（4.35）、式（4.37）和式（4.39），可得到企业 j 的出口国内附加值率决定函数为：

$$DVAR_{jo} = 1 - \frac{c_{jo}^{\sigma}}{MP_{jo}^{\frac{1}{\sigma}}} \frac{\gamma f^{\frac{1}{\sigma}} (\sigma-1)^{\frac{1}{\sigma}}}{1 + \left(\frac{P_{jo,F} \varphi_{jo}}{P_{jo,D}} \right)^{\theta-1}} + \phi_j \tag{4.40}$$

式（4.40）显示，企业出口国内附加值率除与企业本身的边际成本有关外，还受到企业面临的市场潜力、国内中间品效率以及国外进口中间品与国内中间品相对价格的影响。企业每生产一单位产品的边际成本 c_{jo} 越小，其出口国内附加值率便越大；结合式（4.27）可以看出，国内中间品种类和数量越多，国内中间品价格越低（相对价格 P_{jF}/P_{jD} 越高），则企业出口国内附加值率越高。同时可以看出，国内中间品效率越高，则企业出口国内附加值率越高。由于国外进口中间品价格由国际市场决定，因而可看作外生给定。式（4.40）意味着，各类空间集聚优势除市场潜力可直接对企业 $DVAR$ 产生促进作用（通过的 MP 渠道）外，劳动力"蓄水池"效应、中间投入品规模经济效应和技术外溢效应等集聚外部性还可通过影响国内中间品价格（$P_{jo,F}/P_{jo,D}$ 渠道）和效率（φ_{jo} 渠道）对企业出口国内附加值率产生影响。各类空间集聚优势对企业出口国内附加值率的影响机制

和路径如图 4.3 所示。

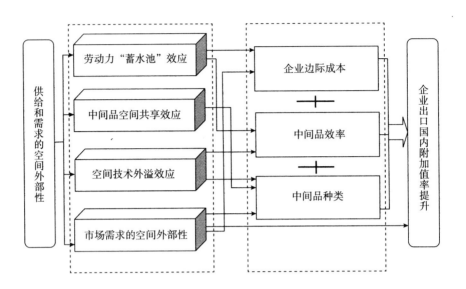

图 4.3 空间集聚优势对企业出口国内附加值率的作用机制和路径

（二）作用机制与研究假说

1. 空间要素供给、集聚外部性与制造业企业出口国内附加值率

首先，从劳动力"蓄水池"效应的角度考察空间集聚优势对制造业企业出口国内附加值率的作用机制。大量劳动力，尤其是专业技能人才的流动和集聚不仅可以提供企业生产经营活动所需要的各种人才，而且能够提升劳动力市场厚度，进而提高劳动力与企业之间的匹配程度。诸多研究证实了劳动力"蓄水池"效应在企业选址和生产效率提升中的重要作用（Rosenthal and Strange，2004；Ellison et al.，2010；Jofre-Monseny et al.，2014；徐瑛和陈澍，2015）。一方面，劳动力"蓄水池"通过提升劳动力市场厚度、扩大劳动力市场规模等途径提高了厂商对劳动力的多元化选择，使厂商以较低价格而便捷地获得岗位所需的技能人才，在保持总收益稳定的情况下有效降低厂商对劳动力的搜寻成本和生产成本。而总收益中企业成本的不断降低将有助于提高企业出口国内附加值率。另一方面，集聚区内大量专业技能劳动力构成的厚劳动力市场能够为劳动力在产业、企业间的转移提供空间。这在降低劳动力市场信息不对称程度的同时提高了劳动者与工作岗位间的匹配效率（陈建军等，2009；邵朝对和苏丹妮，2019），并通过熟练劳动力在同类型企业之间工作岗位的转换而提高厂商对中间品的使用效率，进而提升企业出口国内附加值率。基于此，本书提出以下研

究假说：

假说 3.1：作为集聚优势的劳动力"蓄水池"效应有助于降低企业成本、提升中间品效率，提高企业出口国内附加值率。

其次，从中间投入品的规模经济效应角度考察空间集聚优势对制造业企业出口国内附加值率的作用机制。中间投入的规模经济效应反映在不同城市之间，主要体现为空间各城市均为彼此提供质优价廉、种类多样的中间服务或制造业中间品，从而使得各城市共享大规模中间品市场好处。从这个意义上说，传统集聚经济理论中的中间品规模经济效应在更大空间范围内又可称为中间品市场的空间共享效应。中间品空间共享效应主要通过影响企业可获得的国内中间品数量、种类以及国内中间品的相对价格，进而影响企业的出口国内附加值率。一方面，从中间品厂商角度而言，城市中大量最终产品厂商集聚可为当地及周边城市中间品生产提供大规模市场需求空间，有助于城市自身及其关联城市在中间品生产中实现规模经济效益、降低中间品价格。另一方面，对于最终产品厂商而言，大量具有规模报酬递增性质的中间品厂商增加了最终产品生产商的可获得的中间品数量和种类，降低了国内中间品的相对价格，有助于制造业企业间共享国内中间品市场，更多使用国内中间品进行生产和出口，从而提高企业出口国内附加值率（Ellison et al., 2010；韩峰和柯善咨，2012；Kee and Tang，2016；邵朝对和苏丹妮，2019）。基于此，本书提出以下研究假说：

假说 3.2：中间品空间共享效应有助于增加国内中间品的数量和种类、降低国内中间品的相对价格，提高企业出口国内附加值率。

最后，从专业技术和知识的空间外溢效应角度考察空间集聚优势对制造业企业出口国内附加值率的作用机制。同一行业企业大规模的空间集聚为企业技术人员与研究人员交换异质性信息提供了便利，使得技术人员可以通过正式或非正式接触获得经验与技术，这均有助于企业间的知识共享和技术溢出，提高企业生产率（Eswaran and Kotwal，2002；Duranton and Puga，2004；Moretti，2004），并提升了制造业企业出口国内附加值率。一方面，空间技术外溢效应可通过提升企业学习效率、降低研发成本提高企业引进、吸收、运用新技术的能力和效率，对企业国内中间品的使用效率以及企业出口国内附加值率的提升均起促进作用。另一方面，空间技术外溢效应可从供给和需求两方面提升中间品种类和数量。从供给方面而言，空间技术外溢效应的充分发挥不仅会通过提高中间品厂商劳动生产率的方式增加国内中间品种类和数量，而且有助于降低落后企业的学习和研发成本，这会降低国内中间品相对国外进口中间品价格，促使厂商更多地使用国内中间品，进一步提升企业出口国内附加值率。从需求方面而言，空间技术外溢效应使得出口企业提高了中间品使用效率，进而增加对中间品的需求，需求规模扩大有助于中间品生产中实现规模经济效应，从而提升中间品种类和数量（Kee and Tang，2016），降低国内中间品相对价格，提高企业出口国内附加值率。基于此，本书提出以下研究假说：

假说 3.3：空间技术外溢效应有助于提升中间品效率、增加国内中间品种类，提高企业出口国内附加值率。

2. 空间市场需求、递增收益与制造业企业出口国内附加值率

在新经济地理理论框架下，企业在规模经济和运输成本综合作用下倾向集聚于市场需求较大的地区。伴随区际市场整合程度进一步加深和区际市场一体化水平不断提高，企业所面临的市场需求规模并非仅限于其所在城市本身，而是扩展至与之相联系的所有城市构成的空间市场规模（韩峰和柯善咨，2012；吕朝凤和朱丹丹，2016）。城市自身及其关联城市构成的市场空间规模以市场潜力来表示。国内产品市场需求规模扩大带来的规模经济效应不仅能够降低生产成本、使厂商获得生产中的递增收益（Krugman，1991），而且这种递增收益所产生的外部性优势会进一步提升企业在国际市场中的贸易竞争力，使企业更多出口具有规模报酬递增优势的产品（Krugman，1980；江小涓，2007；Staritz et al.，2011；赵永亮，2011），从而提升企业出口国内附加值率。

首先，市场需求规模扩大有助于企业深化分工、提升多样化产品生产中的规模经济收益。与远离市场的消费者相比，靠近大型市场的消费者更易于以较低价格获得所需多样化产品；消费者对于多样化产品的需求偏好会促使其不断集聚于大型市场及其关联城市，从而进一步扩大了本土市场需求规模。本土市场规模扩大又会进一步降低企业生产成本，催生更多类型产品的生产和更多消费者集聚，形成循环往复的空间集聚优势（Fujita and Krugman，1995；Rosenthal and Strange，2004；Combes et al.，2010）。进一步地，本土市场规模扩大带来的厂商—消费者关联效应或规模经济优势能够通过企业成本渠道提高企业出口国内附加值率，进而提升企业产品贸易竞争力。现有研究也从不同侧面印证了本书的推论，其中易先忠等（2017）在探讨"内需引致出口"问题时指出，依托国内大市场的内生外贸发展机制，是中国这类发展中大国在新发展阶段重塑外贸升级根本动力应当倚重的特殊途径。戴翔等（2017）指出，发展中国家本土市场规模扩大会诱发价值链高端生产环节的梯度转移，从而有助于该国制造业全球价值链攀升。

其次，市场需求规模扩大在通过"厂商—消费者关联效应"提升企业出口国内附加值率的同时，还能通过厂商与厂商间的前后向关联效应影响企业出口国内附加值率。在大规模市场需求驱动下，厂商生产的多样化产品除直接供给消费者外，还可作为下游厂商的中间投入品参与其他商品的生产和出口。拥有规模报

酬递增优势的厂商在多样化产品生产中可进一步扩大中间投入品的市场供给规模，为下游厂商提供数量更多、价格更低廉、种类更全的多样化中间品（Venables，1996；Puga，1999），从而使国内中间品相对进口中间品价格不断降低，促使下游厂商更多利用国内中间品进行生产和出口，有助于企业出口国内附加值率的提升。基于此，本书提出以下研究假说：

假说3.4：市场空间规模（市场潜力）扩大除直接对企业出口国内附加值率产生影响外，还能够通过企业边际成本与国内中间品种类渠道促进企业出口国内附加值率提升。

四、生产性服务业集聚对企业出口产品质量升级的影响机制

本书将在 Dixit 和 Stiglitz（1977）、Fan 等（2018）综合研究基础上，构建制造业出口产品质量的决定框架，进而依据该模型，进一步从技术外溢效应、规模经济效应等方面梳理生产性服务业集聚对制造业出口产品质量升级的影响机制，为后文实证研究奠定理论基础。

（一）理论分析框架

假设城市中有最终产品和中间服务品两个产业部门，最终产品的生产不仅需要各类要素和中间品投入，而且需要产品设计、生产监控、产品质量控制、分销等中间服务。所有最终产品均在垄断竞争市场中交易，因而城市 i 中每个最终产品厂商的产品与其他厂商均不相同。由于递增收益和消费者对商品多样化的偏好，每种最终产品均由一家专业化厂商来生产。对于厂商而言，高质量的生产过程必然需要更高质量的要素投入。根据 Fan 等（2018）的研究，城市 i 中代表最终产品厂商的生产函数为：

$$y_i(q_i) = A_i \left(\frac{F_i(q_i)}{1-\mu} \right)^{1-\mu} \left(\frac{M_i(q_i)}{\mu} \right)^{\mu} \tag{4.41}$$

式中，q_i 为代表性厂商的产品质量；$y_i(q)$ 为产品质量为 q 情况下的产出数量；$F_i(q_i)$ 为产品质量 q 时生产 y_i 所需的基本要素投入，包括劳动力和资本等；$M_i(q_i)$ 为质量为 q 的一组中间服务投入；A 为代表性厂商的生产技术水平或生产效率，μ 为中间服务投入份额。式(4.41)显示，最终产品厂商产出数量除与厂商生产率（A）、基本要素投入（$F_i(q_i)$）有关外，还受到中间服务投入（$M_i(q_i)$）的影响。

设定最终产品生产中基本要素投入的复合价格为 $c_i(q_i) = c_i g(q_i)$，其中

$g(q_i)$ 为最终产品厂商产品质量 q 的递增函数，c_i 为产品质量每增加一个单位所带来的基本要素投入的成本增加。同理，质量为 q 的中间服务投入的复合价格可设定为 $p_{i,M}(q_i) = p_{i,M}g(q_i)$，其中 $p_{i,M}$ 为产品质量每提升一个单位所带来的中间服务投入的成本增加。不失一般性，我们对 $g(q_i)$ 进行参数化，得到 $g(q_i) = q_i^{\gamma}$，$\gamma > 0$。基于此，产品质量为 q、生产率水平为 A 的最终产品厂商生产一单位产品的成本 $\bar{c}_i$ 可表示为：

$$\bar{c}_i = \frac{c_i^{1-\mu} p_{i,M}^{\mu} q_i^{\gamma}}{A_i} \qquad (4.42)$$

除生产中的可变成本外，更高质量的生产过程还需要一定的固定投入。与一般生产过程相比，高质量生产过程对于厂商的要素配置、工序安排、产品设计都有更高的要求，因而厂商要进入高质量生产阶段，就需要一定的固定投入以突破高质量生产的门槛。而这些固定投入的多少取决于厂商所要达到的质量水平。最终厂商的固定成本投入可表示为：

$$C_i^F = fq_i^{\phi} \qquad (4.43)$$

式中，f 为产品质量每提升一个单位所带来的固定成本增加；ϕ 表示与其他厂商相比，代表性最终厂商突破高质量发展阶段的难易程度，$\phi > 0$。

另外，在消费需求方面，根据 Dixit 和 Stiglitz（1977）、Fan 等（2018）对消费者效应函数的设定方式，城市 i 中消费者的效用函数 U_i 可表示为：

$$U_i = \left(\sum_{k=1}^{\Omega} q_i(k)^{\frac{\eta}{\sigma}} y_i(k)^{\frac{\sigma-1}{\sigma}} \right)^{\frac{\sigma}{\sigma-1}} \qquad (4.44)$$

式中，$y(k)$ 表示最终产品 k 的数量；σ 为任意两种产品间的替代弹性，$\sigma > 1$；η 为不同产品的质量差异化水平，$\eta > 0$；Ω 为城市 i 中最终产品的种类数。若 E_i 为城市 i 用于最终产品的总支出，则根据式（4.44）的消费者偏好，可得到城市 i 对每种最终产品的需求量 y_i 为：

$$y_i = \frac{H_i E_i p_i^{-\sigma} q_i^{\eta}}{\sum_k p(k)_i^{1-\sigma}} = H_i E_i P_i^{\sigma-1} p_i^{-\sigma} q_i^{\eta} \qquad (4.45)$$

式中，p_i 为城市 i 中每种最终商品的价格，$P_i = \left[\sum_k p(k)_i^{1-\sigma} \right]^{\frac{1}{1-\sigma}}$ 为城市 i 最终产品的价格指数。

基于以上分析，城市 i 中代表性最终产品厂商通过选择最终产品价格和产品质量水平来实现利润最大化。最终产品厂商的利润函数可表示为：

$$\pi_i = (p_i - \bar{c}_i) y_i - C_i^F \qquad (4.46)$$

将式（4.42）、式（4.43）和式（4.45）代入式（4.46）并对生产质量水平

(q) 取一阶条件，可得到最终产品厂商的最优产品质量水平：

$$q_i = \left[\Phi E_i P_i^{\sigma-1} \left(\frac{c_i^{1-\mu} p_{i,M}^{\mu}}{A_i} \right)^{1-\sigma} \right]^{\frac{1}{\phi-\eta+\gamma(\sigma-1)}} \tag{4.47}$$

式中，Φ 为复合参数。式（4.47）中 $E_i P_i^{\sigma-1}$ 反映了城市 i 对最终商品的购买能力，与城市规模密切相关。从式（4.47）可以看出，最终产品厂商的产品质量与企业生产率水平、城市规模正相关，与中间服务或生产性服务品价格、基本要素投入价格负相关[①]。由于劳动力和资本等基本要素价格与劳动力、资本供给量负相关，因而我们用劳动力和资本供给量反映基本要素价格对制造业出口产品质量的影响。中间服务品价格与服务业尤其是生产性服务业供给有关，城市的中间服务品供给越充分，其价格越低，因而城市生产性服务业集聚水平越高，规模经济效应便越明显，则生产性服务品价格便越低，最终产品厂商产品质量越高。同理，生产性服务业集聚水平越高，技术外溢效应越明显，则生产的效率和技术水平越高，制造业企业出口产品质量越高。本书从规模经济效应和技术外溢效应两个方面探讨生产性服务业集聚通过降低中间服务品价格、提升生产率或技术进步水平来促进企业出口产品质量升级的作用机制

（二）作用机制与研究假说

Marshall（1890）、Jacobs（1969）认为，产业集聚外部性主要表现为劳动力"蓄水池"效应、规模经济效应与技术外溢效应三个方面。生产性服务业作为典型的知识密集与技术密集型产业，其集聚发展同样将产生强大的外部效应，并通过上下游产业关联，与制造业形成密切的产业互动，进而提升制造业生产效率（宣烨和余泳泽，2017；余泳泽等，2016），促进制造业结构升级（韩峰和阳立高，2020），推动实现制造业价值链攀升（喻胜华等，2020）。基于上述理论分析框架，本书以生产性服务业集聚所产生的规模经济效应与技术外溢效应为纽带，提出生产性服务业集聚影响制造业出口产品质量的作用机制。

1. 生产性服务业集聚、规模经济效应与制造业产品质量升级

生产性服务业集聚凭借企业间邻近的距离优势和标准化规模化的生产流程，有利于降低单位产品生产成本和运输交易成本，形成规模经济和范围经济。Krugman（1991）认为，上下游关联企业在规模经济驱动下具有集中分布趋势。生产性服务业为制造业提供专业化中间投入品，为了节约交易成本与搜寻成本，制造业与生产性服务业往往呈现协同集聚发展趋势（刘叶和刘伯凡，2016），以便制造业受益于生产性服务业集聚的规模经济红利。

---

① 根据 Fan 等（2018）的研究，有 $\phi>\eta-\gamma(\sigma-1)$。

（1）生产性服务业集聚的规模经济效应能够直接降低生产性服务品的单位成本，生产性服务品价格随之降低，进而节约了制造业生产成本，增大制造业企业利润空间，降低了企业为牟利而偷工减料压缩成本的动机，从而有利于提升制造业出口产品质量。Rosenthal 和 Strange（2004）认为，中间品厂商的规模经济效应及产品多样性不仅增加了最终品厂商可以使用和选择的中间品种类，降低了最终品厂商的生产成本，而且提高了最终品厂商可获得的中间品质量。

（2）生产性服务业集聚有利于形成制造业中间投入品的专业化市场，便于制造业企业根据自身需求快速定位交易目标，有利于制造业企业降低交易成本、节省交易时间、提升最终产品质量。宣烨（2013）认为，降低交易成本是生产性服务业促进制造业效率提升的重要途径。

（3）生产性服务业集聚通过规模经济效应降低生产性服务品供给成本，将进一步激励制造业企业将为节省成本而内置的中间投入品生产业务外包，优化企业价值链，提高企业生产效率，使其更专注于核心科技开发，进而提升制造业出口产品质量。顾乃华（2011）认为，工业企业可借助服务外包整合自身价值链，提高生产效率。刘明宇等（2010）认为，关系型嵌入基本活动价值链的生产性服务，通过合并企业运营流程的同类项获得规模经济，进而提高生产效率和制造业企业竞争力，并激励其进一步专注于核心能力，将不擅长的服务外部化。由此本书提出以下研究假说：

假说 4.1：生产性服务业集聚通过规模经济效应，能降低制造业企业生产成本与交易成本，进而提升制造业出口产品质量。

2. 生产性服务业集聚、技术外溢效应与制造业产品质量升级

对于缺乏专业技术人员、远离中心市场的腹地来说，生产性服务业扮演着内部知识与其本地客户综合知识间的主要中介和知识共创者的角色（Aslesen and Isaksen，2007）。生产性服务业具有知识密集与技术密集的行业特征，因而生产性服务业集聚意味着知识、技术、信息和人才的集聚，在高密度的思想碰撞与人才交流过程中，较易催生技术创新萌芽。一方面，生产性服务业集聚在相同的生产性服务行业内部而产生技术溢出，有利于创新生产性服务产品，提高制造业的中间投入品质量，进而改善制造业出口产品质量。生产性服务业集聚为相同领域的高技术人才创造了良好的工作与交流环境（Keeble and Nacham，2002），信息在交流过程中不断增值，成为获取技术创新灵感的重要途径。并且，伴随高技能劳动力在企业间的流动、消费者—供应商之间的信息、技术和组织交换、模仿过程，进一步加速生产性服务企业间的协同技术创新、服务产品创新和人力资本积累（Ellison and Glaeser，1997）。另一方面，生产性服务业集聚通过产业关联，在生产性服务业与制造业间产生技术溢出，有利于提升制造业企业全要素生产

率，激发企业创新能力，升级更新产品生产技术，进而提升制造业出口产品质量。接近高技能人才或创造知识的机构，将使生产性服务业集聚内企业借由知识的外溢效应和集体学习过程，实现技能和知识的获取、交换和扩散（Glaeser，1999）。在生产性服务品被投入制造业内生产使用时，大数据分析、人工智能、机械自动化生产等先进的生产理念与技术同时被嵌入制造业生产链中，能够在产品设计与生产环节促进制造业企业进行技术创新，提升企业生产率与竞争力。韩峰和阳立高（2020）认为，生产性服务业集聚还可通过降低创新风险、降低创新协调成本、促进集体学习和知识的社会化过程等方面提高创新活动研发效率、提高技术创新水平。制造业技术创新能力与全要素生产率的提升，将完善产品设计，改进产品生产工艺，提高单位产品附加值与产品垂直差异化程度，进而提升制造业产品质量。由此本书提出以下研究假说：

假说4.2：生产性服务业集聚通过技术外溢效应，能提高制造业企业生产效率和技术创新水平，进而提升制造业出口产品质量。

3. 生产性服务业集聚、空间关联效应与制造业产品质量升级

生产性服务业集聚的空间外部性能通过投入产出关联、产业协同集聚以及地方政绩竞争等途径对周边城市制造业产品质量产生影响。

首先，生产性服务业作为制造业的中间投入行业，其与制造业密切的投入产出关联使得本地生产性服务业在满足当地制造业生产所需时，还能为周边城市制造业提供专业化服务，本地生产性服务业集聚最终通过生产性服务品的跨区域流通对周边城市制造业产品质量产生空间外溢效应。一方面，生产性服务业集聚通过发挥规模经济效应与技术外溢效应，将使本地生产性服务品具有低成本与高质量并存的比较优势，在利润最大化目标驱动下，周边城市制造业将选择更具比较优势的中间投入品；另一方面，本地生产性服务业很难完全满足当地制造业发展需要，因而本地制造业很可能需要购入周边城市生产性服务品以弥补当地生产性服务业供给不足（席强敏等，2015）。因此，生产性服务业集聚可能通过与周边城市制造业的投入产出关联产生空间影响。

其次，为提高中间投入品可得性、节约交易成本与搜寻成本，制造业企业倾向选址于生产性服务业集聚程度较高的地区，甚至生产性服务业在某些地方的集聚会引发周边城市制造业进行产业转移（Ke et al.，2014），形成制造业与生产性服务业的协同集聚发展模式。相邻城市的产业协同集聚存在相互依赖作用（Ke，2010），可通过反馈机制对周边城市产业集聚发展产生空间溢出效应，并与相邻城市形成产业协调、一体化发展的空间格局（张虎和韩爱华，2019），从而加强与邻近地区的产业互动，强化生产性服务业通过产业协同集聚对周边城市制造业出口产品质量的空间溢出作用。

最后，区域内生产性服务业低水平重复建设、区域间产业结构同质化严重，进而阻碍地区间产业联动机制发挥作用，在这一发展模式下，本地生产性服务业集聚将无法对周边城市制造业出口产品质量产生正向空间外溢效应，甚至将抑制周边城市制造业出口产品质量升级。由此本书提出以下研究假说：

假说 4.3：生产性服务业集聚可能通过空间关联效应对周边城市制造业出口产品质量产生空间影响。

五、集聚外部性对企业污染减排的影响机制

（一）理论分析框架

假设一国制造业行业 Z 有环境准入门槛且有大量的潜在进入者，如果某个生产者想要进入行业 Z，在考虑污染减排的情况下，其生产成本包括两个部分：一是固定成本 f，其中，一部分固定成本 f_0 作为生产者想要进入行业 Z 所必须支付的沉没成本，另一部分固定成本 f_{Ai} 被用于污染减排，包括研发绿色技术所需的固定投入、优化企业可持续生产经营管理、采购绿色生产设备和加强员工环保意识教育以满足行业 Z 的环境准入门槛；二是可变要素投入成本，由单位产出要素投入价格 a_i 和产品产出 x 的乘积的和表示。因此，企业生产成本 v_i 可以表示为：

$$v_i = f + \sum a_i x_i \tag{4.48}$$

式中，f 表示由组合要素决定的全部固定成本，规定 $f_0 + f_{Ai} = f$，$f_{Ai} > 0$；$\sum a_i x_i$ 表示生产产品 i 的可变要素投入，这里考虑投入要素包括劳动力（L）、资本（K）、中间品（S）和知识（M）。因此，企业的产出公式可以设定为：

$$y_i = \varphi_i L_i^{\rho_l} K_i^{\rho_k} S_i^{\rho_s} M_i^{\rho_m} \tag{4.49}$$

式中，φ_i 表示企业 i 的生产率；ρ 表示各生产要素的产出弹性，且 $\rho_l + \rho_k + \rho_s + \rho_m = 1$。

Copeland 和 Taylor（2003）指出，企业产出包括两部分，即正常的商品 x_i 和污染物 e_i。由于污染排放会对经济社会带来严重的负外部性，所以，政府倾向于使用排放税或生产限额来约束企业的生产排放行为。企业为了避免排放税带来的成本上升，或者获得更多的生产限额，会采取措施减排增效。企业在保障收益最大化情况下，可以从全部要素投入中拿出 θ_i 比例的份额用于污染治理，因此 θ_i 可认为是企业为获得最大化收益选择的可变减排成本，即 $0 \leq \theta_i < 1$。本书参考 Forslid 等（2018）的研究构建多要素企业污染排放决定框架，以 l 表示劳动力要

素价格、k 表示资本要素价格、s 表示中间品要素价格、m 表示知识要素价格，结合式（4.48）和式（4.49）可得到企业生产工业产品 i 时产品产出 x_i 和污染 e_i 的表达式：

$$x_i = (1-\theta_i) \frac{\varphi_i v_i}{l_i^{\rho_l} s_i^{\rho_s} m_i^{\rho_m}} \tag{4.50}$$

$$e_i = \frac{(1-\theta_i)^{\frac{1}{\alpha}}}{f_{Ai}} \frac{\varphi_i v_i}{l_i^{\rho_l} s_i^{\rho_s} m_i^{\rho_m}} \tag{4.51}$$

式中，α 表示制造业 Z 使用各种生产要素和使用污染排放的密集度。假设各种生产要素和污染排放之间存在可替代性，那么低的 α 可以近似表示生产要素和排放之间的替代弹性，相对高的 α 则是一家高污染企业的特征。由式（4.51）可知，企业可以通过减少 θ_i 部分生产要素投入，或者增加用于污染减排的固定成本投入 f_{Ai} 来达到一定的企业减排目标。

进一步结合式（4.50）和式（4.51），可以得到：

$$x_i = (f_{Ai} e_i)^{\alpha} \left(\frac{\varphi_i v_i}{l_i^{\rho_l} k_i^{\rho_k} s_i^{\rho_s} m_i^{\rho_m}} \right)^{1-\alpha} \tag{4.52}$$

在考虑排放税 t（从量税）的条件下，遵循生产成本最小化原则，结合式（4.48）、式（4.52）得到总成本函数：

$$C_i = f + \alpha^{-\alpha} (1-\alpha)^{\alpha-1} \left(\frac{t}{f_{Ai}} \right)^{\alpha} \varphi_i^{(\alpha-1)} l_i^{\rho_l(1-\alpha)} k_i^{\rho_k(1-\alpha)} s_i^{\rho_s(1-\alpha)} m_i^{\rho_m(1-\alpha)} x_i \tag{4.53}$$

利用成本函数式（4.53）上的 Shepard 引理，结合式（4.50）、式（4.51），我们可以得到以企业用于污染减排的要素投入份额表示的收益最大化可变减排成本：

$$\theta_i = 1 - [\alpha^{1-\alpha} (1-\alpha)^{\alpha-1}]^{\frac{\alpha}{1-\alpha}} t^{-\alpha} \varphi_i^{-\alpha} f_{Ai}^{\alpha} (l_i^{\rho_l} k_i^{\rho_k} s_i^{\rho_s} m_i^{\rho_m})^{\alpha} \tag{4.54}$$

本书进一步结合式（4.51）、式（4.52）和式（4.54），可以得到以污染排放量 e_i 和产品产出 x_i 的比值衡量的企业污染排放强度决定函数：

$$\frac{e_i}{x_i} = \alpha^{1-\alpha} (1-\alpha)^{\alpha-1} t^{\alpha-1} f_{Ai}^{\alpha} \varphi_i^{-1} (l_i^{\rho_l} k_i^{\rho_k} s_i^{\rho_s} m_i^{\rho_m})_{1-\alpha} \tag{4.55}$$

由式（4.55）得知，企业污染排放强度与排污税、用于污染减排的固定成本投入、各类可变要素投入均有相关性。Marshall（1890）指出，集聚的外部性包括知识溢出、劳动力"蓄水池"和中间品共享三个效应。本书将从上述三个集聚外部性梳理企业集聚对企业污染减排影响的作用机制。

（二）作用机制与研究假说

由式（4.55）可知，$\dfrac{\partial \frac{e_i}{x_i}}{\partial m_i}>0$，即企业污染排放强度随知识要素价格的提升而增加，意味着企业获取知识越便利（进而知识要素价格越低），越有助于降低企业污染排放强度。在绿色转型和高质量发展背景下，环保知识、污染处理技术和绿色生产经验等可以通过企业集聚在不同企业间较为便利地进行相互传播、学习和使用。

首先，企业在地理上的集中布局有助于促进企业间绿色生产和污染减排知识传递的专业化和高效化（Willem and Buelens，2009），绿色专利、文献资料等易于编码的标准化绿色知识，可以更容易通过学习、转让、技术扩散等方式进行传递（Cohen，2002；Acemoglu，2001）。

其次，知识信息尤其是内含于知识学习者自身、不易编码和表达的隐性知识传播具有明显的空间衰减特征（Ge and Liu，2022），使得知识转播和人才交流往往局限于一定的空间范围内（Gokan et al.，2019）。而企业集聚可以在一定程度上克服空间衰减的劣势，提升企业获取知识的便利性，使得与绿色发展及污染减排相关的隐性知识（如企业在污染减排方面的经验和科研能力），可以通过面对面沟通的方式进行更有效的传递（Cockburn and Henderson，1996；Zucker et al.，2002），并被企业吸收利用（Malecki，2021），进而在绿色生产和清洁生产技术研发、应用中发挥积极作用，降低企业污染排放强度。由此可见，企业集聚可以通过知识外溢效应降低企业获得绿色知识的成本，进而降低生产过程中投入的知识要素价格，降低企业污染排放强度。基于此，本书提出以下研究假说：

假说 5.1：企业集聚可通过绿色知识外溢效应推动企业污染排放强度降低。

从式（4.55）可知，$\dfrac{\partial \frac{e_i}{x_i}}{\partial l_i}>0$，即企业污染排放强度与劳动力要素价格正相关，企业获得的专业技能劳动力资源越丰富、劳动力价格越低，则污染排放强度越低。Lucas（1988）用人力资本积累的内生增长模型揭示了劳动力要素在企业生产活动中的重要作用，高质量人力资本积累对企业技术进步、经营活动和持续发展有显著的积极影响（官华平等，2011；李飞跃等，2012；李静，2015；阳立高等，2018）。劳动力资源会随着企业集聚而聚集在一定的空间范围内，进而形成一个专业化很强、技术水平很高的地区性劳动力"蓄水池"（Greenstone et al.，2010）。在这个"蓄水池"中的劳动力大多从事与自身技能相匹配的工作，彼此之间存在一定的技术和技能互补性。随着绿色化进程的深入推进，企业生产中的环境规制力度不断增强，其绿色可持续发展的意愿不断提升，从而对绿色创新人才和绿色环保技能人才需求扩大。这导致劳动力"蓄水池"中拥有"绿色技能"的人才数量及份额不断增加，形成不同层次、不同类型、不同技能的绿色创新人才的集聚地。处于"绿色人才蓄水池"中的企业，拥有较强的高质量绿色人力资本可达性，能够便利地获得各类绿色技能人才。一方面，降低了企业对相关劳动力的搜寻成本，增加企业对使用更多绿色创新人才的意愿，减少企业可能因绿色岗位人才空缺引起的经济、环境效率损失（Orlando et al.，2019）；另一方面，则可使企业针对自身污染排放类型，灵活选择适配的具有高水平污染处理知识和技能的劳动力，进而提高绿色人力资本与企业以减排增效为目的的生产活动的匹配性，充分发挥绿色人力资本外部性（卢福财和罗瑞荣，2010），提高企业污染减排力度。由此可见，企业空间集聚可通过绿色劳动力"蓄水池"效应降低企业对绿色人力资本的搜寻、使用成本，进而降低企业污染排放强度。基于此，本书提出以下研究假说：

假说 5.2：企业集聚可通过绿色劳动力"蓄水池"效应推动企业污染排放强度降低。

由式（4.55）可得，$\dfrac{\frac{\partial e_i}{x_i}}{\partial s_i}>0$，即企业污染排放强度与中间投入品价格正相关，说明企业对中间品投入品可得性越强，越有助于降低中间品价格，进而降低污染排放强度。企业推进污染减排、实现绿色生产需要大量绿色中间品，如绿色设计、绿色材料等。企业集聚使得企业获得适配的高质量绿色中间品的可能性大大增加。

首先，企业集聚有助于发挥绿色中间品生产中的规模经济效应，从而降低绿色中间品价格，提升企业污染减排力度。企业集聚为绿色中间品的规模化生产提供了良好的环境。大量下游企业集聚扩大了绿色中间品的市场需求，有助于绿色中间品企业深化分工、扩大生产规模，从而充分发挥规模经济优势降低绿色中间品价格，为企业绿色生产和环保技术研发提供价低质优的多样化高质量中间品，降低企业污染排放强度。

其次，同一区域内集聚的企业生产活动具有联动性和协同性，能够共享环保治理设施和绿色中间品，从而有助于实现污染治理的规模化和专业化，降低污染治理成本（谢荣辉和原毅军，2016），提升企业污染减排强度。

最后，企业集聚有助于产业重组和整合，推进中间品的循环利用，提升中间品供需匹配效率。一个企业的污染产出可能正是另一个企业需要的中间品，从而形成新的供应链和产业链，通过投入产出关联效应整合上下游产业（陈建军等，

2009），加强区域内资源的循环利用，可有效降低上下游企业间在中间品设计、生产中的协调成本（Becattini，2004），提高中间品的供需匹配效率。由此可见，企业集聚通过中间品共享效应，扩大绿色中间品市场规模，降低绿色中间品价格，提高绿色中间品和服务质量，从而实现企业污染减排。基于此，本书提出以下研究假说：

假说5.3：企业集聚通过绿色中间品共享效应降低企业污染排放强度。

六、本章小结

本章在集聚经济理论、新经济地理理论、社会关系网络理论、全球价值链理论、贸易附加值理论、企业污染排放理论基础上，从创新驱动、效率提升、价值链升级、产品升级、污染减排五个方面梳理并分析了空间集聚优势对制造业高质量发展的影响机制。研究显示：

（1）国内市场潜力扩张有助于通过发挥规模经济效应降低企业平均成本，强化空间技术外溢效应提升企业创新水平；中间投入品的空间共享效应可通过降低企业中间品投入成本，强化产业链空间技术外溢效应提高企业创新能力；国内大市场的需求优势和制造业中间品的空间供给优势能够在企业创新过程中产生协同效应。

（2）企业空间集聚会通过发挥绿色技能人才"蓄水池"效应和人力资本外部性、强化绿色技术外溢效应、提高制造业绿色中间品和中间服务的空间可得性、增强企业间竞争效应促进企业绿色创新质量提升。

（3）企业数字化不仅能够直接推进专业化知识外溢，通过强化企业集聚网络的集聚效应和网络外部性对多样化知识外溢产生更为明显的促进作用，进而提升企业全要素生产率，而且二者在全要素生产率提升中还具有协同效应和相互强化效应。

（4）在各类空间集聚优势中，劳动力"蓄水池"效应能够通过降低企业成本、提升中间品效率，使中间品空间共享效应有助于通过增加国内中间品的数量和种类、降低国内中间品的相对价格，使空间技术外溢效应有助于通过提升中间品效率、增加国内中间品种类，进而促进企业出口产品附加值率提升；市场空间规模（市场潜力）扩大除直接对企业出口国内附加值率产生影响外，还能够通过降低企业边际成本、增加国内中间品种类而促进企业出口国内附加值率提升。

（5）生产性服务业集聚不仅能够通过规模经济效应，降低制造业企业生产成本与交易成本，通过技术外溢效应还能提高制造业企业生产效率和技术创新水平，进而提升制造业出口产品质量，而且可通过空间关联效应对周边城市制造业出口产品质量产生空间外溢效应。

（6）企业集聚可通过发挥绿色劳动力"蓄水池"效应、绿色中间品共享效应及绿色知识外溢效应而降低企业污染排放强度。

第五章 国内大市场优势和中间品共享效应影响企业创新的实证分析

一、引言

自 2008 年金融危机以来，全球经济增长放缓，逆全球化思潮和贸易保护主义抬头，中国经济发展过程中市场和资源两头在外的国际大循环动能明显减弱，依托传统国际分工模式嵌入全球价值链以获得竞争优势的窗口越来越小。2020 年，我国经常项目顺差与国内生产总值的比率由 2007 年的 9.9% 降至不到 1%。而同时，国内需求对经济增长的贡献率则有 7 个年份超过了 100%。其中，2019 年最终消费支出对国内生产总值增长的贡献率为 57.8%，高于资本形成总额 26.6 个百分点。中国经济增长的最终产品市场需求潜力不断释放，经济发展正向以国内大循环为主体的新发展格局转变。2020 年 5 月 14 日，习近平总书记首次提出了"充分发挥我国超大规模市场优势和内需潜力，构建国内国际双循环相互促进的新发展格局"的要求。2022 年政府工作报告中也进一步强调，要"畅通国民经济循环，打通生产、分配、流通、消费各环节，增强内需对经济增长的拉动力"。可见，随着国内超大规模市场优势的形成和内需潜力的不断释放，探讨依托国内强大市场需求激发经济发展新动能和重塑经济发展新格局的作用路径具有重要的现实意义。

同时，随着 2020 年新冠疫情对国际产业链造成的冲击效应不断累积放大，国际产业布局和国际分工体系面临着深刻调整、分化和重组的过程。当前，我国将面临严峻的中间品进口限制和技术封锁的可能性，因而基于国内市场实现核心中间品的自给自足和关键技术的创新成为推动中国制造业在新一轮科技革命中实现弯道超车的关键。从这个意义上说，推进企业创新发展和持续高质量发展，不仅需要我国超大规模市场提供的需求潜力，创造有利于新技术快速大规模应用和迭代升级的市场优势，还要依托我国完备产业体系提供的中间品供给优势，打造科技、产业紧密融合的创新体系。那么，中间品市场和最终产品市场究竟在企业创新中发挥着怎样的作用？最终产品市场潜力和中间品空间供给如何在企业创新过程中有效对接？在国际市场背景下，国内市场潜力和中间品空间供给又在企业创新中扮演着怎样的角色？

要素的空间供给和最终产品的市场需求作为企业空间关联机制的重要动力来源，在深化企业分工、提高规模收益和全要素生产率等方面发挥了重要作用，因而势必在企业创新中扮演着重要角色。根据新经济地理理论，规模报酬递增以及运输成本的相互作用使得企业更倾向于布局在市场潜力较大的地区。市场潜力反映了城市可获得的整体市场规模或空间中分布的需求因素对城市经济活动产生的影响，体现了区域市场空间互动和市场整合水平，是企业从需求方面获得递增收益和生产率优势的重要来源。Griliches（1957）认为，企业获利能力是其引进、运用先进技术及促进研发和创新的基础和根本动力，消费的需求导向及有效需求规模有助于激励企业不断使用先进技术，并进行研发投入和创新活动。Mowery和 Rosenberg（1979）以及 Pessoa（2014）指出，市场需求是促进企业研发投入和开展创新活动的有效激励机制，在推进技术扩散、传播和空间外溢过程中发挥着重要作用。企业技术创新与市场需求规模间存在着密切关联。与最终产品市场需求不同，中间品空间可得性是从供给方面推进企业创新的重要机制。Marshall（1890）最早阐述了产业集聚区内企业创新活动的来源及其空间外部性特征，并提出集聚经济主要来自三个方面的外部性：劳动力"蓄水池"效应、中间投入的规模经济效应、知识和技术的外溢效应。充分、稳定和多样化的中间品供给有助于通过规模经济效应和技术外溢效应推动本国制造业产品自主创新和更新换代，提高制造业企业创新效率和产品国际竞争力。汪建新等（2015）以及纪月清等（2018）指出，中间投入品种类越丰富、质量越高，企业产品的创新水平和市场差异化程度越高。中间品供给的空间可得性对于中国制造业企业创新能力提升和转型升级有至关重要的作用。由此可见，中间品空间供给和最终产品市场需求能够共同对企业创新产生影响。然而，二者的影响效果并非孤立的。一方面，消费者对于最终产品效用、种类、款式等的最新需求变化会引致制造业企业的创新行为，导致对新型中间品的需求增加，从而强化了中间品部门研发和创新的动力、提高了城市中间部门整体效率；另一方面，中间品供给种类和数量的增加，不仅降低了企业研发成本，而且通过产业链的技术外溢效应提升了下游企业创新能力，有助于使企业更好满足最终产品市场需求升级的变化。中间品供给和最终产品市场需求在企业创新中相互强化、相辅相成。现有文献从中间品供给和国内市场需求综合视角探讨企业创新机制的研究并不多见，系统识别二者对企业创新协同作用的研究更在少数。本章主要目的在于考察中间品空间供给和由最终产品市场需求构成的国内大市场对企业创新的影响，为构建以国内大循环为主体的新发展格局、促进经济发展动能转换提供有益借鉴。

与现有文献相比，本章在实证分析方面的贡献在于：

（1）在新经济地理理论基础上，结合互联网技术和潜力模型构建了新的市场需求潜力、中间品空间供给和产业链空间技术外溢效应指标，并检验了企业平均成本、企业中间品投入成本、企业可获得的中间品种类和产业链空间技术外溢在国内大市场和中间品空间供给促进企业创新过程中的中介效应，为反映企业创新过程中国内大市场的需求优势和制造业中间品的空间供给优势提供了量化依据。

（2）综合使用城市地理信息数据和我国历史上 1644~1911 年各州、府、县的衙门经纬度、城墙高度和城墙内面积数据来构建地理和历史工具变量对中间品空间供给和国内市场潜力（国内大市场）影响企业创新的影响效应进行两阶段最小二乘估计，以处理计量模型中存在的内生性问题。

（3）进一步探讨了国内大市场与中间品空间供给、国际市场与国内大市场、国际市场与中间品空间供给在企业创新过程中的协同效应以及其对不同地区和行业企业创新的影响效果差异，为各地区因地制宜地利用自身市场优势构建自主可控的创新体系提供依据。

二、计量模型、变量测算与数据说明

（一）计量模型设定

企业是经济社会创新的基本单元，促进企业持续创新对于实现经济高质量发展至关重要。理论分析显示，国内大市场和中间品空间供给可通过降低企业平均成本和中间品投入成本、促进产业链技术外溢等机制对企业创新产生影响。因而，本书计量模型可设定为：

$$\ln inno_{it} = \alpha + \beta_0 \ln DMP_{vt} + \beta_1 \ln IS_{vt} + \eta_o \sum_o Z_{it}^o + \mu_n \sum_n X_{vt}^n + \zeta_{jt} \tag{5.1}$$

式中，$inno_{it}$ 表示企业 i 在 t 年的技术创新水平；DMP_{vt} 为企业面临的国内市场需求规模，以企业所在城市 v 在第 t 年的国内市场潜力表示；IS_{vt} 表示城市 v 在 t 年的制造业中间品空间可得性，反映了企业面临的制造业中间品的空间供给能力；Z 为企业层面控制变量，η 为相应企业变量的参数估计；X 为城市层面控制变量，μ 为相应城市变量的参数估计；o 和 n 分别为企业控制变量和城市控制变量的个数。企业层面的控制变量主要包括：企业规模（$scale$）、企业年龄（age）、企业资本密集度（ak）。城市层面的控制变量主要包括政府干预（$egov$）、资本存量

（k）、城市规模（Pop）。包含各控制变量的计量模型可进一步设定为：

$$\ln inno_{it}=\alpha+\beta_0\ln DMP_{vt}+\beta_1\ln IS_{vt}+\eta_1\ln sacle_{it}+\eta_2\ln age_{it}+\ln ak_{it}+\mu_1\ln egov_{vt}+\mu_2\ln k_{vt}+$$
$$\mu_3\ln Pop_{vt}+\zeta_{jt} \tag{5.2}$$

式中，$\eta_1\sim\eta_3$ 和 $\mu_1\sim\mu_3$ 分别为企业层面和城市层面控制变量的弹性系数。

（二）变量选取和指标测度

1. 被解释变量

本章的被解释变量为企业创新。创新活动具有风险程度高，转化周期长的特点，为准确衡量企业当期的创新能力，本书选取企业每年专利申请数量作为衡量企业创新能力的指标，并对当年申请专利量做加 1 再取对数的处理。与企业研发投入相比，专利申请数量能更好地反映创新产出，并通过专利价值传递机制使企业创新能力显性化，从而能更真实体现企业创新的能力和水平。除使用中国工业企业专利申请数作为企业创新的衡量指标外，本章还使用专利授权数进行了稳健性检验。

2. 核心解释变量

（1）国内大市场。本书以国内市场潜力（DMP）表征企业所面临的国内大市场优势。该指标度量了城市可获得的市场空间规模或不同城市间最终产品市场的相互作用和需求关联效应。随着互联网和通信技术的发展，城市间的有效贸易距离不断扩展，市场的相互作用程度不断加深、互动频率不断加大，城市市场潜力随之不断扩张。基于传统地理距离测算的市场潜力无法反映通信、信息技术发展带来的市场潜力扩张效应。本章在 Harris（1954）的基础上，对市场潜力进行了修正和完善。修正后的最终产品市场需求潜力可表示为：

$$DMP_v=\sum_j\frac{I_j}{(\gamma d_{jv})^\delta}+\frac{I_v}{d_{vv}^\delta} \tag{5.3}$$

式中，I 为城市对各种产品的消费支出总额，用市辖区社会消费品的零售总额表示；d_{jv} 为城市间距离，利用城市中心坐标和距离公式 $\Omega\times\arccos(\cos(\alpha_j-\alpha_v)\cos\beta_j\cos\beta_v+\sin\beta_j\sin\beta_v)$ 测算。γ 为城市间的距离修正系数，令 $\gamma=e^{-\sqrt{C_j\times C_v}}$，其中，$C_j$ 和 C_v 分别为城市 j 和城市 v 的互联网应用水平，用历年各城市互联网宽带接入用户数来表示。$\sqrt{C_j\times C_v}$ 为使用容量耦合系数模型中的协调度模型测算的城市间互联网发展的协同水平，其值越大，则两城市互联网协同发展水平越高，则城市间有效贸易距离越小，市场潜力就越大；反之，如果两城市中仅有一个城市互联网发展水平高或两城市发展水平均较低，那么城市间互联网协同发展水平越低，则市场潜力越小。d_{vv} 为城市自身距离，δ 为距离衰减参数，设为 1。

（2）制造业中间品空间供给（IS）。该指标反映了企业从空间中获得城市制造业中间品的便利性或城市间中间品市场的共享效应和供给能力，因而本章中"制造业中间品空间可得性""中间品市场共享效应"及"中间品空间供给"等概念所表述的含义是一致的。具体而言，本章改进了 Drucker 和 Feser（2012）对于中间品空间供给指标的测算方法，以城市 v 中所有目标产业 k 就业占城市制造业总就业的份额为权重对行业 k 的制造业中间投入可得性进行加权，构建城市层面制造业中间投入空间可得性指标：

$$IS_v = \sum_k \frac{E_{kv}}{E_v} \left[\sum_j \left(\sum_m \frac{E_{mj} r_{mk}}{r_{Mk}} \right) (\gamma d_{jv})^{-\delta} \right] \qquad (5.4)$$

式中，E_{mj} 表示城市 j 制造业行业 m 的就业人数，r_{mk} 与 r_{Mk} 分别表示制造业行业 m 与被研究城市中目标行业 k 之间的完全消耗系数以及 k 对所有制造业行业的完全消耗系数，分别取自 2002 年、2007 年和 2012 年投入产出表，其中 2003~2005 年的完全消耗系数值取自 2002 年 122 部门 IO 表，2006~2009 年的完全消耗系数值取自 2007 年 135 部门 IO 表，2010~2013 年完全消耗系数值取自 2012 年 139 部门 IO 表；E_{ki} 与 E_i 分别表示城市 i 中目标行业 k 的就业人数和城市 i 中所有制造业行业就业人数；γ 和 δ 的测算方法与式（5.3）一致。

3. 企业层面控制变量

为确保回归结果的有效性，减少因遗漏变量所带来的回归偏误，本章根据现有文献的做法，在回归方程中加入了影响企业创新的企业特征变量作为控制变量。企业层面的控制变量主要包括：①企业规模（scale），用企业年均员工数衡量，使用企业年均员工数的自然对数表示。通常来说，企业拥有越多的员工，往往具有相对较大的规模，规模越大的企业，内部资金集中度越高，从事技术创新活动风险越低，这为企业开展更多的创新活动提供了可能。②企业年龄（age），使用企业注册成立年限取自然对数衡量，一般而言，成熟企业相较于年轻企业，可有效吸收市场高端知识和先进技术。③企业资本密集度（ak），使用固定资产净值年平均余额和从业人员年平均人数比值衡量。如果企业资本密集度较低，那么投资和研发活动将会受到限制。

4. 城市层面控制变量

企业层面的控制变量主要包括：①政府干预（egov），地方政府对产业发展和企业生产经营行为的干预程度不同，企业创新效应也各异，本书根据陆铭和欧海军（2011）的研究，用市辖区一般公共预算支出占 GDP 的比重表示地方政府对当地经济和产业发展的干预程度。②资本存量（k），资本存量与区域经济发展、经济增长效率和企业的全要素生产率息息相关，用市辖区固定资产投资和永续盘存法测算，资本折旧率设定为 5%。③城市规模（Pop），用市辖区年末总人口（万人）表示，以捕捉市场需求扩大带来的规模经济效应对企业创新活动的影响。

（三）数据来源与说明

本章样本为 2003~2013 年中国工业企业数据、中国工业企业专利数据和全国 283 个地级及以上城市面板数据的匹配数据。中国工业企业专利数据来自 2003~2013 国家知识产权局知识产权出版社发行的《中国专利全文数据库》，我们将数据库中的专利数据按照国际通行专利种类分为发明专利、外观设计和实用新型三个类型，并按企业年份进行加总；除个别数据严重缺失的城市外，城市特征数据主要来自 2004~2014 年《中国城市统计年鉴》和《中国区域经济统计年鉴》；企业数据来自 2003~2013 年中国工业企业数据库，参照 Brandt 等（2012）现有文献的处理方法，用贯序识别法根据企业代码对工业企业数据库与专利数据库进行匹配（见表 5.1）。最后，按照会计准则，处理该数据库中原始数据存在的数据异常和数据缺失问题。

表 5.1 变量定义和描述性统计

变量名称	变量说明	均值	标准差	最小值	最大值
apply	专利申请总数（件）	7.719	13.190	1.000	146.000
applyFM	发明专利申请总数（件）	3.776	6.153	1.000	70.000
applyWG	实用新型专利申请总数（件）	8.322	17.922	1.000	199.000
applyXX	外观设计专利申请总数（件）	5.069	6.497	1.000	67.000
DMP	最终产品市场需求潜力（万元）	17200000.000	14400000.000	115384.300	74900000.000
IS	中间品空间可得性（万元）	95267.000	209971.000	1.476	1211389.000
scale	企业规模（人）	237.926	1213.106	0.000	325778.000
age	企业年龄（年）	9.641	9.682	0.000	1997.000
ak	企业资本密集度（%）	138.479	4477.527	0.000	6881917.000
egov	政府干预（%）	14.095	6.541	1.549	177.759
k	市辖区实际资本存量（万元）	51500000.000	76800000.000	231584.800	437000000.000
Pop	城市规模（万人）	283.155	335.444	14.080	1787.000

三、实证结果与分析

（一）基准回归结果

不同年份、城市和企业之间可能存在异质性，这些异质性通常很难进行观测和度量。计量模型检验结果发现，与随机效应模型相比，Hausman 检验更支持固定效应模型估计。本章通过同时控制年份、城市和企业固定效应，采用面板固定效应模型和聚类稳健标准差对基本模型进行估计，结果如表 5.2 所示。

表 5.2　国内大市场和中间品空间供给影响企业创新的基准回归结果

变量	(1)	(2)	(3)	(4)	(5)
ln*DMP*	0.5019***		0.0638***	0.1510***	0.1100***
	(73.36)		(2.83)	(9.78)	(3.47)
ln*IS*		0.1961***	0.0756***	0.0309***	0.0189**
		(71.62)	(10.98)	(5.66)	(2.30)
ln*scale*			0.1354***		0.1341***
			(8.67)		(8.63)
ln*age*			0.1231***		0.0849***
			(7.21)		(4.89)
ln*ak*			−0.0226***		−0.0140**
			(−4.16)		(−2.55)
ln*egov*				0.3312***	0.3515***
				(18.82)	(8.62)
ln*k*				0.2836***	0.2563***
				(17.50)	(5.55)
ln*Pop*				−0.2479***	−0.3846***
				(−12.25)	(−6.59)
_*cons*	−6.9733***	−0.6618***	−1.6202***	−5.9610***	−4.9413***
	(−61.14)	(−23.03)	(−4.77)	(−32.64)	(−10.37)
企业效应	控制	控制	控制	控制	控制
城市效应	控制	控制	控制	控制	控制
年份效应	控制	控制	控制	控制	控制
N	183010.00	183010.00	54406.00	183010.00	54406.00
R^2	0.0500	0.0500	0.0400	0.0700	0.0400

注：括号内为 t 统计值；***表示在 1%水平上显著，**表示在 5%的水平上显著；*表示在 10%的水平上显著。本章下同。

表 5.2 是国内大市场和中间品空间供给影响企业创新的基准回归结果。表 5.2 第（1）、第（2）列分别显示，在不加入任何控制变量的情况下，最终产品市场需求潜力（ln*DMP*）、中间品空间供给（ln*IS*）对企业创新的影响系数在 1%

水平上显著为正，说明国内市场扩张和充分的中间品供给对企业创新具有明显的促进作用。第（3）列在加入企业层面控制变量之后，最终产品市场需求潜力和中间品供给的参数估计依然显著为正。第（4）列为仅控制城市层面控制变量后的估计结果。结果显示，最终产品市场需求潜力、中间品空间供给依然对企业创新具有显著促进作用。第（5）列显示，在同时加入城市层面和企业层面控制变量情况下，最终产品市场需求潜力和中间品空间供给的系数依然显著为正，说明国内市场扩张和中间品空间供给对企业创新的作用具有较强的稳健性。这同时意味着，中国企业创新过程中，城市间的中间品市场和最终产品市场已形成明显的空间互动态势，因而即使在基本要素供给既定情况下，最终产品市场扩张和中间品供给带来的规模经济效应及技术外溢效应也会对企业创新产生促进作用，成为推动企业创新的重要空间驱动力。市场需求的空间外部性通过规模经济效应和技术外溢效应推动制造业企业进行技术创新，从需求方面对企业创新产生"拉力"；中间品空间供给作为企业生产经营中的必备投入要素，通过提升企业可获得的中间品种类、降低企业中间品成本和强化空间技术外溢等途径，从供给方面对企业创新产生"推力"，二者通过"投入产出"关联作用形成良性循环，共同构成企业创新的空间动力来源。同时，中间品空间供给和国内市场需求潜力对企业创新的"推—拉"作用也可能会产生合力，并通过城市间中间品市场和最终产品市场间的空间互动产生协同作用，从而在更大规模空间优势下实现企业创新在城市间的相互促进与联动。

企业和城市层面控制变量的回归结果基本符合预期。从企业层面的控制变量来看，企业规模（lnscale）、企业年龄（lnage）对企业创新能力的影响均在1%的水平上显著为正，前者表明企业规模越大，越能发挥规模经济的好处，从而有助于企业开展更多的创新活动；后者表明，成立时间较长的企业往往具有成熟的投资决策、管理以及市场影响力，因而对企业创新具有促进作用。企业资本密集度（lnak）的影响系数显著为负，说明存在资本密集度较低的企业创新风险承受能力较差，往往不具备开展创新、研发活动的条件。从城市层面的控制变量估计结果看，政府干预（lnegov）对企业创新的参数估计在1%的水平上显著为正，说明政府对企业研发和创新的财政支持力度越大，企业创新能力越强。资本存量（lnk）作为城市生产投入能力的重要表征，资本存量的提高有利于区域创新环境的改善，从而有助于推进企业创新。城市规模（lnPop）的回归系数显著为负，虽然理论上规模更大的城市在发明创造活动方面比小城市更具优势，但城市规模越大，意味着拥挤效应、房价租金、环保要求往往越高，由此加大了工业企业的生产和运营成本，从而对企业创新产生负向影响。

（二）稳健性检验

考虑到基于最终产品市场需求潜力和中间投入品建立的投入产出机制和企业创新之间可能存在双向因果关系，会降低估计结果的稳健性和回归结果的估计偏误。本部分从更换被解释变量指标、考虑极端值以及控制内生性等方面对基本回归结果进行稳健性检验。

1. 更换被解释变量

本章在建立基准模型时使用专利申请数衡量企业创新能力，但现有文献常用企业新产品产值和专利授权数作为衡量企业创新的指标，故本部分采用企业新产品产值（Lninno1）和企业专利授权量（Lninno2）作为衡量企业创新能力的替代变量进行稳健性检验（见表5.3）。表5.3第（1）列是企业新产品产值（Lninno1）作为被解释变量时的回归结果，第（2）列是企业专利授权数（Lninno2）作为被解释变量的估计结果。结果显示，无论使用新产品产值还是企业授权数作为企业创新衡量指标，最终产品市场需求潜力和中间品投入的估计系数仍显著为正，因而基于最终产品市场需求潜力和中间品空间供给形成的投入产出关联机制与企业创新之间存在正反馈效应的基本结论没有改变，印证了本章基准回归结果的稳健性。

表 5.3 更换变量测度指标和考虑极端值的稳健性检验

变量	（1）Lninno1	（2）Lninno2	（3）lnapply_tr	（4）lnapply_w
lnDMP	0.2558 ***	0.1027 ***	0.1067 ***	0.1086 ***
	（5.91）	（4.35）	（3.45）	（3.50）
lnIS	0.0123 *	0.0159 **	0.0169 **	0.0186 **
	（1.95）	（2.06）	（2.10）	（2.31）
lnscale	0.5001 ***	0.1493 ***	0.1196 ***	0.1218 ***
	（34.56）	（7.75）	（7.79）	（8.00）
lnage	0.0718 ***	0.0537 ***	0.0770 ***	0.0804 ***
	（4.41）	（3.81）	（4.49）	（4.73）
lnak	−0.0423 ***	−0.0094 *	−0.0148 ***	−0.0150 ***
	（−8.74）	（−1.82）	（−2.73）	（−2.79）
lnegov	0.3745 ***	0.2892 ***	0.3314 ***	0.3459 ***
	（13.22）	（7.99）	（8.30）	（8.65）
lnk	0.5232 ***	0.1985 ***	0.2378 ***	0.2477 ***
	（10.46）	（7.15）	（5.26）	（5.47）
lnPop	−0.3621 ***	−0.3510 ***	−0.3590 ***	−0.3795 ***
	（−5.52）	（−6.98）	（−6.28）	（−6.63）

续表

变量	（1）Lninno1	（2）Lninno2	（3）lnapply_tr	（4）lnapply_w
_cons	−5.6206*** （−10.67）	−3.2768*** （−8.74）	−4.5903*** （−9.83）	−4.7106*** （−10.08）
企业效应	控制	控制	控制	控制
城市效应	控制	控制	控制	控制
年份效应	控制	控制	控制	控制
N	98903	83442	53581	54406
R^2	0.0872	0.0461	0.0414	0.0430

2. 双边缩尾、截尾的检验结果

为消除极端值对回归结果的影响，本部分在对企业数据进行双边缩尾与双边截尾基础上进行回归分析。表5.3的第（3）列和第（4）列分别是在2.5%的水平上进行双边缩尾和在2.5%的水平上进行双边截尾处理之后的回归结果。结果显示，最终产品市场需求潜力和中间品空间供给对企业创新的影响系数分别在1%和5%的水平上通过了显著性检验，从而印证了本章基准模型得到的结论，即最终产品市场需求潜力和中间品空间供给有助于推进企业创新。

3. 内生性检验

为了考察投入产出国内大循环对企业创新能力的影响，在进行稳健性检验时需要高度重视可能存在的内生性问题。本章在基准回归模型中不仅控制了非观测的企业固定效应、城市固定效应和年份固定效应，而且控制了企业规模、企业年龄、企业资本密集度等企业层面的变量以及政府干预程度、市辖区资本存量、城市规模等城市层面的变量，可在一定程度上缓解模型因遗漏变量产生的内生性问题。为保证估计检验结果的稳健性，进一步消除模型可能存在的内生性问题，本部分采用工具变量法和两阶段最小二乘法对模型进行估计①。在工具变量选择方面，本部分主要采用地理变量和历史变量作为工具变量解决计量模型中可能存在的内生性问题。

（1）地理变量作为工具变量。参考韩峰和李玉双（2019）设置工具变量的思路，分别选取地表平均坡度和平均海拔作为内生性检验的工具变量。由于城市

---

① 根据连玉君（2014），工具变量更适合于在恰好识别（*just or exactly indentified*）情况下的估计，即工具变量数等于内生解释变量数，而在过度识别（*over indentified*），即工具变量数大于内生解释变量数的情况下，则需要通过两阶段最小二乘法（*Two Stage Least Square*，2SLS 或 *TSLS*）估计。当然，在恰好识别时也可用两阶段最小二乘法来估计，但估计效果与工具变量法基本一致。在使用简单工具变量法进行估计的情况下，可不必使用更为烦琐的两阶段最小二乘法。

平均地表坡度和平均海拔是不随时间变化的变量，因而不会与当期误差项相关。此外，城市地形与海拔因素也会对最终产品市场需求潜力和中间品投入造成影响。具体而言，地形坡度越大、海拔越高的城市，即使有高质量的中间品投入，也难以激发上下游之间的关联效应和技术溢出。同样，由于受到土地开发和交通成本的约束，基于市场潜力的"前向关联"和"后向关联"难以发挥作用。而地表坡度和海拔作为不随时间变化的自然数据，对企业创新能力不会造成直接影响，因而符合工具变量选择的要求。表5.4第（1）、第（2）列分别是城市平均海拔、城市平均地表坡度作为最终产品市场需求潜力工具变量，采用工具变量法进行估计的结果；表5.4第（3）、第（4）列分别是城市平均海拔、城市平均地表坡度作为中间品空间供给的工具变量，采用工具变量法进行估计的结果。表5.4第（5）、第（6）列分别是城市平均海拔、城市平均地表坡度同时作为最终产品市场需求潜力或中间品空间供给的工具变量、采用两阶段最小二乘法进行估计的结果。表5.4第（1）、第（2）列估计结果显示，最终产品市场需求潜力对企业创新的影响系数均在1%的水平上显著，系数符号基本回归模型一致，证明了最终产品市场需求潜力有助于推进企业创新的结论。表5.4第（3）、第（4）列显示，中间品空间供给对企业创新的影响系数均在1%的水平上显著为正，印证了中间品空间供给有助于企业创新的基本结论。第（5）、第（6）列的两阶段最小二乘回归结果中，最终产品市场需求潜力和中间品空间供给的参数估计依然显著为正，进一步印证了基准回归模型的稳健性。

表5.4　地理变量作为工具变量的内生性检验

变量	（1）	（2）	（3）	（4）	（5）	（6）
lnDMP	0.0409*** (3.67)	0.1286*** (9.52)			0.0769*** (7.88)	
lnIS			0.0387*** (3.79)	0.0845*** (9.58)		0.0756*** (9.93)
ln$scale$	0.2124*** (54.47)	0.2133*** (54.81)	0.2145*** (55.52)	0.2147*** (55.37)	0.2522*** (73.98)	0.2544*** (74.56)
lnage	0.0229*** (3.67)	0.0225*** (3.62)	0.0266*** (4.29)	0.0283*** (4.56)	0.0467*** (8.13)	0.0480*** (8.38)
lnak	−0.0074** (−2.57)	−0.0051* (−1.76)	−0.0066** (−2.26)	−0.0047 (−1.63)	−0.0009 (−0.30)	0.0013 (0.44)
ln$egov$	0.1324*** (9.54)	0.1593*** (11.34)	0.1045*** (7.61)	0.0913*** (6.67)	0.0951*** (7.34)	0.0593*** (4.72)

续表

变量	（1）	（2）	（3）	（4）	（5）	（6）
ln$k$	0.1816 ***	0.1141 ***	0.1292 ***	0.0330	0.1281 ***	0.0363 **
	（15.36）	（8.66）	（5.60）	（1.62）	（12.45）	（2.18）
lnPop	−0.1967 ***	−0.1259 ***	−0.1448 ***	−0.0497 **	−0.1108 ***	−0.0253
	（−13.73）	（−8.08）	（−5.98）	（−2.29）	（−8.83）	（−1.43）
_cons	−3.1170 ***	−3.8473 ***	−2.1425 ***	−1.4191 ***	−3.2999 ***	−1.5909 ***
	（−23.27）	（−25.98）	（−11.38）	（−8.31）	（−26.79）	（−11.69）
企业效应	控制	控制	控制	控制	控制	控制
城市效应	控制	控制	控制	控制	控制	控制
年份效应	控制	控制	控制	控制	控制	控制
R^2					0.110	0.115
Wald 检验	3855.6700 [0.0000]	3898.7300 [0.0000]	3991.6300 [0.0000]	4006.4900 [0.0000]	6422.4600 [0.0000]	6492.5900 [0.0000]
N	54357	54357	54357	54357	54357	54357

（2）历史变量作为工具变量。除地理变量外，本部分选择我国历史上1644～1911年408个州、1336个县和204个府的衙门经纬度、城墙高度和城墙内面积数据来构建相应的历史工具变量进行两阶段最小二乘估计。城市历史经济地理信息来自哈佛大学"Skinner Regional Systems Analysis Dataverse"①，该数据库收集了清代各年各地区的县志和著作资料，详细记录了268年间全国各地府（州）、县所在地经纬度、城墙高度、城墙内面积等数据。其中，清代行政管理分为省、府（直隶州）、县（散州）三级，府或直隶州则相当于现代的地级城市。本书按照各州、府县的历史经纬度数据将该数据库中的各州、府、县数据与当代各城市的地理信息进行匹配，从而确定当代城市行政区划范围内所包含的清代州、府、县的具体坐标、名称和个数，进而基于该数据库，构建本章所需的两个历史工具变量。

首先，城市间越早建立起分工、共通、协作的关系，城市间经济、社会、文化和制度等因素越可能趋于互融互通，从而越有助于城市间规模经济效应的发挥和市场优势的积累。这可以从两个方面找到相应证据：一方面，根据冀朝鼎（2016）的观点，历史上中国基本经济区依次从黄河下游流域逐渐南迁到长江下游流域，至唐代长江下游流域的经济统治地位得以形成，而到明清两代珠江流域

---

① 详细数据资料可参阅 http：//dvn.iq.harvard.edu/dvn/dv/hrs。

的经济地位也得到相当巩固。很显然，地区间空间关联效应的产生、发展和积累来自更长的历史渊源，也依赖于便利的地势与水利条件，这是城市经济、社会、文化、制度融通的基本条件。另一方面，从刘毓芸等（2015）的方言数据可以发现，中国历史上的基本经济区，如黄河下游流域以中原官话为主，长江下游流域则以吴语为主，珠江流域以粤语为主，三大片区的方言种类比其他地区少得多，这是不同城市长期融合发展的结果，文化的互融互通是城市间劳动力流动、技术交流和大规模市场形成和发展的基础。因此，历史上不同地区间经济活动的空间关联和相互作用可能会对当代城市间中间品市场和最终产品市场产生重要影响。本部分第一个历史工具变量的选取主要基于这一考虑。本章选取当代城市行政区划范围内历史上各州、府、县的城墙平均高度（Wallh）作为第一个工具变量。一般而言，城墙越高代表该地自我保护意识越强，与其他地区间的沟通、交流和商品贸易往来可能越不频繁，因而受到其他地区经济发展的空间外部性的影响越小。城墙高度与当代城市间中间品市场和最终产品市场之间可能存在负向因果关系，但历史上的城墙高度对当代城市中的企业创新行为并不会产生直接影响，因而符合作为工具变量的要求。

其次，由于缺乏历史上各州、府和县的中间品和消费需求数据，为得到与本章中间品空间供给和市场需求空间外部性指标一致测度方式的工具变量，本部分根据 Ioannides 和 Zhang（2017）的做法，用历史上各州、府和县的城墙内面积来代表清代城市中间品市场和最终产品市场规模。尽管古代城市可能并非仅有城墙内面积那么大，但从长期城市发展演化来看，时间变迁最终会反映到城市城墙所围成的面积变化上，如北京、西安、南京等城市就有多层城墙。由于历史上地方官员依靠土地来推进摊大饼式发展的动机并不明显，因而城墙面积扩张基本上与城墙内经济活动和人口规模增长保持一致。城墙内面积一定程度上能够反映城市的要素和市场规模。本部分在将历史上各州、府、县经纬度与当代城市地理信息匹配后，可得到当代城市辖区范围内的州、府、县名称和数量，进而利用当代城市辖区范围内清代州、府、县的平均城墙内面积代表各当代城市在历史上的中间品或最终产品市场规模（Scale）。

最后，利用式（5.5）测算历史上各城市的中间品供给和市场需求的空间可得性指标，以此作为本部分第二个工具变量。

$$Pot_v = \sum_j \frac{Scale_j}{d_{jv}} + \frac{Scale_v}{d_{vv}} \tag{5.5}$$

其中，Scale 为当代城市辖区范围内清代州、府、县的平均城墙内面积；城市间距离 d 的测算方式与市场潜力指标一致。表5.5是历史工具变量对中间品空间供给和最终产品市场需求潜力的影响效果；表5.6是历史变量作为工具变量的两阶段最小二乘结果①。表5.5显示，当代城市在历史上城墙高度的参数估计均显著为负，各城市在历史上的中间品或最终产品市场可得性参数估计显著为正，说明历史上各城市城墙越高代表着该城市越倾向于实施地方保护行为，从而不利于市场规模经济效应的充分发挥，而历史上要素和市场可得性较强的城市，其与其他城市间的经济关联和贸易往来更为密切，城市间相互作用更为频繁，从而有助于提升城市对于中间品和最终消费品的空间可达性及可获得性。可见，历史变量与制造业中间品空间供给和最终产品市场潜力间的确存在明显的相关关系，历史变量符合作为工具变量的条件。

表5.5　历史变量相关性检验（2SLS第一阶段结果）

历史变量	（1）制造业中间品空间可得性（供给）	（2）最终产品市场需求潜力
$\ln Wallh$	-0.0292^{***} (-7.99)	-0.0415^{***} (-5.71)
$\ln Pot$	0.0827^{***} (3.87)	0.0434^{***} (4.20)
年份效应	控制	控制
城市效应	控制	控制
R^2	0.0845	0.0913
N	3113	3113

表5.6　历史变量作为工具变量的内生性检验

变量	（1）	（2）	（3）	（4）	（5）
$\ln DMP$	0.0347^{**} (2.10)	0.0417^{***} (3.86)			0.0516^{***} (3.09)
$\ln IS$			0.0379^{***} (5.59)	0.0498^{***} (4.10)	0.0366^{**} (2.35)
$\ln scale$	0.1114^{***} (9.49)	0.1096^{***} (12.92)	0.0614^{***} (7.39)	0.0736^{***} (10.28)	0.0438^{***} (7.26)
$\ln age$	0.0466^{**} (2.27)	0.0414^{***} (3.96)	0.0255^{**} (2.53)	0.0302^{**} (2.19)	0.0332^{*} (1.71)

① 根据Nunn和Qian（2014）的思路，选择剔除了本城市后，省内其他城市中间品空间供给或国内市场潜力变量的平均增长率作为时变量，并将历史变量与该时变量的交互项作为工具变量进行估计。其含义是历史变量反映了当代城市市场优势形成、发展的历史基础，而相应中间品或最终产品市场空间变量平均增长率则反映了当代城市中间品市场或最终产品市场优势的增长速度，二者交互可以更合理地作为城市中间品市场空间可达性（空间供给）和国内市场潜力的工具变量。

续表

变量	（1）	（2）	（3）	（4）	（5）
lnak	−0.0538*** （−3.81）	−0.0368** （−2.11）	−0.0324* （−1.81）	−0.0179*** （−2.66）	−0.0220** （2.34）
ln$egov$	0.1233*** （8.54）	0.1064*** （6.35）	0.0805*** （5.01）	0.0792*** （4.23）	0.0902*** （7.56）
ln$k$	0.0681*** （10.83）	0.0626*** （7.25）	0.0723*** （7.24）	0.0496** （1.99）	0.0452*** （3.79）
lnPop	−0.0967*** （−10.30）	−0.0869*** （−6.97）	−0.0464*** （−6.43）	−0.0623** （−2.00）	−0.0965*** （−6.13）
_$cons$	−3.0509*** （−6.27）	−3.3474*** （−4.17）	−2.6215*** （−8.72）	−1.9957*** （−5.31）	−2.4372*** （−9.33）
企业效应	控制	控制	控制	控制	控制
城市效应	控制	控制	控制	控制	控制
年份效应	控制	控制	控制	控制	控制
Sargan 检验					2.1490 ［0.2017］
Wald 检验	3866.5400 ［0.0000］	3450.6100 ［0.0000］	3702.9100 ［0.0000］	4469.6200 ［0.0000］	5027.4900 ［0.0000］
R^2	0.1235	0.1221	0.1325	0.1045	0.1107
N	54357	54357	54357	54357	54357

表5.6第（1）列是以当代城市历史城墙高度（$Wallh$）作为最终产品市场需求潜力工具变量，使用工具变量法进行估计的结果；第（2）列是以当代城市历史市场规模可达性（Pot）作为最终产品市场需求潜力工具变量，使用工具变量法进行估计的结果。结果显示，最终产品市场需求潜力均在5%以上水平上显著为正，结果与表5.2基本一致。表5.6第（3）列是以当代城市历史城墙高度（$Wallh$）作为中间品空间供给的工具变量，使用工具变量法进行估计的结果；第（4）列是以当代城市历史市场规模可达性（Pot）作为中间品空间可得性（或空间供给）的工具变量，使用工具变量法进行估计的结果。结果显示，企业对于制造业中间品空间可得性的提升依然显著提升了其技术创新水平。表5.6第（5）列是历史城墙高度（$Wallh$）和历史市场空间规模（Pot）同时作为最终产品市场需求潜力和中间品空间供给的工具变量，使用两阶段最小二乘法估计的结果。回归结果中Sargan检验的统计量和伴随概率均接受了所有工具变量均有效的假设，因而两阶段最小二乘法估计中工具变量的选择和回归结果是较为合理的。

最终产品市场需求潜力和中间品空间供给的参数估计仍然至少在 5% 的水平上显著为正，印证了表 5.2 基本回归结果的结论，估计结果仍较为稳健。

四、机制检验

上文详细考察了最终产品市场需求潜力、中间品空间供给对企业创新的影响效应，为更深入地解释最终产品市场需求潜力、中间品空间供给对企业创新的作用机制，本部分借鉴 Hayes（2018）提出的中介效应分析方法进行机制检验。根据本书理论分析，最终产品市场需求潜力和中间品空间供给主要通过规模经济效应和空间技术外溢效应对企业创新产生影响，因而中介机制变量主要有企业平均成本（$Cost$）、企业中间品平均投入成本（$Icost$）、企业可获得的中间品种类（$Ivariety$）、产业链空间技术外溢（$Sispill$）四个变量。其中，企业平均成本使用企业成本与销售产值的比重表示[①]；企业中间品平均成本使用工业企业中间投入与工业增加值的比重表示。关于企业可获得的国内中间品种类数（$Ivariety$），本部分根据 Kee 和 Tang（2016）的研究，以企业所在城市制造业三位码行业的上游行业中一般贸易企业和混合贸易企业一般贸易部分的 HS6 位码出口产品种类数之和表示，即 $Ivariety_{vi} = \sum_{n=1}^{N} r_{ni}\theta_{nv}$。其中，$N$ 为城市 v 中企业 i 的上游产业数；r_{ni} 为企业 i 所在行业单位产出消耗的行业 n 的投入量，以完全消耗系数表示；θ 为城市 v 中间投入行业 n 中一般贸易企业和混合贸易企业一般贸易部分的 HS6 位码出口产品种类数。由于一般贸易企业生产的产品既可以用于出口也可以用于内销（作为国内中间品），因而内销商品种类可看作近似等于出口商品种类数。产业链空间技术外溢（$Sispill$）反映了企业所在城市从空间中其他城市各行业获取知识和技术的能力。假定城市 j 行业 m 的创新水平为 U_{mj}，那么企业所在城市 v 可获得的产业链空间技术外溢指标可表示为 $Sispill_v = \sum_k \frac{E_{kv}}{E_v} \left[\sum_j \left(\sum_m \frac{U_{mj}r_{mk}}{r_{Mk}} \right) (\gamma d_{jv})^{-\delta} \right]$，其中，$U_{mj}$ 以复旦大学产业发展研究中心寇宗来和刘学悦（2017）公布的中国城市—行业层面的创新指数表示；r_{mk} 与 r_{Mk} 分别表示制造业行业 m 与被研究城市中目标行业 k 之间的完全消耗系数以及 k 对所有制造业行业的完全消耗系数，测度方法与式（5.4）一致。

---

① 企业成本根据刘斌和王乃嘉（2016）的方法，采用企业主营业务成本、管理费用、销售费用、财务费用、主营业务应付福利总额及主营业务应付工资总额之和表示。

由于测算以上指标过程中需要用到企业层面的增加值、工业中间投入等变量，然而这些指标在中国工业企业数据库中在很多年份，尤其是2008年后的年份缺失较为严重。为此，本书采用会计核算方法和国民经济核算方法对以上变量的缺失数据进行测算和补齐。

首先，根据收入法测算和补齐缺失年份企业的工业增加值数据。缺失年份企业的工业增加值估算公式为：工业增加值＝本年应付工资总额＋增值税＋所得税＋营业税＋利润总额＋本年折旧。其中，相关年份缺失的"本年折旧"以"固定资产合计×10%"近似表示。单豪杰和师博（2008）的研究相对精确地估算了中国制造业固定资产折旧率为10.96%。鉴于此，本书以10%近似表示企业固定资产折旧率。

其次，由于测算工业增加值过程中需要用到企业应付工资总额，因而需要进一步补齐缺失年份的应付工资总额数据。企业工资成本在中国工业企业数据库（工企数据库）中称为"应付工资总额"（$twage$），本书以工企数据库中各年主营业务成本和管理费用之和（记为$wcost$）作为企业工资成本折算基础，并使用式 $twage_t = twage_{t-1} \times \dfrac{wcost_t}{wcost_{t-1}}$ 对缺失年份企业应付工资总额进行补齐[1]，其中，$twage_{t-1}$为上一期企业应付工资总额，$wcost_{t-1}$为上一期的企业工资成本折算依据。

最后，中国工业企业数据库中2008～2013年企业的工业中间投入是缺失的，本书以公式"工业中间投入＝工业总产值＋增值税－工业增加值"对缺失年份工业中间投入进行近似补齐。总产值与中间投入按照各地区工业品出厂价格指数折算成1998年的实际值。在Hayes（2018）研究的基础上，中介效应模型表示为：

$$\ln inno_{it} = \phi_0 \ln dmp_{jt} + \phi_1 \ln IS_{jt} + \varphi_k \sum_{k=1}^{N} Z_{k,\,jt} + \varepsilon_{it} \tag{5.6}$$

$$T_{it} = C + \overline{\phi_0} \ln dmp_{jt} + \overline{\phi_1} \ln IS_{jt} + \varphi_k \sum_{k=1}^{N} Z_{k,\,jt} + \delta_{it} \tag{5.7}$$

$$\ln inno_{it} = \overline{C} + \overline{\overline{\phi_0}} \ln dmp_{jt} + \overline{\overline{\phi_1}} \ln IS_{jt} + \mu T_{it} + \varphi_k \sum_{k=1}^{N} Z_{k,\,jt} + \varepsilon_{it} \tag{5.8}$$

式中，Δ、C、$\overline{\Delta}$ 为常数项；T代表各种中介变量，即企业平均成本（$Cost$）、企业中间品平均成本（$Icost$）、企业可获得的中间品种类（$Ivariety$）、空间技术外溢（$Sispill$）；Z为城市层面和企业层面的控制变量，N为控制变量的个数；ε、δ

---

① 主要是2008～2012年，若工资缺失年份 $\dfrac{wcost_t}{wcost_{t-1}}$ 值为0，则以1近似补齐。

为随机误差。中介效应检验主要有以下几个步骤：

首先，对式（5.6）进行计量回归，检验最终产品市场需求潜力和中间品空间供给对企业创新的影响系数是否显著，若系数显著，则按照中介效应处理，否则，按遮掩效应处理。

其次，对式（5.7）和式（5.8）进行计量回归，依次检验最终产品市场需求潜力和中间品空间供给对中介变量 T 的影响系数 $\overline{\phi_0}$、$\overline{\phi_1}$ 以及式（5.8）中的中介变量 T 的系数 μ 是否显著，若两者都显著，则间接效应显著；若至少有一个不显著，则需要使用 Bootstrap 法对 $\overline{\phi_0}\mu$ 或 $\overline{\phi_1}\mu$ 的联合显著性进行进一步检验。

最后，检验式（5.8）中 $\overline{\overline{\phi_0}}$ 和 $\overline{\overline{\phi_1}}$ 的显著性，若不显著，意味着最终产品市场需求潜力和中间品空间供给对企业创新不存在直接效应，只有中介效应；若 $\overline{\overline{\phi_0}}$ 和 $\overline{\overline{\phi_1}}$ 显著，则直接效应显著，需要进一步通过比较数 $\overline{\phi_0}\mu$ 符号与 $\overline{\overline{\phi_0}}$ 的符号以及 $\overline{\phi_1}\mu$ 的符号与 $\overline{\overline{\phi_1}}$ 符号是否一致，若取同号按部分中介效应处理；否则按遮掩效应处理。表 5.7 是市场需求潜力通过影响企业平均成本和空间技术外溢作用于企业创新的机制检验结果，表 5.8 是中间品空间供给通过影响企业中间品平均成本、企业可获中间品种类和空间技术外溢进而作用于企业创新的机制检验结果。

表5.7　中介效应检验（一）

变量	企业平均成本			产业链空间技术外溢	
	（1）式（6）	（2）式（7）	（3）式（8）	（4）式（7）	（5）式（8）
lnDMP	0.1400***	−0.0785***	0.0621***	0.0658***	0.0412**
	(4.86)	(−3.97)	(4.70)	(3.49)	(2.45)
ln$scale$	0.1380***	−0.0850***	0.0723***	0.1008***	0.0902***
	(8.90)	(−5.02)	(3.85)	(7.37)	(3.16)
lnage	0.0887***	−0.0213	0.0529***	0.0170*	0.0302**
	(5.13)	(−1.32)	(3.06)	(1.94)	(2.01)
lnak	−0.0125**	0.0204***	−0.0135**	−0.0341***	−0.0613**
	(−2.30)	(2.62)	(−2.43)	(−3.92)	(−2.16)
ln$egov$	0.3860***	−0.0264**	0.1371***	0.1540***	0.0973***
	(10.16)	(−2.44)	(5.61)	(4.18)	(3.15)
ln$k$	0.2850***	−0.0641*	0.3057***	0.0307	0.1834***
	(6.42)	(−1.93)	(7.34)	(1.16)	(3.85)

续表

变量	企业平均成本			产业链空间技术外溢	
	(1) 式 (6)	(2) 式 (7)	(3) 式 (8)	(4) 式 (7)	(5) 式 (8)
$\ln Pop$	-0.0408^{***}	-0.0373^{***}	-0.0416^{***}	-0.0682^{**}	-0.0642^{***}
	(7.10)	(-3.79)	(-6.97)	(1.96)	(-6.46)
$\ln Cost$			-0.0178^{**}		
			(-2.02)		
$\ln Sispill$					0.0413^{***}
					(3.29)
_cons	-5.7370^{***}	-3.6410^{***}	-4.6875^{***}	-4.5204^{***}	-3.1969^{***}
	(17.49)	(-6.04)	(-5.67)	(-6.19)	(5.85)
企业效应	控制	控制	控制	控制	控制
城市效应	控制	控制	控制	控制	控制
年份效应	控制	控制	控制	控制	控制
N	54406	173054	54406	173054	54406
R^2	0.044	0.035	0.046	0.033	0.045

表5.7第（1）列显示，最终产品市场需求潜力对企业创新的影响系数显著为正，表明市场潜力显著提升了企业创新水平。表5.7第（2）列显示，最终产品市场潜力提升显著降低了企业平均成本，而第（3）列中企业平均成本对企业创新的影响显著为负，说明市场潜力扩张通过降低企业平均成本提升企业创新能力的间接效应显著。进一步地，第（3）列中在控制企业平均成本后，市场潜力依然对企业创新有促进作用，且 $\overline{\phi_0}$ 和与 μ 乘积的符号与 $\overline{\overline{\phi_0}}$ 的符号一致，说明企业平均成本（$\ln Cost$）在最终产品市场需求潜力影响企业创新的过程中发挥着部分中介效应的作用，验证了研究假说，即最终产品市场需求潜力通过降低企业平均成本显著促进了企业创新水平提升。当中介变量为空间技术外溢（$\ln Sispill$）时，表5.7第（4）列显示最终产品市场需求潜力对空间技术外溢具有显著的正向影响，第（5）列中空间技术外溢对企业创新的影响也显著为正，说明市场需求潜力通过空间技术外溢推进企业创新的间接效应显著。进一步地，第（4）列式（7）和第（5）列式（8）中 ϕ_0 与 μ 的乘积符号和 $\overline{\overline{\phi_0}}$ 符号一致，表明空间技术外溢（$\ln FisR\&D$）在最终产品市场需求潜力影响企业创新过程中发挥着部分中介效应的作用，验证了研究假说，即最终产品市场需求潜力能够通过强化空间技术外溢效应推进企业创新。

表 5.8　中介效应检验（二）

变量	企业中间品平均投入成本			企业可获中间品种类		产业链空间技术外溢	
	（1）式（6）	（2）式（7）	（3）式（8）	（4）式（7）	（5）式（8）	（6）式（7）	（7）式（8）
lnIS	0.0438***	−0.0780***	0.0319**	0.0212***	0.0166*	0.0429**	0.0336**
	(3.94)	(−5.12)	(2.44)	(4.53)	(1.72)	(2.51)	(2.39)
ln$scale$	0.0966***	−0.0503*	0.1099***	0.0989***	0.1181***	0.1081***	0.0752***
	(6.02)	(−1.85)	(4.40)	(3.97)	(4.05)	(4.30)	(3.47)
lnage	0.0545*	−0.0239	0.0616	0.0504**	0.0296*	0.0292**	0.0147*
	(1.80)	(−0.99)	(1.17)	(2.47)	(1.95)	(2.54)	(1.75)
lnak	−0.0823***	0.0664***	−0.0965***	−0.1080***	−0.0906***	−0.0766***	−0.0598***
	(−6.45)	(5.88)	(−5.30)	(−8.07)	(−6.81)	(−6.77)	(−3.88)
ln$egov$	0.0478***	−0.0287**	0.0398***	0.0426**	0.0396**	0.0364*	0.0377*
	(7.90)	(−2.04)	(4.15)	(2.13)	(2.55)	(1.73)	(1.89)
ln$k$	0.1401***	−0.0630**	0.1139***	0.1375***	0.0925***	0.0795**	0.0529*
	(4.27)	(−2.28)	(2.97)	(5.35)	(4.73)	(2.37)	(1.78)
lnPop	−0.1012**	0.0189*	−0.0865***	−0.0412*	−0.0309*	−0.0578	−0.0430
	(−2.26)	(1.94)	(−3.59)	(−1.69)	(−1.75)	(−1.62)	(−0.90)
ln$Icost$			−0.0493**				
			(−2.18)				
ln$Ivariety$					0.0388***		
					(2.75)		
ln$Sispill$							0.0428**
							(2.10)
_cons	−4.9377***	2.0575**	−4.2981***	−2.6497***	−1.7874***	−3.4193***	−3.2108***
	(−4.69)	(2.41)	(−4.20)	(3.82)	(−4.97)	(−3.81)	(−2.71)
企业效应	控制	控制	控制	控制	控制	控制	控制
城市效应	控制	控制	控制	控制	控制	控制	控制
年份效应	控制	控制	控制	控制	控制	控制	控制
N	54406	162871	54406	143292	54406	173054	54406
R^2	0.043	0.036	0.047	0.031	0.049	0.041	0.045

表 5.8 第（1）列显示，中间品空间供给对企业创新的影响系数显著为正，说明中间品空间供给能力的提升使企业创新过程中获得所需中间品更为便利，有助于提升企业技术创新水平。第（2）列中，中间品空间供给对企业中间品平均投入成本的影响为负，说明中间品空间供给有效降低了企业使用中间品的单位成

本。第（3）列中引入企业中间品平均成本后，企业中间品平均成本对企业创新的影响效应显著为负，说明存在中间品空间供给通过降低企业中间品平均成本进而促进企业创新的间接效应。第（3）列中，中间品空间供给的参数估计依然显著为正，且企业中间品平均成本与第（2）列中间品空间供给系数乘积的符号与第（3）列中中间品空间供给的系数一致，说明企业中间品平均投入成本在中间品空间供给影响企业创新中具有明显的中介效应的作用。当中介变量换为企业可获中间品种类（ln$Ivariety$）时，第（4）列中企业可获中间品种类的参数估计显著为正，说明企业可获中间品种类越丰富，企业创新能力越高。第（5）列中企业可获中间品种类对企业创新的影响系数亦显著为正，意味着中间品空间供给通过提升企业可获得的中间品种类进而推进企业创新的间接效应是存在的。第（6）列中加入企业可获中间品种类这一中介变量后，中间品空间供给的参数估计依然显著为正，且企业可获中间品种类影响系数与第（5）列中中间品空间供给系数乘积的符号以及与第（6）列中间品空间供给系数符号一致，说明企业可获得的中间品种类也在中间品空间供给影响企业创新过程中发挥了中介效应的作用。当中介变量为空间外溢效应时，第（6）列中中间品空间供给能力的提升也显著促进了企业创新能力提高，且第（7）列中空间技术外溢效应也有助于推进企业创新，因而中间品空间供给通过加强空间技术外溢效应推进企业创新的间接作用机制是存在的。进一步从第（7）列和第（6）列估计结果看，$\overline{\phi_1}$和与μ乘积的符号与$\overline{\overline{\phi_1}}$的符号一致，印证了空间技术外溢在中间品空间供给推进企业创新过程中具有中介效应的结论。

五、进一步分析

（一）国内大市场和中间品空间供给在企业创新过程中的协同效应研究

以上充分论证了最终产品市场需求潜力通过降低企业平均成本、强化空间技术外溢作用于企业创新的机制，以及中间品空间供给通过降低企业中间品平均投入成本、增加企业可获得的中间品种类、促进空间技术外溢等渠道推进企业创新的作用机制。事实上，中间品空间供给和最终产品市场需求作为企业生产中的供给方和需求方，其对企业创新的影响可能并不是孤立的，很可能会通过供求关联机制而产生协同效应。为进一步探讨最终产品市场需求潜力、中间品空间供给对企业创新的协同作用机制，本部分在式（5.2）中引入最终产品市场需求潜力与中间品空间供给的交互项进行计量检验。此外，为分析不同地区和企业所属不同行业类型最终产品市场需求潜力及中间品空间供给对企业创新的影响差异，本部分还分别对东、中、西部地区和不同行业类型的样本进行估计。表5.9是全国及分地区包含最终产品市场需求潜力及中间品空间供给交互作用的估计结果，表5.10是分不同科技行业类型的估计结果。

表 5.9　企业创新过程中国内大市场与中间品空间供给的协同效应估计

变量	（1）	（2）	（3）	（4）
	全国	东部地区	中部地区	西部地区
lnDMP	0.0203*	0.3330***	0.1480	0.2060
	（1.75）	（3.06）	（0.60）	（0.80）
lnIS	0.2220***	0.2280**	1.0860***	0.3470
	（2.94）	（1.97）	（3.08）	（1.09）
lnDMP×lnIS	0.0146***	0.0130*	0.0715***	0.0211
	（3.22）	（1.89）	（3.15）	（0.96）
ln$scale$	0.1330***	0.1420***	0.0405	0.1920***
	（8.58）	（6.93）	（0.85）	（3.24）
lnage	0.0816***	0.0642***	−0.0514	0.0870*
	（4.69）	（2.62）	（−1.12）	（1.69）
lnak	−0.0121**	−0.0047	−0.0135	−0.0158
	（−2.20）	（−0.64）	（−0.87）	（−0.85）
ln$egov$	0.3620***	0.1630**	0.1960**	0.1770
	（8.85）	（2.31）	（1.96）	（1.58）
ln$k$	0.2680***	0.1320*	−0.0584	0.3460**
	（5.79）	（1.72）	（−0.36）	（2.29）
lnPop	−0.3860***	0.1100	−0.1300	0.7570**
	（−6.61）	（1.08）	（−0.80）	（2.34）
_$cons$	−3.0180***	−8.4260***	−0.5820	−12.8700***
	（−3.95）	（−5.98）	（−0.74）	（−3.70）
企业效应	控制	控制	控制	控制
城市效应	控制	控制	控制	控制
年份效应	控制	控制	控制	控制
N	54406	32906	6935	4286
R^2	0.044	0.048	0.066	0.074

表 5.10 国内大市场与中间品空间供给影响企业创新的分行业协同效应估计

变量	非高科技行业		高科技行业	
	(1)	(2)	(3)	(4)
ln*DMP*	0.0941**	0.1007**	0.2803***	0.2734***
	(2.18)	(2.05)	(4.35)	(3.07)
ln*IS*	0.0061	0.0182	0.3197***	0.6211***
	(0.55)	(0.18)	(3.53)	(5.13)
ln*DMP*×ln*IS*		−0.0007		0.0384***
		(−0.12)		(5.33)
ln*scale*	0.0992***	0.0993***	0.1851***	0.1807***
	(4.69)	(4.70)	(7.46)	(7.29)
ln*age*	0.0532**	0.0533**	0.1523***	0.1398***
	(2.41)	(2.41)	(4.91)	(4.50)
ln*ak*	−0.0213***	−0.0214***	−0.0031	0.0018
	(−2.93)	(−2.93)	(−0.36)	(0.20)
ln*egov*	0.3555***	0.3550***	0.3708***	0.4002***
	(6.66)	(6.63)	(5.45)	(5.87)
ln*k*	0.3713***	0.3710***	0.1810**	0.2394***
	(5.92)	(5.91)	(2.25)	(2.95)
ln*Pop*	−0.4866***	−0.4869***	−0.1624	−0.1673
	(−6.02)	(−6.02)	(−1.52)	(−1.57)
_cons	−5.6801***	−5.7793***	−4.9362***	−0.1118
	(−8.74)	(−5.56)	(−6.06)	(−0.09)
企业效应	控制	控制	控制	控制
城市效应	控制	控制	控制	控制
年份效应	控制	控制	控制	控制
N	33166	33166	21240	21240
R^2	0.043	0.043	0.047	0.050

表 5.9 第（1）列显示，在全国方程中引入最终产品市场需求潜力及其与中间投入品的交互项（ln*DMP*×ln*IS*）后，不仅最终产品市场需求潜力和中间品空间供给各自对企业创新的影响显著为正，而且其交互项（ln*DMP*×ln*IS*）的系数也在 1% 的水平上显著为正，说明不仅最终产品市场需求潜力和中间品空间供给各自能够对企业创新具有促进作用，而且二者通过城市间中间品市场和最终产品市场间的投入产出空间互动也产生了协同效应，由此形成中间品市场和最终产品

市场在空间中的良性循环机制，进一步强化了二者对企业创新的促进作用。从不同地区的估计结果看，东、中部地区最终产品市场需求潜力与中间品空间供给交互项系数分别在10%和1%的水平上显著为正，而西部地区的交互项系数未通过显著性检验，说明在企业创新过程中，中间品市场和最终产品需求市场基于投入产出循环而产生的协同效应主要存在于我国东、中部地区，而在西部地区，二者的协同效应并不明显。原因可能在于，与西部地区相比，东、中部地区企业不仅能够较为便捷地获得广阔的最终产品市场，从而根据邻近的大型市场的需求变化来灵活调整企业创新策略，而且具有较强的中间品市场可达性，能够更为便利得获得创新过程中的多样化的高质量中间品，从而较易在中间品市场供给推动和最终产品市场需求拉动的共同作用下实现创新的规模经济效应，提升企业技术创新水平；而西部地区企业对于大型市场的可达性较弱，加之中间品市场供给能力有限，因而创新过程中不易形成稳固的投入产出循环机制，对于企业创新的协同效应也不够明显。

最终产品市场需求潜力以及中间品投入的交互作用对企业创新的影响效应可能会因企业所属行业类别而产生差异。为此，本部分按照国民经济行业分类代码标准将电子业、医药生物制品业、信息技术业、化学纤维制造业、化学原料及化学制品制造业、仪器仪表及文化和办公用机械制造业等行业界定为高技术行业，其他行业列为为非高技术行业，进而基于不同行业类型探讨市场潜力和中间品供给对企业创新的异质性影响。估计结果如表5.10所示。表5.10第（1）、第（2）列显示，最终产品市场需求潜力对企业创新的影响显著为正，但中间品空间供给以及市场潜力与中间品供给交互项的参数估计未通过显著性检验。这说明最终产品市场扩张通过规模经济效应和技术外溢效应显著提升了非高科技行业企业的创新水平，但中间品供给并未对该类企业创新产生明显影响，在非高科技企业创新过程中，中间品供给和最终产品市场也未产生明显的协同效应。这意味着非高科技行业的技术创新可能更多的是市场导向的，主要依据市场需求变化而开展研发活动、推进产品创新，对中间投入数量和质量的依赖程度相对较低。第（3）、第（4）列显示，最终产品市场潜力和中间品空间供给及其交互项均对高科技企业创新产生了明显的促进作用，说明在高科技企业创新过程中，最终产品市场需求扩张和中间品空间供给不仅会通过规模经济效应和技术外溢效应提升企业创新水平，而且二者通过供给推动和需求拉动对企业创新产生了协同效应。与非高科技行业相比，高科技行业不仅要根据市场需求变化不断进行研发创新、提升产品差异度和市场竞争力，而且对于高质量中间品可达性也具有较高的要求，因而高科技行业对于产品市场和中间品市场更为敏感，其企业创新受到最终产品市场和中间品市场空间可达性的显著影响。

（二）考虑国内、国际市场潜力及中间投入品交互作用的进一步分析

各城市除受到最终产品市场需求潜力的影响外，同样会受到国际市场的影响。为此，本部分构建了国际市场潜力（$\ln FMP$）指标，并将其引入式（5.2）中进一步探讨国际市场影响下国内市场潜力及中间品空间供给对企业创新的影响效应，估计结果如表 5.11 所示。各城市对于国际市场的空间邻近性如式（5.9）所示。

$$FMP_v = \sum_F \frac{Y_{vF}}{(d_{v,\,port} + d_{port,\,F})^\delta} \tag{5.9}$$

式中，Y_{vF} 表示中国重要海路和陆路重要贸易伙伴的国内生产总值[①]，以美元计算的境外收入按当年平均兑换率换算成人民币数值；$d_{v,port}$ 为城市 i 到最近海路或陆路港口的地理距离[②]；$d_{port,F}$ 为城市 i 的最近海路或陆路港口到贸易伙伴首都的距离。

表 5.11　国际市场影响下国内大市场和中间品空间供给对企业创新的影响效应

变量	（1）$\ln inno$	（2）$\ln inno$	（3）$\ln inno$	（4）$\ln inno$
$\ln DMP$	0.2683***	0.1500***	−0.4731	−0.4405
	(7.78)	(2.65)	(−1.38)	(−1.28)
$\ln FMP$	−0.3002***	−0.2257***	−0.8132***	−0.6702**
	(−11.39)	(−6.41)	(−3.11)	(−2.50)
$\ln IS$	0.0165*	−0.0381	0.2473***	0.2771***
	(1.77)	(−0.46)	(3.04)	(3.37)
$\ln DMP \times \ln IS$		0.0124***		
		(2.59)		
$\ln FMP \times \ln IS$		−0.0087***	−0.0130***	−0.0247***
		(−2.96)	(−3.13)	(−3.91)
$\ln DMP \times \ln FMP$			0.0404**	0.0327*
			(2.16)	(1.73)
$\ln DMP \times \ln FMP \times \ln IS$				0.0006**
				(2.45)

[①]　中国重要海路贸易伙伴包括德国、法国、日本、英国、美国、澳大利亚、韩国、加拿大、马来西亚、新加坡等。

[②]　中国主要海口城市包括丹东、大连、营口、锦州、秦皇岛、唐山、天津、烟台、威海、青岛、连云港、镇江、南通、上海、宁波、福州、厦门、汕头、广州、中山、深圳、珠海、湛江、海口和三亚。主要陆路口岸包括凭祥市、东兴市、喀什、阿拉山口、漠河和满洲里。

续表

变量	（1） ln<i>inno</i>	（2） ln<i>inno</i>	（3） ln<i>inno</i>	（4） ln<i>inno</i>
ln<i>scale</i>	0.1377 *** (8.88)	0.1358 *** (8.76)	0.1387 *** (8.94)	0.1374 *** (8.85)
ln<i>age</i>	0.0484 *** (2.75)	0.0481 *** (2.74)	0.0458 *** (2.59)	0.0447 ** (2.53)
ln<i>ak</i>	−0.0063 (−1.15)	−0.0051 (−0.92)	−0.0066 (−1.21)	−0.0054 (−0.97)
ln<i>egov</i>	0.2351 *** (5.61)	0.2364 *** (5.60)	0.2210 *** (5.24)	0.2313 *** (5.46)
ln<i>k</i>	0.2566 *** (5.58)	0.2474 *** (5.33)	0.2228 *** (4.71)	0.2302 *** (4.86)
ln<i>Pop</i>	−0.1332 ** (−2.14)	−0.1139 * (−1.81)	−0.1093 * (−1.74)	−0.1133 * (−1.80)
_cons	−2.5676 *** (−4.95)	−2.0541 *** (−2.60)	7.1820 (1.46)	6.1740 (1.25)
企业效应	控制	控制	控制	控制
城市效应	控制	控制	控制	控制
年份效应	控制	控制	控制	控制
N	54406	54406	54406	54406
R^2	0.049	0.050	0.050	0.050

　　表 5.11 第（1）列的估计结果显示，在加入国际市场的影响后，国内市场潜力和中间品空间供给对企业创新的影响效应仍然显著为正，表明国际市场的介入并未改变国内最终产品市场和中间品市场对企业创新的促进作用，市场潜力和中间品空间供给对企业创新的影响效应具有较强的稳健性。国际市场潜力对企业创新的影响显著为负，说明在其他条件不变的情况下，单纯以满足国际市场需求为导向的企业创新策略非但无法带来创新效应的持续提升，反而会抑制企业技术创新。一般而言，长期以外向型发展战略为主的企业，其核心技术或关键技术环节与国际市场密切关联，自身技术创新所需各类中间品和创新要素更多地受制于国际市场。在国际市场不确定性和不稳定性加剧情况下，外部风险冲击将显著提升企业创新风险，不利于企业技术创新水平提升。表 5.11 第（2）列的估计结果显示，在引入国内、国际市场潜力和中间品投入的交互项（ln<i>DMP</i>×ln<i>IS</i>）、（ln<i>FMP</i>×ln<i>IS</i>）后，国内市场潜力和中间品投入（ln<i>DMP</i>×ln<i>IS</i>）的交互项估计系数在 1% 的水平上显著为正，而国际市场潜力和中间品投入（ln<i>FMP</i>×ln<i>IS</i>）的交

互项估计系数在1%的水平上显著为负，表明在国内中间品供给推动和最终产品市场需求拉动共同作用下，国内最终产品市场与中间品市场在推动企业创新过程中具有明显的协同效应；而国际市场潜力扩张却显著弱化了中间品供给的企业创新效应，国内中间品市场供给与国际最终产品市场需求并未形成有效衔接、相互促进和联动的良性发展状态。在国际市场影响下，多数出口导向型企业在生产、研发和创新过程中可能更多地依赖国际中间品市场来获得各类创新要素，而与国内中间品市场联系较弱，因而国际市场可达性的进一步增强可能会促使其进一步使用国际中间品替代国内中间品，从而弱化国内中间品市场对企业创新的影响效应。表5.11第（3）列是在第（1）列的模型基础上引入最终产品市场需求潜力及国际市场潜力的交互项（lnDMP×lnFMP）后的估计结果。从第（3）列结果可以看出，国内、国际市场潜力的交互项系数显著为正，说明国内、国际最终产品市场在企业创新过程中具有明显的良性互动趋势，二者对企业创新产生了相互强化效应。第（4）列的估计结果显示，在控制国内市场潜力、国际市场潜力和中间品投入三者交互项（lnDMP×lnFMP×lnIS）后，国内市场潜力、国际市场潜力、中间品空间供给各自的参数估计并未发生明显改变，国际市场潜力与国内中间品空间供给、国际市场潜力与国内市场潜力交互项后的估计结果与第（3）列基本一致，进一步印证了本书估计结果的稳健性。在未考虑国内市场的情况下，第（3）列中国际市场潜力与国内中间品空间供给交互项的参数估计显著为负，而在第（4）列中引入国内市场的影响后，三者交互项参数估计显著为正，说明国内中间品市场更能在内外产品市场协同中进一步提升其对企业创新的促进作用，即国际产品市场需求尽管无法在企业创新过程中与国内中间品供给直接形成有效衔接，但却通过与国内市场的协同作用强化了国内中间品市场的企业创新效应。

由此可见，国内和国际产品市场在推动企业创新过程中具有明显的协同效应，国内市场潜力扩张和内外市场协同联动强化了中间品空间供给对企业创新的促进作用，而国际市场潜力提升却弱化了中间品供给的企业创新效应。这启示我们，在进一步推进国内国际双循环发展格局构建和企业创新过程中，可能需要更加注重国内中间品市场与国际最终产品市场间的良性互动与循环发展问题。

六、本章小结

在构建以国内大循环为主体、国际国内双循环相互促进的新发展格局背景下，生产要素的空间供给和最终产品市场需求在推进企业创新和经济高质量发展过程中发挥着重要作用。本章基于中间品供给和最终产品市场需求的综合视角，通过构建最终产品市场需求潜力、中间品空间供给指标，利用中国工业企业数据、中国工业企业创新数据和中国地级及以上城市面板数据的匹配数据，探讨了市场潜力和中间品空间供给对企业创新的影响。结果显示：

（1）中间品空间供给和最终产品市场需求潜力对企业创新具有明显的促进作用，该结论在进一步更换测度指标、考虑极端值与内生性问题后依然成立。具体而言，最终产品市场需求潜力能够通过降低企业平均成本和强化空间技术外溢等机制提升企业创新水平；中间品空间供给能够通过降低企业平均成本、增加企业可获中间品种类和强化空间技术外溢等机制促进企业创新。

（2）中间品空间供给和最终产品市场需求对企业创新存在协同效应，但在不同行业和地区具有明显的异质性特征。具体而言，最终产品市场需求潜力与中间品空间供给对高科技行业企业创新具有显著影响，而对非高科技行业影响不显著；中间品市场和最终产品需求市场基于空间关联机制而产生的协同效应主要存在于我国东、中部地区，而在西部地区并不明显。

（3）考虑国际市场潜力影响后，国内市场潜力和中间品空间供给对企业创新的影响效应仍然显著，且国内、国际市场呈现明显的互动趋势，国际市场与国内市场在企业创新过程中具有协同效应，但国际市场潜力扩张却弱化了国内中间品市场的企业创新效应。

第六章 集聚外部性影响企业创新质量的实证分析

一、引言

　　创新质量不仅体现为创新成果影响力及社会经济价值的提升，还体现为创新过程的可持续发展特征及绿色属性。随着新发展理念以及"碳中和""碳达峰"目标的提出，实现绿色可持续发展已然成为推动中国经济高质量发展的必然要求（解学梅和韩宇航，2022）。《中华人民共和国国民经济和社会发展第十四个五年规划和2035年远景目标纲要》中强调，要构建市场导向的绿色技术创新体系，实施绿色技术创新攻关行动。党的二十大报告也指出推动绿色发展，促进人与自然和谐共生，加快发展方式绿色转型。2023年的《政府工作报告》中进一步强调，要深入推进绿色低碳发展，协同推进降碳、减污、扩绿、增长。企业作为生产经营活动的主体，在推进节能减排、促进绿色创新，进而提升创新质量中发挥着关键作用。创新质量是创新活动产生的结果和效能（Pan et al.，2021），即通过创新活动创造或维持的价值，主要体现在与绿色发展相关的技术突破、技术复杂性、技术影响力等方面（林子秋和李应博，2022）。企业推进绿色创新、提高绿色创新质量，不仅是提升发展可持续性的需要，更是实现经济效益和绿色绩效双赢目标的内在要求（Rong et al.，2017；Zhang et al.，2019）。然而，企业的生产、经营及创新行为并不能脱离于既定的空间组织而存在。企业在空间中倾向于形成集聚的空间组织形态，以便实现大规模、集约和高效生产（梁琦，2009；Zheng and Lin，2018）。企业集聚有助于人才、信息以及知识技术等要素在空间中便捷高效地传播、流通，有利于促进资源和基础设施的共享以及更低成本的研发创新活动（Porter and Watts，2014；Jang et al.，2017；Chen et al.，2022）。因而，企业在既定空间中的集聚也势必会助力环境污染的规模化治理，促进企业间共享污染治理资源、节约污染治理成本，促进绿色创新以及绿色技术溢出，进而实现绿色创新质量提升。探讨企业空间集聚对绿色创新质量的影响机制，对于充分发挥空间集聚优势推进企业绿色转型和高质量发展具有重要的理论和现实意义。

已有文献针对集聚与创新、集聚与环境污染的关系展开了大量研究。理论上，集聚使企业能够共享隐性知识（Su et al.，2021）、建立关系网络（Meekes and Hassink，2023）、培养创新氛围（Yang et al.，2020）、节约成本（Helsley and Strange，2002），进而实现技术突破、提升创新质量。隐性知识是内含于知识学习者自身、通过经验学习的知识，其特点是难以表达、形式化和交流（Nonaka and Takeuchi，1995）。由于新产品开发所需的许多知识都是隐性的，因而只有个体间面对面互动和频繁重复的相互接触才能够有效促进该类知识的交流和传播，企业的空间集聚正是强化了这一过程（Schmutzler，2018；Forman and van Zeebroeck，2019）。Su 等（2021）创新性地使用了中国招聘网站上 50000 多份个人简历信息进行实证检验，发现技术工人往往聚集在人力资本水平较高的城市，大量技能工人空间集聚为频繁的面对面互动创造了条件，从而有助于隐性知识共享。同时，集聚对培育创新氛围也具有一定促进作用。Shi 和 Lai（2019）研究认为，人才集聚为正式和非正式的信息交流平台和科研项目合作提供了最可行的途径，有效加快了技术开放式创新的进程，营造了创新氛围。Yang 等（2020）认为，产业集聚通过规模经济效应、知识溢出效应以及竞争效应可以营造良好的创新环境，刺激产业创新绩效提升。叶振宇和庄宗武（2022）基于集聚经济视角的研究发现，产业链龙头企业的集聚更容易实现跨行业的知识信息交流，进而营造创新氛围、激发企业创新活力。企业集聚还能够产生低成本优势。空间集聚一方面使企业可以共享基础设施，降低市场进入门槛，从而产生规模经济效应，另一方面可以更容易地以更低的成本接触买方和供应商，并可以利用具有多种专业的密集劳动力市场（Mukim，2012），从而以较低的投入获得更多的创新产出。Fang（2020）基于 2004～2013 年美国马里兰州企业数据的研究指出，集聚使有创新活动的企业专利申请量平均增加了 31.2%～31.5%，而没有创新活动的企业在集聚区内生存的可能性会降低 1.3%左右。

目前，关于集聚与环境污染关系的研究仍未有统一结论。有学者指出，产业集聚增加了环境污染物的排放，加剧了环境污染（肖周燕和沈左次，2019；Dong et al.，2020）。这类观点认为，产业集聚虽然可以提高资源配置和能源利用效率，但也可能导致能源消耗增加，从而加剧环境污染。然而，也有学者得出了相反的结论，即产业集聚可以减少环境污染（Jiang and Zeng，2017）。产业集聚不仅通过发挥规模经济效应提高能源效率，而且能够通过技术外溢效应和企业间竞争效应强化清洁生产技术的应用、扩散，有利于降低污染排放（陆铭和冯皓，2014；Liu et al.，2017；苏丹妮和盛斌，2021）。原毅军和谢荣辉（2015）认为，产业集聚在通过发挥集聚经济效应（知识溢出、技术创新、资源共享等）提升能源利用效率、促进污染减排的同时，还可以通过价格机制和竞争机制提高资源配置效率，降低环境污染。还有学者认为，集聚与环境污染之间的关系可能并非线性的，而是存在明显的非线性关系。杨仁发（2015）指出，产业集聚对环境污染的影响具有显著的门槛效应。Yuan 等（2020）发现，制造业集聚与绿色全要素生产率之间存在显著的 U 形关系。

在绿色创新质量的研究方面，已有文献更多集中在对绿色创新质量的度量及其影响因素等方面的探讨。针对创新质量指标构建及度量，多数研究主要使用研发投入和专利申请或授权量反映创新水平（Jaffe and Palmer，1997；Pan et al.，2021），但前者无法体现创新过程的效率，后者更多反映的是创新数量而非质量。为此，多数学者依据专利内涵的各类信息反映创新质量。其中，Carlino 和 Kerr（2015）使用专利被引用的次数衡量创新质量。使用专利引用水平有助于反映创新的影响力、认可度及其在推动经济发展中的重要价值，因而更适合于反映创新质量。陶锋等（2021）使用 IPC 大组层面的专利分类号的差异（知识宽度）衡量专利质量，他们认为专利所涉及的知识领域越广、复杂程度越高，则专利质量越高。在绿色创新质量的影响因素方面，已有文献主要探讨了环境规制（陶锋等，2021）、地方环境目标约束（朱于珂等，2022）及数字化（肖静和曾萍，2023；郭丰等，2023；Liu et al.，2023）在绿色创新质量提升中的作用，但从空间集聚视角研究企业绿色创新质量提升机制的文献尚不多见，基于企业微观地理信息数据、从企业层面空间集聚优势的发挥视角探讨绿色创新质量问题的研究更为鲜见。与本书研究较为接近的是王洪庆和郝雯雯（2022）关于高科技产业集聚对绿色创新效率的影响研究，他们基于 2008～2018 年中国省级面板数据，构建了高新技术产业聚集指标，并探讨了其对绿色创新效率的影响效应。但该文使用的是包含非期望产出的绿色创新效率反映绿色创新水平，并未更深入地探讨绿色创新质量的提升机制，且在产业集聚的度量方面，忽视了企业层面空间集聚效应的作用。为此，本章以上市企业绿色专利引用数据反映企业创新质量，利用上市企业微观地理信息数据和潜力模型构建既定空间范围内的企业空间集聚指标，进而以 2003～2019 年上市公司面板数为样本，深入探讨企业空间集聚对绿色创新质量提升的影响机制，以期对现有研究进行有益补充。

与现有研究相比，本章实证分析的边际贡献主要体现在以下几点：①在研究视角上，本章聚焦企业层面的空间集聚行为，创新性地研究了企业层面空间集聚优势的发挥对绿色创新质量提升的影响效应，为空间集聚与企业创新质量的相关研究提供了新的视角；②在指标构建和数据处理上，本章综合使用上市企业微观地理信息数据和潜力模型构建企业层面的空间集聚指标，同时还使用上市企业授权的绿色专利被引数量反映企业绿色创新质量，识别绿色创新质量提升中空间集聚效应的有效空间作用边界，从而为企业空间集聚推动绿色创新质量提升的研究提供了更为微观的证据；③在研究内容上，本章不仅使用城市平均海拔、平均坡度及企业层面地理中心度作为工具变量进行内生性分析，而且从产业政策、开发区设立、高铁开通以及中央环保督察和生态绩效考核等多角度探讨了企业空间集聚对绿色创新质量提升的作用效果差异，为全面把握空间集聚优势推动绿色创新质量提升的机制，助力各地区因地制宜地发挥空间集聚优势推动企业绿色高质量发展提供政策借鉴。

二、计量模型、变量测算与数据说明

（一）计量模型构建

本章重点探讨企业的空间集聚对绿色创新质量提升的影响效果。理论分析显示，企业空间集聚可通过发挥劳动力"蓄水池"效应和人力资本外部性、强化空间技术外溢效应、提高制造业绿色中间品和中间服务的空间可得性以及提升企业竞争效应等机制作用于企业绿色创新质量，计量模型可表示为：

$$\ln Green_{it} = \alpha_0 + \alpha_1 \ln enagg_{it} + \sum_k \beta_k X_{it}^k + \mu_i + \mu_t + \varepsilon_{it} \tag{6.1}$$

式中，$\ln Green_{it}$ 表示 i 企业在第 t 年的绿色创新的质量；$\ln enagg_{it}$ 表示企业 i 在第 t 年的空间集聚水平；X 为控制变量，包括企业信息化水平（website）、企业成熟度（age）、企业托宾 Q 值（TQA）、企业融资水平（Finan）以及企业资本密集度（AK）；α_0 为常数项，α_1、β_k 分别为核心解释变量和控制变量 k 的待估参数；μ_i 为企业固定效应；μ_t 为年份固定效应；ε_{it} 为随机扰动项。包含各控制变量的计量模型可进一步表示为：

$$\ln Green_{it} = \alpha_0 + \alpha_1 \ln enagg_{it} + \beta_1 website_{it} + \beta_2 \ln age_{it} + \beta_3 \ln TOA_{it} + \beta_4 \ln Finan_{it} + \beta_5 \ln AK_{it} + \mu_i + \mu_t + \varepsilon_{it} \tag{6.2}$$

式中，$\beta_1 \sim \beta_5$ 为控制变量系数。

（二）变量测度

1. 绿色创新质量（$\ln Green$）

绿色专利能比较全面、微观以及直接地度量企业绿色创新产出的成果。根据

"国际专利分类绿色清单"，绿色专利可以划分为替代能源生产、运输、节能、废物管理、农林业、行政监督和设计以及核电七大类。该清单为绿色创新识别和调查提供了有价值的替代方案，因此被众多学者广泛用于评估绿色创新（Huang et al.，2022）。关于如何有效度量企业绿色创新产出的质量，现有文献主要采用专利引用次数或使用的专利宽度法衡量企业创新质量。Hsu（2014）认为，应采用专利被引次数作为度量创新质量的指标，因为可以更好地捕捉技术创新质量和创新的市场价值。Akcigit（2016）基于 IPC 大组层面的专利分类号数据来计算知识宽度以衡量企业创新质量。与专利知识宽度相比，更多的专利被引用次数通常被解释为该专利具有更大的影响、专利溢出效应更强。换言之，企业绿色专利被引次数越多即其绿色创新的价值和质量越高（Hall et al.，2005），因而与单纯的绿色专利申请或授权数量、专利知识宽度相比，企业绿色专利的被引用状况更能反映绿色技术被认知、接纳、推广和传播的程度，有助于衡量绿色创新技术的影响力、创新价值和创新质量。本章主要参考 Hall 等（2005）和 Hsu（2014）的做法，采用剔除自引用的绿色专利各年累计被引次数衡量绿色创新质量。此外，相对于专利申请，专利授权得到了国家专利局的认证，能够更准确地反映企业的有效创新产出。因而本章最终采用授权的绿色专利剔除自引用各年累计被引次数加 1 的对数（lnGreen）作为被解释变量。同时，鉴于也有学者认为专利的申请年份更好地反映了创新的实际有效时间（Hsu，2014），因而本章在稳健性检验部分采用授权的绿色专利各年累计被引次数（lngreen1）、申请的绿色专利剔除自引用各年累计被引次数（lngreen2）、申请的绿色专利各年累计被引次数（lngreen3）以及绿色专利知识宽度（lngreen4）作为绿色创新质量指标的替代变量进行回归。

2. 企业空间集聚指标（lnenagg）

企业空间集聚指标测度方法已在本书第三章详细说明，本章不再赘述。本章实证分析第一部分致力于识别企业空间集聚的有效边界，并在此基础上构建企业空间集聚指标，探讨企业集聚对绿色创新质量的影响效应。

3. 控制变量

企业信息化水平（website）通过企业是否拥有网址来构建虚拟变量，以度量企业信息化水平。傅十和和洪俊杰（2008）认为，企业是否有网址可以反映现代信息技术的采用对企业创新产出的影响。企业成熟度（lnage）以当年年份减去企业上市年份的对数表示。一般认为，成熟的企业会具有更强烈的创新意识，可以提供更优质的绿色创新产品（张杰等，2015）。企业托宾 Q 值（lnTQA）为企业市场价值与资本重置成本之比的对数，定义为企业社会财富创造力。齐绍洲等（2018）认为，托宾 Q 值越大的企业，即社会创造价值往往大于成本投入的企业，其绿色创新意识会越强、创新质量越高。企业融资水平（lnFinan）以企业负债总额与固定资产净值比值的对数来衡量。企业融资约束越紧，其创新能力便越受到制约。企业资本密集度（lnAK）使用固定资产净值年平均余额和从业人员年平均人数比值的对数来衡量。如果企业资本密集度较低，那么研发和创新活动可能将受到限制（杨洋等，2015）。

（三）数据来源及处理

本章使用上市企业财务数据和绿色专利引用数据的匹配数据对企业空间集聚影响绿色创新质量的机制进行实证检验。其中，上市企业各年绿色专利引用数据主要依据世界知识产权局公布的绿色专利分类号标准对来源于国家知识产权局和 Google Patent 的专利进行全面系统的筛查、梳理而得；上市企业财务等相关数据来自国泰安数据服务中心（China Stock Market & Accounting Research Database，CSMAR），本章剔除了 B 股、金融类行业以及被 *ST、ST 的样本数据。经过合并匹配，最终整理得到 2003~2019 年 12410 个沪深 A 股上市企业的非平衡面板数据。其变量数据的描述统计信息如表 6.1 所示。

表 6.1 变量的描述性统计

变量	变量名称	均值	标准差	最小值	最大值
lnGreen	绿色创新质量	1.3406	0.6296	0.0000	5.0370
lnenagg	企业空间集聚	14.5475	1.2958	8.4454	15.7574
website	企业信息化水平	0.9856	0.1193	0.0000	1.0000
lnage	企业成熟度	2.6063	0.4879	0.0000	3.4012
lnTQA	企业托宾 Q 值	0.2037	0.3626	−0.3579	5.2612
lnFinan	企业融资约束水平	0.9729	1.0386	−3.7950	13.0717
lnAK	企业资本密集度	0.8722	0.4803	0.0000	6.6522

三、实证结果与分析

（一）企业集聚的有效空间边界界定

本章打破了先验的空间单位（如省份、城市、县城等）限定，基于微观企业地理信息数据和潜力模型构建连续的空间集聚指标，并以 10 千米的空间间隔将企业周边区域划为不同的地理圈层测算企业空间集聚水平，并将不同地理圈层内的空间集聚指标代入计量模型进行估计。在计量模型估计前，本章对面板模型进行了检验。检验结果发现，所有空间圈层内计量模型 F 统计量明显拒绝了使用混合效应估计的原假设，接受使用固定效应模型；Hausman 检验拒绝了使用随机效应模型的原假设，因而本章使用同时控制企业、年份固定效应的模型对不同空间圈层的计量方程进行估计。在计量估计中，本章同时使用聚类稳健标准差（聚类到企业）、在控制所有控制变量情况下进行估计。估计结果如表 6.2 和图 6.1 所示[①]。

表 6.2 企业空间集聚影响绿色创新质量的空间尺度界定

空间距离	lnenagg	控制变量	R^2	N
$0<d\leqslant10$	0.0742*** (9.69)	控制	0.0814	12382
$10<d\leqslant20$	0.0514*** (8.37)	控制	0.0835	12410
$20<d\leqslant30$	0.0491** (2.43)	控制	0.0755	12410
$30<d\leqslant40$	0.0289 (1.21)	控制	0.0767	12374
$40<d\leqslant50$	0.0247 (1.50)	控制	0.0823	12277
$50<d\leqslant60$	0.0129 (0.75)	控制	0.0726	12410
$60<d\leqslant70$	0.0175 (1.20)	控制	0.0628	11965
$70<d\leqslant80$	0.0056 (0.81)	控制	0.0715	12173

① 限于篇幅，表 6.2 中控制变量的参数估计未列出来，控制变量详细估计结果备索；图 6.1 中虚线表示空间集聚效应未通过显著性检验。

续表

空间距离	lnenagg	控制变量	R^2	N
$80<d\leqslant90$	0.0073 (0.77)	控制	0.0782	12268
$90<d\leqslant100$	0.0026 (1.09)	控制	0.0645	12339

注：括号内为聚类稳健标准差的 t 统计值；＊、＊＊、＊＊＊分别表示在 10%、5% 和 1% 的置信水平上显著。本章下同。

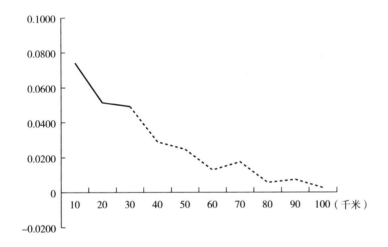

图 6.1 企业空间集聚的衰减特征及有效作用边界（虚线为不显著区域）

由表 6.2 和图 6.1 可知，企业空间集聚对绿色创新质量的影响系数在 30 千米范围内均显著为正，超过 30 千米后其影响效应不再显著，说明企业空间集聚对绿色创新质量具有明显的促进作用，且其有效空间作用范围为 30 千米。这意味着企业与周边 30 千米范围内的其他企业形成的企业集群有效提升了企业获得与之相匹配的专业化劳动力、中间投入品和知识和技术的便利化水平，从而对企业绿色创新质量产生了显著促进作用，而超过该空间范围，空间集聚带来的经济外部性可能不足以弥补成本的提升，进而未对企业绿色创新质量产生明显影响。进一步从有效空间范围内集聚效应的作用效果来看，10 千米范围内企业空间集聚对绿色创新质量的促进作用最大（系数值为 0.0742），其后每隔 10 千米集聚网络的作用效果基本呈现逐步降低趋势（系数值由 0.0514 降低到 0.0491），说明集聚效应随企业间距离的增加而具有明显的空间衰减特征。

（二）企业集聚影响绿色创新质量的基准回归模型

以上分析显示，企业空间集聚对绿色创新质量的有效空间作用边界为 30 千米，本章进一步测算 30 千米范围内的企业空间集聚水平，并将其引入式（6.2）进行面板固定效应估计，基准回归结果如表 6.3 所示。表 6.3 第（1）列是在不控制企业固定效应和年份固定效应情况下，空间集聚对企业绿色创新质量影响的估计结果。可以发现，企业空间集聚的回归系数在 1% 的水平上显著为正，说明企业空间集聚对绿色创新质量提升存在积极影响，与预期相符。集聚带来的空间邻近性和经济邻近性不仅有助于企业间人力资本外部性的充分发挥，而且使企业受益于更强的技术外溢效应、更丰富的中间品供给以及更高质量的竞争效应，从而能够为企业获得更有影响力和更有价值的绿色创新提供充分、便捷的物质和技术保障，有助于提升企业绿色创新质量。在第（1）列的基础上，第（2）列和第（3）列分别考虑企业固定效应和年份固定效应的影响。结果显示，空间集聚对企业绿色创新质量的估计系数仍均在 1% 的水平上显著为正，说明在考虑固定效应后，空间集聚确实能显著促进企业绿色创新质量提升，回归结果具有较强稳健性。由此可见，打造高质量企业集群，充分挖掘、发挥和利用好空间集聚优势，对于促进企业绿色创新质量提升和绿色转型发展具有重要意义。

表 6.3　企业空间集聚影响绿色创新质量的基准回归结果

变量	（1）	（2）	（3）
lnenagg	0.1443***	0.1272***	0.0544***
	(59.46)	(14.12)	(6.84)
website	0.1045***	0.0394	0.0693
	(3.11)	(0.84)	(1.44)
lnage	0.7128***	0.2633***	0.0055
	(187.24)	(23.57)	(0.32)
lnTQA	−0.1275***	−0.0179**	0.0428***
	(−26.48)	(−2.11)	(4.20)
lnFinan	−0.0021	0.0103*	0.0005
	(−0.79)	(1.65)	(0.08)
lnAK	0.1986***	0.0879***	0.0456***
	(33.63)	(6.69)	(3.32)
_cons	−2.9958***	−1.3181***	0.4166***
	(−62.74)	(−10.68)	(3.22)

续表

变量	（1）	（2）	（3）
企业固定效应	NO	YES	YES
年份固定效应	NO	NO	YES
N	12411	12410	12410
R^2	0.0178	0.0789	0.0846

同时，表6.3第（3）列中的控制变量估计结果与预期基本相符。企业信息化水平（$website$）、企业成熟度（$\ln age$）和企业融资水平（$\ln Finan$）的回归系数均为正，但都未通过显著性检验，说明三者对绿色创新质量的提升效果尚不显著。企业托宾 Q 值（$\ln TQA$）在1%的水平上显著为正，说明企业托宾 Q 值越大，越有利于绿色创新质量的提升。这一结果和齐绍洲等（2018）的研究一致，即企业的社会财富创造能力越强，其绿色环保意识和创新意识越强，其对绿色创新活动越有促进作用。同时，企业资本密集度（$\ln AK$）的估计系数显著为正，意味着资本密集度越高的企业对绿色创新质量的提升作用越显著。相较于传统创新，绿色创新需要企业投入更多的资金，因而资本密集度越高的企业越有能力注重于绿色创新研发和绿色创新质量提升（杨洋等，2015）。

（三）稳健性检验

考虑到空间集聚可能与绿色创新质量存在双向因果关系，会降低估计结果的稳健性。另外，基准回归结果可能会存在估计偏误。为了探讨回归结果中极端值、变量测算以及内生性问题的影响，本章进行以下稳健性分析：

1. 双边缩尾、双边截尾结果分析

为了消除极端值对回归结果的影响，本部分在对授权的绿色专利剔除自引用各年累计被引次数进行双边缩尾与双边截尾基础上重新进行回归分析。表6.4 的第（1）列和第（2）列分别是对被解释变量在2.5%的水平上进行双边缩尾与双边截尾处理之后的回归结果。可以发现，空间集聚对绿色创新质量的影响系数仍然在1%的水平上显著为正。这说明在剔除样本中极端值的情况下，本章基准回归结果具有较强的稳健性，即空间集聚促进了绿色创新质量的提升。

表 6.4 稳健性检验（一）

变量	（1）双边缩尾	（2）双边截尾	（3）lngreen1	（4）lngreen2	（5）lngreen3	（6）lngreen4
lnenagg	0.0521 ***	0.0457 ***	0.0541 ***	0.0694 ***	0.0693 ***	0.0441 ***
	（6.71）	（5.88）	（6.83）	（9.08）	（9.08）	（6.79）

变量	(1) 双边缩尾	(2) 双边截尾	(3) lngreen1	(4) lngreen2	(5) lngreen3	(6) lngreen4
website	0.0743 (1.55)	0.0813* (1.70)	0.0694 (1.44)	−0.0824 (−1.00)	−0.0823 (−1.00)	0.0715** (2.50)
lnage	0.0148 (0.87)	0.0303* (1.73)	0.0039 (0.22)	0.2479*** (28.63)	0.2471*** (28.55)	0.1685*** (17.68)
lnTQA	0.0379*** (3.79)	0.0318*** (3.05)	0.0420*** (4.14)	0.0091 (0.94)	0.0093 (0.97)	0.0371* (1.83)
ln$Finan$	0.0015 (0.24)	0.0031 (0.49)	0.0015 (0.24)	0.0170** (2.39)	0.0171** (2.40)	0.0122 (1.30)
lnAK	0.0434*** (3.24)	0.0333** (2.32)	0.0456*** (3.33)	0.0800*** (4.96)	0.0801*** (4.96)	0.0464*** (2.86)
_cons	0.4185*** (3.29)	0.4466*** (3.50)	0.4275*** (3.31)	−0.3880*** (−2.93)	−0.3842*** (−2.91)	−0.3687*** (−3.59)
企业固定效应	YES	YES	YES	YES	YES	YES
年份固定效应	YES	YES	YES	YES	YES	YES
N	12410	12376	12410	11305	11305	12410
R^2	0.0859	0.0794	0.0846	0.0708	0.0707	0.0695

2. 更换企业绿色创新质量指标

在基准回归中，本章采用的企业绿色创新质量指标是授权的绿色专利剔除自引用各年累计被引次数（ln$Green$）。考虑到绿色专利引用数据可分为申请的绿色专利被引用数量和授权的绿色专利被引用数量两个部分，每个部分中又包含各年（累计）被引用次数和剔除自引用的各年（累计）被引用次数两个方面。出于稳健性考虑，本部分重新替换绿色创新质量指标重新进行回归。表6.4 第（3）~第（5）列分别报告了使用授权的绿色专利各年累计被引次数（ln$green$1）、申请的绿色专利剔除自引用各年累计被引次数（ln$green$2）以及申请的绿色专利各年累计被引次数（ln$green$3）作为衡量企业绿色创新质量的指标的回归结果。除专利引用外，已有文献认为基于 IPC 大组层面的专利分类号来测算的知识宽度也是作为创新质量的重要衡量指标。本部分依据该方法，基于绿色专利分类号信息测度绿色专利知识宽度，进一步以此衡量绿色创新质量（ln$green$4）进行稳健性检验。表6.4 第（6）列是相应的稳健性检验结果。可以发现，在替换被解释变量的情况下，空间集聚仍然显著提升了绿色创新质量。

3. 更换空间集聚指标

本章目的在于考察空间集聚是否有利于企业绿色创新质量提升，而在计算空间集聚指标时，采用不同的空间距离界定、企业规模统计口径都会对指标测算有影响。本部分从三个方面构建企业空间集聚的替代指标进行稳健性检验。首先，基准回归模型中是使用潜力模型和 30 千米范围内的企业来测算空间集聚水平，本部分重新以 20 千米范围内的企业和潜力模型来计算新的空间集聚指标（lnenagg_1）进行稳健性检验。其次，将企业就业人数替换为企业营业总收入来构建 30 千米范围内的企业空间集聚指标（lnenagg_2），再以此进行稳健性检验。最后，本章采用目标企业周边划定范围（30 千米）内企业的个数（lnenagg_3）表示企业的空间集聚水平，以此进行稳健性检验；既定范围内企业个数越多，集聚水平越高。检验结果如表 6.5 第（1）~第（3）列显示，可以发现，在使用新的企业空间集聚指标替代基准回归结果的空间集聚指标后，企业空间集聚对绿色创新质量的参数估计依然显著为正，进一步证实了空间集聚有助于提升企业绿色创新质量的基准回归结论。

表 6.5　稳健性检验（二）

变量	（1）更换空间集聚指标 1	（2）更换空间集聚指标 2	（3）更换空间集聚指标 3
lnenagg_1	0.1467 ***		
	(9.03)		
lnenagg_2		0.0425 ***	
		(7.12)	
lnenagg_3			0.1086 ***
			(8.52)
website	0.0687	0.0856 *	0.0871 **
	(1.41)	(1.72)	(1.97)
lnage	0.0218	0.3441 ***	0.1764 *
	(1.25)	(34.18)	(1.85)
lnTQA	0.0340 ***	-0.0301 ***	0.0509 ***
	(3.37)	(-3.48)	(5.78)
lnFinan	0.0118 *	0.0203 ***	0.0227
	(1.86)	(3.23)	(1.16)
lnAK	0.0395 ***	0.0834 ***	0.0669 ***
	(2.88)	(6.26)	(3.55)
_cons	-0.3876 **	-0.2132 **	-0.3272 *
	(-2.10)	(-2.53)	(-1.76)
企业固定效应	YES	YES	YES
年份固定效应	YES	YES	YES

续表

变量	（1）更换空间集聚指标1	（2）更换空间集聚指标2	（3）更换空间集聚指标3
N	12410	12410	12410
R^2	0.0851	0.0772	0.0751

4. 考虑内生性问题

为了准确考察空间集聚对绿色创新质量的影响，需要解决模型可能存在的内生性问题。本部分采用滞后变量法和两阶段最小二乘法对模型进行估计。首先，表6.6第（1）列是以滞后一期的空间集聚指标作为核心被解释变量的回归结果，可见空间集聚的回归系数仍然显著为正。其次，在工具变量选择方面，本章以企业所在城市地形坡度和海拔作为企业空间集聚的第一组工具变量。企业空间集聚与其所在城市的地形及海拔具有较强的相关性。地形坡度越大、海拔越高的城市，越不利于企业大规模集中分布。因为即使地方政府以优惠的政策、资源吸引企业集聚，企业基于人口密度和交通成本的考虑，也不会定位于地势较高或地形较陡峭的地方。而地表坡度和海拔作为自然地理条件，并不会对企业绿色创新质量造成直接影响，因而符合工具变量选择的要求。表6.6的第（2）、第（3）列是分别以外生的城市平均海拔、平均坡度作为工具变量，进行两阶段最小二乘法的回归结果。发现核心解释变量的系数依然显著为正，同时 Kleibergen-Paap rk LM 统计量均在1%的水平上拒绝了识别不足检验，Kleibergen-Paap rk Wald F 统计量均超过10%水平的临界值，显著拒绝了弱工具变量检验，说明工具变量选择合理，同时企业空间集聚系数依然显著且符号并未发生变化，即本章核心结论依然稳健。最后，本部分以30千米范围内企业的地理中心度作为空间集聚的工具变量。根据刘修岩（2014）的思路，本章在30千米范围内企业的地理中心度可表示为 $C_i = \ln \sum_{j \neq i} d_{ij}^{-1}$ ，即一个企业与该范围内其他企业距离的倒数之和的自然对数[①]。该指标衡量了一个企业在既定空间范围内的中心度大小，或到其他企业的便利化程度。一般而言，企业中心度越大，其到其他企业的便利性越强，该企业越有机会跟其他企业产生关联效应，从而越倾向于与其他企业集聚分布。因而，企业中心度越大，其空间集聚效应越强，企业中心度与企业空间集聚指标间存在相关性。但是，企业地理中心度作为一个自然地理变量，仅反映了该企业在既定空间范围内的地理位置，并不会对企业绿色创新质量产生直接影响，因而具有明显的外生性。使用企业地理中心度作为工具变量的两阶段最小二乘估计结果如表

---

① 因为在计量估计中，企业空间集聚也是以对数形式被引入计量方程。

6.6第（4）列所示。从各检验统计量估计结果看，地理中心度拒绝了识别不足和弱工具变量检验，其作为企业空间集聚的工具变量具有明显的合理性。同时，企业空间集聚对绿色创新质量的影响系数依然显著为正，进一步印证了本章基准估计结果的稳健性。

表6.6 内生性检验

变量	（1）滞后一期	（2）平均海拔作为工具变量	（3）平均坡度作为工具变量	（4）企业地理中心度作为工具变量
$l.\,lnenagg$	0.0438*** (4.89)			
$lnenagg$		0.1028** (2.57)	0.0591*** (5.16)	0.0493*** (3.09)
$website$	0.0185 (0.37)	0.2396*** (3.62)	0.2608*** (4.17)	0.2188*** (2.81)
$lnage$	−0.0292 (−1.10)	0.1496*** (6.18)	0.1248*** (11.50)	0.0911** (2.55)
$lnTQA$	0.0415*** (3.53)	0.1432** (2.45)	0.0801*** (4.07)	0.1087*** (3.43)
$lnFinan$	0.0212*** (2.85)	−0.0079 (−1.44)	−0.0106** (−2.19)	−0.0072 (−1.04)
$lnAK$	0.0354** (2.26)	0.0364* (1.94)	0.0188* (1.69)	0.0467** (2.14)
$\_cons$	0.8014*** (5.12)			
Kleibergen-Paap rk LM statistic		126.574 [0.0000]	1606.992 [0.0000]	514.239 [0.0000]
Kleibergen-Paap rk Wald F statistic		117.614	1855.733	662.904
企业固定效应	YES	YES	YES	YES
年份固定效应	YES	YES	YES	YES
N	11280	12257	12257	12410
R^2	0.0761	0.0126	0.0031	0.0416

注：方括号内为 p 值，以下各表同。

四、集聚外部性影响企业创新质量的机制检验

前文考察了空间集聚对企业绿色创新质量的影响效果，而理论分析也提出了空间集聚可通过发挥劳动力"蓄水池"效应和人力资本外部性、强化技术外溢效应、提高中间品空间可得性以及提升竞争效应等途径促进企业绿色创新质量提升。为检验这些作用机制，以及考虑研发投入和环保支出之间的差异，本部分进一步在基准回归基础上引入人力资本外部性（$\ln yjs$）、绿色技能人才"蓄水池"效应（$\ln lp$）、绿色技术外溢效应（$\ln ts$）、绿色中间品空间可得性（$\ln gps$）以及竞争效应（$\ln hhi$）等机制变量进行机制检验。

第一，企业员工的受教育程度或学历水平越高，其所具备的人力资本水平相应较高，企业拥有的人力资本外部性越明显。因而本部分使用依据学历划分的研究生及以上员工占企业员工总数的比重反映企业的人力资本外部性。

第二，企业层面绿色技能人才"蓄水池"效应的测度较为繁复。本章通过测算既定空间范围内（30千米）企业 i 所能获得的来自其他绿色行业企业 j 的富足技能劳动力反映企业在绿色创新中面临的劳动力"蓄水池"效应，即：

$$lp_i = \sum_{j=1,\,j \neq i} \left(E_j^e \left(\frac{\dfrac{E_j^e}{E_j}}{\dfrac{E^e}{E} - 1} \right) \right) \times d_{ij}^{-\delta}, \ d_{ij} \in d_{r=30km} \tag{6.3}$$

式中，E_j^e 为企业 i 周边30千米范围内某绿色行业企业 j 的技术人员就业规模，E_j 为企业总就业规模，E^e 为企业 i 周边30千米范围内所有企业技术人员的就业规模，E 为30千米范围内所有企业的总体就业规模。式（6.3）反映了目标企业 i 对半径为30千米范围内（$d_{r=30km}$）邻近各企业富足技能劳动力的可得性。绿色行业包括绿色制造业行业和绿色服务业行业，下文在介绍绿色中间品空间可得性指标时将对其做详细说明。

第三，企业层面的绿色技术外溢以30千米范围内目标企业 i 对于其他绿色行业企业研发资源的空间可得性来度量。即：

$$ts_i = \sum_{j=1,\,j \neq i} \frac{R_j}{d_{ij}^\delta}, \ d_{ij} \in d_{r=30km} \tag{6.4}$$

式中，R_j 为绿色行业企业 j 研发投入占营业总收入比重（%）。

第四，绿色中间品空间可得性包含两方面内容：一是30千米范围内目标企业对制造业绿色中间品的可得性；二是目标企业对绿色中间服务品的空间可得

性。目标企业 i 对制造业绿色中间品可得性可表示为：

$$gps\_m_i = \sum_{j=1, j \neq i} \frac{E_j^g r_{gs}}{r_{Gs}} \times d_{ij}^{-\delta}, \ d_{ij} \in d_{r=30km} \tag{6.5}$$

式中，E_j^g 为绿色制造业行业 g 中绿色中间品提供企业 j 的就业规模，r_{gs} 表示制造业绿色中间品提供企业所在行业 g 与目标企业 i 所在行业 s 之间的完全消耗系数，r_{Gs} 为目标企业 i 所在行业 s 对所有制造业绿色中间品提供行业的完全消耗系数。绿色中间品主要包括绿色材料、绿色包装等方面，相应的绿色制造业行业主要有节能环保产业、清洁生产产业、清洁能源产业、生态环境产业、基础设施绿色升级五个行业领域。

目标企业 i 对绿色中间服务品的空间可得性可表示为：

$$gps\_s_i = \sum_{j=1, j \neq i} \frac{E_j^p r_{ps}}{r_{Ps}} \times d_{ij}^{-\delta}, \ d_{ij} \in d_{r=30km} \tag{6.6}$$

式中，E_j^p 为绿色服务行业 p 中绿色服务提供企业 j 的就业规模，r_{ps} 表示绿色中间服务行业 p 与目标企业 i 所在行业 s 之间的完全消耗系数，r_{Ps} 为目标企业 i 所在行业 s 对所有绿色中间服务行业的完全消耗系数。绿色中间服务主要包括绿色产品设计、低能耗服务等，绿色服务产业指为相关绿色产业提供智力支持和专业化服务的产业，主要包括检测检测、技术产品认证和推广、项目运营管理、咨询服务、环保项目评估审计、信息传输和计算机服务、金融业、科学研究和技术服务、环境治理和公共设施管理等行业。

第五，企业的竞争效应选用赫芬达尔指数的倒数衡量。具体由特定市场上所有企业的市场份额的平方和的倒数表示 $RHHI = \dfrac{1}{\sum_{i=1}^{N} \left(\dfrac{X_i}{X}\right)^2}$，其中，$N$ 表示某行业内的企业数量，X_i 表示企业 i 的规模，X 表示市场总规模。本章选取企业员工数作为企业规模的测度指标。$RHHI$ 越小，说明市场集中程度越高，越趋于垄断性（孔东民等，2013）；$RHHI$ 越大，说明市场被许多竞争性企业分割，趋于竞争。机制检验结果如表 6.7 和表 6.8 所示。

表 6.7　机制检验（一）

变量	（1）人力资本外部性	（2）绿色技能人才"蓄水池"效应	（3）绿色技术外溢效应
lnenagg	0.1108*** (8.26)	0.1090*** (8.66)	1.0256*** (126.48)

变量	(1) 人力资本外部性	(2) 绿色技能人才"蓄水池"效应	(3) 绿色技术外溢效应
website	0.2041* (1.68)	0.0702* (1.79)	−0.1066*** (−3.28)
ln*age*	0.3773*** (24.18)	0.2204*** (22.78)	−0.0521*** (−5.32)
ln*TQA*	0.0177 (1.29)	0.0064 (1.41)	0.0011 (0.20)
ln*Finan*	0.1398*** (13.78)	0.1154*** (7.03)	0.0167*** (4.86)
ln*AK*	0.2326*** (9.12)	0.1325*** (6.20)	0.0825*** (7.24)
_cons	−1.5346*** (−6.32)	−1.6680*** (−7.34)	−3.9710*** (−32.84)
企业固定效应	YES	YES	YES
年份固定效应	YES	YES	YES
N	11280	11280	12393
R^2	0.9396	0.4652	0.9833

表6.7第（1）、第（2）列中，企业空间集聚对人力资本外部性和绿色技能人才"蓄水池"效应的影响系数在1%的水平上显著为正，说明空间集聚有利于发挥人力资本外部性和技能人才"蓄水池"效应，从而促进企业绿色创新质量提升。企业空间集聚通过更多的就业机会、更高的工资水平、更好的学习机会以及更优质的生产生活设施，集聚了大量拥有较高受教育水平和专业技能的高素质劳动力。这些高素质劳动力有着较强的环保意识和较高的生活品质追求，不仅能够为绿色创新提供人才支撑和人力资本积累，而且能够在彼此的社会互动中产生知识外溢，使人们在其他人的教育水平提高和技能提升中相互获益，包括生产率提升、环保知识增加、绿色创新意识增强、生活质量改善等，从而能够提升绿色创新水平、提高绿色创新影响力和经济社会价值，从而提高绿色创新质量。第（3）列中企业空间集聚的参数估计在1%水平上显著为正，说明空间集聚有助于强化企业间的研发外溢和技术共享，使企业均能从其他绿色行业企业研发投入中获益，从而促进绿色技术进步以及绿色创新质量提升。

表6.8　机制检验（二）

变量	（1）制造业绿色中间品空间可得性	（2）绿色中间服务品空间可得性	（3）竞争效应
lnenagg	0.0431***	0.0124	0.0536***
	(5.86)	(1.37)	(13.48)
website	0.0924***	0.0332	-0.0472***
	(6.31)	(1.57)	(-2.72)
lnage	0.0152*	0.0387*	0.0219***
	(1.76)	(1.94)	(3.77)
lnTQA	0.0695***	0.0438**	0.0478***
	(4.14)	(2.45)	(16.34)
lnFinan	0.0099	0.0054	0.0045**
	(1.10)	(0.13)	(2.00)
lnAK	0.0854***	0.0774***	-0.0484***
	(5.26)	(4.98)	(-9.27)
_cons	-1.4706***	-0.4985***	-0.7162***
	(-7.54)	(-5.16)	(-11.24)
企业固定效应	YES	YES	YES
年份固定效应	YES	YES	YES
N	11280	11280	12410
R^2	0.4396	0.3833	0.4613

表6.8第（1）列显示，企业空间集聚对制造业绿色中间品空间可得性的参数估计显著为正，说明空间集聚强化了绿色产业链上下游企业间的关联效应，显著提升了企业获得制造业绿色中间品的可能性和便利性，从而使企业能够以较低价格、便捷地精准获得自身绿色创新所需的制造业中间品，为获得有影响力的高质量绿色创新提供保障。第（2）列中企业空间集聚对绿色中间服务空间可得性的参数估计为正，但未通过显著性检验，意味着空间集聚并未使企业在既定空间范围内（30千米）充分、有效获得绿色创新所需的绿色产品设计、低能耗服务等各类绿色中间服务品，从而未对绿色创新质量提升产生明显影响。因而，关于企业空间集聚可通过提高绿色中间服务品可得性来促进绿色创新质量提升的理论预期未得到印证。其原因可能在于，与绿色环保、绿色产品设计相关的绿色中间服务业与制造业企业间的联动性不够紧密、融合度还不够高，无法在大量制造业需求的拉动下产生规模效应，从而无法使企业在绿色创新中便捷地、充分地获得各类价低质高的绿色中间服务品。第（3）列中企业空间集聚的估计系数显著为

正，说明空间集聚有助于提升企业间竞争效应，使企业在日趋严苛的环境规制下能够竞相优化资源配置，不断推进绿色技术创新、获得绿色发展新优势，进而提升企业绿色创新质量。

五、扩展性分析

（一）考虑产业政策的影响

在地方产业政策推动下，企业空间集聚的规模和质量不仅会得到明显提升，而且会对经济活动的空间结构重塑产生重要影响。因此，本部分使用中国研究数据服务平台（Chinese Research Data Services，CNRDS）中的产业政策数据库提取了五年规划纲要中提及的相关产业及规划内容，并依据文中对提及产业的描述语气，归纳了中各省份对提及的相关产业的政策态度，分为鼓励、中性和抑制三类。本部分构造产业政策态度（Szctd）虚拟变量，将属于政府"鼓励"发展产业的企业设置为1，其余设置为0。将产业政策态度及其与空间集聚的交互项引入基准回归，进一步探讨政府产业政策态度对企业空间集聚促进绿色创新质量提升机制的影响效应。表6.9第（1）列是考虑产业政策态度后的检验结果。可以看出，产业政策态度和企业空间集聚的交互项在1%的水平上显著为正，意味着政府产业政策为鼓励态度时，将有利于强化空间集聚对企业绿色创新质量提升的促进作用。因为政府对该类产业的鼓励支持态度，往往意味着它会提供更多有利的政策促进产业集聚，强化企业空间集聚效应，进而更显著地提升企业绿色创新质量。

表6.9　基于产业政策、开发区设立和高铁开通的进一步分析

变量	（1）	（2）	（3）	（4）
lnenagg	0.0438 *** (5.58)	0.1500 *** (12.49)	0.0515 *** (4.55)	0.1117 *** (12.28)
lnenagg×szctd	0.0039 *** (8.48)			
lnenagg×Skfq		−0.0024 (−0.41)		
lnenagg×Gkfq			0.0141 *** (4.28)	

续表

变量	（1）	（2）	（3）	（4）
lnenagg×gtkt				0.0068***
				(5.26)
website	0.0571	0.0547	0.1006	0.0455
	(1.20)	(0.88)	(1.57)	(0.95)
lnage	−0.0090	0.2780***	0.0152	0.2586***
	(−0.51)	(22.13)	(0.81)	(23.10)
lnTQA	0.0455***	−0.0331***	0.0334***	−0.0227***
	(4.47)	(−3.85)	(3.15)	(−2.67)
lnFinan	0.0025	0.0228***	0.0107	0.0097
	(0.40)	(3.30)	(1.54)	(1.56)
lnAK	0.0442***	0.0778***	0.0450***	0.0875***
	(3.23)	(5.47)	(3.00)	(6.66)
_cons	0.5864***	−1.6638***	0.1827	−1.1815***
	(4.57)	(−11.24)	(1.10)	(−9.59)
企业固定效应	YES	YES	YES	YES
年份固定效应	YES	YES	YES	YES
N	10178	11120	11120	12257
R^2	0.0833	0.0816	0.0869	0.0789

（二）考虑开发区设立的影响

开发区有利于形成集聚效应和增长动力，从而促进经济高质量发展。开发区具备完善的基础设施、法律制度以及政策优惠，吸引了大量的商业投资、创造了大量的劳动就业；循环累积的集聚效应提高了区域经济的生产效率、增加了地区绿色创新活动的产出。不同等级的开发区所提供的资源增量有所不同，不同阶段企业的资源需求程度有所不同，不同行业生产过程的资源使用特点有所不同，进而企业成长受开发区设立的影响程度可能存在差异（李贲和吴利华，2018）。为了考察开发区设立对于空间集聚对企业创新促进作用的影响效果，本部分依据国家发展改革委等六部门联合发布的《中国开发区审核公告目录》（2018年版），构建省级开发区（Skfq）和国家级开发区（Gkfq）两个虚拟变量，将拥有省级开发区或国家级开发区的城市设置为1，否则设置为0。在基准回归的基础上分别引入省级开发区或国家级开发区与企业空间集聚的交互项进行估计。

表6.9第（2）列显示省级开发区与企业空间集聚交互项的估计系数为负且未通过显著性检验，说明省级开发区并不能促进空间集聚对企业绿色创新质量提

升。第（3）列显示国家级开发区与企业集聚的交互项回归系数显著为正，说明国家级开发区设立有助于强化企业空间集聚对绿色创新质量的提升效应。开发区建设是我国改革开放的成功实践，对促进体制改革、改善投资环境、引导产业集聚、发展开放型经济发挥了不可替代的作用。而省级开发区和国家级开发区对企业空间集聚的绿色创新质量提升效应产生的不同结果，原因可能在于，开发区设立依托政策效应吸引企业入驻，而入驻企业的数量、质量决定了产业集聚的强弱，进而影响集聚效应的强弱。开发区等级差异在政策效应上的不同，最终会累积强化为集聚效应上的差异。

（三）考虑高铁开通的影响

高速铁路的开通影响着国民生活和经济的方方面面。在中国高速铁路建设的大背景下，高铁开通存在强化空间集聚对企业绿色创新质量促进作用的可能（Yang et al.，2022）。因此，本部分将当年开通高铁的城市设置为1，否则设置为0，构建高铁开通的虚拟变量（*gtkt*）。将高铁开通虚拟变量及其与空间集聚的交互项引入基准回归，进一步探讨在高铁开通背景下企业空间集聚的绿色创新质量提升效应。表6.9第（4）列显示，高铁开通与企业空间集聚交互项的估计系数显著为正，说明高铁开通有助于强化企业空间集聚对绿色创新质量的提升效应。高速铁路的开通缩短了不同城市和地区之间的时空距离，带来了人才、资金、技术等资源的快速流动和交换，加快了城市间在绿色创新中的合作和交流，因而有助于促进企业绿色创新质量提升。

（四）考虑中央环保督察和生态绩效考核的影响

为推动中国经济绿色和可持续发展，党和国家高度重视生态文明治理体系建设。本部分进一步探讨在中央环保督察和生态绩效考核影响下企业空间集聚的绿色创新质量提升效应。中央环保督察是向省级政府以及有关部门发起的环境检查活动，由于它是由中央政府组织的，可以直接惩罚并责令纠正污染问题。因此，中央环保督察具有特别强的环境执法效率，更有能力解决长期存在的地方保护主义问题。同时，由于组织构建的多样性，中央环保督察可以从更全面的视角来审查地方环境治理。在中央环保督察全面深入发展的趋势下，有必要探讨该政策是否会影响空间集聚对企业绿色创新质量的提升效应。本部分进一步引中央环保督察（*post*）的虚拟变量，其中，将中央环保督察开展年份，即2016年及其之后设置为1，之前年份设置为0。在基准回归基础上，本部分将中央环保督察虚拟变量与企业空间集聚相乘构建交互项进行回归。结果如表6.10第（1）列所示。另外，自然资源资产离任审计作为一项生态绩效考核和保障领导干部切实履行自然资源资产管理及生态环境保护责任的制度安排，会通过加强地方环境规制，进而对企业的绿色创新产生影响。本部分以领导干部自然资源资产离任审计试点作为对地方政府生态绩效考核的衡量指标，将"是否经过审计"（*Treat*）和"审计前后"（*Period*）的交互项作为领导干部自然资源资产离任审计政策（*Dt*）的度量。具体而言，本部分以 2015 年作为领导干部自然资源资产离任审计试点年份，将2015 年和以后年份的 *Period* 赋值为 1，否则为 0；将作为领导干部自然资源资产离任审计试点城市的 *Treat* 赋值为 1，否则为 0。在基准回归基础上，本部分将生态绩效考核虚拟变量与企业空间集聚相乘构建交互项进行回归。结果如表 6.10第（2）列所示。表 6.10 第（3）列中是在同时考虑中央环保督察和生态绩效考核下企业集聚的绿色创新质量提升效应。

表 6.10 基于中央环保督察和生态绩效考核的进一步分析

变量	(1)	(2)	(3)
lnenagg	0.1238***	0.1216***	0.1245***
	(13.76)	(13.59)	(13.83)
lnenagg×post	0.0017***		
	(5.04)		
lnenagg×Dt		0.0030***	
		(7.47)	
lnenagg×Dt×post			0.0016***
			(4.47)
website	0.0327	0.0299	0.0335
	(0.70)	(0.64)	(0.72)
lnage	0.2376***	0.2218***	0.2417***
	(19.69)	(18.64)	(20.22)
lnTQA	−0.0088	−0.0125	−0.0092
	(−1.04)	(−1.50)	(−1.08)
lnFinan	0.0089	0.0132**	0.0095
	(1.43)	(2.11)	(1.52)
lnAK	0.0771***	0.0572***	0.0786***
	(5.90)	(4.24)	(6.02)
_cons	−1.2017***	−1.1262***	−1.2221***
	(−9.56)	(−9.08)	(−9.76)
企业固定效应	YES	YES	YES
年份固定效应	YES	YES	YES
N	12410	12410	12410
R^2	0.0791	0.0793	0.0790

表 6.10 第（1）列中显示中央环保督察与企业空间集聚的交互项系数显著为正，说明中央环保督察有助于强化空间集聚对企业绿色创新质量的提升效应。原因可能是，中央环保督察一方面有助于促使地方政府重视企业清洁生产，加大对高污染、高排放的"两高"项目的管制，"倒逼"企业优胜劣汰实现绿色生产转型；另一方面有助于提高绿色环保市场的准入门槛，推动绿色环保企业实现专业化集聚，加快绿色创新技术溢出，从而提高绿色创新质量。第（2）列显示，引入生态绩效考核的影响后，企业的空间集聚依然对绿色创新质量具有促进作用。生态绩效考核与企业集聚交互项参数估计显著为正，意味着生态绩效考核的实施也明显强化了企业智能化的绿色创新效应。由于中央环保督察与生态绩效考核实际上都属于中央政府对地方生态环境保护考察的方式之一，本部分进一步在第（3）列中探讨了同时控制这两类政策情况下的企业集聚的绿色创新效应。结果显示，企业空间集聚与两项政策交互项参数估计显著为正，说明中央环保督察和生态绩效考核在强化企业空间集聚，进而提升企业绿色创新质量方面具有协同效应。

六、本章小结

空间集聚是产业发展的重要形式。在强调绿色发展转型升级的背景下，如何通过空间集聚实现绿色创新质量提升，是值得深入研究和探讨的现实问题。本章使用 2003~2019 年中国上市公司面板数据，采用面板固定效应模型探究了空间集聚对企业绿色创新质量的影响及其作用机制。研究发现，企业空间集聚在 30千米的空间范围内能显著促进企业绿色创新质量提升，并且在考虑样本极端值、考虑其他企业绿色创新质量指标和其他空间集聚指标以及考虑内生性问题后结果依然稳健。机制检验结果表明，企业空间集聚可以通过发挥劳动力"蓄水池"效应和人力资本外部性、强化技术外溢效应、提高中间品的可得性以及促进企业间竞争等途径促进企业绿色创新质量提升。扩展性分析发现，地方政府积极的产业政策态度有利于强化空间集聚的绿色创新质量提升效应；在开通高铁或设有国家级开发区的城市中，企业的空间集聚对绿色创新质量提升的促进作用更强，而省级开发区的设立对企业的绿色创新质量的提升作用并不明显；中央环保督察和生态绩效考核均显著提升了企业集聚的绿色创新效应，且二者在推动企业集聚和绿色创新质量提升中具有协同效应。本章研究有助于深化空间集聚对企业绿色创新质量影响的理论认识，所得结论对于优化企业集聚模式，促进企业绿色创新质量升级具有重要启示意义。

第七章 数字化转型背景下企业集聚网络影响全要素生产率的实证分析

伴随数字技术应用和数字化转型进程的不断推进，企业的空间集聚形态随之发生改变。在数字经济作用下，企业空间形态究竟发生了怎样的改变？传统地理距离在企业空间布局中的作用是否依然明显存在？又会对企业全要素生产率产生怎样的影响？本章将在探讨空间集聚优势对企业创新影响的同时，进一步在社会网络理论和空间经济理论基础上构建企业数字化和集聚网络影响全要素生产率的理论分析框架，并使用上市制造业企业微观地理信息数据和董事兼任数据测算企业集聚网络指标，进而基于 2001~2020 年沪深上市制造业企业和城市面板数据的匹配数据检验了企业数字化和集聚网络对全要素生产率的影响效应。

一、引言

党的二十大报告中明确指出，我们要坚持以推动高质量发展为主题，着力提高全要素生产率。这是我国政府根据全面建设社会主义现代化强国的中心任务而作出的重要指示。在此背景下，培育全要素生产率提升的新优势、推动效率变革，已然成为新时代中国经济加快迈向高质量发展阶段的必然要求和应有之义。近年来，数字经济与实体经济的深度融合和快速发展，极大地提升了生产和生活的数字化、便利化水平，有效支撑了经济社会发展效率的稳步提升和经济的高质量发展（陈晓红等，2022；江小涓和靳景，2022）。数字化转型使经济活动在提升信息传输和知识扩散速度、降低信息不对称及交易成本、提高资源的精确配置能力等方面具有明显优势（Goldfarb and Tucker，2019；田秀娟和李睿，2022）。然而，数字技术在制造业企业生产经营等部门的渗透、应用和推广，不仅改变了企业的生产方式、治理模式和资源配置方式，还会对企业的空间组织形态和空间作用方式产生深刻影响。一方面，传统集聚经济理论强调运输和交易成本的企业空间布局中的作用，而数字化转型使企业间联系更为密切，获取外部资源和信息更为便捷，对资源的甄别和空间配置更为精准，从而能够对企业间的集聚效应和规模经济效应产生乘数倍增效应（国务院发展研究中心市场经济研究所课题组，2022）。另一方面，数字化转型能够对既定地域空间范围内的企业家才能、人力资本及经济行为者知识积累能力等要素进行有效整合，在企业间形成稳定的社会经济关系网络。这一关系网络根植于特定地域组织内的本地社会经济与文化系统，并与集聚效应产生协同效率（Capello，2016）。在数字经济作用下，集聚的空间组织形态更具有关系网络特性，从而构成了兼具市场与社会属性的集聚网络。占据集聚网络优势位置的企业，在机会识别、外部收益获取及资源整合和利用方面更具优势（Lu et al.，2017；彭正银等，2019）。因而，企业数字化和集聚网络在生产率提升中存在较为明显的交互影响效应。从企业数字化和集聚网络综合视角探讨全要素生产率的提升机制，对于打造企业生产率新优势，推进企业转型升级和高质量发展具有重要的现实意义。

关于数字化转型与企业全要素生产率关系的研究多通过依据既有文献研究结论进行逻辑推演的方式对二者的作用机制进行理论分析，且在重要机制的分析中缺乏理论依据或一个完整的理论框架，导致特定条件下各类研究对数字化转型的作用机制莫衷一是。此外，已有研究更多考虑了数字化转型对企业本身生产经营方式变革的作用，并未注意到数字化转型给企业空间组织形态和空间格局产生的深刻影响，以及这种空间组织形态变化可能给企业数字化战略带来的调节效应。本章聚焦空间网络互动和知识外溢机制，基于社会网络理论和空间经济理论构建企业数字化和集聚网络影响全要素生产率的理论分析框架，推导分析数字化转型和集聚网络通过提升企业间空间互动频率，进而发挥知识外溢效应（包括显性知识和隐性知识）对企业全要素生产率产生影响的传导机制，以及二者在全要素生产率提升中的协同作用机制，从而为企业数字化和集聚网络的相关研究提供理论支撑。在此基础上，本章综合利用 2001～2020 年沪深 A 股上市制造业企业年报文本数据、上市企业微观地理信息数据、董事在其他企业兼任董事数据以及上市企业财务数据等多套数据，基于企业数字化和集聚网络的综合视角探讨了二者对企业全要素生产率的协同影响效应。研究发现，数字化背景下，企业间仍需在一定空间网络范围内保持频繁地相互作用以获取知识外溢和递增收益；该范围内企业数字化和集聚网络均显著促进了全要素生产率提升，且二者在推进生产率提升中具有明显的协同效应和相互强化作用。样本期内，知识学习网络的发展、国家电子商务示范城市试点和金融危机冲击均有效提升了企业数字化和集聚网络对全要素生产率的协同促进作用，从而体现了数字化转型和集聚网络在促进企业转型发展中的韧性及稳定性。本章研究对于深入推进数字经济与实体经济相互渗透及融合，打造企业高质量发展的数字化新优势具有重要的参考意义。

与已有文献相比，本章实证分析贡献在于以下几个方面：首先，与多数研究侧重探讨数字化转型对企业自身生产经营活动的影响不同，本章从集聚网络视角切入，揭示数字化转型下的企业空间集聚形态变化以及知识转移的内在机制，从而为数字化转型效应的研究提供了新的视角；其次，在指标测算方面，本章使用上市制造业企业微观地理信息数据以及董事是否在其他企业兼任董事的信息、专利被引数据测算企业集聚网络指标，并使用上市制造业企业年报文本数据测算企业数字化水平，为数字化转型效应的相关研究提供了新的微观量化依据；最后，现有文献在探讨数字化对全要素生产率的技术外溢效应时并未具体分析不同类型知识外溢的内在逻辑，而本章在理论推导的基础上，从专业化知识外溢和多样化知识外溢拓展了知识外溢机制的维度，细致识别了企业数字化和集聚网络对全要素生产率的影响效应。

二、计量模型、指标测度与数据说明

（一）计量模型设定

理论分析显示，企业全要素生产率不仅受到企业数字化和企业所在集聚网络的影响，而且受到二者协同效应的作用。本章计量模型可设定为：

$$\ln A_{it}=\beta_0+\beta_1\ln\kappa_{it}+\beta_2\ln aggn_{it}+\beta_3\ln\kappa_{it}\times\ln aggn_{it}+\mu_j+\mu_i+\nu_t+\xi_{it} \qquad (7.1)$$

式中，β_0 为常数；A_{it} 表示企业 i 在 t 年的全要素生产率；κ_{it} 表示企业 i 在第 t 年的数字化水平；$aggn_{it}$ 表示企业 i 面临的集聚网络发展水平；$\beta_1\sim\beta_3$ 分别为相应变量的弹性系数；μ_j、μ_i、ν_t 分别为城市、企业和年份固定效应，ξ_{it} 为随机扰动项。

除企业层面的数字化水平和集聚网络外，企业全要素生产率还可能受到其他企业和城市因素的影响。为降低遗漏变量给计量模型估计带来的偏误，本章进一步在式（7.1）的基础上纳入其他城市和企业层面的控制变量。城市层面的控制变量还包括城市规模（$Usize$）、外商直接投资存量（FDI）和创新要素投入强度（Ip）。企业层面的控制变量主要包括企业规模（$Size$）、企业总资产净利率（Roa）、股权集中度（$Top5$）、资本密集度（Cap）、资产结构（$Tang$）等。包含各控制变量的计量模型可进一步设定为：

$$\ln A_{it}=\beta_0+\beta_1\ln\kappa_{it}+\beta_2\ln aggn_{it}+\beta_3\ln\kappa_{it}\times\ln aggn_{it}+\beta_4\ln Ip_{jt}+\beta_5\ln Usize_{jt}+\beta_6\ln FDI_{jt}+$$
$$\beta_7\ln Size_{it}+\beta_8\ln Roa_{it}+\beta_9\ln Top_{5,it}+\beta_{10}\ln Cap_{it}+\beta_{11}\ln Tang_{it}+\mu_j+\mu_i+\nu_t+\xi_{it}$$

$$(7.2)$$

式中，$\beta_4\sim\beta_{11}$ 为城市和企业层面控制变量的弹性系数，各控制变量的引入机理及测度方法将在下文详细论述。

（二）指标测度与数据说明

本章样本为 2001~2020 年沪深 A 股上市制造业企业数据[①]。在数据处理过程中，本章删除了金融业样本、相关变量缺失较为严重的样本以及 ST、PT 及样本期间退市和资不抵债的样本，最终得到 3068 家上市制造业企业的 24300 个样本。上市企业原始财务数据来源于国泰安数据库（CSMAR），企业年报数据取自沪深证券交易所官方网站。以下详细说明各变量的测度方法。

1. 被解释变量：企业全要素生产率（A）

企业全要素生产率是企业投入产出效率、产品质量和技术创新能力等方面的综合反映。常见的企业全要素生产率测算方法主要有 OLS、GMM、FE、前沿分析法、OP、LP 等。OLS 法由于企业异质性和数据可获得性，存在内生性、估计偏误等问题。GMM 通过在估计模型中加入工具变量，解决了估计中的内生性问题，但工具变量选择比较困难，一旦工具变量失效，其模型的解释能力也会降低。FE 通过引入固定效应模型，对模型进行一阶差分，在一定程度上解决了 OLS 方法的内生性问题和样本选择偏误问题，但使用条件苛刻，实际使用过程中操作起来较为困难。前沿分析法是通过构造前沿面进行技术效率测算，分为随机前沿法（SFP）和数据包络分析法（如数据包络分析的衍生形式 SBM 等）。SFA 需要事先确定生产函数的形式，用极大似然法估计出各个参数后，进而用条件期望计算出各个决策单元的技术效率，而 SBM 法不需要考虑生产前沿的具体形式，主要通过技术有效的样本来构造前沿，但其结果受到样本异常值的影响较大。OP 模型的基本思路是使用可观测的企业投资作为不可观测的 TFP（全要素生产率）的代理变量解决内生性问题，使用企业价值最大化的 Bellman 方程和生存概率确定企业的退出准则，进而解决样本选择偏误问题（刘方和赵彦云，2020）。LP 方法则进一步针对 OP 方法样本损失过多的缺点对全要素生产率测度方法进行了改进。本章主要采用 LP 方法测算的企业全要素生产率进行实证分析。同时，本章使用 OLS 法、FE 法和 OP 方法对上市制造业企业全要素生产率进行测度，并以此对 LP 方法测算的全要素生产率计量回归结果进行稳健性检验。

2. 核心解释变量：企业数字化（κ）

已有研究主要利用指标体系法（赵涛等，2020；Zhang et al.，2022）、虚拟变量法（魏下海等，2021）、投入产出法（张晴和于津平，2021）、文本分析和词频法（吴非等，2021）及增长核算法（许宪春和张美慧，2020；蔡跃洲和牛

---

① 本章将样本集中于制造业企业，原因在于：一是契合国家着力发展实体经济，推动数字经济与实体经济深度融合的政策取向；二是上市制造业企业数据具有可靠的数据来源和保障，能够满足大样本企业面板回归的要求，有助于提高估计的精度和准确性。

新星，2021）对数字经济进行测度。其中，指标体系法主要通过选取一系列与数字经济发展相关的指标，并使用相关统计方法进行降维处理，得到反映数字经济发展的综合指标。但是，由于选取的指标维度、数量不同以及在降维过程中选取的标准不一致，不同学者测算的数字经济发展指数差异较大，且通过降维处理后的无量纲化指标究竟在多大意义上能够反映数字经济发展也无法给出精确的度量，因而该类方法在理论和实际操作中存在较大局限性。虚拟变量法主要以某地区或企业是否运用了数字技术来反映数字经济在地区或企业层面的发展水平，但由于其无法确切反映数字技术运用的水平和能力，因而无法对数字经济发展进行精确测度。投入产出法尽管能够利用投入产出表计算各行业总投入中数字经济行业投入份额来较为准确地测度产业数字化水平，但由于投入产出表报告的年份较为有限，且大都是针对较为宏观的区域层面进行测度，因而很难在较为连续的时间维度上反映更为微观领域的数字经济发展水平。增长核算方法尽管可以在连续的时间维度上精确地测度数字经济增加值及其发展规模，但受限于数据可得性，其测度对象依然局限于宏观的国家或地区层面。而基于文本挖掘的数字经济词频测算方法可以通过统计各类文本信息中与数字经济相关的词频来较为准确地反映数字化水平。这种方法不仅能够基于各地区政府工作报告或各类统计报告分析各级区域层面的数字经济发展水平，而且可以从企业年报中挖掘数字经济相关信息，进而测度企业层面的数字经济发展或数字化水平。吴非等（2021）指出，企业数字化转型作为新时代企业高质量发展的重大战略，其信息更容易体现在企业具有总结和指导性的年报中。年报中的词汇用法及出现的次数能够折射出企业未来的发展战略，因而在很大程度上能够体现企业推进数字化转型的程度。本章首先根据吴非等（2021）的方法，利用爬虫技术批量搜索了中国沪深 A 股上市制造业企业 2001~2020 年的年报文本数据，进而借鉴 Dauth 等（2017）、Acemoglu 等（2021）的研究，利用上市公司年报文本数据和基于机器学习的"词频—逆文本频率"（TF-IDF）方法测算企业数字化水平。

首先，综合参考《中华人民共和国国民经济和社会发展第十四个五年规划和 2035 年远景目标纲要》《中国数字经济发展报告（2021 年）》以及历年中央《政府工作报告》等重要文件和吴非等（2021）的研究，构建企业智能化的中文分词特征词库①；其次，参考 Brown 和 Tucker（2011）的方法删除年报中的停用词，并利用词频统计法计算特征词库中的数字化关键词词频；最后，根据 Loughran 和 McDonald（2014）、Acemoglu 等（2021）的研究，利用基于机器学习的

---

① 与企业数字化转型相关的词汇包括人工智能技术、大数据技术、云计算技术、区块链技术和数字技术运用五个方面，同时每个大类词库下又有众多细分词汇，详情请参考吴非等（2021）。

"词频—逆文本频率"方法测算中国上市公司"企业数字化"指标（κ）。企业数字化指标可表示为：

$$\kappa_{it} = \sum_k \left[\ln(f_{it}^k + 1) \times \ln \frac{N_t}{n_t^k + 1} \right] \tag{7.3}$$

式中，$\ln(f_{it}^k+1)$ 为数字化关键词 k 在上市企业 i 第 t 年的年报中的词频；N_t 为第 t 年上市企业年报文本总数，n_t^k 为第 t 年包含数字化关键词 k 的年报文本数量，$\ln \dfrac{N_t}{n_t^k+1}$ 便是包含数字化关键词 k 的逆文本频率。用以上方法测算的企业数字化水平能够有效提升数字化关键词 k 在文本分析中的识别能力，从而降低因通用词汇过多而带来的对数字化词汇 k 的低估程度。

3. 核心解释变量：集聚网络（$aggn$）

企业所处行业中的网络位置不同，会使其获得不同的信息资源，其利用数字技术吸收、整合和利用各类信息推动全要素生产率提升的效应也不尽一致。与其他企业相比，占据网络中心位置或处于网络结构洞位置的企业，在机会识别和资源获取方面更具优势。除企业在关系网络中的位置会影响其信息获取能力外，企业所在空间组织中的集聚环境也会影响其获取、利用外部知识进行创新和提升生产率的能力。企业集聚效应决定了企业从关联企业空间互动中获取规模经济优势以及吸收、利用技术外溢的能力，其与社会网络效应在企业创新和生产率提升过程中具有互补性和协同作用。为刻画集聚网络中企业集聚效应和社会网络效应的这种协同机制，本章构建了企业集聚网络位置指标（$aggn$），即

$$aggn_i = s_i \sum_{j=1}^n \frac{E_j}{d_{ij}} = \frac{C_i}{R_i} \sum_{j=1}^n \frac{E_j}{d_{ij}} \tag{7.4}$$

式中，E_j 为企业就业规模；$\sum\limits_{j=1}^n \dfrac{E_j}{d_{ij}}$ 为结合潜力模型来测算的企业空间集聚水平，反映了一定距离（d_{ij}）范围内企业 i 受到的其他企业 j 的外部性影响（溢出效应）。本章以上市制造业企业地理位置的经纬度信息为依据测算两两企业间的距离（d_{ij}），并以 10 千米的空间间隔将企业周边区域划为不同的地理圈层对企业空间集聚水平进行测算，进而将测算的不同地理圈层内的集聚网络指标代入计量模型进行估计，识别集聚网络影响企业全要素生产率的最优空间尺度。式（7.4）意味着，当一个企业在空间中具有较强的集聚效应，同时在社会关系网络中处于较佳位置时，该企业在信息传播、知识学习和创新资源利用中更易于与其他企业产生协同优势。企业间的协同性支撑着集体学习和知识社会化进程，从而加速自身数字化转型步伐，产生明显的生产率提升效应。

式（7.4）中，C_i 和 R_i 都是用来衡量企业所在社会关系网络位置的指标。其中，C_i 为一定距离范围内企业所在社会关系网络的中心度，反映了企业与网络中其他企业之间的直接联系程度。其计算方法如式（7.5）所示。

$$C_i = \frac{\sum\limits_{j \neq i} g_{ij}}{n-1} \tag{7.5}$$

式中，g_{ij} 表示企业 i 与企业 j 之间是否存在社会网络关系，若存在，则 $g_{ij}=1$，否则 $g_{ij}=0$；$\sum\limits_{j \neq i} g_{ij}$ 为既定空间范围内（下文将对该空间范围进行识别和检验）企业 i 与其他企业社会网络关系的加总；n 为该空间范围内的企业数量。

R_i 为一定距离范围内企业在社会关系网络中所受到的限制性水平，而与此相反，$\frac{1}{R_i}$ 表示企业在社会关系网络中的结构洞指数。结构洞指当两个非直接关联的企业都连接到同一企业时在信息流中形成的缺口。由于处于结构洞位置的企业将没有直接联系的企业联系起来，并在企业联系中发挥"桥梁"或"中介"的作用，因而与其他未处于结构洞位置的企业相比，其不仅能够从整个网络中获得更多的创新资源和信息，而且能够促进信息和知识的流动与传播，并通过控制信息流为自身的技术创新和生产率提升服务。从这个意义上说，企业在社会关系网络中所受到的限制性水平越高，则其发挥"桥梁"或"中介"作用的可能性越小，其结构洞指数也越小。根据钱锡红等（2010）的研究，R_i 可表示为：

$$R_i = \sum\limits_{i \neq j} \left(g_{ij} + \sum\limits_{i \neq v, j} g_{iv} g_{vj} \right)^2 \tag{7.6}$$

式中，g_{ij} 为企业 i 与企业 j 在社会网络中的直接联系强度；$\sum\limits_{i \neq v, j} g_{iv} g_{vj}$ 为企业 i 在社会网络中通过企业 v 与企业产生的所有非直接联系的总和；$\left(g_{ij} + \sum\limits_{i \neq v, j} g_{iv} g_{vj} \right)^2$ 表示企业 i 因企业 j 而在社会网络中受到的限制性水平。企业 i 在社会网络中受到的总体限制性水平是该企业在社会网络中因所有其他企业而受到的限制性水平的加总。

企业集群中的社会关系网络可以是企业间形成的非正式的"非贸易"关系以及一系列由员工流动和企业间学习而产生的学习网络，也可以是更正式的在技术发展、职业和在职培训等领域形成的合作关系（如合作协议等）。连锁董事网络是企业社会关系网络的一种重要表现形式，在组织间学习和模仿、知识转移、信息传递和交换中发挥着重要作用。卢昌崇和陈仕华（2009）指出，中国80%以上的上市企业存在连锁董事，上市企业之间已经以连锁董事为基础形成了一个庞大的社会网络系统。社会网络关系长期稳定嵌入至企业中，是企业获取外部资源和信息的重要来源（严若森和华小丽，2017）。因而，企业与网络中其他成员的连锁程度越高，其从外部获取资源的能力越强（李善民等，2015）。本章从上市企业间连锁董事网络视角测度社会关系网络的中心度和结构洞指数。本章手工收集国泰安数据库（CSMAR）中上市企业董事是否在其他企业兼任董事的信息，分年份构建"企业—企业"网络位置关系矩阵（若上市企业 i 和 j 在相应年份至少有一位共同董事，则矩阵元素取值为 1，反之取值为 0）反映企业间的合作关系和基于人际沟通的学习关系。若企业之间存在共同董事，一方面意味着二者在人际交往或沟通方面存在便利渠道，它们在思想、理念、经验方面的交流频次和学习效应更甚于不具有共同董事的企业；另一方面说明二者存在某种正式的合作关系或者具有正式合作关系的潜在可能性，从而增强了企业间的互利互信，提升网络效应和外溢效应。在此基础上，将构建的企业网络位置关系矩阵与 Python 网络建模技术相结合，计算每个企业在社会关系网络中的网络中心度和结构洞指数。

4. 其他控制变量

城市单位新产品劳动力投入量（Ip）以城市非农就业与专利授权量的比值表示$\left(\dfrac{人}{项}\right)$，其中，非农就业为城市单位从业人员数与个体从业人员数之和（人），专利授权量数据来源于国家知识产权数据库。城市规模（$Usize$）以城市非农人口规模表示（万人）；城市外商直接投资存量（FDI）借鉴韩峰和柯善咨（2012）的做法，使用永续盘存法测算，即 $FDI_{jt} = （1-\psi）FDI_{j,t-1}+\dfrac{F_{jt}}{\omega_{jt}}$。式中，$FDI_{i,t-1}$ 是上一期外商直接投资存量；ψ 是年折旧率，设为 5%；F_{jt} 是第 t 年外商直接投资额；ω_{jt} 是各城市的累积资本价格指数[①]。对于企业层面的控制变量而言，企业规模（$Size$）用企业总就业人数衡量。企业就业数量越多，其规模通常越大，其在生产中实现规模经济效应的能力越强，越有助于企业全要素生产率提升。总资产净利润率（Roa）以企业利润在企业总资产中的比重表示。股权集中度（$Top5$）以企业前五大股东持股比例表示，反映企业管理和监督水平。股权较为集中时，股东的权利较大，能对企业进行有力监督，但股权过于集中，会导致一系列管理问题，提高企业成本，不利于企业高质量发展。资本密集度（Cap）以企业固定资产净值除以企业年平均员工数表示。资本密集度高的企业，

---

① 由于公开资料中并没有城市层面累积资本价格指数的统计，本书以省级层面的累积资本价格指数来近似表示。

其改进生产技术、提高企业生产效率的动机水平越高。资产结构（$Tang$）用固定资产净额和存货净额之和与总资产的比值衡量，在一定程度上反映了企业的资金流动水平，该值越大，说明资金流动性越差，越不利于企业全要素生产率提升。各变量的样本统计值如表7.1所示。

表7.1 上市企业数字化、集聚网络及相关变量的描述性统计结果

变量	均值	标准差	最小值	最大值
企业全要素生产率（tfp）	3.5459	0.7347	-1.6417	8.0704
企业数字化水平（κ）	0.2510	0.3426	0.0186	0.4011
企业集聚网络（$aggn$）	23042.5400	75105.2900	1.0000	1151020
新产品劳动力投入数量（lp）	2789.9360	4281.4400	19.3336	551773
城市规模（$Usize$）	167.2305	261.3816	23.6300	1542.7700
外商直接投资存量（FDI）	109544.7719	1971980.1260	0.0000	79721306.4400
企业规模（$Size$）	2979.8560	7278.221	8.0000	229154
企业总资产净利润率（Roa）	0.5291	21.8594	-146.1610	309.7724
股权集中度（$Top5$）	34.2893	22.3094	0.0573	101.1600
资本密集度（Cap）	3.0060	17.9759	0.0862	1764.0610
资产结构（$Tang$）	0.3501	0.1746	0.0000	0.9709

三、实证分析

（一）企业集聚网络影响空间尺度界定

理论分析显示，数字化转型和集聚网络在推进生产率提升中具有协同效应，且数字化环境下，企业空间集聚在信息传输、知识转移中依然发挥着重要作用。集聚网络释放出的集聚效应和网络外部性依然具有明显的空间特征。为明确界定企业集聚网络在空间中对全要素生产率的最优影响尺度，本章以10千米的空间间隔将企业周边区域划为不同的地理圈层对企业空间集聚网络位置进行测算，并将不同地理圈层内的集聚网络指标代入计量模型进行估计。在计量模型估计之前，本章对面板模型进行了检验。检验结果发现，所有空间圈层内计量模型F统计量明显拒绝了使用混合效应估计的原假设，接受使用固定效应模型；Hausman检验拒绝了使用随机效应模型的原假设，因而本章使用同时控制企业、年份和城

市固定效应的模型对不同空间圈层的计量方程进行估计。在计量估计中，本章同时使用聚类稳健标准差（聚类到企业）、在控制所有控制变量情况下进行估计。估计结果如表7.2和图7.1所示①。

表7.2　企业数字化、集聚网络影响全要素生产率的空间尺度界定

空间距离（km）	$\ln aggn$	$\ln \kappa$	控制变量	R^2	N
$0<d\leqslant 10$	0.0901 *** (24.11)	0.1282 *** (34.70)	控制	0.4768	23631
$10<d\leqslant 20$	0.0633 *** (15.88)	0.1294 *** (31.49)	控制	0.4217	20419
$20<d\leqslant 30$	0.0706 *** (15.86)	0.1320 *** (32.82)	控制	0.4232	20584
$30<d\leqslant 40$	0.0624 *** (15.04)	0.1319 *** (33.26)	控制	0.4221	20964
$40<d\leqslant 50$	0.0472 *** (5.32)	0.0516 *** (6.32)	控制	0.4210	20957
$50<d\leqslant 60$	0.0119 (1.29)	0.0533 *** (6.40)	控制	0.4214	22268
$60<d\leqslant 70$	0.0086 (0.86)	0.0554 *** (6.32)	控制	0.4182	21479
$70<d\leqslant 80$	0.0098 (1.18)	0.0547 *** (6.50)	控制	0.4167	21525
$80<d\leqslant 90$	0.0017 (0.19)	0.0513 *** (5.63)	控制	0.4177	23631
$90<d\leqslant 100$	−0.0075 (−0.79)	0.0537 *** (6.27)	控制	0.4180	20957
$100<d\leqslant 110$	−0.0056 (−0.58)	0.0552 *** (6.26)	控制	0.4178	22589
$110<d\leqslant 120$	−0.0074 (−0.66)	0.0536 *** (6.02)	控制	0.4169	21562

---

①　限于篇幅，表7.2中控制变量的参数估计未列出来，控制变量详细估计结果备索。本书将全部上市制造业企业分为高科技行业和非高科技行业两类，并进一步探讨了这两类行业中企业集聚网络的有效空间作用边界的异质性特征。结果显示，尽管高科技行业集聚网络有效空间作用范围略大于非高科技行业，但高科技产业中集聚网络在$50<d\leqslant 60$千米范围内的影响极为有限（仅在10%水平上通过显著性检验），因而从全部制造业行业整体来看，50千米的地理范围在整体上依然是集聚网络产生明显作用效果的最优空间尺度。

续表

空间距离（km）	ln$aggn$	lnκ	控制变量	R^2	N
120<d	−0.0107 （−0.43）	0.0552*** （6.63）	控制	0.4126	22376

注：括号内为聚类稳健标准差的 t 统计值；*、** 和 *** 分别表示在 10%、5% 和 1% 的置信水平上显著。本章下同。

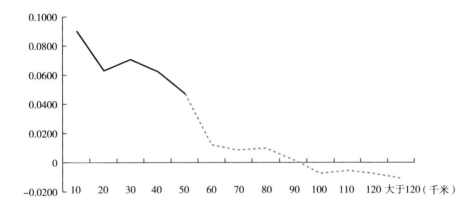

图 7.1 企业集聚网络效应的空间作用边界（虚线为不显著区域）

如表 7.2 和图 7.1 所示，企业所在集聚网络对全要素生产率的影响系数在 50 千米范围内均显著为正，超过 50 千米后其影响效应不再显著，说明企业集聚网络对全要素生产率产生影响的有效空间作用范围为 50 千米，超过这一距离范围，便不会对全要素生产率产生明显影响。这意味着企业与周边 50 千米范围内的其他企业形成的集聚网络有效提升了企业获得与之相匹配的专业化劳动力、中间投入品及知识和技术的便利化水平，从而对企业生产率产生了显著促进作用，而超过该空间范围，集聚网络带来的经济外部性可能不足以弥补成本的提升，进而未对企业生产率产生明显影响。而这可能与隐性知识传递仍需空间集聚下的面对面交流有关。进一步从有效空间范围内集聚网络的作用效果看，10 千米范围内企业集聚网络对全要素生产率的促进作用最大（系数值为 0.0901），其后每隔 10 千米集聚网络的作用效果基本呈现逐步降低趋势（系数值由 0.0633 降低到 0.0472）；超过 50 千米范围后，尽管影响系数不再显著，但其作用效果仍呈现逐步降低趋势（图 7.1 中虚线部分）。因而，在控制数字化转型条件下，集聚网络对全要素生产率的影响具有明显的衰减效应，且这种衰减效应在有效空间作用边界周围呈现渐变性特征。各方程中企业数字化转型（lnκ）对全要素生产率的影响系数均显著为正，说明企业数字化转型有助于提升企业获取、利用各类资源的效率，进而显著提升全要素生产率水平。这同时印证了企业数字化对全要素生产率影响效果的稳健性。

（二）数字化转型背景下集聚网络影响全要素生产率的基准回归结果

在以上分析的基础上，本部分进一步测算有效空间范围（50 千米）内的企业集聚网络，并将集聚网络以及其与企业数字化交互项引入计量方程中，使用同时控制年份和企业双重固定效应的、聚类稳健标准差模型对基准回归结果进行估计。估计结果如表 7.3 所示。

表 7.3　企业数字化、集聚网络影响全要素生产率的基准回归结果

变量	（1）	（2）	（3）	（4）	（5）
$\ln\kappa$	0.0959***	0.1035***	0.0473***	0.0512***	0.0462***
	(9.40)	(5.45)	(8.19)	(3.35)	(2.71)
$\ln aggn$	0.1435***	0.1580***	0.0889***	0.0580***	0.0387***
	(11.99)	(20.35)	(13.53)	(4.22)	(5.43)
$\ln\kappa \times \ln aggn$		0.0126***	0.0229***	0.0181***	0.0108***
		(5.97)	(8.52)	(6.99)	(5.68)
$\ln Ip$			0.0906***		0.0981***
			(4.71)		(4.39)
$\ln Usize$			0.1095***		0.1243***
			(15.92)		(11.78)
$\ln FDI$			0.0230***		0.0225**
			(3.57)		(2.24)
$\ln Size$				0.3112***	0.3052***
				(24.67)	(19.85)
$\ln Roa$				0.5446***	0.6866***
				(26.27)	(21.20)
$\ln Top5$				−0.3922***	−0.3769***
				(−21.92)	(−14.05)
$\ln Cap$				−0.0146**	−0.0038***
				(−2.49)	(−17.04)
$\ln Tang$				−0.8828***	−0.8969***
				(−29.05)	(−31.28)
_cons	7.0773***	1.2065***	7.9306***	6.0538***	6.0933***
	(68.38)	(72.27)	(76.05)	(83.97)	(89.24)

续表

变量	（1）	（2）	（3）	（4）	（5）
城市固定效应	控制	控制	控制	控制	控制
企业固定效应	控制	控制	控制	控制	控制
年份固定效应	控制	控制	控制	控制	控制
N	24300	24300	23895	23631	23631
R^2	0.3334	0.3340	0.3761	0.3972	0.4131

表7.3第（1）列是仅加入数字化和集聚网络两个变量后的估计结果，结果显示企业数字化转型和集聚网络均对企业全要素生产率具有显著促进作用。在第（2）列中进一步加入企业数字化与集聚网络交互项后，发现企业数字化和集聚网络的参数估计依然显著为正，且企业数字化与集聚网络交互项的参数估计依然为正，说明不仅企业数字化和集聚网络本身对企业全要素生产率有促进作用，而且二者在企业全要素生产率提升中还具有明显的协同效应。数字技术具有可编辑性、可扩展性、开放性和关联性等特征（王海花和杜梅，2021）。企业数字化转型通过不断推动数字技术的研发、应用和推广，加速资源的整合、吸收与利用，不仅有助于提升企业适应新环境、有效应对外来冲击以及强化资源共享和企业间关联、以较低成本处理大规模业务的能力，而且信息数量、种类和复杂性的提升使得企业间近距离接触更为必要，从而强化了企业集群的技术外溢效应、规模经济效应和网络效应。而企业集聚网络的发展会进一步增强企业获取、整合、调配和控制外部多元化资源的能力，助力数字技术的研发创新，强化企业数字化对全要素生产率提升的促进作用。以上结论印证了本章的理论预期。在表7.3第（3）～第（5）列中分别加入城市控制变量、企业控制变量以及同时控制城市和企业变量后，企业数字化、集聚网络以及其交互项的参数估计依然显著为正，说明在其他条件不变的情况下，企业数字化、集聚网络及其交互项对全要素生产率的影响依然非常稳健。

从控制变量的参数估计看，城市单位新产品生产所投入的劳动力数量（$\ln lp$）的参数估计结果与理论预期一致，其对全要素生产率的影响系数在1%水平上显著为正，说明城市对新产品研发越重视，其在新产品生产中投入的劳动力数量便越多，越有助于辖区内企业全要素生产率的提升。第（3）列和第（5）列中城市规模（$\ln Usize$）对企业全要素生产率的影响系数显著为正，说明城市规模扩张带来的规模经济效应显著提升了企业全要素生产率。外商直接投资（lnFDI）的参数估计显著为正，意味着各地区引进的外商直接投资内含的先进技术和管理经验，通过技术外溢效应对本地企业全要素生产率提升产生了明显促进作用。企业规模（lnSize）的系数在1%水平上显著为正，说明企业规模扩张为企业带来了规模经济效益，从而提高了企业全要素生产率。企业资产利润率（lnRoa）的参数估计显著为正，意味着企业利润在总资产中所占比重越大，企业盈利能越强，越有助于增加研发投资、员工技能培训等方面的支出，进而提升企业生产率水平。股权集中度（lnTop5）系数通过了1%水平的显著性检验，但符号为负，说明企业股权过分集中，可能会导致企业决策模式单一、运行机制僵化，进而制约企业全要素生产率提升。资本密集度（lnCap）的参数估计在1%水平上显著为负，意味着企业过分倚重资本投资驱动发展的模式将弱化企业对于新技术和新知识的吸收、利用能力，进而降低企业生产率水平。资产结构（lnTang）的系数显著为负，表明企业资产流动性差会显著提升企业融资约束，不利于企业全要素生产率提升。

（三）稳健性检验

1. 更换被解释变量和核心解释变量

本部分从三个方面对基准回归结果进行稳健性检验。①进一步使用OP方法和基于固定效应模型的索洛余值法测度上市企业全要素生产率，以此对基准回归结果进行稳健性检验。②本书在实证分析中使用"词频—逆文本频率"方法来测算企业数字化水平并进行计量估计，但由于上市企业往往在年报的"管理层讨论与分析"（MD&A）部分对企业的业务情况、发展规划等进行描述和披露，且该部分长度存在明显差异，若单纯用提取出的数字经济词频绝对数来反映该企业数字化水平，则不同企业数字化水平将不具可比性①。为此，本部分进一步使用企业数字经济词频以及企业数字经济词频与年报MD&A字数的比值作为企业数字化的替代指标进行稳健性检验。③企业在总资产中拥有数字化技术无形资产的份额也可以作为企业数字化转型的可靠度量指标，本部分进一步使用上市制造业企业数字化技术无形资产与其年末总资产的比值来反映企业数字化转型程度。④在基准回归结果估计中，式（7.4）是基于企业就业规模测算的，本部分进一步使用企业营业规模替代就业规模对式（7.4）进行测度，以检验企业数字化和集聚网络对企业全要素生产率影响的稳健性。更换相关变量测度指标后的估计结果如表7.4所示。

---

① 一些企业数字经济词频较少，可能单纯由其年报MD&A字段长度（字数）较小导致，但这并不意味着相对于其他企业而言，该企业的数字化水平就低。

表 7.4 更换变量测度指标后的估计结果

变量	(1) OP 方法的 *tfp*	(2) 固定效应索洛余值法的 *tfp*	(3) 以数字经济词频占比测度企业数字化	(4) 以数字化技术无形资产占总资产比重测度企业数字化	(5) 以营业规模测度集聚网络
lnκ	0.0456*** (2.67)	0.0724*** (3.99)	0.0583** (2.55)	0.0594*** (3.10)	0.0404* (1.76)
ln*aggn*	0.0326*** (4.70)	0.0427*** (5.62)	0.0344*** (4.40)	0.0517*** (4.22)	0.0460*** (5.21)
lnκ×ln*aggn*	0.0128*** (6.71)	0.0117*** (5.79)	0.0166*** (6.69)	0.0198** (2.45)	0.0160*** (6.40)
控制变量	控制	控制	控制	控制	控制
城市固定效应	控制	控制	控制	控制	控制
企业固定效应	控制	控制	控制	控制	控制
年份固定效应	控制	控制	控制	控制	控制
N	24018	23631	11102	11058	12369
R^2	0.1744	0.4946	0.5004	0.4973	0.2483

表 7.4 第（1）、第（2）列显示，将 LP 方法测算的全要素生产率替换为 OP 方法和基于固定效应模型的索洛余值法测算的全要素生产率后，企业数字化和集聚网络均对全要素生产率产生了显著促进作用，且二者交互项显著为正的参数估计意味着二者在全要素生产率提升中存在明显的协同效应和相互强化效应，印证了表 7.3 基准回归结果的稳健性。第（3）、第（4）列分别以数字经济词频占年报 MD&A 字数比重和数字化技术无形资产占总资产比重作为企业数字化衡量指标后，企业数字化的参数估计依然显著为正，集聚网络及其与企业数字化的交互项系数在 1% 水平上显著为正，从而得到了与表 7.3 基本一致的结果。第（5）列更换集聚网络测度指标后，集聚网络、企业数字化以及二者交互项参数估计结果与表 7.3 基本一致，均对全要素生产率具有显著为正的影响效果，进一步印证了本章基准回归结果的稳健性。

2. 考虑样本极端值和更换样本量的稳健性检验

样本极端值往往会影响到估计结果的稳健性。本部分分别在 2.5% 和 1% 的水平上对样本进行两端缩尾和两端截尾处理，进而以此进一步检验基准回归结果的稳健性。表 7.5 第（1）、第（2）列分别是在 2.5% 水平上两端缩尾和两端截尾的估计结果。结果显示，在 2.5% 水平上两端缩尾和两端截尾后，企业数字化、集聚网络以及二者交互项的参数估计与表 7.3 结果基本一致，不仅企业数字化和集聚网络各自显著提升企业全要素生产率，而且企业间集聚网络的发展进一步强化了企业数字化的全要素生产率提升效应。第（3）、第（4）列分别是在1%水平上对样本进行两端缩尾和两端截尾的结果，结果显示企业数字化、集聚网络及其交互项参数估计依然显著为正，印证了本章基准回归结果的稳健性。此外，本章基准回归模型是使用上市制造业企业数据为样本进行估计的，本部分进一步将制造业以外的其他企业样本纳入研究范围，以整体的上市企业数据为样本探讨企业数字化、集聚网络对全要素生产率的影响，以期对基准结果进行验证和补充。表7.5第（5）列显示，扩展上市企业样本后，企业数字化、集聚网络及其交互项参数估计依然对企业全要素生产率产生了显著为正的影响，说明在将样本扩展至制造业以外行业后，本章基准回归结果依然成立，数字经济在与制造业深度融合的同时，也在不断渗透至其他行业，推动了整体行业集聚网络的形成及生产率的提升。

表7.5　考虑样本极端值和更换样本量的稳健性检验结果

变量	（1）2.5%水平上两端缩尾	（2）2.5%水平上两端截尾	（3）1%水平上两端缩尾	（4）1%水平上两端截尾	（5）将样本扩展至整体行业
$\ln\kappa$	0.0648 *** （3.94）	0.0206 ** （2.22）	0.0645 *** （5.82）	0.0641 *** （4.60）	0.0579 *** （3.19）
$\ln aggn$	0.0449 *** （6.53）	0.0301 *** （4.23）	0.0422 *** （10.20）	0.0325 *** （9.22）	0.0274 *** （7.20）
$\ln\kappa \times \ln aggn$	0.0081 *** （4.44）	0.0131 *** （2.91）	0.0099 *** （5.29）	0.0168 *** （5.02）	0.0359 ** （2.33）
控制变量	控制	控制	控制	控制	控制
城市固定效应	控制	控制	控制	控制	控制
企业固定效应	控制	控制	控制	控制	控制
年份固定效应	控制	控制	控制	控制	控制
N	23631	22319	23631	22589	34053
R^2	0.4107	0.4131	0.4534	0.4411	0.4902

3. 内生性检验

本章计量模型中企业数字化和集聚网络在影响企业全要素生产率过程中可能存在内生性，即计量模型构建中的遗漏变量可能导致企业数字化和集聚网络与随机扰动项相关，进而产生内生性；企业全要素生产率变化可能反过来影响企业数字化进程和集聚网络的形成，从而产生反向因果关系和内生性问题。为尽可能减少内生性问题对模型估计结果的影响，本部分通过选择外生工具变量、采用两阶段最小二乘估计（2SLS）控制计量模型的内生性问题。在企业数字化的工具变量选择方面，本部分借鉴黄群慧等（2019）的研究，选取 1984 年城市层面的固定电话用户数（lntele）作为企业数字化的工具变量。一方面，互联网是数字经济发展的重要载体，而我国互联网走进大众视野是从电话线拨号接入开始的（杨慧梅和江璐，2021），互联网技术的发展应始于固定电话普及，因此历史上固定电话用户数较多的地方，极大可能是互联网普及率较高的地方（黄群慧等，2019），也是数字经济发展得更好的地方。另一方面，随着信息技术、互联网技术、AI、智能化、物联化等数字技术的飞速发展，普通电话用户数量对企业发展的影响在不断减弱，历史上的电话用户数量并不会对当前的企业全要素生产率产生直接影响。因而，历史上的普通电话数量满足作为企业数字化工具变量的要求。由于本章样本为面板数据，为避免不随时间变化的工具变量在固定效应估计中被自动消除，本部分借鉴 Nunn 和 Qian（2014）的方法，使用固定电话用户数与全国层面企业数字化均值的交互项作为工具变量进行 2SLS 回归。在集聚网络工具变量选择方面，本部分以企业所在位置的地理中心度以及企业所在城市的平均坡度和海拔作为集聚网络的工具变量。在集聚网络工具变量选择方面，本章选择企业所在区位的地理中心度（Centr）[①] 以及所在城市海拔（Altitude）和平均地表坡度（Ass）作为企业集聚网络的工具变量。根据刘修岩（2014）的研究，地理中心度反映了一地区在地理空间中的区位优越性。因而，处于地理中心区位的企业更易于获得更优的生产网络地位、广阔的产品市场和充分的生产要素供给。地理中心度与企业集聚网络间存在明显的相关性，但作为纯粹地理区位特征，地理中心度与企业全要素生产率间并不存在直接联系，因而符合作为工具变量的要求。此外，企业所在城市海拔和平均地表坡度会影响到企业的区位选择及空间分布状态，因而与企业集聚网络存在明显的相关性，但海拔和地形坡度作为自然地理特征，不会与企业全要素生产率产生必然联系，因而符合作为工具变量的要求。由于地理中心度、城市海拔和平均地表坡度是不随时间变化的自然地理变量，因而本部分使用这三类地理变量与全国层面企业集聚网络均值的交互项作为工具变量进行两阶段最小二乘估计。两阶段最小二乘估计的第一阶段和第二阶段结果如表 7.6 所示。结果发现，第（1）~第（4）列中 DWH 检验 P 值都为 0.0000，强烈拒绝所有解释变量均为外生变量的原假设，因而使用工具变量或两阶段最小二乘法估计是合理的；第（1）~第（3）列中检验识别不足的 LM 检验

[①]　企业层面的地理中心度可表示为 $Centr = \sum_{j=1}^{n} \frac{1}{d_{ij}}$。

的伴随概率均在1%水平上强烈拒绝工具变量存在识别不足的原假设，即本部分选取的工具变量不存在识别不足的问题。第（1）~第（3）列中 *C-D Wald F* 的值分别为211.82、285.31、265.82，三者都远大于 Stock-Yogo 弱识别检验在5%水平上的临界值19.93，故而弱工具变量问题可以排除；第（4）列中 *Sargan-test* 值为0.1078，伴随概率为0.6011，接受工具变量均为外生变量的原假设，即所有工具变量都是合理有效的。可见，本章在2SLS检验中选取的工具变量均是合理有效的。表7.6第（4）列显示，企业数字化、集聚网络及其交互项的系数仍然显著为正，表明在控制内生性后，企业数字化、集聚网络及其协同效应依然有助于提升企业全要素生产率，本章基准回归结果具有较强的稳健性。

此外，选用工具变量时需要检验工具变量的排他性问题，即工具变量对于被解释变量作用渠道的唯一性问题。首先，本部分对面板数据进行了半简化式回归，将工具变量 lntele、Centr、Altitude、Ass 作为解释变量加入基准回归模型中进行估计①，结果如表7.6第（5）列所示。第（5）列中 lntele、Centr、Altitude、Ass 的系数均不显著，从而排除了工具变量通过其他遗漏变量作用于企业全要素生产率的可能性。其次，使用 Acemoglu 等（2001）的方法，在未引入控制变量的前提下，采用两阶段最小二乘法进行估计（见表7.6第（6）列），然后对比表7.6第（6）、第（4）列结果，检验控制变量引入前后回归结果的变化情况。若回归结果几乎无变化，说明回归结果较为稳健，从而排除了工具变量通过模型内控制变量影响企业全要素生产率的可能性。估计结果显示，在两阶段最小二乘估计中，企业数字化、集聚网络的参数估计在引入控制变量前后几乎未产生明显变化，不仅印证了本章回归结果的稳健性，而且排除了工具变量通过控制变量影响因变量的可能性。可见，本部分证明了各工具变量对企业全要素生产率作用渠道的唯一性，从而实现了工具变量的排他性约束条件。

表7.6　企业数字化、集聚网络影响企业全要素生产率的 2SLS 估计结果

变量	第一阶段回归			第二阶段回归	工具变量的排他性检验	
	（1） $\ln \kappa$	（2） $\ln aggn$	（3） $\ln \kappa \times \ln aggn$	（4） $\ln P$	（5） 半简化式回归	（6） FE+2SLS
lntele	0.0621*** （17.25）				0.0263 （0.91）	

续表

变量	第一阶段回归			第二阶段回归	工具变量的排他性检验	
	(1) $\ln\kappa$	(2) $\ln aggn$	(3) $\ln\kappa\times\ln aggn$	(4) $\ln P$	(5) 半简化式回归	(6) FE+2SLS
Centr		0.0715*** (20.81)			0.0097 (1.43)	
Altitude		−0.0134*** (−4.73)			−0.0198 (−0.54)	
Ass		−0.3155*** (−15.87)			−0.0056 (−1.26)	
lntele×Centr			0.0931*** (13.03)			
lntele×Altitude			−0.0492** (−2.50)			
lntele×Ass			−0.1189*** (−8.35)			
$\ln\kappa$				0.6806*** (18.99)		0.1572*** (15.29)
$\ln aggn$				0.0931*** (13.03)		0.0858*** (12.53)
$\ln\kappa\times\ln aggn$				0.2932*** (18.04)		0.3199*** (20.67)
控制变量	控制	控制	控制	控制		未控制
Anderson canon. corr. LM	613.26 [0.0000]	635.92 [0.0000]	672.09 [0.0000]			
Cragg-Donald Wald F	211.82	285.31	265.82			
Sargan-test				0.1078 [0.6011]		0.0968 [0.6183]
Durbin Wu-Hausman	33.5720 [0.0000]	36.2489 [0.0000]	33.2847 [0.0000]	36.9428 [0.0000]		38.2146 [0.0000]
城市固定效应	Yes	Yes	Yes	Yes	Yes	Yes
企业固定效应	Yes	Yes	Yes	Yes	Yes	Yes

变量	第一阶段回归			第二阶段回归	工具变量的排他性检验	
	(1) $\ln\kappa$	(2) $\ln aggn$	(3) $\ln\kappa \times \ln aggn$	(4) $\ln P$	(5) 半简化式回归	(6) FE+2SLS
年份固定效应	Yes	Yes	Yes	Yes	Yes	Yes
N	20380	21655	20534	21466	22547	23420
R^2	0.1356	0.1300	0.1169	0.1062	0.1229	0.0943

注：方括号中为相应统计量的伴随概率。本章下同。

四、数字化转型背景下企业集聚网络影响全要素生产率的机制检验

机制分析显示企业数字化和集聚网络可通过提升企业间空间互动频率、发挥知识外溢效应，对企业全要素生产率产生影响。本部分借助江艇（2022）提出的机制检验方法，选择与企业全要素生产率具有直接联系的变量作为机制变量，对该作用机制进行识别和检验。

企业数字化提升了企业间的信息传播、处理、利用的协同性和便利性，企业间集聚网络的形成进一步强化了知识生产、传播和利用网络的稳定性，从而促进了特定区域内信息和知识的快速交换以及因面对面交流而成为可能的隐性知识的传播。显性知识主要是那些易于编码的、标准化的专业化知识，而隐性知识是那些较为复杂、难以编码的多样化知识。本部分通过构建同行业企业间的专业化知识外溢和不同行业企业间的多样化知识外溢指标，来探讨企业数字化和集聚网络通过知识外溢对全要素生产率的影响机制。企业间专业化知识外溢（ *SK_Spillover* ）可用来自 50 千米范围内同一行业企业的知识外溢来表示。

$$SK\_Spillover_{ik} = \sum_{j,\, d \leq 50km}^{n^k} \frac{K_{jk}}{d_{ij,\, k}} \qquad (7.7)$$

式中，k 表示企业所在二位码行业，K_{jk} 为行业 k 中企业 j 的研发人员数量，n^k 为同行业内企业数量。该指标越大，反映了企业受到来自 50 千米范围内同行业企业的知识外溢效应就越强。同理，企业间多样化知识外溢（ *DK_ Spillover* ）可表示为：

$$DK\_Spillover_i^k = \sum_{v,\ v \neq k}^{V} \sum_{j,d \leq 50km}^{n^v} \frac{K_{jv}}{d_{ij,\ v}} \tag{7.8}$$

式中，v 为 50 千米范围内除行业 k 外的其他行业；V 为该范围内的其他行业数量；n^v 表示行业 v 中的企业数量。企业数字化和集聚网络通过知识外溢效应作用于全要素生产率的机制检验结果如表 7.7 所示①。

表 7.7 企业数字化和集聚网络通过知识外溢效应对企业全要素生产率的影响机制检验

变量	（1）专业化知识外溢		（2）多样化知识外溢	
	固定效应 OLS	2SLS	固定效应 OLS	2SLS
lnκ	0.0358*** (3.20)	0.1427*** (11.00)	0.5611*** (4.95)	0.3719*** (9.32)
ln$aggn$	0.0711** (2.41)	0.0426*** (10.86)	0.4415*** (3.49)	0.2583*** (9.15)
lnκ×ln$aggn$	0.0529** (2.08)	0.0240*** (7.01)	0.1016*** (2.90)	0.2022*** (8.64)
控制变量	控制	控制	控制	控制
城市固定效应	Yes	Yes	Yes	Yes
企业固定效应	Yes	Yes	Yes	Yes
年份固定效应	Yes	Yes	Yes	Yes
$Sargan-test$		0.2781 [0.5507]		0.3724 [0.4682]
N	21089	20534	21898	20899
R^2	0.1734	0.1169	0.1933	0.1865

当机制变量为专业化知识外溢时，面板固定效应估计结果显示企业数字化和集聚网络发展均显著提升了企业间的专业化知识外溢水平，且二者在企业专业化知识外溢中具有明显的相互强化效应和协同效应，面板 2SLS 估计依然印证了该结果。当机制变量为多样化知识外溢时，面板固定效应估计结果显示企业数字化和集聚网络均有助于促进企业间多样化知识外溢，且二者在企业多样化知识外溢中依然存在协同效应。在处理内生性问题后，企业数字化和集聚网络对多样化知识外溢的影响效果依然非常稳健。进一步从企业数字化、集聚网络对不同类型知识外溢的作用效果来看，企业数字化和集聚网络发展对多样化知识外溢的作用效

① 表 7.7 中同时列出了面板固定效应和两阶段最小二乘估计的结果，两阶段最小二乘估计中使用的工具变量与表 7.6 一致。

果明显大于专业化知识外溢。与获取易于编码的标准化专业知识相比，企业获取难以编码且较为隐晦的多样化知识的成本更高、难度更大。而企业数字化可以帮助企业以较低的成本与功能多样化的主体相连接，促进其与多样化主体间的互动和学习，从而扩大企业获取信息及其他资源的种类和范围，使企业拥有更多的互补性知识和多样化的资源（Smith et al.，2017）。企业集聚网络中集聚效应和网络外部性的发挥也通过强化企业间面对面互动、提高信息安全性及提升信息获取的数量和质量，保障了这些知识、信息和资源在企业间的有效转移，从而帮助企业识别和发现更多的创新机会及竞争优势，提升企业全要素生产率。因而企业数字化不仅能够直接推进专业化知识外溢，而且通过强化企业集聚网络的集聚效应和网络外部性对多样化知识外溢产生了更为明显的影响，有效推动了企业全要素生产率的提升。

五、进一步分析

（一）基于企业间知识学习网络的进一步分析

董事兼任行为构成的连锁董事网络作为企业社会资本和非正式制度的重要体现，不仅有助于强化企业数字化的数据获取和信息处理能力，而且其产生的网络效应也在企业生产率提升中与集聚效应产生了协同作用。但连锁董事网络更多体现的是企业从人事关联中产生的信息共享和学习效应，无法完全体现企业在知识学习网络中的相对位置以及由此产生的网络效应。本部分进一步使用上市企业专利被引数据来构建企业间知识学习网络，对式（7.4）的集聚网络指标进行扩展，探讨由知识学习网络嵌入的企业集聚效应和数字化转型效应对企业全要素生产率的影响。具体而言，本部分对来源于国家知识产权局和 Google Patent 的专利被引用信息进行整理，以企业授权专利被引用信息来构建企业间的关系矩阵，以此反映企业间的知识学习网络关系。若企业间授权的专利在某年份存在被引用状况（包括单向被引和双向被引）则矩阵元素设置为 1，否则设置为 0。某企业专利被引用次数越多，意味着其他企业从该企业创新中学习到的增量知识越多，企业间的学习效应就越明显。利用由企业专利被引信息构建的网络位置关系矩阵与 Python 网络建模技术，可计算每个企业在知识学习关系网络中的网络中心度和结构洞指数，同时结合式（7.4），便可得到扩展后的集聚网络指标（$Lagg_n$）。表 7.8 第（1）、第（2）列报告了知识学习网络下，企业数字化、集聚网络影响企业全要素生产率的估计结果。结果显示，在将知识学习网络的影响嵌入企业集群后，企业数字化和集聚网络依然对企业全要素生产率产生了明显的促进作用，且集聚网络与企业数字化的交互项亦显著为正，说明在企业生产率提升过程中，不仅企业间的知识学习网络效应与集聚效应产生了明显协同作用，而且这种协同作用进一步强化了企业数字化的生产率提升效应。处在知识学习网络优越位置的企业，在获取信息、新知识方面更有优势，也更容易在企业数字化和企业集聚产生的技术外溢效应的协同作用下提高自身对知识的甄别、吸收、利用和再生产的能力，从而不断提升有用知识的积累水平、产生递增收益，持续推动企业全要素生产率提升。

表 7.8　基于知识学习网络、金融危机和国家电子商务示范城市试点影响的估计结果

变量	基于企业间知识学习网络的分析		国家电子商务示范城市试点的影响		外部危机冲击的影响	
	（1）	（2）	（3）	（4）	（5）	（6）
$\ln\kappa$	0.0771*** (13.71)	0.0658*** (13.16)	0.0432** (2.10)	0.0199* (1.78)	0.0479** (2.43)	0.0169** (2.06)
$\ln aggn$			0.1697** (2.51)	0.1383** (5.59)	0.1588*** (5.15)	0.0917** (2.34)
$\ln\kappa\times\ln aggn$			0.0806* (1.69)	0.0521** (2.07)	0.0672** (2.04)	0.0452* (1.91)
$\ln Laggn$	0.1799*** (25.42)	0.1637*** (18.95)				
$\ln\kappa\times\ln Laggn$		0.0542** (2.51)				
EC			0.0951** (2.39)	0.0670* (1.82)		
$\ln\kappa\times EC$			0.0782*** (4.13)	0.0637*** (3.49)		
$\ln aggn\times EC$			0.0216*** (3.11)	0.0982** (2.28)		
$\ln\kappa\times\ln aggn\times EC$				0.1146*** (4.33)		
$\ln\kappa\times Crisis$					0.0543*** (6.33)	0.0550*** (5.47)
$\ln aggn\times Crisis$					0.1668*** (4.38)	0.1210** (5.08)
$\ln\kappa\times\ln aggn\times Crisis$						0.0669** (2.14)

续表

变量	基于企业间知识学习网络的分析		国家电子商务示范城市试点的影响		外部危机冲击的影响	
	(1)	(2)	(3)	(4)	(5)	(6)
控制变量	控制	控制	控制	控制	控制	控制
城市固定效应	Yes	Yes	Yes	Yes	Yes	Yes
企业固定效应	Yes	Yes	Yes	Yes	Yes	Yes
年份固定效应	Yes	Yes	Yes	Yes	Yes	Yes
N	21682	21682	23631	23631	23631	23631
R^2	0.1229	0.1741	0.1622	0.1972	0.1658	0.1867

注：由于本表中核心解释变量估计结果占篇幅较大，其他控制变量的估计结果未列出，有关其他控制变量的详细估计结果备索。

（二）基于国家电子商务示范城市试点的进一步分析

电子商务是数字经济的重要组成部分，它改变了居民的生活消费方式及实体企业的生产经营模式，是数字经济发展的重要引擎，也是推进中国经济发展的重要动力。为推动电子商务的繁荣发展，国家发展改革委和商务部于 2009 年正式批复深圳为首个国家电子商务示范城市，后续又分别于 2011 年、2014 年和 2017 年批复了 3 批国家电子商务示范城市，覆盖包含所有直辖市、省会城市及部分地级市在内的共 70 个城市。国家电子商务示范城市的建设，推进了互联网和数字技术在经济社会中的应用和发展，加快了数字经济和实体经济的融合，极大提升了中国产业集群集聚效益，为企业全要素生产率提升和高质量发展提供了重要动力。本部分通过在计量模型中加入国家电子商务示范城市试点虚拟变量与企业数字化、集聚网络交互项，探讨国家电子商务示范城市试点对企业数字化和集聚网络影响企业全要素生产率的作用效果。其中，国家电子商务示范城市试点政策虚拟变量以 EC 表示，$EC=1$ 表示城市开展了国家电子商务示范城市试点，$EC=0$ 表示城市未进行国际电子商务示范城市试点。估计结果如表 7.8 第（3）、第（4）列所示。第（3）列中国家电子商务示范城市试点（EC）与企业数字化、集聚网络交互项的参数估计均显著为正，同时第（4）列中 $\ln_K \times \ln aggn \times EC$ 的系数也在 1%水平上显著为正，说明国家电子商务示范城市试点政策的实施不仅有效提升了企业数字化和集聚网络在企业全要素生产率提升中的促进作用，而且进一步强化了集聚企业间社会关系和生产网络的稳定性，提升了集聚区内数字技术、集聚效应与社会网络效应在企业全要素生产率提升中的协同性。

（三）基于外部危机冲击的进一步分析

通过降低信息传输中的不确定性和风险来促进知识外溢是企业数字化和集聚网络推动全要素生产率提升的重要机制。为进一步探讨这一机制，我们将外部风险冲击纳入计量模型，探讨在外部金融危机冲击下企业数字化和集聚网络对全要素生产率的影响效应。2008 年的国际金融危机使中国经济发生了深刻变革，尤其是促进了以数字经济为代表的新经济形态的产生和快速发展。为探讨金融危机冲击前后企业数字化、集聚网络对全要素生产率的影响差异，本部分分别引入金融危机虚拟变量与企业数字化、集聚网络的交互项进行回归分析。对于金融危机虚拟变量（$Crisis$）而言，本部分将 2008 年之前年份定义为 0，表示未发生金融危机；将 2008 年及之后年份定义为 1，表示已经发生金融危机。金融危机影响下的企业数字化、集聚网络对全要素生产率的影响如表 7.8 第（5）、第（6）列所示。表 7.8 第（5）列显示，交互项 $\ln\kappa \times Crisis$ 的系数在 1% 的水平上显著为正，意味着 2008 年国际金融危机后企业数字化对全要素生产率的促进效应得到了更大程度的发挥。这可能因为企业数字化作为企业提高生产率、节省生产成本的重要生产方式和生产技术，在 2008 年国际金融危机爆发后开始被逐渐推广和应用。因而，企业数字化有助于弱化国际市场金融危机对企业发展的不利影响，并在此过程中进一步加强数字技术支撑，形成助推企业发展的数字经济新优势。$\ln agg$-$gn \times Crisis$ 的系数显著为正，说明金融危机进一步强化了企业间"抱团取暖"的趋势，企业集聚网络发展对企业全要素生产率的提升效应得到进一步强化。第（6）列进一步加入了金融危机虚拟变量与企业数字化和集聚网络协同作用的交互项，$\ln\kappa \times \ln aggn \times Crisis$ 的系数依然显著为正，说明金融危机后，企业数字化和集聚网络发展之间依然具有协同效应，且这种协同效应与金融危机之前相比表现出明显的增强趋势，因而金融危机通过倒逼机制进一步强化了数字化技术与企业集聚网络间的融合和联动，使企业在面对外部冲击时更具自生能力和发展韧性。

（四）异质性检验

1. 基于不同技术行业的异质性分析

企业间的相互作用频率和知识交流强度作为企业数字化和集聚网络影响全要素生产率的重要机制，会因行业的技术密集度不同而各异（McCann，2007），因而企业数字化和集聚网络对企业全要素生产率影响的效果在不同行业可能会具有明显的异质性特征。为此，本部分进一步探讨高技术行业和非技术行业企业数字化和集聚网络对全要素生产率的异质性影响。本部分将电子业、医药生物制品业、信息技术业、化学纤维制造业、化学原料及化学制品制造业、仪器仪表及文化和办公用机械制造业等行业的企业确定为高科技企业，将其他划分为非高科技行业。表 7.9 第（1）、第（2）列是不同行业的异质性估计结果。结果显示，企业数字化和集聚网络均促进了高科技和非高科技行业的企业全要素生产率提升，但对高技术行业企业全要素生产率的促进作用更大；企业数字化和集聚网络发展对高科技行业企业全要素生产率的影响具有协同效应，而对非高科技行业的协同效应不显著。这意味着企业数字化和集聚网络对全要素生产率的促进作用在高技术、复杂任务的开展中表现得更加突出，更有效地促进了显性和隐性知识外溢效应的发挥，而由于低技术、简单任务知识含量相对较低，信息传输的复杂性远低于高科技行业，因而未充分激发企业数字化和集聚网络的协同效应。

表 7.9　企业数字化和集聚网络对企业全要素生产率的异质性影响

变量	（1）高科技行业	（2）非高科技行业	（3）国有企业	（4）私营企业	（5）外资企业
$\ln\kappa$	0.1421 *** （12.83）	0.0935 ** （2.22）	0.1127 ** （2.00）	0.1157 *** （3.92）	0.0439 ** （2.14）
$\ln aggn$	0.2467 *** （9.86）	0.1801 *** （6.19）	0.0253 （0.96）	0.0696 *** （6.58）	0.0646 *** （3.29）
$\ln\kappa \times \ln aggn$	0.0347 ** （2.15）	0.0197 （1.20）	0.0280 *** （3.26）	0.0342 *** （4.45）	0.0179 （1.07）
控制变量	控制	控制	控制	控制	控制
城市固定效应	Yes	Yes	Yes	Yes	Yes
企业固定效应	Yes	Yes	Yes	Yes	Yes
年份固定效应	Yes	Yes	Yes	Yes	Yes
N	10762	12869	1838	10880	14237
R^2	0.2322	0.2837	0.3555	0.2415	0.2151

2. 基于不同企业所有制类型的异质性分析

企业的所有制属性也是影响企业间知识溢出和相互作用的重要因素。一是国有企业不像私营企业那样积极主动地与附近企业进行互动，因而国有企业对知识外溢效应的贡献可能不及私营企业。二是由于国有企业的工作更稳定，员工从国有企业跳槽到非国有企业的机会非常有限，因而与私营企业相比，国有企业与其他企业间的人员往来和生产关联等可能相对较弱，这限制了企业间知识外溢效应的发挥。基于此，我们按企业最初登记注册类型，将企业分为国有企业、私营企业和外资企业三类，分别考察企业数字化和集聚网络对不同所有制类型企业全要素生产率的影响。表 7.9 第（3）～第（5）列是不同所有制类型下企业数字化、集聚网络对全要素生产率的影响。结果显示，国有企业数字化及其与集聚网络交互项的参数估计显著为正，但集聚网络本身的参数估计却未通过显著性检验，说明国有企业数字化转型显著提升了其全要素生产率水平，且当地企业集聚网络的发展也强化了企业数字化对全要素生产率的提升效应，但国有企业集聚网络发展并未对全要素生产率产生直接影响。究其原因可能在于，国有企业区位选择和发展受地方政府行政力量作用较为明显，地方政府对国有企业选址和生产经营活动的过度干预使得其无法完全依据市场效率原则进行有效集聚并确定其在当地生产网络中的位置，因而无法充分发挥集聚效应和网络外部性进而直接推进企业全要素生产率提升。然而，当地集聚网络的发展却使得国有企业数字化进程从中受益，通过强化数字化的积极效应提升了其全要素生产率水平。私营企业数字化、集聚网络及其交互项的参数估计均显著为正，意味着私营企业不仅通过数字化转型显著提升了其全要素生产率水平，而且能够借助市场力量进行有效集聚并积极参与、构建当地生产网络，通过发挥数字化优势、集聚效应和网络外部性的协同性显著提高了全要素生产率。外资企业数字化和集聚网络的参数估计显著为正，但二者交互项却未通过显著性检验，说明外资企业通过数字化转型和参与推动当地集聚网络发展，显著提升了其全要素生产率水平，但企业数字化和集聚网络发展并未在全要素生产率提升中产生协同效应。与国内企业相比，外资企业的外向型程度更高，在引进、采用先进技术以及促进新技术研发和发展过程中可能并未将重心放在当地集聚网络的构建和发展上，因而无法充分发挥二者在全要素生产率提升中的协同作用。

六、本章小结

强化企业集聚网络，推进企业数字化转型、打造数字经济发展新优势，对于推进企业高质量发展具有重要的现实意义。本章使用 2001~2020 年沪深 A 股上市制造业企业数据和城市面板数据的匹配数据，探讨了企业数字化转型和集聚网络对企业全要素生产率的影响。结果显示，企业集聚网络对全要素生产率的有效空间作用边界为 50 千米，该空间范围内企业数字化和集聚网络对全要素生产率具有明显促进作用，且二者在企业全要素生产率提升中亦具有明显的协同效应，企业数字化强化了集聚网络的集聚效应和网络外部性，集聚网络发展进一步提升了企业利用数字技术获取、整合、利用外部资源的能力，从而共同推动企业全要素生产率提升。进一步研究发现，知识外溢效应是企业数字化和集聚网络推动全要素生产率提升的重要机制，且多样化知识外溢效应的作用强于专业化知识外溢；企业间知识学习网络的发展、国家电子商务示范城市试点和金融危机冲击均有效强化了企业数字化和集聚网络对全要素生产率的提升效应。企业数字化和集聚网络对全要素生产率的影响具有明显的异质性特征，具体表现为：企业数字化和集聚网络对高科技行业全要素生产率的提升效应强于非高科技行业；对私营企业全要素生产率具有明显的促进作用和协同效应，但对外资企业未产生明显协同效应；企业数字化显著提升了国有企业全要素生产率，且集聚网络的发展进一步强化了企业数字化的全要素生产率提升效应，但该影响效果小于私营企业。

第八章　集聚外部性和市场外部性影响制造业价值链升级的实证分析

一、引言

产品内国际分工的快速发展为提升中国国际分工地位与国际分工层次创造了有利条件。然而从贸易层次和制造业结构看，中国制造业长期依靠低要素成本优势融入以发达国家跨国公司为主导的全球价值链的路径选择，却使其锁定于全球价值链低端环节，难以获取相应的附加值和贸易收益（Cramer，1999；吕越等，2018）。随着中国国内劳动力成本上升、欧美发达工业体制定积极的产业政策不断吸引制造业回流，印度等发展中国家依靠成本优势积极嵌入全球价值链，中国制造业发展空间备受挤压，企业出口贸易也获利式微（胡国恒，2013；杨仁发和李娜娜，2018）。在国际分工合作不断深化、中国经济进入高质量发展阶段的背景下，中国出口贸易亟须转变发展动能，通过培育出口贸易竞争新优势提高出口产品附加值和获利能力，促进制造业向价值链高附加值环节攀升。党的十九大报告明确提出促进我国产业迈向全球价值链中高端，培育若干世界级先进制造业集群的要求。2019 年的《政府工作报告》也提出提升产业链水平，畅通国民经济循环，推动经济高质量发展的要求。这昭示着中国政府通过培育、壮大高质量产业集群培育企业贸易竞争新优势，进而推动制造业价值链向更高附加值环节攀升的强烈愿景。2019 年，中央财经委员会第五次会议进一步强调要"促进各类要素合理流动和高效集聚""支持上下游企业加强产业协同和技术合作攻关，增强产业链韧性，提升产业链水平"，实际上是强调在充分发挥各地区比较优势的基础上培育空间集聚优势，并由此推动制造业不断向价值链高端攀升。那么立足中国国情，各地区应该如何识别并培育空间集聚优势以助推企业在全球价值链分工中提升出口贸易附加值和获利能力，进而促进制造业向价值链高附加值环节攀升呢？

生产要素的空间供给和产品市场的空间需求对地区的要素投入、经济活动的成本和效益具有至关重要的作用（Capello，2007）。因此，集聚所产生的空间外部性以及市场潜力扩大所带来的规模经济效应影响着企业生产经营成本和技术创新能力，进而势必影响着制造业企业在全球价值链分工中的出口行为和贸易利得。Marshall（1890，1961）最早提出集聚经济主要来自三个方面的外部性：劳动力"蓄水池"效应、中间投入和中间服务的规模经济效应、专业技术和知识的外溢效应。此后，国内外学者针对集聚外部性的作用机制和实现路径进行了大量的拓展性研究，认为产业集聚不仅能够通过各类集聚外部性降低制造业企业生产成本、提高企业生产率（Henderson，2003；Melo et al.，2009；孙浦阳等，2013；范剑勇等，2014），而且能够通过企业生产率的变化进一步影响企业出口行为和企业国际贸易利得（Melitz，2003；包群等，2012；邵朝对和苏丹妮，2019）。此外，集聚外部性并非单纯局域问题，还与不同地区制造业集群间各类空间关联关系的动态演变过程密切相关。随着区域一体化和交通网络化的快速推进，区域间要素和产品市场联系越来越紧密，区域合作的范围不断拓展、规模不断增大，以劳动力市场"蓄水池"效应、中间品共享效应及技术外溢效应等为主要内容的要素集聚外部性已经突破本地区限制而扩展至更大空间范围（Drucker and Feser，2012；韩峰和柯善咨，2012；邵朝对和苏丹妮，2019）。一地区依托要素集聚优势提升制造业产品出口附加值、提升贸易竞争力的能力，也会通过这种空间关联机制对周边地区产生影响。另外，集聚优势不仅来自要素市场供给方面的空间外部性，还与最终市场的区间联动密切相关。根据新经济地理理论（Krugman，1992），规模报酬递增以及运输成本的相互作用使得企业更倾向于布局在市场潜力较大的地区。不同地区之间的需求关联效应使制造业企业同时受益于本地市场和外围市场，并在生产中获得规模经济收益，从而提升企业生产率和出口产品贸易收益。可见，要素集聚外部性和市场需求外部性可共同构成提升制造业企业出口附加值和贸易收益的动力来源，从马歇尔集聚理论和新经济地理理论的综合视角识别空间集聚优势，并探讨其对制造业企业出口国内附加值的作用机制实现路径，对于各地区因地制宜培育空间集聚优势、促进出口贸易动能升级，进而实现各地区制造业全球价值链攀升具有重要意义。

已有关于企业出口国内附加值率测算方法的研究主要分为两类：一是宏观测度方法。该方法基于投入—产出表并主要测算国家行业层面的 DVA 和 DVAR，对出口附加值结构进行分解，进一步得到行业或企业在全球价值链"分工地位"的信息。这类研究主要包括 Hummls 等（2001）、Dean 等（2011）、Koopman 等（2012）、Wang 等（2013）、吕越等（2015）、王直等（2015）、刘斌等（2016）、吕越等（2017）等。二是微观测度方法。该方法基于中国工业企业数据库和中国海关贸易数据库并克服了基于投入—产出表测算 DVA 时的数据可得性差、固定投入产出系数的严格假设、忽视企业异质性影响等问题，使得从微观企业层面探讨 *DVAR* 的变化特征及其影响因素成为可能。该项研究主要以 Upward 等（2013）、张杰等（2013）、樊秀峰和程文先（2015）、Kee 和 Tang（2016）以及毛其淋和许家云（2018）等为代表。本章基于第二种方法，利用中国工业企业数据库和中国海关贸易数据库来测算企业出口国内附加值率，进而探讨空间集聚优势对其变化的影响机制。关于出口国内附加值率的相关研究，已经从单纯关注其测度方法的改进（Hummls et al.，2001；Koopman et al.，2012；Upward et al.，2013；张杰等，2013；樊秀峰和程文先，2015；Kee and Tang，2016），逐步转向探讨影响其变化的内在机理和深层次作用机制。国内外文献主要从制造业服务化（许和连等，2017）、技术差距变化（马丹等，2019）、市场分割（吕越等，2018）、外商直接投资（Kee and Tang，2016；唐宜红和张鹏杨，2017；毛其淋和许家云，2018）、国家内部行业结构（李胜旗和毛其淋，2017）、要素市场变化（高翔等，2018；崔晓敏等，2018）、贸易自由化（Kee and Tang，2016；毛其淋和许家云，2019）、政府补贴和政策效应（胡浩然和李坤望，2019；许家云和徐莹莹，2019）以及产业集聚（闫志俊和于津平，2019；邵朝对和苏丹妮，2019）等方面阐述如何提升制造业国内附加值、促进制造业价值链向高附加值环节攀升，尚未有文献注意到中国出口贸易迅速增长过程中国内空间集聚优势对制造业出口国内附加值率的影响。

尽管大量文献探讨了如何提升制造业出口国内附加值率，但从空间集聚优势视角探讨推动制造业出口国内附加值率提升机制的研究却相对较少。与本章研究较为接近的是陈旭等（2016）、邵朝对和苏丹妮（2019）的研究。陈旭等（2016）结合空间外部性与新新贸易理论探讨了空间集聚对企业出口参与的动态影响，但其研究并未进一步涉及集聚的具体机制以及制造业出口国内附加值和价值链攀升问题，所使用数据也仅限于 2007 年。邵朝对和苏丹妮（2019）利用 2000~2007 年中国微观数据证实了产业集聚可以作为中国企业沿着价值链向高端攀升的本地化路径，但其研究仅涉及部分要素供给方面集聚外部性的影响，而未将需求侧的市场潜力可能对制造业出口国内附加值率的影响纳入研究框架，也就未能在制造业价值链升级框架中系统探讨要素供给和市场需求方面空间集聚优势的综合作用。

本章将从供给和需求两个方面，基于集聚经济、新经济地理理论的综合视角，同时结合 Kee 和 Tang（2016）的企业出口国内附加值分析框架，利用 2003~2010 年中国工业企业数据、中国海关贸易数据和中国城市面板数据对空间集聚优势影响制造业出口国内附加值率的作用机制进行实证分析。与现有文献相比，本章实证研究的贡献可能在于：

首先，目前研究企业出口国内附加值率的文献多基于 2007 年之前的微观企业数据进行测算，本章尝试使用较为合理的会计核算方法和国民经济核算方法系统补齐了 2008~2010 年中国工业企业数据库中缺失的工业增加值、工业中间投入、企业应付工资总额等指标，并综合使用中国工业企业数据和中国海关进出口产品数据测算企业出口国内附加值份额，为空间集聚优势的价值链升级效应提供了更为微观的经验证据。

其次，本章根据马歇尔集聚经济理论和新经济地理理论，构建和测度了城市层面劳动力"蓄水池"效应、中间投入品规模效应、技术外溢效应和市场潜力等空间集聚优势指标，并利用中介效应模型检验了企业边际成本、中间品效率和国内中间品种类在空间集聚优势促进制造业出口国内附加值率提升中的中介作用机制。

最后，不仅进一步探讨了不同类型空间外部性之间的相互作用机制，而且从企业贸易类型、所在地区以及所在城市等级等维度分析了空间集聚优势对制造业出口国内附加值率的影响效果差异。

二、计量模型、变量测算与数据说明

（一）计量模型设定

在制造业全球价值链分工体系不断深化的背景下，企业出口产品中的国内附加值份额已成为判断企业在全球价值链中分工地位和出口竞争力以及企业参与国际贸易真实利得的重要标准（Koopman et al.，2012；许和连等，2017；毛其淋，2019；许家云和徐莹莹，2019）。理论分析显示，空间集聚优势不仅通过增加国内中间品种类、降低企业边际成本来提升企业出口国内附加值率，而且能够通过作用于国内中间品效率进而对企业出口国内附加值率产生影响。根据理论分析，空间集聚优势与企业出口国内附加值率的计量模型可设定为：

$$\ln DVAR_{it} = \alpha_0 + \alpha_1 \ln adv_{jt} + \sum_m \beta_k x_{it}^m + \sum_v \eta_v X_{jt}^v + \xi_{it} \qquad (8.1)$$

式中，$DVAR_{it}$ 表示企业 i 在 t 年的出口国内附加值率；adv_{jt} 表示城市 j 在 t 年的空间集聚优势，包含要素供给方面的劳动力"蓄水池"效应（LS）、中间服务空间共享效应（P_ser）、制造业中间品空间共享效应（P_put）、空间技术外溢效应（TS）以及市场需求方面的最终市场空间关联效应（市场潜力，MP）；x 为企业层面控制变量；β 为相应企业变量的参数估计；X 为城市层面控制变量；η 为相应城市变量的参数估计；m 和 v 分别为企业与城市层面控制变量的个数。企业与城市层面的控制变量设定如下：企业规模（$size$）、企业资本密集度（cap）、企业融资约束水平（$rzys$）、城市制造业劳动力水平（L）、城市资本存量（K）。包含各控制变量的计量模型可进一步设定为：

$$\ln DVAR_{it} = \alpha_0 + \alpha_1 \ln adv_{jt} + \beta_1 \ln size_{it} + \beta_2 \ln cap_{it} + \beta_3 \ln rzys_{it} + \eta_1 \ln L_{jt} + \eta_2 \ln K_{jt} + \xi_{it} \quad (8.2)$$

式中，$\beta_1 \sim \beta_3$ 和 $\eta_1 \sim \eta_2$ 分别为企业层面和城市层面控制变量的弹性系数，各控制变量的引入机理及测度方法将在下文详细论述。

（二）变量测度

1. 企业出口国内附加值率（$DVAR$）

企业出口国内附加值率定义为企业出口中的国内附加值（DVA）与企业总出口（EXP）之比。根据 Kee 和 Tang（2016）的方法，企业出口的国内增加值可以以企业总收入的会计恒等式的方法定义。即企业 i 的总收入 PY_i 可以由以下等式给出：

$$PY_i = \pi_i + wL_i + rK_i + P^D M_i^D + P^I M_i^I \quad (8.3)$$

式中，π_i、wL_i、rK_i、$P^D M_i^D$、$P^I M_i^I$ 分别表示利润、工资、资本成本、国内原材料成本、进口原材料成本。

国内原材料中可能包含着国外的价值成分，同样，进口原材料中可能包含着国内的价值成分。分别将国外价值的成分与国内的价值成分用 δ_i^F 与 δ_i^D 表示，这样国内原材料成本就可以用国外价值成分与纯粹国内价值成分（q_i^D）之和表示，国外原材料成本可以用国内价值成分与纯粹国外价值成分（q_i^F）之和表示，即有：$P^D M_i^D \equiv \delta_i^F + q_i^D$ 以及 $P^I M_i^I \equiv \delta_i^D + q_i^F$。

企业的国内附加值（DVA）在概念上与国内生产总值相似，在数量上等同于利润、工资、资本租赁成本，以及直接或间接的国内原材料价格支出之和，即

$$DVA_i = \pi_i + wL_i + rK_i + q_i^D + \delta_i^D \quad (8.4)$$

对于出口加工贸易企业而言，其总收入在数量上与出口（EXP_i）相等，而其进口等于进口原材料成本（$P^I M_i^I$）与进口资本（δ_i^K）之和，因此式（8.3）可变为：

$$EXP_i^p = DVA_i^p + IMP_i^p - \delta_i^D + \delta_i^F - \delta_i^K$$
$$DVA_i^p = (EXP_i^p - IMP_i^p) + (\delta_i^D - \delta_i^F + \delta_i^K) \quad (8.5)$$

式（8.5）表明，在调整 δ_i^D、δ_i^F、δ_i^K 之后，加工贸易企业 i 的 DVA_i 可以通过 $EXP_i - IMP_i$ 测算。一些学者（Wang et al.，2013；Koopman et al.，2014）经过研究得出，中国加工贸易出口商的 δ_i^D 在数值上接近于 0。根据中国海关数据库中记录的有关企业总进口中原材料、资本物品的信息，可得到 $\delta_i^K = 0$。因此，为保证 DVA_i 不被高估，需要将国内原材料成本中的国外价值部分 δ_i^F 分离出来。这样，利用式（8.5）可以将加工贸易企业出口中所包含的国内增加值计算出来：

$$DVAR_i^p = \frac{DVA_i^p}{EXP_i^p} = 1 - \frac{P^I M_i^I}{PY_i^p} - \frac{\delta_i^F}{EXP_i^p} \quad (8.6)$$

式中，由于缺失企业层面 $\dfrac{\delta_i^F}{EXP_i}$ 的信息，Kee 和 Tang（2016）利用 Koopman 等（2012）对 2007 年的行业估计值，得到了 2000~2007 年的国内材料中的国外价值部分，以此计算企业的 DVAR 值。

拓展至一般贸易企业，这类出口商的产品并非全部用于出口，存在部分产品流入国内市场。鉴于此，假设为了出口进行中间品投入的比率等于出口在总销售中的比例，可利用工业企业数据库对此进行估算。可得：

$$DVA_i^o = EXP_i^o - (IMP_i^o - \delta_i^F + \delta_i^K)\left(\frac{EXP_i^o}{PY_i^o} \right) \tag{8.7}$$

基于以上推导可得出企业出口国内增加值率（DVAR）：

$$DVAR_{it} = \begin{cases} 1 - \dfrac{P^l M_i^l}{PY_i^p} - \dfrac{\delta_i^F}{EXP_i^p}, & shipment = P \\[3mm] 1 - \dfrac{IMP_i^o - \delta_i^K - \delta_i^F}{PY_i^o}, & shipment = O \end{cases} \tag{8.8}$$

式中，下标 i 和 t 分别代表企业和年份；P、O 分别表示加工贸易和一般贸易，该指标越大，代表全球分工背景下，该企业越倾向于使用国内中间品进行生产，其从出口中获得的产品附加值越高，出口竞争力越大。Kee 和 Tang（2016）验证了中国企业 DVAR 的增长源于国内生产材料对进口生产材料的替代。同时，他们指出，其构建的微观企业层面 DVAR 的分析框架还可用于评估新兴市场国家"向价值链高端攀升"或提升企业出口国内附加值政策的有效性。

2. 空间集聚优势

空间集聚优势既包含要素供给方面的空间外部性，也包含市场需求方面的空间外部性。要素供给空间外部性是基于马歇尔集聚经济理论从供给侧方面探讨专业化劳动力、中间投入与技术对本地区企业产生的外部性，而市场需求空间外部性是在新经济地理理论的框架下从需求侧方面分析市场扩大的规模经济效应对本地区企业产生的外部性。空间中的供给和需求因素同时存在、共同对某一地区的制造业空间分布及生产出口行为产生影响。本章参考韩峰和柯善咨（2012）构建各类空间集聚外部性的方法，进一步根据马歇尔集聚经济机制（Marshall，1890，1961）和新经济地理理论（Krugman，1992），构建反映各城市劳动力市场"蓄水池"效应、中间品共享效应、空间技术外溢效应及市场空间关联效应的指标，刻画各地区所拥有的空间集聚优势。

（1）劳动力市场"蓄水池"效应 LS。劳动力"蓄水池"效应反映了位于同一集聚区内的企业可以根据市场需求的动态演变从劳动力"蓄水池"中获得所需劳动力的便捷程度。城市在空间中对专业化劳动力可得性可以用邻近各城市各行业富足劳动力之和衡量：

$$LS_i = \sum_{j=1}^{n} \left[\sum_{p,\ sign\left(\frac{\frac{E_{jp}}{E_v}}{\frac{E_p}{E}}-1\right) > 0} E_{jp} \left(\frac{\frac{E_{jp}}{E_j}}{\frac{E_p}{E}} - 1 \right) \right] d_{ij}^{-\delta} \qquad (8.9)$$

该指标综合了各城市三位码制造业行业和二位码服务业行业的从业人员数。在式（8.9）中，E_{jp} 代表城市 j 产业 p 的就业人数，E_j 代表 j 城市全部就业人数，E_p 代表全国 p 产业的就业人数，E 代表全国全部就业人数[①]；d_{ij} 代表两城市之间的距离[②]，设定城市自身距离 $d_{ii} = \frac{2}{3} R_{ii}$，$R_{ii} = \pi^{-0.5} S_i^{0.5}$，$S_i$ 代表城市 i 的市辖区建成区面积，距离衰减参数 δ 的设定方法参照韩峰和柯善咨（2012）。

（2）中间产品的空间共享 PS。本章使用制造业中间投入空间可得性（P_put）和中间服务的空间可得性（P_ser）两个指标衡量中间投入品行业与制造业的关联效应。根据 Drucker 和 Feser（2012）的研究，制造业中间投入的空间可得性的衡量指标可设定为：

$$P\_put_i = \sum_k \frac{E_{ki}}{E_i} \left[\sum_j \left(\sum_m \frac{E_{mj} r_{mk}}{r_{Mk}} \right) d_{ij}^{-\delta} \right] \qquad (8.10)$$

式中，E_{mj} 表示城市 j 制造业行业 m 的就业人数；r_{mk} 与 r_{Mk} 分别表示制造业行业 m 与被研究区域中目标行业 k 之间的完全消耗系数以及 k 对所有制造业行业的完全消耗系数；E_{ki} 与 E_i 分别表示城市 i 中目标行业 k 的就业人数和城市 i 中所有制造业行业就业人数。

在测算城市中间服务可得性指标时，本章将城市中间服务行业规模表示为城市生产性服务业就业人数[③]。令 E_{sj} 为城市 j 中间服务行业 s 的规模，z_{sk} 与 z_{Sk} 分别表示制造业 k 单位产出对中间服务行业 s 的完全消耗系数和制造业 k 单位产出

---

① 如 $sign\left(\dfrac{\frac{E_{jp}}{E_j}}{\frac{E_p}{E}}-1\right) > 0$，$E_{jp}\left(\dfrac{\frac{E_{jp}}{E_j}}{\frac{E_p}{E}}-1\right)$ 是城市 j 部门 p 为外区生产或服务的劳动力。

② 利用城市中心坐标和距离公式 $\Omega \times arccos\ [\cos\ (\alpha_i-\alpha_j)\ \cos\beta_i\cos\beta_j+\sin\beta_i\sin\beta_j]$ 来计算城市间距离 d_{ij}，式中 Ω 为地球大弧半径（6378 千米），α_i、α_j 为两市中心点经度，β_i、β_j 为两市中心点纬度。

③ 生产性服务业主要包括"交通运输、仓储和邮政业""信息传输、软件和信息技术服务业""批发和零售业""金融业""租赁和商务服务业""科学研究和技术服务业""水利、环境和公共设施管理业"。

对全部中间服务行业的完全消耗系数①，则城市 i 与所有城市构成的中间服务市场的可得性（P_ser）可表示为：

$$P\_ser_i = \sum_k \frac{E_{ki}}{E_i}\left[\sum_j \left(\sum_s \frac{E_{sj}z_{sk}}{z_{Sk}}\right) d_{ij}^{-\delta}\right] \tag{8.11}$$

（3）空间技术外溢 TS。由于《中国城市统计年鉴》等公开出版的数据资料中均缺乏城市层面的研发和创新数据，本章测度空间技术外溢指标的数据来自复旦大学产业发展研究中心寇宗来和刘学悦（2017）公布的中国城市创新指数。城市创新指数是一个更加微观、能够反映专利更新行为以及质量差异的创新指数，对于把握中国各城市技术创新行为具有重要的参考价值。该指数涵盖了全国 338 个地级及以上城市或区域 2001～2016 年的信息，数据类型为城市—年份平衡面板，有助于更精准地测度样本期间各城市的空间技术外溢指标。假定该数据中城市 j 的创新指数为 U_j，那么可以利用该指数将城市空间技术外溢指标 TS 表示为：

$$TS_i = \sum_j \frac{U_j}{d_{ij}^{\sigma}} \tag{8.12}$$

（4）市场潜力 MP。该指标度量了城市所面临的贸易需求规模或城市内企业同市场的距离。本章依据 Harris（1954）的方法构建市场潜力指标②：

$$MP_i = \sum_{j=1}^J \frac{I_j}{d_{ij}^{\delta}} + \frac{I_i}{d_{ii}^{\delta}} \tag{8.13}$$

式中，I_v 代表城市对各种产品的消费支出，以市辖区社会消费品零售总额表示。

3. 相关控制变量

本章企业层面的控制变量设定如下：①企业规模（lnsize），用企业总资产衡量。企业总资产越多，规模可能越大，这个指标用以识别企业的抗风险能力与偿还债务的能力。②资本密集度（lncap），以企业固定资产净值除以企业年平均员工数表示。资本密集度较高或资本密集型企业可能对资本要素的投入需求更旺盛。③融资约束水平（lnrzys），以企业负债总额与固定资产净值的比值表示。融资约束水平较高，可能是因为企业过于依赖于外部融资或者负债总额较大。

城市层面的控制变量主要包括城市劳动力和资本存量。在劳动力供给成本不

---

① r_{mk}、r_{Mk} 和 z_{sk}、z_{Sk} 数值分别取自 2002 年、2007 年和 2012 年投入产出表，其中，2003～2005 年的完全消耗系数值取自 2002 年 122 部门 IO 表，2006～2009 年的完全消耗系数值取自 2007 年 135 部门 IO 表，2010 年的完全消耗系数值取自 2012 年 139 部门 IO 表。

② 由于最终产品市场范围可以遍及全国各地，市场潜力的计算包括全国范围。

断攀升、资本边际贡献不断下降的情况下，过多依靠要素驱动的传统粗放型制造业发展模式必将难以为继，制造业转型升级势在必行。可见，要素投入是决定制造业发展和出口模式的重要因素。本章在计量模型中控制劳动力和资本两类要素投入因素。由于公开出版的各类年鉴资料中缺乏对城市制造业就业比较系统完整的资料统计，本章以市辖区第二产业城镇单位从业人员数（万人）表示制造业部门就业数量（L）。资本存量（K，万元）用市辖区每年固定资产投资和公式 $K_{i,t} = (1-\rho) K_{i,t-1} + \dfrac{I_t}{\omega_{i,t}}$ 计算。式中，$K_{i,t}$ 是国内资本存量；ρ 是年折旧率，设为 5%；I_t 是固定资产投资；$\omega_{i,t}$ 是各城市的累积资本价格指数。空间集聚优势、企业出口国内附加值及相关变量的描述性统计结果如表 8.1 所示。

表 8.1　空间集聚优势、企业出口国内附加值率及相关变量的描述性统计结果

变量	均值	标准差	最小值	最大值
企业出口国内附加值率 DVAR	0.8349	0.2163	0.0000	1.0000
城市劳动力"蓄水池"效应 LS	7110000	3670000	153000	30505709.9400
城市中间服务共享效应 P_ser	47176.5430	51861.0200	1758.8383	322617.5366
城市中间投入共享效应 P_put	21249.3327	41939.0200	202.8471	196392.7114
城市空间技术外溢 TS	23.1502	24.6144	0.0260	146.3534
市场潜力 MP	7799035.9200	11700000	115384.2400	56399680.3900
城市劳动力规模 L（万人）	226.2682	230.6881	2.5400	1044.9830
城市资本存量 K（万元）	12575567.9400	92400000	371391.8100	370297943.2100
企业规模 size	224407.9000	1499946	123	175000000
企业资本密集度 cap	114.5300	388.8935	0.0015	77011.4800
企业融资约束水平 rzys	9.0916	150.0969	−370.9607	28795

（三）数据说明及来源

本章主要使用三套数据，即 2003～2010 年中国海关进出口数据库、中国工业企业数据库，以及 2004～2011 年中国城市统计年鉴。通过将企业层面数据和城市层面面板数据进行匹配，得到 2003～2010 年 20 多万个企业的非均衡面板数据。城市样本为 2003～2010 年除巢湖以外的 283 个地级城市。

测算企业出口国内附加值率的原始数据来自 2003～2010 年中国海关进出口数据库以及中国工业企业数据库。其中，企业就业人数、工业总产值、固定资产净值、主营业务成本等指标来源于中国工业企业数据库。本章参照 Cai 和 Liu

（2009）的做法，并遵循会计准则，处理该数据库中原始数据存在的数据异常和数据缺失问题：删除缺失重要经济指标的观测值；删除从业人数少于 8 人的企业；删除符合流动资产高于总资产、固定资产合计大于总资产、固定资产净值大于总资产、当前累计折旧大于累计折旧中任何一个条件的企业；删除没有识别编号的企业；删除成立时间无效，成立时间早于 1949 年或者大于当前年份的企业。此外，本章借鉴 Brandt 等（2012）、杨汝岱（2015）的方法对工业企业数据进行跨年份匹配，构建企业面板数据。除此以外，本章所使用的企业层面的贸易数据来自中国海关数据库。该数据库提供了可计算各贸易类型企业的实际进出口总额所需的各项原始数据。由于中国工业企业数据库与海关数据库的企业代码隶属于两套完全不同的体系，无法直接使用企业代码作为中间变量匹配数据库，本章参考田巍和余淼杰（2013）的做法，在对中国工业企业数据库与中国海关数据库进行匹配时，综合利用企业中文名称、邮政编码、企业联系人和企业电话号码后七位组合等方法。在此基础上，本章进一步利用 Kee 和 Tang（2016）的方法处理了企业过度进口和过度出口的问题。在测算企业出口 DVAR 过程中，本章充分考虑了以下问题：

（1）一般贸易企业 BEC 的产品分类。由于加工贸易的特点，其进口产品均作为生产出口产品的中间品投入（Upward et al.，2013），因此加工贸易企业的中间品进口额等同于海关的进口总额 $P^I M_i^I$；而一般贸易出口商的产品并非全部用于出口，进口产品可能被用于出口品的中间品投入，也可能直接作为最终产品在国内市场进行销售。本章根据联合国贸易统计数据网站，先将各年份的 HS 产品编码转化为 HS2002，其中 2007~2010 年采用 HS2007-2002 转换表，最后匹配 Broad Economic Categories（BEC）与 HS-6 分位编码，即利用 BEC-HS2002 转换表对各年份中一般贸易企业进口的产品类别（消费品、资本品或中间品）进行识别，则一般贸易企业的中间品进口额就为 $IMP_i^o - \delta_i^K$。

（2）贸易代理商问题。由于中国 2004 年前对企业的进出口贸易实施管制，部分企业为节省税收和交通成本，通过有进出口经营权的中间贸易代理商间接进口。Liu（2013）指出，中国自身的再进口数据占其总进口的 9%。本章使用 Ahn 等（2011）的方法，剔除了海关数据中的中间贸易商。

（3）国内中间投入的间接进口问题，即国内产品中隐含的国外价值部分。Kee 和 Tang（2016）利用 KWW 方法估计了 15 个行业 2000~2007 年国内产品中外国价值占总出口的比率。基于此，本章考虑国内产品的外国价值部分（δ_j^F）得到的 DVAR 稳健性指标为 2003~2007 年，未考虑间接进口的 DVAR 指标为 2003~2010 年。

三、实证分析

（一）基准回归结果

本章通过控制固定效应，采用面板固定效应模型和聚类稳健标准误估计各类集聚外部性对制造业企业出口国内附加值率的影响，结果如表 8.2 所示。第（1）列是不加入任何控制变量时核心解释变量对制造业企业出口国内附加值率的回归结果。结果显示，要素供给空间外部性（城市专业化劳动力空间可得性、中间服务空间共享效应、制造业中间投入空间共享效应以及技术外溢效应）和市场需求外部性（市场潜力）的系数总体上为正，但中间服务空间共享效应未通过显著性检验。第（2）列加入企业层面的企业规模、资本密集度与企业融资约束等指标后，各空间集聚优势变量的符号与显著性并未发生明显改变。第（3）列是仅考虑要素供给的空间外部性、同时控制企业层面与城市层面变量（城市劳动力与资本存量）之后的结果。结果显示，所有要素供给方面的空间外部性指标参数估计至少在5%的水平上显著为正。这意味着中间服务的空间共享效应与市场潜力在影响制造业出口国内附加值率中存在一定程度的多重共线性，使得在控制市场潜力的情况下，中间服务的空间共享效应未得到明显显现。第（4）列是仅考虑市场需求的空间外部性、同时控制企业层面的变量与城市层面的变量之后的结果。结果显示，市场需求（市场潜力）对企业出口国内附加值率的影响系数依然在1%的水平上显著为正。第（5）列在空间集聚优势变量基础上同时控制了企业和城市层面的解释变量，得到了与第（1）、（2）列一致的估计结果。由此可见，在控制固定效应以及城市、企业层面变量后，城市中各类空间集聚优势的增强均显著提升了制造业出口国内附加值率，有利于制造业企业在国际贸易中获取更多贸易利益、提升贸易竞争力。这些结果同时意味着，在推进制造业参与国际分工、提升贸易利得过程中，中国各城市不仅在劳动力、中间服务、制造业中间品以及技术等要素市场中形成了广泛的空间关联，通过互通有无、补齐短板，壮大要素集聚优势，提升企业获取贸易附加值能力，而且在最终商品市场中也具有明显的一体化发展趋势，通过发挥国内大市场的规模经济优势以提高企业出口国内附加值率和贸易竞争力。要素集聚外部性和市场需求关联效应在推进企业出口国内附加值率提升中并未表现出明显替代趋势，二者同时作用，相辅相成、互为补充，共同构成推动中国企业深化国际分工、实现贸易转型升级的贸易竞争新优势。

相关控制变量的回归结果与现有文献基本相符（见表8.2）。从企业层面探讨：企业规模（lnsize）对制造业出口国内附加值率的影响在1%的水平上显著为正，说明企业规模越大，越不容易受生产成本、融资约束等客观因素的限制，因而在推动制造业出口国内附加值率提升方面存在明显优势（高翔等，2019）。而企业资本密集度（lncap）与企业融资约束（lnrzys）对制造业出口国内附加值率的影响显著为负，前者可能是因为具有资本要素禀赋优势的企业通常会处于全球价值链的低端环节，其出口国内附加值率也较低（许和连等，2017）；后者可能是由于融资约束越强的企业更倾向于为本土市场服务（文东伟和冼国明，2014），从而使得融资约束变量的系数显著为负。从城市层面探讨：城市劳动力（lnL）和城市资本存量（lnK）对于制造业出口国内附加值率的影响均在1%的水平上显著为正，说明制造业产业规模的扩大能够通过人才与资本、设备等生产要素的吸纳与积累，优化生产经营结构，提升企业出口国内附加值率，进而提升企业在制造业价值链中的相对位置。

表 8.2　基准回归结果

变量	（1）	（2）	（3）	（4）	（5）
lnLS	0.0243 ***	0.0144 ***	0.0162 ***		0.0134 ***
	（6.13）	（2.91）	（3.28）		（2.69）
lnP_ser	0.0073	0.0086	0.0153 **		0.0118
	（0.99）	（1.17）	（2.08）		（1.59）
lnP_put	0.0921 ***	0.0780 ***	0.0801 ***		0.0778 ***
	（15.08）	（12.63）	（12.99）		（12.57）
lnTS	0.0099 *	0.0163 ***	0.0252 ***		0.0062 **
	（1.95）	（3.22）	（7.75）		（2.18）
lnMP	0.1000 ***	0.0802 ***		0.1203 ***	0.0577 ***
	（8.55）	（6.81）		（17.59）	（4.62）
lnsize		0.0495 ***	0.0493 ***	0.0462 ***	0.0479 ***
		（17.83）	（17.82）	（17.43）	（17.22）
lncap		−0.0508 ***	−0.0506 ***	−0.0558 ***	−0.0505 ***
		（−26.54）	（−26.43）	（−30.44）	（−26.36）
lnrzys		−0.0322 ***	−0.0323 ***	−0.0312 ***	−0.0321 ***
		（−19.62）	（−19.65）	（−19.41）	（−19.54）
lnL		0.0144 ***	0.0215 ***	0.0170 ***	
		（2.80）	（4.23）	（3.29）	
lnK		0.0501 ***	0.0414 ***	0.0389 ***	
		（7.19）	（5.68）	（5.28）	

续表

变量	（1）	（2）	（3）	（4）	（5）
_cons	−3.3807 ***	−3.0958 ***	−2.8693 ***	−3.3226 ***	−3.4635 ***
	（−18.23）	（−16.28）	（−19.23）	（−52.37）	（−17.59）
固定效应	Yes	Yes	Yes	Yes	Yes
N	208332	208028	208028	208028	208028
R^2	0.036	0.042	0.042	0.040	0.042

注：括号中为 t 统计值；*** 、** 和 * 分别表示在1%、5%和10%的水平上显著。本章下同。

（二）稳健性检验

考虑到各类空间集聚优势可能与制造业出口国内附加值率存在双向因果关系，会降低估计结果的稳健性。另外，基本回归结果可能会因极端值而存在估计偏误，为了探讨回归结果中的极端值以及内生性问题，本部分进行如下稳健性分析。

1. 双边缩尾、双边截尾结果分析

为了消除极端值对回归结果的影响，本部分在对企业 DVAR 双边缩尾与双边截尾基础上进行回归分析，结果如表8.3所示。第（1）、第（2）列分别是在对企业 DVAR 在2.5%的水平上进行双边缩尾与企业 DVAR 在2.5%的水平上进行双边截尾处理之后的回归结果。虽然各类空间集聚优势对制造业企业出口的国内附加值率的影响系数有所变化，但仍然至少在10%的水平上显著，从而印证了基准回归模型的估计结果，即空间集聚优势有利于制造业出口国内附加值率的提升。

表8.3　双边缩尾、截尾的计量估计结果

变量	（1）		（2）		（3）	
	lnDVAR 双边缩尾2.5%		lnDVAR 双边截尾2.5%		更换 DVAR 测度指标	
	系数	t 值	系数	t 值	系数	t 值
lnLS	0.0189 ***	5.71	0.0247 ***	8.75	0.0136 ***	4.95
lnP_ser	0.0093 *	1.88	0.0083 **	1.98	0.0064 **	2.10
lnP_put	0.0519 ***	12.63	0.0227 ***	6.44	0.0352 **	2.46
lnTS	0.0104 ***	2.97	0.0168 ***	5.65	0.0138 ***	3.05
lnMP	0.0442 ***	5.34	0.0307 ***	4.33	0.0429 ***	2.96
ln$size$	0.0370 ***	20.04	0.0246 ***	15.53	0.0314 ***	4.61
lncap	−0.0402 ***	−31.63	−0.0293 ***	−26.92	−0.0307 ***	−7.29

续表

变量	（1）		（2）		（3）	
	ln*DVAR* 双边缩尾 2.5%		ln*DVAR* 双边截尾 2.5%		更换 *DVAR* 测度指标	
	系数	t 值	系数	t 值	系数	t 值
lnrzys	−0.0260***	−23.82	−0.0189***	−20.21	−0.0210***	−10.40
ln*L*	0.0089***	2.60	0.0039	1.31	0.0028	0.56
ln*K*	0.0352***	7.20	0.0321***	7.59	0.0272**	2.33
_cons	−2.8325***	−21.66	−2.1962***	−19.60	−1.5673***	−6.27
固定效应	Yes		Yes		Yes	
N	208028		197628		52096	
R^2	0.065		0.067		0.039	

2. 更换企业出口国内附加值率指标

由于基本回归中估算的 *DVAR* 没有考虑国内材料中包含的外国价值部分，本部分进一步利用 Kee 和 Tang（2016）根据 KWW 方法推算的行业估计值，测算了 2003~2007 年的 *DVAR* 指标进行稳健性检验，结果如表 8.3 第（3）列所示。结果显示，样本观测值尽管有明显减少，但各类空间集聚优势对企业出口国内附加值率的影响依然显著为正。更换企业出口国内附加值率指标所得到的结论与基础回归结果基本保持一致，从而表明基准模型的估计结果具有较强的稳健性。

3. 内生性问题

需要指出的是，本部分在基本回归模型中同时控制了要素供给与市场需求层面共五个空间集聚优势指标，这些指标间可能会存在共线性问题，进而影响估计结果的稳健性。因此在内生性问题处理部分，本部分分别将每个核心解释变量放入模型进行估计。本部分在基本回归模型中不仅控制了非观测的固定效应，而且控制了劳动力、资本、企业规模、融资约束、资本密集度等城市与企业层面的变量，在一定程度上可缓解因遗漏变量产生的内生性问题；计量方程中核心解释变量为城市层面的各集聚优势指标，被解释变量为企业层面的出口国内附加值率，这降低了二者产生联立内生性的可能性。为进一步消除模型可能存在的内生性问题，本部分采用工具变量法与两阶段最小二乘法对模型进行稳健性检验。在工具变量法中，本部分使用 1984 年市辖区非农人口作为空间集聚优势的工具变量进行估计；在两阶段最小二乘法中，除使用核心解释变量的滞后项外，本部分还使用各地级市的平均海拔与平均地表坡度、各地级市 1984 年市辖区非农人口数量与建成区面积、各地级市 1999 年规模以上工业企业数量作为工具变量进行估计[①]。时间滞后变量与内生变量的当期项密切相关，但由于前期变量所表征事务已经发生、取值已成固定，因而不会与当期的误差项相关。另外，各城市集聚优势的大小及发挥程度还与城市的地形、海拔以及一些历史变量密切相关。企业出于土地开发和交通成本的考虑，往往不会在地势较高或地形较陡峭的地方投资设厂；而地表坡度和海拔作为自然地理条件，并不会对企业出口国内附加值率造成直接影响，因而符合工具变量选择的要求。长时期滞后的历史变量与该地区制造业的发展基础，进而与该城市的集聚经济有着密切联系，但长时期滞后的历史变量并不会对企业出口国内附加值率造成直接影响，因而也符合工具变量选择的要求。本部分借鉴已有文献的思路（Hyun-Ju Koh and Riedel，2013；钱学峰等，2012；刘修岩，2014；邵朝对和苏丹妮，2019），采用各地级城市平均海拔和平均地表坡度、中国 1984 年各市辖区的非农人口数量与建成区面积以及 1999 年各市辖区规模以上工业企业数量作为工具变量进行估计。

将中国 1984 年各市辖区的非农人口数量作为各核心解释变量的工具变量，使用工具变量法进行估计，结果如表 8.4 所示。结果显示，豪斯曼检验结果拒绝了所有解释变量均为外生变量的原假设，因而使用工具变量法进行估计是合理的；各类空间集聚优势指标对制造业企业出口国内附加值率的影响系数均在 1% 的水平上显著为正，各类空间集聚优势促进制造业出口国内附加值率提升的结论依然成立。

表 8.4　考虑内生性的估计结果

变量	（1）	（2）	（3）	（4）	（5）
lnLS	0.4095*** （12.87）				
lnP_ser		0.5668*** （12.90）			
lnP_put			0.3002*** （13.12）		
lnTS				0.0960*** （13.17）	
lnMP					0.1895*** （13.18）

[①]　由于地表坡度和平均海拔、各滞后的历史变量是不随时间变化的变量，因而在引入模型时实际上是将这些外生变量与相应年份的交互项作为工具变量进行两阶段最小二乘估计。

续表

变量	（1）	（2）	（3）	（4）	（5）
lnsize	0.1098***	0.0595***	0.0380***	0.0410***	0.0392***
	（19.05）	（19.76）	（13.57）	（14.87）	（14.17）
lncap	0.0023	−0.0431***	−0.0356***	−0.0491***	−0.0479***
	（0.49）	（−20.94）	（−15.58）	（−25.59）	（−24.86）
lnrzys	−0.0571***	−0.0342***	−0.0285***	−0.0299***	−0.0291***
	（−19.47）	（−18.82）	（−16.79）	（−17.59）	（−17.22）
lnL	0.0422***	0.0615***	0.0110*	0.0126**	0.0218***
	（7.15）	（9.58）	（1.93）	（2.23）	（3.91）
lnK	−0.0651***	0.0316***	0.0093	−0.0244*	−0.0102
	（−3.71）	（3.02）	（0.79）	（−1.72）	（−0.77）
_cons	−6.8375***	−7.9123***	−3.9491***	−0.3461	−3.4986***
	（−24.25）	（−21.82）	（−49.00）	（−1.48）	（−53.47）
Husman 检验	250.24	291.74	245.71	336.07	277.07
	[0.0000]	[0.0000]	[0.0000]	[0.0000]	[0.0000]
固定效应	Yes	Yes	Yes	Yes	Yes
N	190055	190055	190055	190055	190055

注：方括号为相应统计量的伴随概率。本章下同。

两阶段最小二乘法的回归结果如表8.5所示。第（1）列是同时使用滞后一阶的城市专业化劳动力空间可得性与城市平均地表坡度作为工具变量进行估计的结果；第（2）列是同时使用滞后一、二阶的中间服务共享效应作为工具变量进行估计的结果；第（3）列是同时使用滞后二阶的中间投入品共享效应、城市平均海拔、城市1984年市辖区建成区面积作为工具变量进行估计的结果；第（4）列是同时使用城市平均海拔、城市1984年市辖区非农人口数量作为工具变量进行估计的结果；第（5）列是同时使用滞后三阶的市场需求与城市1999年规模以上工业企业数量作为工具变量进行估计的结果。尽管各核心解释变量对制造业出口国内附加值率的影响系数有所变化，但估计结果仍较为稳健。各列回归结果中Sargan检验的统计量和伴随概率均接受了所有工具变量均有效的假设，因而两阶段最小二乘法估计中工具变量的选择和回归结果是较为合理的。上述结果表明，在控制潜在的内生性问题之后，模型估计结果依然较为稳健。

表8.5　两阶段最小二乘法估计结果

变量	(1)	(2)	(3)	(4)	(5)
ln*LS*	0.1065 *** (2.59)				
ln*P_ser*		0.2548 ** (2.08)			
ln*P_put*			0.3873 *** (4.07)		
ln*TS*				0.1123 *** (2.83)	
ln*MP*					3.9289 *** (5.36)
ln*size*	0.0152 *** (14.37)	0.0171 *** (14.73)	0.0124 *** (10.30)	0.0089 *** (10.41)	0.0182 *** (14.55)
ln*cap*	-0.0289 *** (-18.99)	-0.0311 *** (-21.62)	-0.0208 *** (-10.67)	-0.0215 *** (-20.42)	-0.0331 *** (-21.89)
ln*rzys*	-0.0106 *** (-9.39)	-0.0065 *** (-5.00)	-0.0085 *** (-6.29)	-0.0068 *** (-6.93)	-0.0058 *** (-4.13)
ln*L*	0.0130 (1.64)	0.0377 *** (3.06)	0.0057 (0.57)	0.0081 (0.93)	0.0462 *** (3.83)
ln*K*	0.0339 ** (2.28)	0.0273 (0.89)	0.0220 (1.12)	0.0246 (1.47)	0.1268 *** (4.55)
_cons	-2.6642 *** (-3.58)	-3.9607 *** (-3.71)	-4.6468 *** (-5.18)	-0.9423 *** (-2.93)	-68.1652 *** (-5.48)
Sargan 检验	1.328 [0.2492]	0.439 [0.5076]	1.983 [0.3710]	1.333 [0.2483]	0.154 [0.6948]
固定效应	Yes	Yes	Yes	Yes	Yes
N	124670	80646	85312	190001	67947
R^2	0.072	0.069	0.057	0.056	0.055

四、空间集聚优势影响制造业出口价值攀升的机制检验

上文详细考察了各类空间集聚优势对制造业出口国内附加值率提升的影响效

应，为更深入检验空间集聚优势影响制造业出口国内附加值率的作用机制，本部分进一步在原计量模型的基础上引入企业边际成本、中间品效率和中间品种类三个中介变量，并借鉴温忠麟和叶宝娟（2014）的方法进行机制检验。企业边际生产成本（cost）以企业成本与销售产值的比重表示，其中，企业成本根据刘斌和王乃嘉（2016）的方法，以企业主营业务成本、管理费用、销售费用、财务费用、主营业务应付福利总额及主营业务应付工资总额之和衡量。企业国内中间品效率（φ）的测算分两步：首先，以中国工业企业数据库中企业的工业中间投入减去海关贸易数据库中企业的进口中间品，得到企业的国内中间品投入额；其次，以企业层面工业增加值与国内中间品投入额的比值表示企业国内中间品效率。关于企业可获得的国内中间品种类数（I^D），由于目前可获得的数据库资料中未直接报告每家企业使用中间品的种类数量，因而本部分以制造业三位码行业内部一般贸易企业出口产品种类数来近似替代该行业内部企业可获得的中间品种类数。由于一般贸易企业生产的产品既可以用于出口也可以用于内销（作为国内中间品），因而内销商品种类可看作近似等于出口商品种类数。中介效应模型可表示为：

$$\ln DVAR_{it} = \Delta + \theta_0 \ln adv_{jt} + \phi_v \sum_{v=1}^{\varpi} Z_{v,it} + \xi_{it} \qquad (8.14)$$

$$T_{it} = \Theta + \overline{\theta}_0 \ln adv_{jt} + \phi_v \sum_{v=1}^{\varpi} Z_{v,it} + \zeta_{it} \qquad (8.15)$$

$$\ln DVAR_{it} = \overline{\overline{\Delta}} + \overline{\overline{\theta}}_0 \ln adv_{jt} + \varphi T_{it} + \phi_v \sum_{v=1}^{\varpi} Z_{v,it} + \xi_{it} \qquad (8.16)$$

式中，Δ、Θ 和 $\overline{\Delta}$ 为常数项，T 代表各中介变量，Z 为控制变量，ϖ 为控制变量个数，ξ 和 ζ 为随机误差。

第一步对式（8.14）进行计量估计，检验空间集聚优势对企业出口国内附加值率的影响是否显著。若显著则按中介效应处理，否则按遮掩效应处理。

第二步对式（8.15）和式（8.16）进行回归，依次检验式（8.15）中空间集聚优势对中介变量 T 的影响系数 $\overline{\theta}_0$ 和式（8.16）的中介变量 T 对企业出口国内附加值率的影响系数 φ 是否显著。若 $\overline{\theta}_0$ 与 φ 均显著，则意味着间接效应显著；若二者至少有一个不显著，则需要借助 Bootstrap 法检验 $\overline{\theta}_0 \varphi = 0$ 的原假设，拒绝原假设则意味着间接效应显著，否则间接效应不显著。

第三步检验式（8.16）中在分别加入各中介变量之后空间集聚优势的系数 $\overline{\overline{\theta}}_0$。若 $\overline{\overline{\theta}}_0$ 不显著，则意味着空间集聚优势对企业出口国内附加值率不存在直接效应，只有间接效应；若 $\overline{\overline{\theta}}_0$ 显著，则直接效应显著，需要进一步检验。

第四步比较 $\overline{\theta}_0\varphi$ 与 $\overline{\overline{\theta}}_0$ 的符号。若同号则属于部分中介效应，报告中介效应占总效应的比例为 $\dfrac{\overline{\theta}_0\varphi}{\theta_0}$；若异号则属于遮掩效应，报告间接效应与直接效应的比例为 $\left|\dfrac{\overline{\theta}_0\varphi}{\overline{\overline{\theta}}_0}\right|$。

检验结果如表8.6~表8.9所示。

表8.6　空间集聚优势通过企业生产成本影响企业出口国内附加值率的中间机制检验

集聚变量	劳动力"蓄水池"效应			市场潜力		
方程类型	式（8.14）	式（8.15）	式（8.16）	式（8.14）	式（8.15）	式（8.16）
$\ln LS$	0.0590*** (13.82)	-0.0958*** (-13.84)	0.0594*** (13.42)			
$\ln MP$				0.1203*** (17.59)	-0.1047*** (-8.96)	0.1134*** (16.39)
$\ln cost$			-0.0293*** (-4.17)			-0.0820*** (-31.09)
$\ln size$	0.0581*** (21.37)	0.7380*** (255.84)	0.0846** (2.37)	0.0462*** (17.43)	0.7269*** (257.46)	0.0157*** (4.72)
$\ln cap$	-0.0504*** (-26.29)	-0.2005*** (-98.34)	-0.0339*** (-16.57)	-0.0558*** (-30.44)	-0.2072*** (-106.26)	-0.0396*** (-20.14)
$\ln rzys$	-0.0338*** (-20.65)	-0.1322*** (-76.19)	-0.0231*** (-13.47)	-0.0312*** (-19.41)	-0.1292*** (-75.49)	-0.0207*** (-12.22)
$\ln L$	0.0272*** (5.35)	-0.0328*** (-6.20)	0.0320*** (6.24)	0.0215*** (4.23)	-0.0383*** (-7.24)	0.0261*** (5.09)
$\ln K$	0.1130*** (22.94)	0.2355*** (45.79)	0.0889*** (17.70)	0.0414*** (5.68)	0.1923*** (25.29)	0.0231*** (3.13)
_cons	-3.6948*** (-50.47)	-0.9779*** (-12.75)	-3.6053*** (-48.46)	-3.3226*** (-52.37)	-0.5295*** (-8.03)	-3.2195*** (-50.38)
固定效应	Yes	Yes	Yes	Yes	Yes	Yes
N	208028	193488	193488	208028	193488	193488
R^2	0.040	0.409	0.048	0.040	0.409	0.048

表8.7 空间集聚优势通过中间品效率影响企业出口国内附加值率的中间机制检验

集聚变量	劳动力"蓄水池"效应		空间技术外溢效应		
方程类型	式(8.15)	式(8.16)	式(8.14)	式(8.15)	式(8.16)
lnLS	0.1579*** (31.58)	0.0347* (1.79)			
lnTS			0.0472*** (16.17)	0.0314 (1.32)	0.0467*** (16.15)
lnφ		0.0641*** (46.08)			0.1120*** (50.78)
ln$size$	0.0960*** (31.11)	0.0473*** (17.48)	0.0479*** (18.11)	0.0125*** (3.98)	0.0465*** (17.74)
lncap	0.0185*** (8.54)	−0.0525*** (−27.60)	−0.0571*** (−31.20)	−0.0556*** (−25.63)	−0.0509*** (−27.98)
ln$rzys$	0.1273*** (68.64)	−0.0481*** (−29.19)	−0.0314*** (−19.46)	0.1663*** (87.12)	−0.0500*** (−30.51)
ln$L$	−0.0724*** (−12.58)	0.0354*** (7.02)	0.0142*** (2.77)	−0.1019*** (−16.82)	0.0256*** (5.04)
ln$K$	0.1369*** (24.50)	0.0976*** (19.94)	0.0579*** (8.39)	0.4212*** (51.51)	0.0107 (1.55)
_$cons$	−7.6302*** (−91.93)	−2.8351*** (−37.95)	−1.7297*** (−15.81)	−2.6068*** (−20.10)	−1.4378*** (−13.24)
固定效应	Yes	Yes	Yes	Yes	Yes
N	208028	208028	208028	208028	208028
R^2	0.345	0.055	0.040	0.285	0.057

注：由于关于劳动力"蓄水池"效应的式(8.14)的估计结果已经在表8.6中进行了报告，表8.7中不再重复列出。

表8.8 空间集聚优势通过中间品种类影响企业出口国内附加值率的
中间机制检验（一）

集聚变量	空间技术外溢效应		市场潜力	
方程类型	式(8.15)	式(8.16)	式(8.15)	式(8.16)
lnTS	0.1591*** (12.08)			
lnMP			0.1389*** (17.15)	0.1049*** (15.46)

续表

集聚变量	空间技术外溢效应		市场潜力	
方程类型	式 (8.15)	式 (8.16)	式 (8.15)	式 (8.16)
$\ln I^D$		0.0742 ***		0.1105 ***
		(9.80)		(50.08)
$\ln size$	0.0347 ***	0.2457 ***	0.0090 ***	0.0452 ***
	(12.46)	(15.71)	(2.86)	(17.20)
$\ln cap$	−0.0430 ***	−0.1606 ***	−0.0530 ***	−0.0500 ***
	(−25.16)	(−20.49)	(−24.38)	(−27.43)
$\ln rzys$	−0.0419 ***	−0.1754 ***	0.1646 ***	−0.0494 ***
	(−13.12)	(−12.92)	(86.36)	(−30.21)
$\ln L$	0.0423 **	−0.0724 ***	−0.1041 ***	0.0330 ***
	(2.15)	(−3.83)	(−17.32)	(6.55)
$\ln K$	0.0568 ***	0.2520 ***	0.3106 ***	0.0071
	(4.14)	(19.32)	(35.95)	(0.97)
_cons	−2.3759 ***	−0.1803 ***	−2.9053 ***	−3.0015 ***
	(−20.86)	(−25.17)	(−38.67)	(−47.48)
固定效应	Yes	Yes	Yes	Yes
N	208028	208028	208028	208028
R^2	0.367	0.049	0.286	0.057

注：由于关于空间技术外溢效应和市场潜力的估计结果已经在表8.6和表8.7中进行了报告，表8.8中不再重复列出。

表8.9　空间集聚优势通过中间品种类影响企业出口国内附加值率的
中间机制检验（二）

集聚变量	中间服务品空间共享效应			制造业中间品空间共享效应		
方程类型	式 (8.14)	式 (8.15)	式 (8.16)	式 (8.14)	式 (8.15)	式 (8.16)
$\ln P\_ser$	0.0382 ***	0.0459 ***	0.0293 ***			
	(5.40)	(8.61)	(4.17)			
$\ln P\_put$				0.1070 ***	0.3065 ***	0.0740 ***
				(21.02)	(51.22)	(14.52)
$\ln I^D$			0.1118 ***			0.1078 ***
			(50.67)			(48.42)
$\ln size$	0.0503 ***	0.0147 ***	0.0487 ***	0.0465 ***	0.0046	0.0460 ***
	(18.97)	(4.68)	(18.51)	(17.58)	(1.47)	(17.54)

集聚变量	中间服务品空间共享效应			制造业中间品空间共享效应		
方程类型	式（8.14）	式（8.15）	式（8.16）	式（8.14）	式（8.15）	式（8.16）
lncap	-0.0576 ***	-0.0545 ***	-0.0515 ***	-0.0521 ***	-0.0381 ***	-0.0480 ***
	(-31.43)	(-25.10)	(-28.30)	(-28.12)	(-17.50)	(-26.09)
lnrzys	-0.0301 ***	0.1654 ***	-0.0486 ***	-0.0301 ***	0.1651 ***	-0.0479 ***
	(-18.70)	(86.71)	(-29.69)	(-18.75)	(87.42)	(-29.30)
lnL	0.0256 ***	-0.0980 ***	0.0366 ***	0.0164 ***	-0.1232 ***	0.0297 ***
	(5.04)	(-16.27)	(7.25)	(3.23)	(-20.63)	(5.88)
lnK	0.1360 ***	0.4124 ***	0.0899 ***	0.0955 ***	0.2902 ***	0.0642 ***
	(29.35)	(75.18)	(19.20)	(19.27)	(49.82)	(12.95)
_cons	-3.4887 ***	-3.3887 ***	-3.1097 ***	-3.4421 ***	-3.4953 ***	-3.0655 ***
	(-40.87)	(-33.53)	(-36.61)	(-53.68)	(-46.38)	(-47.84)
固定效应	Yes	Yes	Yes	Yes	Yes	Yes
N	208028	208028	208028	208028	208028	208028
R^2	0.038	0.285	0.055	0.041	0.297	0.057

表8.6中，式（8.14）的估计结果显示，在不加入任何中介变量时专业化劳动力空间可得性（劳动力"蓄水池"效应）对企业出口国内附加值率的影响在1%的水平上显著为正，说明城际劳动力市场越开放、城市间专业化劳动力可得性越强，越有利于企业出口国内附加值率提升。式（8.15）中专业化劳动力空间可得性系数显著为负，说明城市间劳动力市场的蓄水池效应显著降低了企业生产成本；式（8.16）中企业生产成本的系数显著为负，说明城市间专业化劳动力可得性的提高通过降低企业生产成本进而提升企业出口国内附加值率的间接效应显著。同时，式（8.16）中专业化劳动力可得性对企业出口国内附加值率的系数显著为正，说明专业化劳动力可得性对企业出口国内附加值率的直接效应显著。与此同时，乘积 $\overline{\theta_0}\varphi$ 与 $\overline{\overline{\theta_0}}$ 系数同号，说明企业生产成本在劳动力"蓄水池"效应影响企业出口国内附加值率过程中具有部分中介效应的作用，且中介效应与总效应的比值约为4.76%。当空间集聚优势变量为市场潜力时，在不加入企业生产成本情况下，式（8.14）中市场潜力（市场需求的空间外部性）的参数估计显著为正，说明城市间市场关联效应的增强有助于提高企业出口国内附加值率。式（8.15）中市场潜力系数显著为负，说明市场潜力扩大对企业产生了明显的规模经济效应，显著降低了企业生产成本；式（8.16）中企业生产成本的系数显著为负，说明市场潜力扩大通过降低企业生产成本进而提升企业出口国内附加值率

的间接效应显著。式（8.16）中市场潜力对企业出口国内附加值率的系数显著为正，且此时乘积 $\overline{\theta}_0\varphi$ 与 $\overline{\overline{\theta}}_0$ 系数同号，说明企业生产成本在市场潜力影响企业出口国内附加值率过程中具有部分中介效应的作用，且中介效应与总效应的比值约为 7.14%。

劳动力"蓄水池"效应和空间技术外溢效应通过中间品效率影响企业出口国内附加值率的中间机制检验结果如表8.7所示。当空间集聚优势为劳动力"蓄水池"效应时，式（8.15）中专业化劳动力空间可得性系数显著为正，说明城市间劳动力市场的蓄水池效应显著提高了中间品效率；式（8.16）中企业中间品效率的系数显著为正，说明城市间专业化劳动力可得性通过提高中间品效率进而提升企业出口国内附加值率的间接效应显著。式（8.16）中专业化劳动力可得性对企业出口国内附加值率的系数亦显著为正，且乘积 $\overline{\theta}_0\varphi$ 与 $\overline{\overline{\theta}}_0$ 系数同号，说明企业中间品效率在劳动力"蓄水池"效应影响企业出口国内附加值率过程中具有部分中介效应的作用，且中介效应与总效应的比值约为 17.15%。当空间集聚优势变量为空间技术外溢时，式（8.14）中空间技术外溢的参数估计显著为正，说明城市间技术外溢效应的增强有助于提高企业出口国内附加值率；式（8.15）中空间技术外溢系数为正但未通过显著性检验，而式（8.16）中中间品效率的系数显著为正，因而需要进一步使用 Bootstrap 法检验企业中间品效率在空间技术外溢效应影响制造业出口国内附加值率过程中的中介效应[①]。检验结果在1%水平上拒绝了 $\overline{\theta}_0\varphi=0$ 的原假设，直接效应 r（dir_eff）与间接效应 r（ind_eff）95%的置信区间均不包含 0。因此，企业中间品效率作为中介变量时，其直接和间接效应均显著。式（8.16）中空间技术外溢效应的参数估计显著为正，验证了空间技术外溢效应与企业出口国内附加值率之间显著的直接效应。此时乘积 $\overline{\theta}_0\varphi$ 与 $\overline{\overline{\theta}}_0$ 系数同号，说明中间品效率在空间技术外溢效应影响企业出口国内附加值率过程中具有部分中介效应的作用，且中介效应与总效应的比值约为 7.45%。

空间技术外溢效应和市场需求的空间外部性（市场潜力）通过企业可获国内中间品种类影响企业出口国内附加值率的中间机制检验结果如表8.8所示。当空间集聚优势为空间技术外溢效应时，式（8.15）中空间技术外溢效应显著为正，说明城市间空间技术外溢效应显著增加了中间品种类；式（8.16）结果显示企业可获国内中间品种类的符号同样显著为正，说明城市间技术外溢效应增强通过提升中间品种类进而提高企业出口国内附加值率的间接效应显著。

---

① 此结果为随机抽样样本为 500 时的 Bootstrap 检验结果。出于稳健性考虑，本书又进行了随机抽样样本为 1000、5000 时的 Bootstrap 检验，结果依然稳健。

式（8.16）中空间技术外溢对企业出口国内附加值率的系数显著为正，且乘积 $\bar{\theta}_0\varphi$ 与 $\bar{\bar{\theta}}_0$ 系数同号，说明企业可获中间品种类在空间技术外溢效应影响企业出口国内附加值率过程中具有部分中介效应的作用，且中介效应与总效应的比值约为 25.01%。当空间集聚优势为市场需求的空间外部性时，式（8.15）中市场潜力的系数显著为正，说明市场潜力扩大显著增加了企业可获得的中间品种类数；式（8.16）中企业可获中间品种类系数显著为正，证实了中间品种类在市场潜力影响企业出口国内附加值率过程中的间接效应。式（8.16）中市场潜力对企业出口国内附加值率的系数显著为正，且乘积 $\bar{\theta}_0\varphi$ 与 $\bar{\bar{\theta}}_0$ 系数同号，说明企业可获中间品种类在市场潜力影响企业出口国内附加值率过程中亦具有部分中介效应的作用，且中介效应与总效应的比值约为 12.76%。

企业可获得的国内中间品种类作为中介变量时中间服务空间共享效应和制造业中间品空间共享效应影响企业出口国内附加值率的中间机制检验结果如表 8.9 所示。式（8.14）结果显示，两类中间品空间共享效应的参数估计均显著为正，意味着两类中间品共享效应均对企业出口国内附加值率的提升起促进作用。式（8.15）中的中间服务空间共享效应和制造业中间品空间共享效应系数均显著为正，说明中间服务和制造业中间品空间共享效应显著提升了企业可获得的国内中间品种类数。式（8.16）结果显示，企业能够获得的国内中间品种类数越多，则越有利于企业出口国内附加值率的提升。这印证了中间品空间共享效应通过提升企业国内中间品种类数进而提高企业出口国内附加值率的间接效应的存在性。式（8.16）中两类中间品空间共享效应对企业出口国内附加值率的系数均显著为正，且乘积 $\bar{\theta}_0\varphi$ 与 $\bar{\bar{\theta}}_0$ 系数同号，说明企业可获中间品种类在中间服务空间共享效应和制造业中间品空间共享效应影响企业出口国内附加值率过程中亦具有部分中介效应的作用，且中介效应与总效应的比值分别约为 13.43% 和 30.88%。

综合以上中介效应检验结果可以看出，在各类空间集聚优势影响企业出口国内附加值率过程中，企业生产成本、企业中间品效率和企业可获国内中间品种类数均发挥着显著的部分中介效应作用。其中，城市间劳动力"蓄水池"效应主要通过降低企业生产成本和提升企业中间品效率对企业出口国内附加值率产生促进作用，中间品空间共享效应主要通过增加企业可获国内中间品种类对企业出口国内附加值率产生促进作用，空间技术外溢效应主要通过提升中间品效率和国内中间品种类数对企业出口国内附加值率产生促进作用，市场需求空间外部性主要通过降低企业生产成本和增加企业可获国内中间品种类数对企业出口国内附加值率产生促进作用。

五、进一步分析

（一）空间集聚优势对制造业出口国内附加值率的异质性分析

基准回归结果证实了各类空间集聚优势对制造业出口国内附加值率提升的促进作用。但考虑到不同地区、不同规模等级城市的空间集聚水平具有异质性，不同类型空间集聚优势对不同贸易类型企业的影响效果也存异。本部分将从企业贸易类型、所在地区、城市等级等层面深入探讨各类空间集聚优势对制造业出口国内附加值率的异质性影响。

1. 基于不同企业贸易类型的异质性分析

对企业贸易类型进行划分之后的分组检验结果如表8.10所示。可以发现，一般贸易企业与加工贸易企业的专业化劳动力可得性系数均在1%的水平上显著为正，并且加工贸易企业的城市专业化劳动力可得性的参数估计值明显大于一般贸易企业，说明专业化劳动力可得性均有助于促进不同贸易类型企业出口国内附加值率的提升，并且对加工贸易企业的正向促进作用更大。这可能是因为，与一般贸易企业相比，加工贸易企业对区域劳动力市场的变化更为敏感。当地劳动力市场供求匹配越有效、专业化劳动力空间可得性越强，则劳动力"蓄水池"效应越明显，越有利于加工贸易企业降低成本、提升国内中间品效率，进而提高出口国内附加值率。一方面，加工贸易企业主要依靠进口国际中间品，利用国内廉价劳动力资源从事组装、生产活动并最终实现产品的出口，其利润主要来源于进口商支付的组装加工费，因此其贸易利益的获取很大程度上取决于国内专业化劳动力市场所决定的劳动力价格和生产效率。厚劳动力市场所带来的成本节约效应和国内中间品效率提升效应为加工贸易企业更多使用国内中间品创造了条件，从而使得加工贸易企业可以获得更强的出口国内附加值率提升效应。另一方面，长期与国际市场接触使得加工贸易企业有着更大的激励雇佣专业化劳动力以形成出口竞争优势，从而提升本企业的出口国内附加值率。而与加工贸易企业相比，一般贸易企业的生产和出口行为具有更强的自主性，其生产利润和贸易利益不仅取决于当地劳动力市场，还与资本、技术等其他要素市场的发展有关，因而该类企业对于国内专业化劳动力市场变化的敏感性远不及加工贸易企业，从而导致专业化劳动力空间可得性所产生的"蓄水池"效应提升对加工贸易企业的促进作用明显大于一般贸易企业。

表 8.10 基于不同企业贸易类型的异质性检验结果

变量	一般贸易企业		加工贸易企业	
	考虑要素供给外部性的估计结果	考虑市场需求外部性的估计结果	考虑要素供给外部性的估计结果	考虑市场需求外部性的估计结果
lnLS	0.0304*** (6.50)		0.1368*** (5.86)	
lnP_ser	0.0056* (1.85)		0.0306 (0.73)	
lnP_put	0.0281*** (4.50)		0.1642*** (8.71)	
lnTS	0.0261*** (8.28)		-0.0154 (-1.19)	
lnMP		0.1027*** (16.20)		0.1041*** (3.18)
ln$size$	0.0457*** (16.72)	0.0383*** (14.80)	0.0633*** (7.23)	0.0719*** (8.39)
lncap	-0.0443*** (-23.28)	-0.0489*** (-26.70)	-0.0724*** (-12.48)	-0.0912*** (-16.27)
ln$rzys$	-0.0307*** (-18.33)	-0.0284*** (-17.32)	-0.0346*** (-7.52)	-0.0356*** (-7.80)
ln$L$	0.0216*** (4.20)	0.0223*** (4.36)	-0.0836*** (-4.91)	-0.0471*** (-2.90)
ln$K$	0.0408*** (6.11)	0.0309*** (4.50)	0.1903*** (5.87)	0.1912*** (5.80)
_cons	-2.2157*** (-15.89)	-2.7321*** (-46.44)	-8.1072*** (-11.77)	-5.7673*** (-22.04)
固定效应	Yes	Yes	Yes	Yes
N	168549	168549	39479	39479
R^2	0.042	0.042	0.044	0.037

　　中间服务空间共享效应对一般贸易企业出口国内附加值率的影响在10%水平上通过显著性检验，但对加工贸易企业影响不显著，说明中间服务空间共享效应在一定程度上提升了一般贸易企业出口国内附加值率，但未对加工贸易企业产生明显影响。其原因可能在于，加工贸易企业生产和出口行为主要与当地劳动力市场和制造业中间品市场密切相关，而受生产性服务业或中间服务品生产企业的影

响不大，因而中间品空间共享效应主要对一般贸易企业出口国内附加值率产生影响。对于制造业中间投入品共享效应而言，一般贸易企业与加工贸易企业的参数估计均显著为正，且加工贸易类型企业的参数估计值更大，这意味着中间投入品共享对加工贸易企业出口国内附加值率提升的正向促进作用更大。这可能是因为，加工贸易企业主要是从下游装配业做起，其发展模式的转变及高附加值贸易利益的获取更依赖于中间投入品市场的共享程度，因而中间投入品共享更有利于加工贸易企业实现从产业链下游向中上游的转型升级，从而降低加工贸易企业对国际中间品的依赖并且增加其对国内中间品的使用。对于一般贸易企业而言，企业要承担出口产品从研发设计到生产销售等全部增值环节，较为封闭的自我服务模式使其出口国内附加值率受中间投入品共享效应的影响不显著。一般贸易企业的技术外溢效应系数显著为正，而加工贸易企业的技术外溢效应系数未通过检验，意味着与加工贸易企业相比，空间技术外溢效应更能提升一般贸易企业的出口国内附加值率。这可能是由于：一方面，一般贸易企业主要使用国内中间品生产并从事对外贸易活动，正如前文分析空间技术外溢可以提高国内中间品效率、增加国内中间品数量和种类，因此，空间技术外溢效应的发挥更有助于提升一般贸易企业的出口国内附加值率；另一方面，一般贸易企业的收益和附加值更依赖国内生产网络支撑，主要依靠国内中间品在本地生产网络中的前、后向关联效应进行生产和出口（彭支伟和张伯伟，2018），空间技术外溢强化了国内制造业生产网络间的关联效应，从而更有利于一般贸易企业更高层次贸易利益的获取。而对于加工贸易企业来说，不仅其较为固定的加工经营模式限制了空间技术外溢下创新优势发挥所带来的产业链延长和附加值提高效应，而且"两头在外"的特征使得空间技术外溢对本土生产网络的强化效应难以体现在加工贸易企业的出口活动以及贸易利益获取上，因此，空间技术外溢效应对加工贸易企业出口国内附加值率的作用效果不明显。市场潜力对两种贸易类型企业出口国内附加值率的影响均在1%的水平上显著为正，并且加工贸易企业的市场潜力系数值更大，说明市场潜力有助于提升不同贸易类企业的出口国内附加值率，并且对加工贸易企业的正向促进作用更强。其原因可能在于，加工贸易企业虽然以国际市场为导向，但出于节省运输成本的考虑，国内市场的巨大潜力促使其逐渐重视从国内获取中间品，国际、国内市场的双重激励使得这类企业获得更强的出口国内附加值率提升效应。对于一般贸易企业来说，其目标市场主要在国内，并且传统的经营方式使其已经适应于国内中间品采购、使用等环节，对最终产品也有较为固定的销售渠道，因此市场潜力对一般贸易企业出口国内附加值率提升的促进作用不如加工贸易企业显著。

2. 基于不同地区的异质性分析

将全样本划分为东、中、西部三个地区进行估计的回归结果如表 8.11 所示①。在仅考虑要素供给层面的空间集聚优势情况下：中部地区专业化劳动力可得性的参数估计在 5%的水平上显著为正，东部地区和西部地区的参数估计不显著。这说明专业化劳动力可得性显著提升了中部地区制造业出口中的国内附加值份额，但对东、西部地区企业的影响效果不明显。这可能是因为，虽然东部地区劳动力"蓄水池"规模大、职业种类齐全，但是其专业化分工程度要低于中部地区，专业化分工对企业的影响程度也不如中部地区（吴三忙，2007；徐瑛和陈澍，2015），因此中部地区的专业化劳动力可得性显著为正而东部地区相应的参数估计不显著。从中间服务空间共享效应的参数估计看，中间服务共享所带来的制造业出口国内附加值率提升效应仅在东部地区显著，在中、西部地区未通过显著性检验，意味着经济发展水平较高的东部地区同时拥有较为完善的中间服务品市场，城市间生产性服务的供给和需求关联效应比较明显，使得以生产性服务为主要内容的中间服务品不仅为当地制造业生产出口服务，也对周边城市产生了明显空间外溢效应，而中、西部地区尚未形成较为完善的中间服务共享的空间协调机制，使得中间服务品在城市间的空间供给并未对制造业出口国内附加值率产生明显影响。从制造业中间投入品共享效应的影响效果看，中间投入品共享显著促进了东部地区制造业出口国内附加值率提升，但对中部地区企业出口国内附加值率却产生了抑制作用，对西部地区影响不明显。中部地区中间投入品空间共享效应显著为负的参数估计可能意味着，不同于东部地区健全的市场经济体制，中部地区存在更为严重的地方保护主义和市场分割，抑制了中间投入品共享对制造业出口国内附加值率提升的促进作用，进而阻碍了当地企业出口产品中国内附加值份额的提升。西部地区可能由于城市较为稀疏且制造业发展相对较为滞后，中间投入的空间共享效应无法得到充分发挥，从而未对企业出口国内附加值率产生明显影响。从技术外溢效应参数估计看，东部地区技术外溢效应的参数估计显著为正，而中、西部地区均不显著，说明技术外溢效应提升了东部地区企业出口国内附加值率，但对中、西部地区企业的影响不显著。东部地区拥有更高的经济发展水平和市场化水平，因此会吸引更多制造业企业入驻，众多不同类型的制造业企业为技术溢出效应提供了平台，因而更能通过技术外溢效应的发挥增加国内中间

---

① 根据 2005 年全国经济普查对东、中、西部地区的划分标准，本书把全国分成东、中、西部三个地区。东部地区包括北京、福建、广东、海南、河北、江苏、辽宁、山东、上海、天津和浙江 11 个省市，中部地区包括安徽、河南、黑龙江、湖北、湖南、吉林、江西和山西 8 个省份，西部地区包括广西、贵州、内蒙古、宁夏、青海、陕西、甘肃、四川、新疆、云南和重庆 11 个省市。

品的数量与种类、提升国内中间品效率，进而提升东部地区企业出口国内附加值率；对于中、西部地区来说，由于制造业集聚程度较低且保障技术外溢的市场机制不够完善，城市间的技术外溢效应发挥不够充分，难以有效提升中间品效率和增加国内中间品的数量与种类，也难以对当地制造业企业出口国内附加值率产生显著影响。在市场需求方面，东部地区市场潜力的参数估计在1%的水平上显著为正，而中、西部市场潜力的参数估计不显著，意味着市场潜力扩大的规模经济效应对东部地区制造业企业出口国内附加值率提升的促进作用更强。大量居民与企业在东部发达地区集聚形成东部地区较大的市场潜力。而根据前文理论分析，市场潜力扩大可以发挥中间品生产的规模经济效应，这不仅降低了国内中间品的相对价格，而且增加了国内中间品的数量和种类，从而对当地企业出口国内附加值率提升具有显著的促进作用。而中、西部地区无论是人口还是企业的集聚程度都较低，城市间空间关联效应较为有限，因此市场潜力对当地企业出口国内附加值率的提升效果不明显。要素供给、市场潜力两方面的空间外部性指标在西部地区均不显著，可能是因为中国制造业企业更偏向于在东部地区和中部地区，尤其是东南沿海地区布局和生产，而在西部地区的集聚效应相对较弱。此外，在本部分的观测样本中只有约2%的制造业企业分布在西部地区，样本量的限制也可能是空间集聚优势对西部地区制造业出口国内附加值率影响不显著的原因之一。

表 8.11　基于不同企业所在地区的异质性检验结果

变量	东部地区		中部地区		西部地区	
	考虑要素供给外部性的估计结果	考虑市场需求外部性的估计结果	考虑要素供给外部性的估计结果	考虑市场需求外部性的估计结果	考虑要素供给外部性的估计结果	考虑市场需求外部性的估计结果
$\ln LS$	−0.0041 (−0.68)		0.0437 *** (2.59)		−0.0265 (−0.66)	
$\ln P\_ser$	0.0100 * (1.95)		−0.0295 (−0.64)		0.1149 (1.06)	
$\ln P\_put$	0.1056 *** (14.83)		−0.0558 ** (−2.21)		0.0220 (0.51)	
$\ln TS$	0.0139 *** (3.29)		0.0055 (0.24)		0.0330 (0.92)	
$\ln MP$		0.1027 *** (10.06)		−0.0100 (−0.58)		0.0651 (1.07)
$\ln size$	0.0553 *** (17.70)	0.0566 *** (18.90)	0.0648 *** (6.43)	0.0659 *** (6.77)	0.0238 (1.11)	0.0249 (1.17)

变量	东部地区		中部地区		西部地区	
	考虑要素供给外部性的估计结果	考虑市场需求外部性的估计结果	考虑要素供给外部性的估计结果	考虑市场需求外部性的估计结果	考虑要素供给外部性的估计结果	考虑市场需求外部性的估计结果
lncap	−0.0566 *** (−26.10)	−0.0613 *** (−29.64)	−0.0319 *** (−4.29)	−0.0375 *** (−5.33)	−0.0057 (−0.35)	−0.0065 (−0.40)
lnrzys	−0.0332 *** (−18.00)	−0.0338 *** (−18.66)	−0.0102 (−1.42)	−0.0101 (−1.42)	−0.0257 * (−1.89)	−0.0263 * (−1.94)
lnL	0.0174 *** (2.96)	0.0304 *** (5.40)	−0.0217 (−0.80)	−0.0248 (−0.97)	−0.0436 (−1.11)	−0.0413 (−1.07)
lnK	0.0666 *** (7.66)	0.0493 *** (5.17)	0.0407 (1.18)	0.0452 *** (2.58)	0.0340 (0.67)	0.0311 (0.58)
_cons	−3.0690 *** (−17.81)	−3.2893 *** (−45.34)	−1.1364 (−1.50)	−1.2025 *** (−5.51)	−1.7187 (−1.26)	−1.6857 *** (−4.68)
固定效应	Yes	Yes	Yes	Yes	Yes	Yes
N	163609	163609	7670	7670	3750	3750
R^2	0.042	0.040	0.022	0.020	0.011	0.010

3. 基于不同等级城市样本的异质性分析

本部分将全样本按市辖区常住人口划分为大城市（人口100万以上）、中等城市（人口50万至100万）和小城市（人口50万以下）三类①，细分城市样本的回归结果如表8.12所示。从要素供给层面的空间集聚优势看，大城市专业化劳动力可得性的参数估计在1%的水平上显著为正，而中、小城市专业化劳动力可得性的参数估计不显著，意味着劳动力"蓄水池"效应促进了大城市制造业出口国内附加值率的提升，但对中、小城市的影响不显著。大城市拥有更厚实的劳动力市场，厚劳动力市场的存在可以通过劳动力"蓄水池"效应的发挥降低国内中间品价格、提升国内中间品效率，进而提升当地企业出口国内附加值率。而中、小城市的劳动力市场较为薄弱，因此劳动力"蓄水池"效应对中、小城市出口国内附加值率的影响不显著。对于中间服务空间共享效应而言，中间服务空间共享效应有助于提升大城市制造业出口国内附加值率，但对中、小城市的影响不显著。这是因为，不同于大城市较为完善的中间服务经济基础，中、小城市在中间服务经济发展方面存在明显不足，并且其服务经济共享机制也有待完善，因此中、小城市中间服

---

① 划分标准参照2014年11月21日发布的《国务院关于调整城市规模划分标准的通知》。

务共享对于中、小城市制造业出口国内附加值率提升的促进作用不显著。从中间投入品共享效应看，大、中城市的中间投入品共享系数均显著为正，且大城市的参数估计值大于中等城市，小城市的中间投入参数估计不显著，说明经济越发达、人口越多的城市中间投入品的基础越完善，越能通过中间投入品共享增加中间品的数量和种类、降低国内中间品的相对价格等途径提升城市制造业的出口国内附加值率。从技术外溢效应看，大城市的参数估计显著为正，中等城市的参数估计显著为负，而小城市的参数估计不显著，说明技术外溢效应更能提升大城市制造业出口国内附加值率，但对中等城市制造业出口国内附加值率的提升造成了深刻的不利影响，对小城市的影响并不明显。中等城市的技术外溢系数为负，一方面可能正如前文所分析，地方保护主义和市场分割降低了本市中间品使用效率，减少了中间品的数量和种类，从而降低了制造业出口国内附加值率；另一方面可能是因为中等城市制造业对技术外溢的吸收能力不足，因此更倾向于从国际市场购买适合于自身的国际中间品，从而降低了这类城市制造业出口国内附加值率。从空间市场需求层面看，市场潜力扩大提高了大城市的制造业出口国内附加值率，但对中、小城市的影响不显著，这也符合常识。城市规模越大，城市的人口和企业数量越多，需求潜力越大。因此，城市等级越高，市场潜力扩大所带来的企业出口国内附加值率提升效应越强，这一结论也与上文中经济发达地区市场潜力扩大所带来的制造业出口国内附加值率提升效应更显著相符。此外，与西部地区空间集聚优势指标不显著的情况类似，小城市估计样本企业个数仅为 2451 个，明显低于其他类型城市样本，因而空间集聚优势影响不显著也有可能与该类城市企业样本偏小有关。

表 8.12　基于不同等级城市的异质性检验结果

变量	大城市		中等城市		小城市	
	考虑要素供给外部性的估计结果	考虑市场需求外部性的估计结果	考虑要素供给外部性的估计结果	考虑市场需求外部性的估计结果	考虑要素供给外部性的估计结果	考虑市场需求外部性的估计结果
$\ln LS$	0.0153*** (2.88)		0.0111 (0.78)		0.0559 (1.13)	
$\ln P\_ser$	0.0266*** (3.37)		-0.0022 (-0.08)		-0.0162 (-0.33)	
$\ln P\_put$	0.0904*** (13.51)		0.0479*** (2.58)		-0.0519 (-0.93)	
$\ln TS$	0.0242*** (6.73)		-0.0219* (-1.90)		0.0160 (0.50)	

续表

变量	大城市		中等城市		小城市	
	考虑要素供给外部性的估计结果	考虑市场需求外部性的估计结果	考虑要素供给外部性的估计结果	考虑市场需求外部性的估计结果	考虑要素供给外部性的估计结果	考虑市场需求外部性的估计结果
lnMP		0.1260 ***		0.0234		−0.0227
		(16.12)		(1.05)		(−0.37)
lnsize	0.0471 ***	0.0447 ***	0.0544 ***	0.0509 ***	0.0826 ***	0.0805 ***
	(15.69)	(15.56)	(7.41)	(7.22)	(3.38)	(3.42)
lncap	−0.0518 ***	−0.0574 ***	−0.0377 ***	−0.0417 ***	−0.0509 ***	−0.0547 ***
	(−25.06)	(−29.01)	(−7.14)	(−8.27)	(−3.01)	(−3.36)
lnrzys	−0.0329 ***	−0.0320 ***	−0.0257 ***	−0.0249 ***	−0.0338 **	−0.0323 **
	(−18.63)	(−18.49)	(−5.63)	(−5.56)	(−2.39)	(−2.29)
lnL	0.0172 ***	0.0250 ***	−0.0034	−0.0146	0.0479	0.0439
	(3.08)	(4.56)	(−0.20)	(−0.88)	(1.37)	(1.27)
lnK	0.0467 ***	0.0374 ***	0.1680 ***	0.1385 ***	0.0225	0.0614
	(5.94)	(4.49)	(7.94)	(6.50)	(0.41)	(1.17)
_cons	−3.0452 ***	−3.3670 ***	−3.8833 ***	−3.1072 ***	−1.5203	−1.4976 ***
	(−18.39)	(−48.05)	(−7.74)	(−18.63)	(−1.58)	(−3.13)
固定效应	Yes	Yes	Yes	Yes	Yes	Yes
N	181754	181754	23823	23823	2451	2451
R^2	0.043	0.041	0.038	0.037	0.021	0.020

（二） 基于要素供给外部性与市场需求外部性交互作用的进一步分析

本章回归结果显示，要素供给外部性和市场需求外部性在推动企业出口国内附加值率提升过程中可能具有一定互补性，二者相辅相成、共同发挥作用。为详细考察企业出口国内附加值率提升过程中各类要素供给优势与市场需求优势所发挥的协同作用机制，本书在计量方程中分别引入各类要素供给外部性与市场潜力的交互项进行分析。引入交互项之后的结果如表8.13 所示。

表8.13　要素供给与市场潜力交互作用的估计结果

变量	（1）	（2）	（3）	（4）
lnLS	−0.0407			
	(−0.78)			

续表

变量	（1）	（2）	（3）	（4）
lnP_ser		0.1639***		
		(2.78)		
lnP_put			0.0060	
			(0.14)	
lnTS				0.2148***
				(8.15)
lnMP	0.0261	0.2322***	0.0230	0.0883***
	(0.53)	(5.38)	(0.78)	(7.26)
lnLS×lnMP	0.0048			
	(1.54)			
lnP_ser×lnMP		−0.0099***		
		(−2.67)		
lnP_put×lnMP			0.0047*	
			(1.82)	
lnTS×lnMP				−0.0110***
				(−7.74)
ln$size$	0.0529***	0.0460***	0.0453***	0.0441***
	(19.22)	(17.25)	(17.10)	(16.50)
lncap	−0.0509***	−0.0558***	−0.0517***	−0.0562***
	(−26.58)	(−30.39)	(−27.91)	(−30.64)
ln$rzys$	−0.0339***	−0.0312***	−0.0311***	−0.0308***
	(−20.71)	(−19.37)	(−19.32)	(−19.08)
ln$L$	0.0218***	0.0258***	0.0130**	0.0290***
	(4.14)	(4.87)	(2.41)	(5.46)
ln$K$	0.0389***	0.0380***	0.0447***	0.0245***
	(5.25)	(5.13)	(5.96)	(3.23)
_cons	−2.4175***	−5.1331***	−2.6591***	−2.5903***
	(−3.02)	(−7.78)	(−5.87)	(−13.98)
固定效应	Yes	Yes	Yes	Yes
N	208028	208028	208028	208028
R^2	0.041	0.040	0.042	0.041

表8.13 第（1）列显示专业化劳动力可得性与市场潜力指标系数不再显著，同时，二者交互项也未通过显著性检验，说明劳动力"蓄水池"效应与市场潜

力在制造业出口国内附加值率变化过程中并不具有明显的相互影响效应，最终商品的空间关联和规模扩张并未在制造业融入全球价值链过程中同时带动区际劳动力市场的进一步整合。第（2）列中市场潜力和中间服务空间共享效应的系数依然在1%的水平上显著为正，但二者的交互项显著为负，说明城市间最终市场的空间关联效应与中间服务空间共享效应在制造业出口国内附加值率变化过程中存在着替代作用。这意味着尽管中国区际最终商品市场一体化水平已经得到明显提升（柯善咨和郭素梅，2010），但最终商品市场的区际整合程度加深非但未带动城市间中间服务市场的联动共享，反而进一步削弱了其对企业出口国内附加值率的提升效应。第（3）列显示制造业中间投入品共享效应和市场潜力的交互项系数显著为正，说明制造业中间投入品共享与市场潜力在制造业出口国内附加值率变化过程中存在协同效应，制造业中间品市场与最终商品市场的区际开放效应相互强化、相互联动，协同推进企业出口产品国内附加值率提升。第（4）列中市场潜力和空间技术外溢的交互项系数显著为负，说明技术外溢效应与市场潜力在制造业出口国内附加值率变化的过程中存在着替代作用，这种替代作用阻碍了中国制造业国际分工地位的动态提升。这意味着，尽管国内市场规模扩大和空间技术外溢分别显著提升了企业出口国内附加值率，但国内市场并未对城市间技术的转移、吸收和应用提供有效的保障机制，区际市场深度整合和市场竞争程度提升反而加大了城市间学习、交流和创新互动的风险，导致"市场挤出技术"。其原因可能在于伴随中国最终商品市场一体化程度不断提升，相应的要素市场，尤其是技术市场发展依然较为滞后，其运行机制依然不够健全，无法与商品市场在推动企业出口国内附加值率提升中产生应有的协同效应。

（三）基于高铁开通的进一步分析

中介机制检验尽管验证了企业平均成本（$cost$）、企业中间品效率（φ）、企业中间品种类（I^D）变化是空间集聚优势影响企业出口 $DVAR$ 的内在作用机制，但各类要素供给和市场需求的空间外部性作用的发挥很可能受到交通设施发展的影响。本部分进一步检验高铁开通通过影响劳动力市场可达性、中间品共享效应、空间技术外溢性和最终商品市场可达性引起企业平均成本、中间品效率和企业中间品种类变化的作用机制。本部分以企业平均成本、企业中间品效率、企业中间品种类为被解释变量，在式（8.2）的基础上，引入高铁开通与最终产品市场可达性（MP）、中间品可达性（P_put）、劳动力市场可达性（LS）和空间技术外溢（TS）交互项，探究高铁开通通过影响空间技术外溢以及最终产品、中间产品市场和劳动力市场可达性，进而对企业平均成本、企业中间品效率和企业中间品种类产生影响的机制。检验结果如表8.14所示。

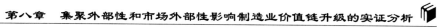

表 8.14　高铁开通对制造业出口国内附加值率影响机制的进一步检验

中介变量	企业平均成本（cost）		企业中间品效率（φ）		企业中间品种类（I^D）	
方程类型	（1）	（2）	（3）	（4）	（5）	（6）
$city \times year$	2.0956***	0.0767*	0.1374***	0.0817***	0.0497***	0.0813***
	(3.27)	(1.86)	(6.32)	(5.05)	(2.70)	(7.56)
$\ln MP$	0.0161**					
	(2.36)					
$\ln P\_put$		−0.0156			0.0157***	
		(−1.52)			(4.99)	
$\ln LS$			0.0269***			
			(4.94)			
$\ln TS$				0.0402***		0.0278**
				(5.38)		(1.98)
$\ln MP \times city \times year$	−0.1291***					
	(−3.15)					
$\ln P\_put \times city \times year$		−0.0290			0.0472**	
		(−0.51)			(2.16)	
$\ln LS \times city \times year$			0.1546***			
			(8.45)			
$\ln TS \times city \times year$				0.0354***		0.0497***
				(2.67)		(7.06)
$\ln size$	0.0636***	0.0638***	0.0333*	0.0296**	0.0261***	0.0501***
	(18.34)	(18.34)	(1.77)	(2.46)	(8.77)	(2.62)
$\ln cap$	0.0542***	0.0541***	00391***	0.0498***	0.0762***	0.0937***
	(22.99)	(22.96)	(11.77)	(12.53)	(6.27)	(7.97)
$\ln rzys$	−0.0767***	−0.0761***	−0.0773***	−0.0893***	−0.0556**	−0.0894***
	(−39.36)	(−39.36)	(−13.28)	(−13.89)	(−12.35)	(−13.01)
$\ln labor$	0.0377***	0.0470***	0.0228**	0.0459*	0.0439**	0.0459***
	(5.73)	(7.74)	(2.31)	(1.72)	(2.14)	(3.27)
$\ln pop$	0.2700***	0.2748***	0.0557***	0.0855***	0.0663***	0.0445***
	(17.35)	(17.67)	(15.43)	(11.35)	(13.88)	(5.78)
$\ln fdistock$	−0.1690***	−0.1617***	0.0329***	0.0286***	0.0112***	0.0624***
	(−17.97)	(−20.86)	(6.86)	(7.36)	(12.19)	(5.96)
常数	−0.0981	−0.0233	−0.5981***	−0.4409***	−1.0973***	−0.6853***
	(−0.86)	(−0.20)	(−8.35)	(−7.70)	(−4.11)	(−5.25)
N	95811	95811	102644	102644	84617	84617

续表

中介变量	企业平均成本（cost）		企业中间品效率（φ）		企业中间品种类（I^D）	
方程类型	(1)	(2)	(3)	(4)	(5)	(6)
R^2	0.1145	0.1143	0.256	0.268	0.265	0.275

表 8.14 中，第（1）列显示，当在式（8.2）中加入高铁开通与最终产品市场可达性（lnMP）的交互项后，高铁开通与最终市场可达性的交互项的参数估计显著为负，意味着高铁开通能够通过提升企业与最终产品市场可达性，通过规模效应，降低企业平均成本。第（2）列显示，当在式（8.2）中加入高铁开通与中间品可达性（lnP_put）的交互项后，高铁开通与中间品可达性的参数估计显著为负，意味着高铁开通能够通过提升企业与中间品市场可达性，使中间品厂商在需求规模扩张中实现规模经济效应，进而降低企业中间品使用成本和企业平均成本。第（3）列企业中间品效率作为被解释变量时，高铁开通与劳动力空间可得性（劳动力"蓄水池"效应，lnls）交互项显著为正，说明高铁开通通过提升企业与劳动力市场可达性，降低了搜寻成本，促进了两者的匹配，进而提升了企业中间品使用效率。第（4）列高铁开通与空间技术外溢（lnTS）交互项系数亦显著为正，意味着高铁开通进一步强化了城市间知识和技术外溢，提高了企业中间品效率。当被解释变量为企业中间品种类时，第（5）列估计结果中高铁开通与中间品空间共享效应的交互项显著为正，说明高铁开通有助于强化出口企业与中间品厂商间的连通性，提升出口企业可获中间品种类数。第（6）列估计结果显示，高铁开通与空间技术外溢的交互项亦显著为正，说明高铁开通通过强化城市间技术外溢效应，提高了中间品厂商研发能力和多样化中间品的市场供给，提升了出口企业对多样化中间品的可获得性。综合来看，高铁开通不仅通过提升最终产品可达性和中间品市场可达性降低了企业平均成本，通过提升劳动力"蓄水池"效应和空间技术外溢效应提高了企业中间品效率，而且通过强化企业间空间技术外溢效应、增强企业与劳动力市场匹配性、提升企业与中间品市场可达性提升了企业可获中间品种类。企业平均成本降低、中间品效率提升和可获中间品种类增加则有助于推进企业出口 DVAR 提升，实现企业出口价值攀升。

六、本章小结

在中国经济进入高质量发展阶段的背景下，企业出口真实贸易利得和获利能力与城市空间集聚优势之间的关系可能会深刻影响中国制造业增长方式转变乃至对外贸易的高质量发展。为此，本章在 Krugman（1992）、Halpern 等（2015）以及 Kee 和 Tang（2016）综合研究的基础上构建企业出口国内附加值率决定模型，进而探讨劳动力"蓄水池"效应、中间投入品和中间服务的规模经济效应（中间品共享效应）、技术外溢效应以及市场潜力扩大的规模经济效应四个方面的空间集聚优势对制造业企业出口国内附加值率的作用机制。基于此，本章进一步利用 2003~2010 年中国 283 个地级及以上城市面板数据、中国工业企业数据和中国海关数据进行实证分析。结果显示：

（1）劳动力"蓄水池"效应、中间服务和制造业中间投入空间共享效应、空间技术外溢效应等要素供给方面的空间外部性和市场潜力扩张带来的市场需求方面的空间外部性均有助于提升制造业出口国内附加值率，且该结论在进一步考虑极端值、更换被解释变量指标、内生性问题之后依然显著成立。

（2）从空间集聚优势对企业出口国内附加值率的中间机制检验结果看，企业边际成本、中间品效率和国内中间品种类在空间集聚优势提升企业出口国内附加值率的过程中发挥着显著的中介效应作用。

（3）考虑要素供给与市场需求空间外部性交互效应的分析结果发现，劳动力"蓄水池"效应与市场潜力在企业出口国内附加值率变化过程中并未表现出明显的相互影响趋势，但制造业中间品空间共享效应与市场潜力之间存在协同效应，而中间服务空间共享效应、空间技术外溢效应与市场潜力之间存在着替代效应。

（4）高铁开通有助于强化劳动力"蓄水池"效应、中间品共享效应、空间技术外溢效应以及市场外部性，进而降低企业平均成本、提高企业国内中间品效率、提升企业国内中间品种类，提高制造业出口国内附加值率。

（5）通过分析各类空间集聚优势对不同企业贸易类型、所在地区以及不同等级城市企业出口国内附加值率的异质性估计结果发现：专业化劳动力可得性提升了一般贸易与加工贸易企业、中部地区与大城市企业的出口国内附加值率，但对东、西部地区以及中、小城市企业的影响不显著，且对加工贸易企业出口国内附加值率的促进作用大于一般贸易企业；中间服务共享效应促进了大城市企业出口国内附加值率的提升，但对其他类型细分样本企业的影响不显著；中间投入品空间共享效应显著提升了一般贸易企业与加工贸易企业、东部地区以及大、中城市企业的出口国内附加值率，但却降低了中部地区企业出口国内附加值率，对西部地区和小城市企业的影响不显著；空间技术外溢效应有助于一般贸易企业、东部地区和大城市企业出口国内附加值率的提升，但未对中等城市、中西部地区以及加工贸易企业出口国内附加值率产生积极影响；市场潜力扩大的规模经济效应对一般贸易与加工贸易企业、东部地区以及大城市企业出口国内附加值率提升有显著的促进作用，但对中西部地区以及中、小城市企业出口国内附加值率的影响不显著。

第九章　生产性服务业集聚影响企业产品升级的实证分析

前文对空间集聚优势影响企业"创新驱动""效率升级"的机制进行了系统实证分析，本章以企业出口产品质量反映其产品升级水平，进一步从生产性服务业集聚视角，基于中国工业企业数据、中国海关贸易数据和中国城市面板数据的匹配数据，采用空间滞后解释变量模型（SLX）探讨企业出口产品质量升级的推动机制及其影响效应。

一、引　言

在全球经济面临衰退的洪流中，唯有稳步提升出口产品质量，才能保证中国外贸渠道畅通，稳定拉动经济增长的进出口途径，让中国经济逆流而上。制造业作为实体经济的重要支柱，其出口产品质量不仅直接体现了制造业部门乃至整体经济的发展质量，更是目前稳定中国国民经济的重要基石。2020 年的《政府工作报告》指出，应推动制造业升级和新兴产业发展，发展工业互联网，推进智能制造。现代服务业，尤其是生产性服务业为制造业部门所提供的技术与经验支持，是推动传统制造向智能制造转型的重要驱动力，制造业的升级潜力在很大程度上取决于制造业与生产性服务业的融合程度。曾艺等（2019）认为，生产性服务业无论是作为独立部门或是制造业等基础行业的中间投入部门，对推动宏观经济高质量发展都产生了举足轻重的作用。截至 2018 年，生产性服务业对国民生产总值的贡献率为28.78%，占第三产业增加值对 GDP 贡献率的55.12%。已有研究表明，生产性服务业集聚能够通过发挥规模经济效应与技术外溢效应（Ke 等，2014；韩峰等，2014；陈建军等，2009），提升制造业生产率（刘奕等，2017；宣烨和余泳泽，2017）与创新能力（Aslesen and Isaksen，2007），进而促进制造业结构升级（Francois and Woerz，2008；韩峰和阳立高，2020）。那么，通过与制造业间的密切产业关联，生产性服务业集聚效应能否进一步推动中国制造业实现出口产品质量升级呢？

生产性服务业是由制造业部门将内部生产性服务外包而独立发展起来的新兴产业，其产品并不直接流向最终消费者，而是作为中间投入流向制造业或其他相关产业，交通运输、计算机服务、商务租赁、金融、科研服务等行业均属于生产性服务业范畴。Marshall（1890）指出，产业集聚外部性主要表现为劳动力"蓄水池"效应、规模经济效应与技术外溢效应三个方面。Ellison 等（2010）逐一验证了 Marshall 提出的集聚效应理论，并认为投入产出间的依赖性是影响产业集聚的最重要因素，劳动力关联效应次之，知识溢出效应的影响相对较弱。生产性服务业是现代服务业的重要组成部分，对知识、信息、人才等先进生产要素具有较强的集聚能力（李平等，2017）。其一，生产性服务业集聚意味着从事该行业或相关行业的员工大量聚集，形成"劳动力'蓄水池'"，构筑了厚实的高技能劳动力市场，劳动力市场的信息非对称性降低，制造业企业可按需雇佣劳动力，降低了信息搜寻成本（苏丹妮等，2018）。其二，生产性服务业的规模化生产将大大降低其生产成本，并产生规模经济效应，为制造业提供低成本的专业化中间投入品。制造业生产成本的降低，扩大了产品利润空间，减小了企业为增加利润而偷工减料导致产品质量下降的动机。其三，生产性服务业集聚意味着同一产业或相关产业的厂商集中选址在某一区域，较易形成良好的营商与学习氛围，从事相关产业的厂商或技术人员间沟通与合作的机会增加，有利于推动技术创新和科技进步（Eswaran and Kotwal，2002）。先进的生产理念与技术伴随生产性服务品融入制造业生产链中，将推动制造业技术革新，完善制造业生产管理流程，从而提高制造业竞争力及产品附加值。由此可见，生产性服务业集聚可能通过劳动力"蓄水池"效应、规模经济效应与技术外溢效应，降低制造业成本，推动技术创新，提高制造业全要素生产率，从而达到促进制造业出口产品质量升级的目的。

关于产品质量问题，国内外学者已进行了大量研究。首先，关注的是产品质量的测度问题，主流的方法有单价法、需求信息回归推断法和供给需求信息加总测算法（余淼杰和张睿，2017）三种。单价法以产品出口或进口价格作为产品质量的代理变量（Schott，2004）。事实上，供求关系也是价格的重要决定因素，产品价格并不完全取决于产品质量，故以此法衡量产品质量不够准确。需求信息回归推断法以Hallak 和 Sicadasan（2009）、Khandelwal 等（2013）为代表，其核心思想分别是从消费者需求来看，其最优选择取决于产品价格与质量之比，即"性价比"；当两种产品售价相等时，质量越高的产品所占市场份额越大，这类方法目前使用最为广泛。施炳展（2013）借鉴 Hallak 和 Sicadasan（2009）的研究方法，首次测算了中国制造业出口产品质量，在国内掀起了制造业产品质量的研究热潮。Feenstra 和Romalis（2014）同时考虑需求与供给两方面的因素，将企业出口产品质量决策内生化，提出了供给需求信息加总测算法，该类方法只适用于测算宏观层面的产品质量。余淼杰和张睿（2017）将此方法进行完善，使其同样适用于微观数据。其次，基于不同的产品质量测算方法，国内学者对中国制造业出口产品质量展开时空特征分析（施炳展，2013；谢申祥和冯玉静，2019；张杰等，2014；余淼杰和张睿，

2017），但所得结论不尽相同。最后，大量文献探究了不同因素与制造业产品质量的关系，这些因素主要包括收入差距、融资约束、劳动报酬、进口中间品、贸易自由化、出口目的国制度等（Verhoogen，2008；Brambilla and Porto，2016；施炳展和邵文波，2014；许和连和王海成，2016；Fan et al.，2015；许家云等，2017；祝树金等，2019）。目前，从产业集聚尤其是生产性服务业集聚视角关注出口产品质量的文献并不多见，其中，莫莎和欧佩群（2016）利用2007~2011年中国海关数据测算了275个地级城市的出口产品质量，探究了生产性服务业专业化集聚、多样化集聚对出口产品质量的影响，发现生产性服务业专业化集聚与出口产品质量间存在U形的非线性关系，且当期效应为负，生产性服务业多样化集聚有利于出口产品质量升级。该项研究将微观企业层面的出口产品质量加总至城市层面，得到地市级出口产品质量指标的做法，可能存在"加总偏误"，且其并未就城市规模等级、企业所有制类型、企业贸易类型等异质性视角展开深入分析。苏丹妮等（2018）使用2000~2007年中国工业企业和海关数据对产业集聚与企业出口产品质量间的关系进行了系统考察，发现产业集聚通过提高企业生产率和固定成本投入效率提升了企业出口产品质量，但其未考虑到产业集聚的外部性可通过企业间的商贸往来、要素资本流动产生跨区域的空间外溢效应。本章在以上研究基础上，将生产性服务业集聚因素纳入空间经济或集聚经济分析框架，系统构建生产性服务业集聚影响制造业出口产品质量的作用机制，并利用2003~2013年中国工业企业数据、中国海关数据与城市面板数据，选用空间滞后解释变量模型，从微观企业层面探讨生产性服务业集聚对制造业出口产品质量的空间影响。

与现有文献相比，本章实证分析的贡献可能在于：①利用2003~2013年中国工业企业数据与中国海关数据，测算得到微观企业层面的制造业出口产品质量指标，并与城市面板数据相匹配，采用空间滞后解释变量（SLX）模型，探讨不同城市企业间生产性服务业集聚对制造业出口产品质量的直接效应及其空间影响；②基于企业所有制类型、企业贸易类型与城市规模等级等异质性视角，深入分析生产性服务业集聚对制造业出口产品质量的异质性影响；③构建不同城市规模下的生产性服务业集聚空间交互指标，在城市规模异质性分析基础上，深入探究不同规模城市间生产性服务业集聚对制造业出口产品质量的空间交互效应。

二、计量模型设定、变量测度与指标说明

（一）计量模型设定

机理分析表明，生产性服务业集聚可通过规模经济效应与技术外溢效应促进

制造业产品质量升级。一方面，生产性服务业的规模化集聚发展，可降低单位生产性服务品的生产成本，进而为相关制造业企业提供性价比更高的专业化中间投入，降低制造业企业产品生产成本；另一方面，生产性服务业集聚意味着知识、技术、信息和人才的集聚，在高密度的思想碰撞与人才交流过程中，信息与技术在生产性服务业部门内部或生产性服务业与制造业间不断传播与增值，有利于将生产性服务业先进的生产与管理理念嵌入制造业价值链中，提高制造业生产率与产品附加值，进而促进制造业产品质量升级。由于生产性服务业集聚效应本身属于空间效应，且生产性服务业与制造业间、不同城市区域间存在产业关联效应，使得本市生产性服务业集聚对周边城市制造业出口产品质量可能产生空间外溢作用。因而，本章将生产性服务业集聚及其空间滞后项同时引入计量模型中，以探究生产性服务业集聚对制造业产品质量的直接效应及其空间影响。除生产性服务业集聚及其空间滞后项指标外，本章还将在计量模型中分别加入城市层面与企业层面控制变量，以控制其他干预因素对模型估计的影响，由此空间计量模型可设定为：

$$\ln quality_{ijt} = \theta_0 + \theta_1 \ln LQ_{jt} + \theta_2 \ln WLQ_{jt} + \theta^c X_{jt}^c + \theta^f X_{it}^f + \xi_{ijt} \tag{9.1}$$

式中，i、j、t 分别表示企业、地区和年份；$quality_{ijt}$ 为制造业产品质量；LQ_{jt} 为核心解释变量，即生产性服务业集聚指标；WLQ_{jt} 为生产性服务业集聚的空间滞后项；X_{jt}^c、X_{it}^f 分别表示各城市层面控制变量与企业层面控制变量向量集；θ_2 为生产性服务业集聚空间滞后项的弹性系数；θ^c、θ^f 分别为各城市层面控制变量与企业层面控制变量的弹性系数向量集；ξ_{ijt} 为残差项。

（二）变量测度

1. 被解释变量：制造业产品质量（quality）

Khandelwal 等（2013）提出利用需求信息回归推断产品质量的方法，其基本思路是若两类产品价格相同，市场需求量越大的产品其产品质量越高。施炳展（2013）、施炳展和邵文波（2014）在此研究基础上，给出了测算产品质量的具体步骤。囿于现有数据约束，只有海关数据库中的企业出口数据能够满足产品质量的测算要求，且已有研究表明出口产品质量一般高于国内产品质量（Bernard et al.，2011），因此本章以制造业出口产品质量近似表征制造业产品质量。本章借鉴施炳展（2013）、施炳展和邵文波（2014）的做法，建立如下企业 i 在 t 年对 m 国出口产品 g 的需求方程 q_{imt}^g：

$$q_{imt}^g = p_{imt}^{-\sigma_g} \lambda_{imt}^{\sigma_g - 1} \left(\frac{E_{mt}^g}{P_{mt}^g} \right) \tag{9.2}$$

式中，λ_{imt}^g 和 p_{imt}^g 分别为企业 i 在 t 年对 m 国出口产品 g 的质量和价格，E_{mt}^g

为 m 国消费者 t 年在 g 商品上的总支出，P_{mt}^g 为 m 国在 t 年进口所有类型 g 商品的价格指数，$\sigma_g > 1$ 为 g 商品的固定价格弹性。对式（9.2）取自然对数并整理后得到含有产品质量的计量模型：

$$\ln q_{imt}^g = \alpha_{mt} - \sigma \ln p_{imt}^g + \xi_{imt}^g \tag{9.3}$$

式中，α_{mt} 为"进口国—时间"固定效应，其目的在于控制不同进口国的收入水平与价格指数差异，ξ_{imt}^g 为包含了出口产品质量信息的残差项。式（9.3）是某一产品 g 的回归方程，自然控制了产品特征。同时考虑到由于忽略产品多样性和产品价格与产品质量间的关联性而引起的内生性问题，本章以市场规模（Khandelwal，2010）和该企业在其他市场（除 m 国外）出口产品的平均价格（Nevo，2001；施炳展和邵文波，2014）分别作为产品多样性与产品价格（P_{mt}^g）的工具变量。采用工具变量法对式（9.3）进行估计，得到产品质量表达式为：

$$quality_{imt}^g = \frac{\xi_{imt}^g}{\sigma - 1} = \frac{\ln q_{imt}^g - \ln \hat{q}_{imt}}{\sigma - 1} \tag{9.4}$$

式中，借鉴 Broda 等（2006）的研究，商品的固定价格弹性 σ 设定为 4。为获得企业层面产品质量，需将不同产品质量加权计算得到。考虑到指标的通度性，本章采用极值法对产品质量指标进行标准化处理：

$$\hat{quality}_{imt}^g = \frac{quality_{imt}^g - \min quality_{imt}^g}{\max quality_{imt}^g - \min quality_{imt}^g} \tag{9.5}$$

式中，$\min quality_{imt}^g$、$\max quality_{imt}^g$ 分别为不同企业在不同年份产品质量的最小值与最大值。以样本价值量为权重，加总标准化产品质量至企业层面，得到整体产品质量指标：

$$quality_{it} = \frac{v_{imt}^g}{\sum_{imt \in \Omega} v_{imt}^g} \times \hat{quality}_{imt}^g \tag{9.6}$$

式中，$quality_{it}$ 为企业层面的产品质量，Ω 为企业样本集合，v_{imt}^g 表示某一产品 g 在 t 年对目的国 m 的出口价值量。

2. 核心解释变量：生产性服务业集聚（LQ）

国内外文献多使用区位熵（张虎，2017；余泳泽等，2016）测度生产性服务业空间集聚程度，并进一步采用生产性服务业专业化集聚和多样化集聚指数（Ezcurra et al.，2006；Combes，2000；刘奕等，2017；韩峰和阳立高，2020）从集聚的专业化与多样化两个层面测度生产性服务业集聚。一般而言，在一定区域内从事某行业的单位人员数越多，说明该行业企业在当地的分布越密集，对于生产性服务业这类非劳动力密集型行业而言更是如此。故本章选用区位熵作为生产性服务业集聚的测度指标，该指标主要通过某行业从业人员数的相对密集度反映该行业专业化程度和集聚程度，计算方法如下：

$$LQ_{is} = \frac{\dfrac{E_{is}}{\sum\limits_{i}^{n} E_{is}}}{\dfrac{E_i}{\sum\limits_{i}^{n} E_i}} \tag{9.7}$$

式中，E_{is} 表示城市 i 生产性服务行业 s 的单位从业人数，E_i 表示城市 i 全部单位从业人员数。该指标数值越大，说明城市 i 生产性服务行业单位从业人数所占比重越大，其生产性服务业集聚水平越高。

为反映生产性服务业集聚的空间影响，本章构建了生产性服务业集聚的空间滞后项（WLQ）。本章依据区域经济理论中的潜力模型的测算思路，构建不同城市生产性服务业集聚的空间滞后项，具体思路为：在以空间权重矩阵表示空间单元关联程度的基础上，某一城市受到周边城市生产性服务业集聚的空间外溢作用强度，等于各城市生产性服务业集聚程度与对应空间权重矩阵系数的乘积之和，计算方法可表示为：

$$WLQ_{it} = \sum_{j \neq i}^{n} W_{ij} LQ_{jt} \tag{9.8}$$

式中，n 为城市数量，W_{ij} 为空间权重矩阵。

3. 其他控制变量

城市层面的控制变量主要包括劳动力供给（L）、资本存量（K）、外商直接投资（FDI）、城市规模（POP）、政府干预（$Igov$）。其中，劳动力供给以城市 i 市辖区年末单位从业人员数表示。资本存量与外商直接投资均采用永续盘存法计算[①]。城市规模以城市 i 市辖区年末总人口数衡量。根据陆铭和欧海军（2011）的研究，政府干预以城市财政收入占市辖区 GDP 比重表示。企业层面的控制变量主要包括融资约束（$finance$）、企业竞争程度（HHI）、企业规模（$size$）、企业存续年限（age）。其中，融资约束以负债总额与固定资产总额的比值表示，融资约束越强的企业其资金链越脆弱，金融风险越高，融资约束直接影

---

① 参考柯善咨和向娟（2012）的研究，永续盘存法的计算公式为 $K_{it} = K_{i(t-1)}(1 - \delta) + I_{it}$，其中，$\delta$ 为固定资产折旧率，参照以往研究经验，本文取 $\delta = 5\%$；设固定资产建设周期为 3 年，则城市 i 第 t 年新增固定资产投资为 $I_{it} = \dfrac{I_{it} + I_{i(t-1)} + I_{i(t-2)}}{3}$；初始资本存量 $K_{i0} = I_{i0} \times \sum\limits_{t=0}^{n} \left(\dfrac{1 - \delta}{1 - g_i} \right)^t$，$g_i$ 为固定资本投资 I_i 的平均增长率，资本折旧采用几何递减法。

响企业盈利模式和对产品质量的要求。以赫芬达尔指数（HHI）度量企业竞争程度，具体为某特定市场上所有企业市场份额的平方和。本章以出口值近似替代市场规模。HHI越小，企业竞争程度越高；反之越低。企业规模以企业总资产表示，企业总资产规模越大，可能意味着企业规模越大，同时该指标也是企业抗风险能力与偿债能力的体现。企业存续年限以企业所在年份与其成立年份之差予以衡量。

（三）数据说明及来源

本章从中国海关进出口数据库（2003~2013年）中提取产品出口数量、出口价格、出口价值量等信息，并参照施炳展（2013）的做法对前期数据进行处理，进而计算得到企业层面的制造业出口产品质量指标。计算企业层面控制变量所需的工业总产值、企业总资产、固定资产总额、就业人数等指标来源于《中国工业企业数据库》（2003~2013年），本章根据Cai和Liu（2009）的方法对样本进行清理，对部分受价格影响的指标，以2003年为基期进行价格平减。本章参考田巍和余淼杰（2013）的做法[1]，利用中国海关进出口数据库和中国工业企业数据库得到的制造业出口产品质量与企业层面控制变量数据进行匹配。在匹配前，本章对国民经济行业分类代码和地区行政代码的口径进行了统一，得到中国工业企业出口的面板数据集。另外，利用《中国城市统计年鉴》（2004~2014年）中的相关指标测算全国283个地级及以上城市[2]的生产性服务业集聚指标及其他城市层面控制变量。最后，利用海关出口产品编码中所包含的城市信息与城市面板数据相匹配，得到本章估计所使用的数据集，有效观测值为570623个。制造业出口产品质量、生产性服务业集聚及其他控制变量的描述性统计结果如表9.1所示。

表9.1　中国制造业出口产品质量、生产性服务业集聚及其他变量的描述性统计结果

变量	均值	标准差	最小值	最大值
制造业产品质量（quality）	0.5020	0.1709	0.0000	1.0000
生产性服务业集聚（LQ）	0.8606	0.2787	0.2168	1.9718
劳动力供给（L，万人）	51.8476	105.2503	1.3900	1729.0757

---

① 田巍和余淼杰（2013）采用两种方法进行匹配：如果同一年内两个企业名称相同，那么则视这两个企业为同一企业；作为上一种匹配方法的补充，使用邮政编码和企业电话号码后七位组合、企业联系人和企业电话号码后七位组合作为匹配媒介对接两个数据库。两种匹配方法有一种匹配成功，则将其纳入本书研究所需的数据库。

② 考虑到数据的可获性及一致性，本书剔除了拉萨、三沙、海东、巢湖、陇南和中卫6个城市，部分城市缺失数据采用均值法与平滑法予以补齐。

变量	均值	标准差	最小值	最大值
资本存量（K，万元）	20094465.9833	41813148.8950	231584.8071	488269275.5228
城市规模（POP，万人）	136.8220	177.8887	14.0800	3190.0000
政府干预（$Igov$，%）	8.6782	4.5512	0.4648	47.7808
外商直接投资（FDI，万元）	1971980.1265	5921322.6370	0.0000	79721306.4441
企业竞争程度（HHI）	0.0000	0.0002	0.0000	0.0037
融资约束（$finance$）	0.1786	0.1724	-12.2597	1.9258
企业规模（$size$，万元）	5.4000	1.1050	0.0000	12.7472
企业存续年限（age，年）	10.3085	7.7060	0.0000	170.0000

三、空间计量估计与结果分析

（一）空间权重矩阵

一般而言，构建企业层面空间权重矩阵是刻画企业间空间关联程度的最优选择，但囿于现实因素，构建企业平衡面板的空间权重矩阵十分困难，故本章以城市空间权重矩阵替代企业空间权重矩阵，进行空间计量分析。常见的空间权重矩阵主要包括邻接矩阵、地理距离矩阵和经济距离矩阵。邻接矩阵过于绝对地以地区是否相邻为空间关联性的评判标准，不能科学合理反映地区间的空间联系。地理距离矩阵与经济距离矩阵则分别以地理邻近性与经济邻近性为空间单元关联性的判断依据。本章认为，地理距离与经济距离会同时影响城市间的空间关联程度，在地理区位上越邻近，且经济发展水平越接近的两个城市可能存在更密切的经济往来，因而在构建地理距离矩阵与经济距离矩阵的基础上，进一步构建经济—地理距离嵌套矩阵，作为本章空间计量分析的空间权重矩阵，计算方法如下：

1. 地理距离矩阵（W_d）

运输与交易成本是影响跨区域贸易的重要因素。通常而言，在地理距离越相近的城市间进行商品贸易的运输成本越低，越有可能存在密切的空间联系。故本章以城市间地理距离的倒数建立地理距离权重矩阵（W_d），可设定为：

$$W_d = \frac{1}{d_{ij}}, \quad i \neq j \tag{9.9}$$

式中，d_{ij} 为利用经纬度数据计算的城市距离。

2. 经济距离矩阵（W_e）

经济发展水平相近的城市往往具有相似的产业结构与经济发展目标，两者间的商品贸易、产业关联以及地方政府间的策略性互动更为频繁，因而选择以空间单元间的经济距离为依据，度量不同城市间的空间联系。本章参考张学良（2012）的研究，以人均 GDP 为元素构建经济距离矩阵（W_e），设定如下：

$$W_e = \frac{1}{|\overline{Q_i} - \overline{Q_j}|}, \quad i \neq j \tag{9.10}$$

式中，$\overline{Q_i}$ 表示城市 i 在 2003~2015 年期间的人均 GDP。

3. 经济—地理距离嵌套矩阵（W_{d-e}）

城市间的空间联系可能受到地理距离与经济距离的双重影响，此时若选用单一的地理距离矩阵或经济距离矩阵都无法予以准确度量，因而本章构建经济—地理距离嵌套矩阵，即以不同权重系数反映地理距离与经济距离在表征空间关系时的相对重要程度，并基于地理距离矩阵与经济距离矩阵，选择不同权重进行加权而得到，该矩阵设定如下：

$$W_{d-e} = \varphi W_d + (1-\varphi) W_e \tag{9.11}$$

式中，W_d、W_e 分别为地理距离矩阵、经济距离矩阵；$\varphi \in [0, 1]$，表示地理距离在表征空间关系时的相对重要程度。本章 φ 取 0.5，认为地理距离与经济距离在空间单元的经济相关性度量中同等重要。

（二）基准回归结果

Hausman 检验结果表明，使用面板固定效应模型进行计量估计优于混合效应与随机效应模型。因而，本章使用面板固定效应模型，在控制了行业、地区和年份固定效应后，在模型中加入生产性服务业集聚的空间滞后项，以估计生产性服务业集聚对制造业出口产品质量的直接效应与空间外溢效应，基准回归结果如表9.2 所示。

表9.2　生产性服务业集聚与制造业出口产品质量的基准回归结果

变量	（1）	（2）	（3）
$\ln LQ$	0.0330*** （31.33）	0.0197*** （18.55）	0.0197*** （18.09）
$\ln WLQ$	0.0235*** （4.61）	-0.0925*** （-18.15）	-0.0721*** （-13.94）
$\ln L$		0.0009 （0.42）	0.0088*** （3.84）

续表

变量	（1）	（2）	（3）
ln$K$		-0.1653^{***} (-62.67)	-0.1384^{***} (-47.94)
lnFDI		0.1100^{***} (46.88)	0.1009^{***} (41.18)
lnPOP		-0.0631^{***} (-15.89)	-0.0703^{***} (-17.19)
lngov		-0.0819^{***} (-23.27)	-0.0693^{***} (-19.00)
ln$finance$			-0.0086^{***} (-18.17)
lnHHI			0.0260^{***} (48.45)
ln$size$			-0.1292^{***} (-27.15)
lnage			-0.0043^{***} (-25.49)
行业效应	YES	YES	YES
地区效应	YES	YES	YES
年份效应	YES	YES	YES
R^2	0.0024	0.0426	0.0549
N	569226	569610	539188

注：括号中数值为 t 统计值；$***$、$**$ 和 $*$ 分别表示在 1%、5% 和 10% 的水平上显著。本章下同。

　　表 9.2 第（1）列结果显示在只控制了行业、地区和年份固定效应的情况下，生产性服务业集聚对制造业出口产品质量的直接效应和间接效应显著为正，其间接效应与第（2）、第（3）列加入控制变量后的估计结果完全相反，说明在只控制了生产性服务业集聚与固定效应的模型中存在由遗漏变量引起的内生性问题，导致了有偏的估计结果。第（2）列中加入了与前文相同的城市层面控制变量，估计结果显示，生产性服务业集聚直接效应显著为正，间接效应显著为负。第（3）列同时控制了企业层面的控制变量，估计结果与第（2）列基本一致，说明生产性服务业集聚有利于本地区制造业出口产品质量升级，但对周边地区制造业出口产品质量产生了抑制作用。

　　生产性服务业集聚与制造业出口产品质量的空间计量估计结果与城市经济发

展质量估计结果保持一致，说明原模型估计结果具有稳健性。就直接效应而言，生产性服务业集聚显著提升了本地制造业出口产品质量，生产性服务业集聚可为当地制造业提供低成本的专业化中间服务品，降低企业生产与交易成本，增大产品利润空间，减小为提高产品利润率而偷工减料降低产品质量的可能性。同时，生产性服务业集聚加强了生产性服务业间、生产性服务业与制造业间的人才流动与知识交流，将大数据分析、人工智能、机械自动化生产等先进的生产理念与技术嵌入制造业生产链中，在产品设计与生产环节促进制造业企业进行技术创新，提高制造业生产效率，进而提高制造业产品质量。就间接效应而言，生产性服务业集聚降低了周边地区制造业出口产品质量，原因可能在于：首先，地方政府对中央及上级政府产业政策的盲目跟进导致低质量的生产性服务业多样化集聚（韩峰和阳立高，2020），地区间由于生产性服务业大规模低质量重复建设，互相争夺生产性服务资源，使得区域间无法形成互补式生产性服务业发展格局，不仅无法通过产业联动促进周边地区制造业发展，这种分工不足的低质量集聚方式甚至制约了周边地区制造业提升产品质量。其次，地方政府受晋升激励驱动，通过"示范—模仿"效应会加剧地区间生产性服务业同质化建设，并对本地企业进行地方保护，削弱本地制造业与周边城市生产性服务业的产业关联与贸易往来，最终导致生产性服务业集聚制约了周边地区的制造业产品质量升级。

控制变量的估计结果表明，劳动力供给与外商直接投资显著提升了制造业出口产品质量，但劳动力供给的提升效应很小，估计系数仅为 0.0088。资本存量、城市人口规模与政府干预均显著抑制了制造业出口产品质量提升。融资约束的估计系数显著为负，说明融资约束越强的制造业企业的产品质量越低。企业竞争程度提升了制造业产品质量，说明行业竞争程度越低，制造业产品质量越高。原因可能在于，由于存在过度激烈的行业竞争，企业更倾向于降低成本挤占市场来获取利润，而无暇进行产品创新提升产品质量，反而在垄断程度较高的行业，企业更倾向于质量竞争与品牌竞争，制造业产品质量在良性竞争中得以提升。企业规模与企业存续年限均降低了制造业出口产品质量。

（三）稳健性检验

在基准回归结果基础上，若更换核心指标测度方法，模型估计结果是否会发生变化？生产性服务业集聚与制造业出口产品质量间的相关关系是否会受异常值的干扰？考虑到原模型可能存在由反向因果和遗漏变量引起的内生性问题，是否会对参数估计结果产生影响？本部分将从三个方面展开稳健性分析，具体检验结果如下：

1. 更换生产性服务业集聚与制造业产品质量指标

首先，本部分使用生产性服务业就业密度（*Des*）① 替代区位熵（*LQ*）作为新的生产性服务业集聚指标，对生产性服务业集聚与制造业出口产品质量的作用机制进行稳健性检验。其次，除使用目的国以外其他市场产品平均价格作为工具变量对企业出口产品质量进行估计外，本部分还根据许和连和王海成（2016）的方法，采用运输成本作为产品价格的工具变量进行工具变量法估计。估计结果如表 9.3 所示。

表 9.3 稳健性检验结果（一）

变量	更换生产性服务业集聚指标		更换制造业出口产品质量指标	
	系数	t 值	系数	t 值
ln*LQ*	0.2766***	7.54	0.1482***	8.11
ln*WLQ*	−0.2879***	−4.74	−0.3392***	−3.64
ln*L*	−0.0289***	−2.92	0.0134***	3.10
ln*K*	−0.0945***	−16.44	−0.0644***	−14.23
ln*FDI*	0.0641***	35.58	0.0531***	19.86
ln*POP*	0.0047	0.51	0.0103	1.24
ln*gov*	−0.1517***	−9.18	−0.1369**	−2.49
ln*finance*	−0.0072***	−16.32	−0.0094***	−15.27
ln*HHI*	0.0063***	19.55	0.0158***	10.29
ln*size*	0.0657***	8.39	0.0563***	5.91
ln*age*	−0.0012***	−15.35	−0.0060	−0.79
行业效应	YES		YES	
地区效应	YES		YES	
年份效应	YES		YES	
R^2	0.0523		0.0538	
N	539188		539188	

结果显示，在更换生产性服务业集聚指标后，生产性服务业集聚对制造业出口产品质量所产生的影响与基准回归结果一致，即生产性服务业集聚显著提升了

---

① 生产性服务业就业密度（*Des*）为生产性服务业单位从业人员数与建成区面积之比，统计口径为市辖区。

本地制造业出口产品质量，并降低了周边地区制造业出口产品质量。就控制变量而言，除劳动力供给、城市规模和企业规模的估计结果与表9.2略有差别外，其余控制变量均与表9.2保持一致，故可认为本部分基准回归结果具有稳健性。在更换企业出口产品质量测度指标后，生产性服务业集聚及其空间滞后项的参数估计结果依然与表9.2基本一致，从而印证了基本回归结果的稳健性。

2. 消除异常值干扰

异常值的存在可能导致模型估计出现偏差，为了消除异常值干扰，本部分将分别在0.1%、0.25%的水平上对制造业出口产品质量指标（lnquality）进行缩尾与截尾处理，以处理后得到的新样本进行面板计量估计，空间滞后解释变量模型（SLX）的估计结果如表9.4中第（1）~第（4）列所示。结果显示，生产性服务业集聚直接效应均为正，间接效应均为负，控制变量的参数估计结果也均与表9.2一致。消除异常值后的参数估计结果与基准回归结果保持一致，再次验证了本部分基准回归结果的稳健性。

表9.4　稳健性检验结果（二）

变量	（1） lnquality 双边缩尾0.1%	（2） lnquality 双边缩尾0.25%	（3） lnquality 双边截尾0.1%	（4） lnquality 双边截尾0.25%	（5） 两阶段 最小二乘估计
$\ln LQ$	0.0195 *** (19.54)	0.0191 *** (20.11)	0.0194 *** (20.26)	0.0187 *** (20.54)	0.0515 *** (16.01)
$\ln WLQ$	−0.0694 *** (−14.68)	−0.0673 *** (−14.93)	−0.0671 *** (−14.73)	−0.0611 *** (−13.93)	−0.2032 *** (−16.48)
$\ln L$	0.0085 *** (4.09)	0.0067 *** (3.34)	0.0061 *** (3.02)	0.0013 (0.70)	0.0485 *** (24.08)
$\ln K$	−0.1373 *** (−52.01)	−0.1331 *** (−52.91)	−0.1345 *** (−52.95)	−0.1211 *** (−50.13)	−0.1769 *** (−85.69)
$\ln FDI$	0.0988 *** (44.08)	0.0966 *** (45.24)	0.0955 *** (44.20)	0.0885 *** (43.04)	0.0667 *** (66.62)
$\ln POP$	−0.0691 *** (−18.47)	−0.0670 *** (−18.79)	−0.0654 *** (−18.18)	−0.0615 *** (−17.89)	0.0925 *** (44.39)
$\ln Igov$	−0.0702 *** (−21.05)	−0.0700 *** (−22.00)	−0.0705 *** (−21.96)	−0.0695 *** (−22.74)	−0.0616 *** (−26.28)
$\ln finance$	−0.0086 *** (−19.99)	−0.0085 *** (−20.70)	−0.0088 *** (−21.37)	−0.0083 *** (−21.20)	−0.0096 *** (−19.07)

续表

变量	（1）	（2）	（3）	（4）	（5）
	lnquality 双边缩尾 0.1%	lnquality 双边缩尾 0.25%	lnquality 双边截尾 0.1%	lnquality 双边截尾 0.25%	两阶段 最小二乘估计
lnHHI	0.0253*** (51.41)	0.0241*** (51.47)	0.234*** (49.62)	0.0204*** (45.57)	0.0065*** (20.04)
ln$size$	−0.1298*** (−29.83)	−0.1259*** (−30.34)	−0.1293*** (−30.89)	−0.1240*** (−31.16)	0.0125*** (3.69)
lnage	−0.0044*** (−28.67)	−0.0044*** (−29.77)	−0.0045*** (−30.53)	−0.0045*** (−31.97)	−0.0013*** (−15.29)
行业效应	YES	YES	YES	YES	—
地区效应	YES	YES	YES	YES	—
年份效应	YES	YES	YES	YES	—
Hausman 检验	—	—	—	—	1368.04 [0.0000]
工具变量 lag_ln$LQ1$	—	—	—	—	8793.38 [0.0000]
工具变量 lag_ln$WLQ1$	—	—	—	—	5644.86 [0.0000]
R^2	0.0651	0.0683	0.0700	0.0696	0.0453
N	539188	539188	533807	525710	357154

3. 内生性问题处理

制造业出口产品质量更高的地区，对生产性服务品尤其是知识密集型生产性服务品的需求更大，这将引致生产性服务业在该地区更高程度的集聚。同时，制造业也会自发选址于生产性服务业集聚水平高的地区，以获得质量更高、成本更低的生产性服务品。两者间所存在的反向因果及"自选择"问题将可能导致原模型存在内生性。为消除内生性问题对模型估计结果所产生的影响，本部分以生产性服务业集聚及其空间滞后项的滞后一期（lag_ln$LQ1$、lag_ln$WLQ1$）为工具变量，采用两阶段最小二乘估计（2SLS）对基准回归结果进行稳健性检验。结果如表 9.4 第（5）列所示。Hausman 检验结果表明，该模型存在内生性解释变量；F检验结果表明，所选工具变量与内生变量高度相关，不存在弱工具变量问题，因此可认为工具变量的选取是合理的。两阶段最小二乘估计结果表明，生产性服务业集聚显著提升了本地区制造业出口产品质量，抑制了周边地区制造业出口产品质量提升，与表 9.2 估计结果一致，说明基准回归结果具有较强的稳健性。

四、生产性服务业集聚影响企业出口产品 质量的机制检验

基准回归结果表明，生产性服务业集聚能够提升本地制造业出口产品质量，对周边城市制造业出口产品质量产生了抑制作用。在理论分析框架中，本部分提出两点机制假说：生产性服务业集聚通过规模经济效应和技术外溢效应，可降低企业生产成本和交易成本，提高企业生产效率和创新能力，进而提升制造业出口产品质量。为验证规模经济效应与技术外溢效应是否为生产性服务业集聚影响制造业出口产品质量的作用路径，本部分进一步在基准计量方程中引入生产性服务业集聚与企业平均成本（$cost$）[①] 和企业全要素生产率（tfp）两个变量的交互项来分别探讨生产性服务业集聚通过规模经济效应和技术外溢效应作用于企业出口产品质量的影响机制。其中，企业平均成本以企业成本与企业固定资产总值之比表示，企业全要素生产率采用 OP 方法计算得到。基于空间滞后解释变量模型（SLX）的机制检验结果如表 9.5 所示。

表 9.5　生产性服务业集聚与制造业出口产品质量的机制检验结果

变量	企业平均成本		全要素生产率	
	系数	t 值	系数	t 值
$\ln LQ$	0.0224***	2.99	0.0052	0.71
$\ln LQ \times \ln Z$	0.0062**	2.23	0.0100**	2.03
$\ln WLQ$	0.2982***	9.17	−0.2476***	−6.82
$\ln WLQ \times \ln Z$	−0.0208*	−1.84	0.1191***	4.92
$\ln Z$	−0.0003	−0.09	0.1494***	21.15
$\ln L$	0.0573***	12.61	0.0126***	5.49
$\ln K$	0.0386***	6.28	−0.1808***	−60.02
$\ln FDI$	−0.0087	−1.23	0.1065***	43.58
$\ln POP$	−0.0073	−0.66	−0.0457***	−11.05
$\ln Igov$	0.1000***	14.55	−0.0078**	−2.03

[①]　囿于微观企业数据可得性，本书目前仅测算了 2003～2010 年中国出口制造业企业成本。

续表

变量	企业平均成本		全要素生产率	
	系数	t 值	系数	t 值
ln*finance*	0.0096***	12.48	−0.0063***	−13.24
ln*HHI*	−0.0085***	−9.94	0.0252***	46.90
ln*size*	−0.0641***	6.12	−0.1014***	−20.80
ln*age*	0.0029***	10.00	−0.0043***	−25.69
行业效应	YES		YES	
地区效应	YES		YES	
年份效应	YES		YES	
R^2	0.0212		0.0562	
N	154002		538683	

注：Z 为企业成本（*cost*）或企业层面全要素生产率（*tfp*）。

检验结果表明，当 Z 为企业平均成本（*cost*）时，生产性服务业集聚与企业平均成本交互项的参数估计值显著为正，说明生产性服务业集聚通过发挥规模经济效应，降低了制造业单位产品生产成本，弱化了平均成本提高对本地区制造业出口产品质量的不利影响；其空间滞后项与企业平均成本交互项的参数估计系数显著为负，说明本地区生产性服务业集聚通过提高周边城市制造业出口产品成本，抑制了周边城市制造业出口产品质量升级。当 Z 为企业全要素生产率（*tfp*）时，生产性服务业集聚及其空间滞后项与企业全要素生产率的交互项的参数估计结果均显著为正，且生产性服务业集聚的直接效应不显著，间接效应显著增强，说明生产性服务业集聚对本地区制造业出口产品质量的促进作用完全被企业全要素生产率所吸收，且剥离了生产性服务业集聚通过技术外溢效应对周边城市制造业出口产品质量产生的正向空间溢出作用后，生产性服务业集聚空间滞后项的负向作用明显增强，因而提升出口制造业企业全要素生产率是生产性服务业集聚促进制造业出口产品质量升级的重要途径。机制检验结果与理论预期相符。

五、进一步分析

本部分将进一步就企业贸易类型、企业所有制类型和城市规模等级类型对生产性服务业集聚与制造业出口产品质量展开异质性分析，深入考察生产性服务业集聚对制造业出口产品质量的异质性影响。

（一）基于不同企业贸易类型的实证检验

本部分将从事出口贸易的企业按其产品生产及货物出口方式划分为一般贸易、混合贸易和加工贸易企业三种类型，使用面板固定效应模型对生产性服务业集聚与制造业出口产品质量进行细分贸易类型的异质性分析，结果如表 9.6 所示。

表 9.6 不同企业贸易类型下生产性服务业集聚对制造业出口产品质量的
直接与间接效应

变量	一般贸易	混合贸易	加工贸易
lnLQ	0.0094 ***	0.0087 ***	0.0731 ***
	（3.27）	（7.13）	（9.71）
lnWLQ	−0.0125	−0.0298 ***	−0.0446
	（−0.89）	（−5.25）	（−1.05）
ln$L$	0.0060	0.0047	0.1390 ***
	（1.61）	（1.47）	（16.63）
ln$K$	−0.0392 ***	−0.1878 ***	−0.0485 ***
	（−8.57）	（−38.98）	（−3.95）
lnFDI	0.0371 ***	0.0836 ***	0.0522 ***
	（10.39）	（15.71）	（2.88）
lnPOP	−0.0328 ***	−0.0401 ***	−0.1257 ***
	（−4.93）	（−6.26）	（−5.81）
ln$Igov$	0.0270 ***	−0.0083	0.1358 ***
	（4.81）	（−1.29）	（10.80）
ln$finance$	0.0037 ***	−0.0106 ***	0.0036 **
	（5.40）	（−14.27）	（2.44）
lnHHI	0.0183 ***	0.0234 ***	−0.0102 ***
	（20.66）	（30.01）	（−6.83）
ln$size$	−0.0840 ***	−0.0071	0.0870 ***
	（−10.75）	（−0.96）	（5.24）
lnage	0.0001	−0.0074 ***	0.0009
	（0.24）	（−24.55）	（1.17）
行业效应	YES	YES	YES
地区效应	YES	YES	YES
年份效应	YES	YES	YES

续表

变量	一般贸易	混合贸易	加工贸易
R^2	0.0044	0.1016	0.0317
N	276773	209521	51856

从估计结果看，生产性服务业集聚对不同贸易类型企业的直接效应均在 1% 的水平上通过检验，并显著为正，但仅对周边地区的混合贸易企业产生了负向空间溢出作用，说明生产性服务业集聚整体促进了本地区不同贸易类型企业的制造业产品质量升级，仅抑制了周边地区混合贸易企业的制造业产品质量提升。就直接效应而言，生产性服务业集聚对本地加工贸易企业的促进作用最为突出，估计系数为 0.0731，且在 1% 的水平上显著；本地一般贸易企业次之，生产性服务业集聚估计系数为 0.0094，相较于加工贸易企业，生产性服务业集聚的正向作用降低了 6.37 个百分点；生产性服务业集聚对本地混合贸易企业的促进作用最弱，参数估计系数为 0.0087。这一现象说明，我国现阶段的生产性服务业集聚仍然是低质量的。在所有贸易类型企业中，加工贸易企业多属于劳动力密集型企业，主要依赖于关联密切的跨国公司技术溢出，缺乏主动创新研发的动力（吕大国等，2017），因而企业生产效率和产品技术复杂度最低。而生产性服务业集聚对该类型企业的促进作用最强，说明我国生产性服务业集聚发展水平与加工贸易企业发展所需最为匹配，生产性服务业低端化发展趋势严重，高端型生产性服务业集聚发展不足，对一般贸易与混合贸易企业生产效率提升和产品质量升级的促进作用相对较弱。就间接效应而言，生产性服务业集聚对周边城市一般贸易企业和加工贸易企业的产品质量产生消极影响，仅对周边混合贸易企业的产品质量产生了显著的抑制作用。可能的解释是，我国出口企业生产方式仍以加工贸易为主，加工贸易企业的产品研发端与销售端均在国外完成，仅从事产品加工对生产技术的要求较低，伴随半成品进口的技术转移是其主要技术来源，因此，加工贸易企业对先进生产技术的"学习能力"和"学习动力"较弱，区域内基础型生产性服务业提供的中间投入品即可满足需求，跨区域的生产性服务业集聚对其无明显影响。与一般贸易、加工贸易企业相比，混合贸易企业兼顾产品加工与一般贸易业务，业务风险的分散意味着生产专注度的降低，不利于产品研发与技术创新，因而混合贸易企业对高端生产性服务业集聚所产生的技术溢出依赖程度较高，周边地区生产性服务业集聚产生的负向空间溢出效应最为显著。对于一般贸易企业而言，尽管从产品研发、生产到销售环节需要大量中间服务品投入，但由于我国生产性服务业低端化集聚问题突出，所能为其提供的中间投入品层次较低，生产性

服务业集聚所产生的技术外溢并不是一般贸易企业的主要技术来源。因此，不论是直接效应或是间接效应，生产性服务业集聚对一般贸易企业的影响均较小，甚至不显著。

（二）基于不同企业所有制类型的实证检验

本部分按照企业所有制类型将总样本分成国有企业、集体企业、私有企业、外资企业四个子样本，深入探究在不同所有制类型下，生产性服务业集聚对制造业出口产品质量的异质性影响，实证检验结果如表9.7所示。

表9.7 不同所有制类型下生产性服务业集聚对制造业出口产品质量的
直接与间接效应

变量	国有企业	集体企业	私有企业	外资企业
$\ln LQ$	0.0245 *** (3.03)	−0.0417 *** (−4.04)	0.0044 *** (2.17)	0.0271 *** (20.91)
$\ln WLQ$	−0.0614 (−1.37)	0.0353 (1.01)	−0.0584 *** (−7.77)	−0.0822 *** (−11.08)
$\ln L$	−0.0425 ** (−2.61)	0.0430 *** (3.13)	−0.0028 (−0.74)	0.0207 *** (6.96)
$\ln K$	−0.0989 *** (−5.38)	−0.1112 *** (−7.21)	−0.2409 *** (−43.42)	−0.1185 *** (−29.62)
$\ln FDI$	0.0255 (1.54)	0.0335 *** (2.97)	0.1357 *** (32.43)	0.0941 *** (21.54)
$\ln POP$	0.0044 (0.11)	−0.1883 *** (−7.38)	−0.0169 ** (−2.46)	−0.1219 *** (−20.61)
$\ln Igov$	−0.0129 (−0.66)	−0.0142 (−0.69)	0.0082 (1.24)	0.0187 *** (3.61)
$\ln finance$	−0.0068 * (−1.89)	−0.0099 *** (−3.39)	−0.0098 *** (−11.87)	−0.0039 *** (−6.49)
$\ln HHI$	0.0251 *** (6.79)	0.0391 *** (12.28)	0.0387 *** (37.83)	0.0177 *** (27.77)
$\ln size$	−0.0316 (−0.90)	−0.0509 * (−1.66)	−0.1794 *** (−21.58)	−0.0721 *** (−12.06)
$\ln age$	0.0008 * (1.92)	−0.0008 (−1.34)	−0.0047 *** (−15.32)	−0.0102 *** (−31.27)
行业效应	YES	YES	YES	YES
地区效应	YES	YES	YES	YES

续表

变量	国有企业	集体企业	私有企业	外资企业
年份效应	YES	YES	YES	YES
R^2	0.0182	0.0349	0.0769	0.0543
N	18117	19107	211623	290274

从估计结果可以看出，除集体企业外，生产性服务业集聚对其他所有制企业的直接效应均显著为正，对私有企业和外资企业的间接效应显著为负，而对周边地区的国有企业和集体企业无显著影响，说明生产性服务业集聚促进了本地区国有企业、私有企业和外资企业的制造业出口产品质量升级，却对本地区集体企业的制造业产品质量产生了消极作用；同时，生产性服务业集聚抑制了周边地区私有企业和外资企业制造业产品质量升级，却对周边地区国有企业和集体企业无影响。就直接效应而言，生产性服务业集聚对外资企业的正向作用最强，国有企业次之，私有企业最弱。生产性服务业集聚对本地集体企业产生了负面影响，其原因可能在于：首先，集体企业虽涉及农业、工业、服务业等各个领域，但绝大多数企业均在县级以下乡镇以"小企业"的形式存在，县级以下地区生产性服务业发展落后，在数量和质量上无法形成集聚规模，进而无法发挥出产业集聚效应；其次，由于内部管理体制落后且生产技术低下，集体企业很难获取生产性服务业集聚发展带来的红利，且生产性服务业集聚水平的提高加速了国有企业、私有企业和外资企业的发展，加剧了同行业竞争，使得集体企业面临发展困境，甚至破产。就间接效应而言，生产性服务业集聚不利于提升周边私有企业和外资企业的制造业出口产品质量水平，但对周边国有企业和集体企业无明显影响，说明生产性服务业集聚主要通过影响周边城市的私有企业和外资企业而对制造业出口产品质量产生负向空间溢出效应。私有企业与外资企业在参与市场过程中，不规范政府行为对生产性服务业集聚进行的不当干预，最有可能对主要依靠市场配置资源的私有企业与外资企业产生不利影响，而国有企业并不完全依靠市场原则获取资源，当地政府部门对辖区内国有企业较强的干预力度，使其具有资源要素的优先选择权。半市场化的参与方式使得国有企业发展具有一定特殊性，不容易受到外界不利因素干扰，因而周边城市生产性服务业集聚对当地国有企业的空间影响并不明显。

（三）基于不同规模等级城市的实证检验

制造业与生产性服务业是支撑城市经济发展的命脉，两者的发展状况在很大程度上体现了城市的经济实力。同时，由于经济发展水平越高的城市越能为企业

·247·

创造更优质的营商环境，提供更为便利的基础设施服务，对企业选址而言，这类城市往往更具吸引力。一般而言，城市经济发展水平与城市规模呈正相关，因此生产性服务业集聚对制造业出口产品质量的影响也可能存在城市规模异质性。本部分按照平均人口规模，将城市划分为Ⅰ型及以上大城市、Ⅱ型大城市、中等城市和小城市四类①。基于不同城市规模下的地理距离矩阵，使用控制了固定效应的空间滞后解释变量模型（SLX）对不同规模等级城市样本进行实证检验，参数估计结果如表9.8所示。

表9.8 不同城市规模下生产性服务业集聚对制造业出口产品质量的
直接与间接效应

变量	Ⅰ型及以上大城市	Ⅱ型大城市	中等城市	小城市
$\ln LQ$	0.1123*** (14.58)	0.0100*** (3.58)	0.0018 (0.36)	−0.0191* (−1.71)
$\ln WLQ$	0.0227** (2.28)	0.1533*** (8.22)	−0.0977** (−2.15)	0.1219 (1.26)
$\ln L$	0.0025 (0.54)	0.0443*** (22.32)	0.0077 (1.54)	0.0634*** (5.25)
$\ln K$	−0.0502*** (−8.47)	−0.0786*** (−25.03)	0.0071* (1.70)	−0.0907*** (−8.30)
$\ln FDI$	0.0326*** (10.10)	0.0391*** (30.24)	0.0277*** (14.55)	0.0151*** (7.79)
$\ln POP$	0.0578*** (9.20)	0.0131*** (3.84)	−0.0381*** (−5.55)	−0.0462*** (−3.48)
$\ln Igov$	−0.0227*** (−2.89)	−0.0377*** (−12.70)	0.0065 (1.26)	0.0534*** (5.74)
$\ln finance$	0.0032*** (3.56)	0.0025*** (4.32)	0.0037*** (3.43)	0.0098*** (3.50)
$\ln HHI$	0.0016*** (3.13)	−0.0021*** (−6.25)	0.0006 (0.79)	−0.0006 (−0.35)
$\ln size$	0.1261*** (24.41)	0.1405*** (39.61)	0.1506*** (21.81)	0.0813*** (4.44)

---

① 依据2014年11月20日发布的《国务院关于调整城市规模划分标准的通知》，按城区常住人口规模将中国城市划分为五类七档。其中，城区常住人口1000万以上的城市为超大城市，500万以上1000万以下的城市为特大城市，300万以上500万以下的城市为Ⅰ型大城市，100万以上300万以下的城市为Ⅱ型大城市，50万以上100万以下的城市为中等城市，50万以下的城市为小城市。

续表

变量	Ⅰ型及以上大城市	Ⅱ型大城市	中等城市	小城市
lnage	−0.0009 *** (−6.64)	−0.0010 *** (−10.06)	−0.0007 *** (−3.70)	−0.0011 *** (−2.69)
行业效应	YES	YES	YES	YES
地区效应	YES	YES	YES	YES
年份效应	YES	YES	YES	YES
R^2	0.0425	0.0270	0.3600	0.0144
N	130054	300823	91842	16469

　　估计结果显示，就直接效应而言，Ⅰ型及以上大城市、Ⅱ型大城市生产性服务业集聚对制造业出口产品质量的直接效应显著为正，中等城市生产性服务业集聚的直接效应未通过显著性检验，小城市的直接效应显著为负。就间接效应而言，Ⅰ型及以上大城市、Ⅱ型大城市生产性服务业集聚对制造业出口产品质量的间接效应显著为正，中等城市生产性服务业集聚的间接效应显著为负，小城市的间接效应未通过显著性检验。观察参数估计值及其显著性可以发现，生产性服务业集聚对制造业产品质量的影响呈现出明显的规律性：随着城市规模的减小，生产性服务业集聚对本地制造业出口产品质量的促进作用逐级减弱，小城市的生产性服务业集聚甚至抑制了本地制造业出口产品质量升级。这一现象说明，经济发展水平越高的城市的生产性服务业集聚水平越高，对当地制造业产品质量乃至经济发展质量的拉动作用越大。低质量的生产性服务业集聚不仅无法发挥集聚经济效应，甚至会制约当地制造业发展，原因可能在于，经济欠发达城市所能引进的生产性服务业大多为低端行业，地方政府盲目遵从中央产业政策大力发展生产性服务业，导致生产性服务业低质量重复建设，在无法有效促进制造业发展的前提下，还占用了大量劳动力、资本、土地等经济社会资源，拉低了这些城市的产业结构层次，因而城市规模越小，生产性服务业集聚所表现的负面效应越强。为深入分析生产性服务业集聚对周边不同等级城市制造业出口产品质量的空间溢出机制，揭示不同等级城市间点对点的空间影响，本部分将基于区域经济学中的潜力模型思路，构建不同等级城市生产性服务业集聚的空间交互指标，并采用面板固定效应模型对这一问题进行深入探讨。

（四）基于不同等级城市间空间交互效应的进一步分析

　　为深入解析生产性服务业集聚对周边不同等级城市制造业出口产品质量的空间溢出机制，探究不同等级或相同等级城市间点对点的空间影响，本部分按照区域经济理论中潜力模型（Potential Model）的测算思路构建Ⅰ型及以上大城市、

Ⅱ型大城市、中等城市和小城市生产性服务业集聚空间交互指标，最终采用空间滞后解释变量模型（SLX）对不同等级城市间生产性服务业集聚对制造业出口产品质量的空间外溢效应进行再检验。不同城市规模下的生产性服务业集聚空间交互指标具体构建方法如下：

$$BP_j = \sum_B W_{jB}^{de} P_B ; \quad LP_j = \sum_L W_{jL}^{de} P_L ; \quad MP_j = \sum_M W_{jM}^{de} P_M ; \quad SP_j = \sum_S W_{jS}^{de} P_S \quad (9.12)$$

式中，B、L、M、S 分别表示Ⅰ型及以上大城市、Ⅱ型大城市、中等城市和小城市，P_B、P_L、P_M、P_S 分别为Ⅰ型及以上大城市、Ⅱ型大城市、中等城市和小城市的生产性服务业集聚指标，BP_j、LP_j、MP_j、SP_j 分别表示各类型城市的生产性服务业集聚对相应城市 j 的空间影响。j 可以为 B、L、M 或 S，当 $j=B$ 时，BP_j 表示Ⅰ型及以上城市生产性服务业集聚对同类Ⅰ型及以上大城市的空间外溢效应；当 $j=L$ 时，LP_j 表示Ⅱ型城市生产性服务业集聚对同类Ⅱ型大城市的空间外溢效应；当 $j=M$ 时，MP_j 表示中等城市生产性服务业集聚对中等城市的空间外溢效应；当 $j=S$ 时，SP_j 表示小城市生产性服务业集聚对小城市的空间外溢效应，其他情况以此类推。这里仍使用空间滞后解释变量模型（SLX），并引入不同等级城市间的生产性服务业集聚空间交互指标进行计量估计。不同等级城市间生产性服务业集聚对制造业产品质量的直接效应与间接效应如表9.9所示。

表9.9　不同等级城市间生产性服务业集聚对制造业产品质量的直接与间接效应

变量	(1) Ⅰ型及以上大城市		(2) Ⅱ型大城市		(3) 中等城市		(4) 小城市	
	系数	t 值	系数	t 值	系数	t 值	系数	t 值
$\ln LQ$	0.0733***	9.85	0.0075***	2.67	0.0054	1.12	−0.0222*	−1.95
$\ln BP_B$	−0.1342**	−2.24						
$\ln LP_B$	0.2582***	4.77						
$\ln MP_B$	0.5402***	8.79						
$\ln SP_B$	0.0270	0.85						
$\ln BP_L$			0.3969***	11.19				
$\ln LP_L$			−0.1145***	−3.99				
$\ln MP_L$			−0.0007	−0.05				
$\ln SP_L$			−0.0867***	−8.53				
$\ln BP_M$					1.1139***	4.01		
$\ln LP_M$					−0.0670**	−2.11		

续表

变量	(1) I 型及以上大城市		(2) II 型大城市		(3) 中等城市		(4) 小城市	
	系数	t 值	系数	t 值	系数	t 值	系数	t 值
$\ln MP_M$					−0.1322***	−6.08		
$\ln SP_M$					−0.0561	−0.53		
$\ln BP_S$							0.0459	0.09
$\ln LP_S$							0.0729*	1.65
$\ln MP_S$							−0.1116	−1.11
$\ln SP_S$							0.0686	0.42
控制变量	控制		控制		控制		控制	
行业效应	YES		YES		YES		YES	
地区效应	YES		YES		YES		YES	
年份效应	YES		YES		YES		YES	
R^2	0.0697		0.0757		0.4629		0.0555	
N	130054		300823		91842		16469	

首先，关注生产性服务业集聚对制造业出口产品质量的直接效应。表9.9 的估计结果显示，伴随城市规模缩小，生产性服务业集聚对本地制造业出口产品质量的促进作用逐渐减弱，直至转变为抑制作用，此结论与表9.8 中直接效应所呈现规律基本一致，这里不再赘述。

其次，关注同等级城市间生产性服务业集聚对制造业出口产品质量的空间溢出效应。估计结果显示，I 型及以上大城市（$\ln BP_B$）、II 型大城市（$\ln LP_L$）和中等城市（$\ln MP_M$）生产性服务业集聚对周边同等级城市的间接效应均显著为负，且 I 型及以上大城市的间接效应估计系数最大，小城市生产性服务业集聚（$\ln SP_S$）的间接效应未通过显著性检验。这一现象说明，在经济发展水平相近的城市间，地方政府的"政绩锦标赛"竞争愈为激烈，政府间的策略性互动行为割裂了地区之间的产业关联，甚至利用经济手段阻碍周边同等级城市的经济发展，因此，在政府干预下的生产性服务业集聚抑制了周边同等级城市的制造业出口产品质量升级。

最后，关注不同等级城市间生产性服务业集聚对制造业出口产品质量的空间外溢效应。表9.9 第（1）列显示，周边 II 型大城市和中等城市的参数估计显著为正，周边小城市的参数估计未通过显著性检验，说明对于 I 型及以上大城市而言，周边Ⅱ型大城市和中等城市的生产性服务业集聚显著提升了该类型城市的制造业出口产品质量，而小城市未对周边Ⅰ型及以上大城市的制造业产品质量产生显著影响。第（2）列估计结果中，周边Ⅰ型及以上大城市的空间外溢效应显著为正，周边中等城市的参数估计未通过检验，小城市生产性服务业集聚的间接效应显著为负，说明对于Ⅱ型大城市而言，周边Ⅰ型及以上大城市的生产性服务业集聚对其制造业出口产品质量表现为促进作用，周边中等城市对Ⅱ型大城市无明显影响，周边小城市显著抑制了Ⅱ型大城市的制造业出口产品质量提升。第（3）列结果显示，周边Ⅰ型及以上大城市的间接效应显著为正，Ⅱ型大城市的参数估计值显著为负，小城市则未通过显著性检验，说明Ⅰ型及以上大城市生产性服务业集聚对周边中等城市的制造业产品质量有较强的促进作用，Ⅱ型大城市却显著抑制了周边中等城市制造业出口产品质量升级，小城市未表现出显著的空间外溢效应。第（4）列估计结果中，仅有Ⅱ型大城市对周边小城市产生了正向的空间溢出效应，其余类型城市对周边城市均无明显影响。综合以上分析，生产性服务业集聚对周边地区制造业出口产品质量的抑制作用主要来源于同等级城市间的负向溢出关系，Ⅰ型及以上大城市的生产性服务业集聚均促进了周边其他等级城市的制造业产品质量升级。

六、本章小结

当前，世界各国经济处于低迷衰退状态，全球价值链面临重构风险，加之国际形势动荡，未来中国经济发展将面临更多不确定性。在此背景下，中国制造业出口企业唯有培育核心竞争优势，不断提升企业创新能力与出口产品质量，才能在世界经济衰退的洪流中逆流而上，实现"保外贸"的基本目标。生产性服务业集聚以技术密集、人才密集、信息密集等为特征，并凭借其与制造业基于投入产出的密切产业关联，可能成为推动制造业产品创新、提高制造业产品质量的重要驱动力。本章使用2003~2013年中国城市面板数据、中国工业企业数据和中国海关数据，采用空间滞后解释变量模型（SLX）探究了生产性服务业集聚对制造业出口产品质量的空间影响及其作用机制。研究发现：生产性服务业集聚通过降低企业生产成本、促进企业技术创新等途径，显著提升了本市制造业出口产品质量，但阻碍了周边城市制造业出口产品质量升级。异质性分析结果表明，对不同出口贸易类型企业而言，生产性服务业集聚促进了本地加工贸易、一般贸易与混合贸易企业的制造业产品质量升级，作用强度逐级递减，仅对周边地区的混合贸易企业产生了抑制作用；对不同所有制类型企业而言，生产性服务业集聚仅抑制了本市集体企业的制造业出口产品质量升级，就间接效应而言，生产性服务业集聚对周边城市的私有企业和外资企业产生了负向空间溢出效应，而对周边地区的国有企业与集体企业无显著影响；对不同规模等级城市而言，伴随城市规模减小，本市生产性服务业集聚对当地制造业产品质量的促进作用逐级减弱，直至转变为抑制效应，从间接效应来看，Ⅰ型及以上大城市、Ⅱ型大城市的生产性服务业集聚均产生了显著的正向空间溢出效应，而中等城市生产性服务业集聚却抑制了周边城市制造业出口产品质量升级，小城市未通过显著性检验。基于不同规模等级城市间空间交互效应的分析结果表明，就同等级城市间的溢出效应而言，除小城市未通过显著性检验外，其余等级城市均对周边同等级城市产生了显著为负的空间外溢效应；就不同等级城市间的溢出效应而言，Ⅰ型及以上大城市对周边低等级城市均产生了促进作用，小城市显著抑制了周边Ⅱ型大城市的制造业出口产品质量升级，中等城市对周边Ⅱ型大城市无影响，Ⅱ型大城市对周边中等城市产生了负向的空间溢出作用，小城市对周边中等城市无明显影响，仅有Ⅱ型大城市对周边小城市产生了正向空间溢出作用，其余等级城市均未通过显著性检验。

第十章　企业集聚外部性影响污染减排的实证分析

本章从污染减排视角探讨空间集聚优势对企业高质量发展的影响效应。具体而言，本章使用污染排放强度反映企业环境污染状况，使用上市企业微观地理信息数据和潜力模型测度企业空间集聚水平，进而使用 2007~2022 年中国沪深 A 股上市企业面板数据对空间集聚优势影响企业污染排放强度的机制进行实证检验。

一、引言

党的二十大报告强调，人与自然和谐共生的现代化是中国式现代化的重要组成部分，新时代中国生态文明建设的战略任务是推动经济可持续发展。中国作为制造业大国，在工业化进程中不可避免地面临严峻的环境问题。2023 年，中华人民共和国生态环境部发布的《中国生态环境状况公报》数据显示，2022 年全国仍有 126 个城市环境空气质量超标，其中 69 个城市多项污染物超标；地表水 Ⅳ类、Ⅴ类和劣Ⅴ类水质占比 12.1%，地下水Ⅴ类和劣Ⅴ类水质占比 22.4%。环境污染问题依旧是阻碍中国经济高质量发展和"美丽中国"建设的重要障碍。企业是产品生产和污染排放的重要来源，其减排行为对于推进环境治理、实现经济可持续发展至关重要（Copeland and Taylor, 2004）。然而，企业的生产、经营及绿色环保行为并不能脱离于既定的空间组织而存在。党的二十届三中全会提出，要加快推进新型工业化，培育壮大先进制造业集群。习近平总书记在论述新质生产力与绿色发展间的关系时进一步提出了"打造高效生态绿色产业集群"的要求。推进集群式发展，通过发挥集聚效应和规模效应促进企业转型升级已成为大力发展新质生产力、实现经济绿色高质量发展的重要抓手。因此，深入探讨和研究如何在企业集聚过程中实现污染减排，对中国打好污染防治攻坚战，推进新型工业化和现代化产业体系建设具有重要的现实意义。

集聚是企业在特定地域范围内相互作用而形成的空间组织形式，可通过发挥知识溢出效应、劳动力"蓄水池"效应和中间品共享效应提高企业要素利用效率，促进污染减排。

首先，集聚为不同企业的研究人员创造了交流的机会，拥有差异化知识的研究人员互相之间交互会产生更具有活力的新知识和新技术，同时，集聚促使不同的知识信息在特定的空间范围内实现匹配，企业间知识信息交换的模式更专业、效率更高（Berliant and Fujita，2009；Berliant and Fujita，2010）。

其次，集聚促使更多异质性劳动者在特定的空间范围内集中，一方面推动地区人力资本积累，对原有的劳动力市场形成补充，另一方面促进劳动力个体之间互相学习，提高劳动力知识水平和劳动力质量，从而使劳动力个人技能和企业需求实现更好的匹配。

最后，集聚可以使大量相同或者相关的产业聚集在特定的空间范围内共享多样性中间产品，高效整合上下游产业，充分发挥企业间互补优势，提高企业对生产要素的使用效率（蔡海亚和徐盈之，2018）。由此可见，进一步强化企业空间集聚，是充分发挥集聚经济效应，实现企业间清洁生产知识传播、高技能环保知识人才有效匹配、污染减排设施共享，进而促进企业污染减排的重要因素。

关于集聚和环境污染的关系，现有研究主要有三种不同的观点。

第一，企业集聚会加剧污染排放。该观点认为集聚会导致产能扩张和大量能源消耗，进而产生严重的环境污染。张可和汪东芳（2014）、Cheng（2016）、Liu等（2017）使用省级和地级市数据研究中国企业集聚和生产规模对环境污染的影响，发现产业集聚规模和环境污染存在显著的相关性，产业集聚带来的生产规模扩大会显著增加企业污染排放量。

第二，企业集聚促进污染减排。该观点认为产业集聚通过集聚正外部性加强企业间知识要素、技术要素、信息要素等传播和使用，进而促进企业减排，学者通过以下视角和方法进行研究：Zeng 和 Zhao（2009）使用两地区和两部门数理模型研究高污染企业区位选择和污染排放水平的关系，认为企业集聚有助于污染减排。Hosoe 和 Naito（2010）研究集聚的技术溢出效应，认为技术溢出可以强化企业间清洁技术的扩散和使用。陆铭和冯皓（2014）从产业结构视角研究企业集聚和污染排放的关系，认为企业集聚有助于优化产业结构，进而对企业减排产生积极影响。钟娟和魏彦杰（2019）使用不同阈值距离的空间权重矩阵和 SDM 模型，在 EKC 理论框架下研究认为企业集聚促进企业污染减排的空间效应是明显的。

第三，产业集聚和企业减排之间的关系是非线性的。这个观点主要基于"集群生命周期"理论（Jirčíková et al.，2013）展开研究，认为在不同集聚阶段，企业集聚带来的外部性是变化的，因而对企业污染减排产生的影响不尽相同。闫逄柱等（2011）研究认为，企业集聚促进污染减排是一种短期效应。李筱乐（2014）、杨仁发（2015）研究证实企业集聚和企业污染减排之间存在倒 U 形的关系。谢荣辉和原毅军（2016）进一步从区分专业化集聚和多样化集聚的角度出发，研究认为专业化集聚对污染减排的倒 U 形影响明显，多样化集聚对污染减排的影响曲线更复杂。苏丹妮和盛斌（2021）在谢荣辉和原毅军的研究基础上进一步认为，专业化集聚更显著地降低了企业污染排放强度。

目前对企业污染减排的研究主要集中在宏观层面，较少研究从微观企业层面出发探究企业空间集聚影响污染排放的内在机制和作用过程。与本章联系较为密切的是苏丹妮和盛斌（2021）的研究。他们探讨了产业集聚与企业污染排放强度间的关系，但集聚在本质上是企业之间的空间组织行为，该研究在探讨空间集聚时并未考虑到企业之间的空间互动关系。事实上，不同企业之间存在明显空间互动行为，比如模仿学习、上下游联动、产品交换等，企业污染减排作为企业生产活动的组成部分，与周边企业势必存在一定的空间联系。因此，本章将基于企业微观地理信息空间匹配数据，结合潜力模型构建企业集聚指标，并利用中国微观企业污染排放数据和中国工业企业数据，探讨企业空间集聚中的污染减排问题，以期对产业集聚影响环境污染的相关研究提供有益参考。与已有文献相比，本章贡献主要有以下几个方面：首先，本章在研究层次上关注微观层面，从企业集聚和集聚外部性视角探讨企业污染减排问题，为进一步优化企业空间布局，推进环境治理和污染减排，实现企业绿色高质量发展提供新的研究视角；其次，本章在 Forslid 等（2018）的单要素企业污染排放决定框架基础上，引入多生产要素和企业集聚变量，构建了企业集聚影响污染减排的理论分析框架，探讨企业集聚通过知识溢出效应、劳动力"蓄水池"效应、中间品共享效应对企业污染减排的影响机制，为在企业集聚过程中充分发挥集聚外部性促进企业污染减排提供新的研究框架；最后，本章基于企业微观地理信息空间匹配数据，结合潜力模型计算企业空间集聚指标以及绿色知识外溢、绿色劳动力"蓄水池"效应、绿色中间品空间共享效应指标，为研究企业集聚与环境污染间的关系提供较为精准的量化依据。

二、计量模型、变量测算与数据说明

（一）计量模型设定

理论分析显示，企业集聚可以通过知识溢出效应、劳动力"蓄水池"效应和中间品共享效应影响企业污染排放强度。由此，计量模型可以设定为：

$$\ln E_{it} = \alpha_0 + \alpha_1 \ln agg_{it} + \sum_n \beta_i H_{it}^n + \varepsilon_{it} \tag{10.1}$$

$$\ln E_{it} = \alpha_0 + \alpha_1 \ln agg_{it} + \beta_1 inco_{it} + \beta_2 inte_{it} + \beta_3 invt_{it} + \beta_4 tang + \beta_5 liqui_{it} + \beta_6 tagr_{it} + \lambda_i + \lambda_t + \varepsilon_{it} \tag{10.2}$$

式中，i 表示企业；t 表示年份；agg 为企业空间集聚；n 为控制变量个数；H 表示企业层面的控制变量，控制变量包括：企业工资水平（$inco$）、资本密集度（$inte$）、投资支出率（$invt$）、资产结构（$tang$）、流动性（$liqui$）、总资产增长率（$tagr$）；β_i 为各个控制变量的待估系数，各变量的测度方法将在下文详细介绍；λ_i 和 λ_t 分别表示企业和年份固定效应；ε_{it} 表示随机扰动项。

（二）指标选取、变量说明和数据来源

本章样本为 2007~2022 年中国上市制造业企业微观数据。在数据处理过程中，为了避免数据的极端异常值对回归结果的干扰，本章还对样本进行了 2.5% 水平上的双边截尾和双边缩尾处理。以下具体说明有关变量和指标的界定和测度方法。

1. 被解释变量：企业污染排放强度（E）

企业排放的污染物有很多种，为更全面具体地描述企业污染排放强度，本章采用综合指数法，选取水污染和空气污染两种最重要的污染类型的七种污染物数据构建企业污染排放强度指标。水污染指标包括化学需氧量、氨氮排放量、总氮和总磷，空气污染指标包括二氧化硫、氮氧化合物和烟尘。本章对两类七种污染物指标的原始数据进行线性标准化处理：

$$pr_{itn} = \frac{p_{itn} - \min p_{int}}{\max p_{int} - \min p_{int}} \tag{10.3}$$

式中，p_{itn} 表示企业 i 在第 t 时期的第 n 种污染物排放量数据，$\min p_{int}$ 表示第 n 种污染物排放量同期最小值，$\max p_{int}$ 表示同期最大值。本章计算企业 i 在第 t 时期的第 n 种污染物排放量的调整系数：

$$\eta_{itn} = \frac{pr_{itn}}{\overline{pr_{itn}}} \tag{10.4}$$

式中，$\overline{pr_{itn}}$ 表示样本内所有企业在第 t 时期第 n 种污染物排放的平均水平。结合式（10.3）、式（10.4）和企业 i 在第 t 时期总营业收入规模，本章得到企业 i 的综合污染排放强度指数：

$$E_{it} = \frac{1}{n M_{it}} \sum_n (pr_{itn} \times \eta_{itn}) \tag{10.5}$$

式中，M_{it} 表示企业 i 在第 t 时期的总营业收入规模。E_{it} 数值越大，代表该企业每增加一单位营业收入所需要增加的污染排放强度越大。

2. 解释变量：企业空间集聚（agg）

企业空间集聚反映了多个企业在既定空间范围内的空间布局状况。处于集聚状态的企业之间拥有较强的空间联动水平，一家企业可便利地从其周边企业获得所需的知识、人才、中间品等资源，从而获得生产与环境治理中的递增收益，降低企业污染排放强度。结合潜力模型，企业空间集聚指标可设定为：

$$agg_i = \sum_{j \neq i} \left(\frac{L_j}{d_{ij}} \right) \tag{10.6}$$

式中，L_j 是既定空间范围内企业 j 的规模，以企业 j 的就业人数表示；d_{ij} 是企业 i 与企业 j 之间的地理距离，其计算方法如下：首先使用百度地图 Web 服务 API 中的地理编码服务将全国工业企业结构化地址信息转化为对应的经纬度数据，然后利用企业各年经纬度数据计算企业之间的地理距离。

式（10.6）表示，企业空间集聚水平取决于三方面因素：一是既定空间范围内企业的数量，一定空间范围内企业的数量越多，代表企业分布越密集，企业间产生空间作用的可能性越大；二是企业规模，企业规模越大，企业拥有的人才、资本、技术等越丰富，越有可能对周边企业形成空间溢出；三是企业间的空间距离，企业间的距离越近，意味着企业间产生相互作用的便利性程度越高，彼此的空间关联效应就越强。Duranton 和 Overman（2005）研究认为，企业集聚效应在 0～300 千米范围内最明显，距离超过 300 千米，企业间互相影响的效应急剧衰减，即企业间距离越近，企业间的空间作用越明显。邵朝对等（2019）使用 DO 指数测度了中国制造业企业在连续空间上的集聚程度，结果显示中国企业有明显的短距离集聚倾向，空间外部性主要在 0～100 千米范围内发挥作用，且在 40～60 千米达到峰值。因此本章参考邵朝对等（2019）的研究，将地理距离边界范围设定为 50 千米，计算企业 50 千米范围内的企业空间集聚指标，并取对数用于回归分析。

3. 控制变量

本章在基准回归方程中加入了与企业经营、生产活动有关的企业层面控制变量，具体如下：①企业工资水平（inco），以企业本年度支付给职工和为职工支付的现金之和与企业员工数的比值进行衡量，一家企业的工资水平越高，说明该企业的实力越强，经营过程越健康，对周边人才的吸引力越强；②企业资本密集度（inte），以企业固定资产净额与企业员工数的比值进行衡量，一家企业的资本密集度越高，其资本成本越高，越有条件创造更高的劳动生产率；③企业投资支出率（invt），以企业购建固定资产、无形资产和其他长期资产支付的现金总和与企业总资产的比值进行衡量，一家企业的投资支出率越高，说明其改进生产过程、研发新技术的意愿越高，对资产的利用效率越高，企业营收情况通常较好；

④企业资产结构（*tang*），以固定资产净额和存货净额之和与企业总资产的比值进行衡量，该值越高，说明企业越有可能保持健康的可持续发展；⑤企业流动性（*liqui*），以企业流动资金与企业总资产的比值进行衡量，企业的流动性高，说明其拥有充足的现金流保证自身的正常经营生产活动和创新研发；⑥企业总资产增长率（*tagr*），企业总资产增长率越快，说明其在一段时间内资产经营规模扩张速度越快，发展后劲越强。

4. 数据来源及主要变量描述性统计

本章实证分析的数据包括 2007～2022 年中国沪深 A 股上市制造业企业财务数据、污染排放明细数据和中国上市制造业企业微观地理信息数据。上市企业财务数据主要来自国泰君安数据库（CSMAR）；上市企业污染排放数据主要来自上市公司年报、上市公司社会责任报告以及上市公司网站，其中，上市公司年报的相关数据来自上海证券交易所官网和深圳证券交易所官网；企业微观地理信息数据来自百度地图地理信息数据。在匹配和处理数据的过程中，本章遵循会计准则对原始数据进行清理：删除金融业样本；删除 ST、PT 等经过特殊处理的企业样本；删除缺失重要经济指标的企业样本；删除员工人数小于 8 的企业样本；删除没有识别编号的企业样本；删除无法匹配核心解释变量和核心被解释变量的企业样本。经匹配和处理，用于基准回归的企业样本共包含 30471 个有效观测值。具体指标的数据来源如表 10.1 所示。

表 10.1　主要指标的数据来源

变量	指标	数据来源
被解释变量	企业污染排放强度（E_i）	中国上市企业数据库
		《中国环境统计年鉴》
解释变量	企业空间集聚（*agg*）	中国上市企业数据库
		中国地理信息数据库
控制变量	企业工资水平（*inco*）	中国上市企业数据库
	企业资本密集度（*inte*）	中国上市企业数据库
	企业投资支出率（*invt*）	中国上市企业数据库
	企业资产结构（*tang*）	中国上市企业数据库
	企业流动性（*liqui*）	中国上市企业数据库
	企业总资产增长率（*tagr*）	中国上市企业数据库

各指标变量的描述性统计结果如表 10.2 所示。企业污染排放强度（*E*）平

均值为 -19.5835，最大值为 -7.5840，最小值为 -27.1351。该指标越大，说明企业在生产过程中每扩大一单位总收入，需要增加的污染排放量越多。从描述性统计可知，我国制造业各企业的污染排放强度水平差距明显，制造业整体污染排放强度水平较高。以 50 千米为边界的企业空间集聚（lnagg）平均值为 12.8303，最大值为 15.7574，最小值为 5.8358。该指标越大，说明企业与周边企业的空间互动水平越高。从描述性统计可知，我国企业间集聚水平存在显著的差异性，整体集聚水平有待提高。

表 10.2　主要变量的描述性统计

变量名称	样本量	平均值	标准差	最小值	最大值
E	30471	-19.5835	1.6110	-27.1351	-7.5840
lnagg	30471	12.8303	1.4995	5.8358	15.7574
inco	30471	11.1821	0.9011	3.1939	17.2011
inte	30471	12.4394	1.2236	-2.8332	21.9836
invt	30471	0.0532	0.0566	-0.1127	0.7488
tang	30471	0.3913	0.1884	0.0000	0.9946
liqui	30471	-0.0507	4.0783	-55.8585	0.8763
tagr	30471	0.2274	1.0254	-1.0000	72.5214

三、计量检验与结果分析

（一）基准回归结果

本部分将在以上分析的基础上，使用 50 千米范围构建的企业空间集聚指标，探讨该空间范围内企业集聚对企业污染排放强度的影响效应。在控制企业和年份固定效应下，使用聚类稳健标准误的估计结果如表 10.3 所示。

表 10.3　企业集聚对企业污染排放强度影响的基准回归结果

变量	(1)	(2)	(3)	(4)
lnagg	-0.2798 *** (-10.96)	-0.2245 *** (-8.35)	-0.2368 *** (-8.53)	-0.2393 *** (-9.15)

续表

变量	(1)	(2)	(3)	(4)
inco		-0.1080*** (-3.63)	-0.1477*** (-4.32)	-0.1382*** (-4.17)
inte		-0.0559** (-2.45)	-0.0218 (-0.78)	-0.0320 (-1.16)
invt			-0.5215*** (-3.08)	-0.4182** (-2.51)
tang			-0.3762*** (-2.61)	-0.4297*** (-3.00)
liqui				-0.2139*** (-6.38)
tagr				-0.0391*** (-3.21)
Constant	-15.8971*** (-47.24)	-14.6930*** (-40.15)	-14.3261*** (-35.66)	-14.2540*** (-36.48)
企业固定效应	Yes	Yes	Yes	Yes
时间固定效应	Yes	Yes	Yes	Yes
R^2	0.047	0.059	0.062	0.095
N	30471	30471	30471	30471

注：括号中数值为 t 统计值；***、**和*分别表示在1%、5%和10%的水平上显著。本章下同。

50千米范围内企业集聚影响企业污染排放强度的基准回归结果如表10.3所示。其中，第（1）列结果表明，无控制变量时，企业空间集聚（lnagg）影响企业污染排放强度（E）的估计系数在1%水平上显著为负。第（2）列和第（3）列结果表明，逐步在回归中引入企业层面控制变量时，企业空间集聚（lnagg）影响企业污染排放强度（E）的估计系数在1%水平上显著为负。当引入全部控制变量后，估计结果如第（4）列所示，企业空间集聚（lnagg）影响企业污染排放强度（E）的估计系数在1%水平上显著为负，说明在50千米范围内企业空间集聚对降低企业污染排放强度有明显的促进作用。集聚的正外部性包括知识溢出效应、劳动力"蓄水池"效应和中间品共享效应，地理空间邻近使得企业对周边企业资源的空间可达性明显提升。一方面，企业间可以更方便借用或购得对方企业的生产设备、技术成果和优质人才等资源，使得企业自身的技术水平和生产能力，包括对污染物的处理能力，得到明显提高；另一方面，地理邻近极大地降低了企业之间的空间联动成本，包括沟通成本、交通运输成本等，这样的好处是显著降低了企业的生产成本，使得企业有更多的资金投入减排活动，并提高了企业对资源的使用效率。

控制变量的参数估计基本符合预期。企业工资水平（$inco$）、企业资产结构（$tang$）、企业流动性（$liqui$）和企业总资产增长率（$tagr$）的估计系数在1%水平上显著为负，企业投资支出率（$invt$）的估计系数在5%水平上显著为负。说明在企业集聚大背景下，提高员工工资水平，增加固定资产净额、存货净额和企业流动资金，扩大企业经营规模以及增加投资支出意愿对企业实现污染减排和可持续经营有显著的积极影响。另外，企业资本密集度（$inte$）的估计系数为负但不显著，说明在本章的基准模型中，该控制变量不是影响企业污染排放强度的主要因素。综上分析，企业空间集聚对企业降低污染排放强度有显著的促进作用，核心解释变量参数估计在1%水平上显著为负，且各控制变量系数符号和显著性水平均保持前后一致，说明该模型较为稳健。

（二）企业间空间可达性影响企业污染排放强度的稳健性检验

本部分从核心变量替换、排除解释变量极端值以及考虑模型中可能存在的内生性问题三个视角出发，就企业空间集聚对企业污染排放强度的影响进行稳健性检验。

1. 替换核心被解释变量

本章在基准模型中使用了企业年总收入（M）构建核心被解释变量企业污染排放强度（E），基准回归显示企业空间集聚可以显著降低企业污染排放强度。本部分使用企业雇员规模（L）代替企业年总收入（M）构建新的核心被解释变量（$E1$），用以衡量企业的人均污染排放强度。检验结果如表10.4第（1）列所示，估计系数在1%水平上显著为负。结果表明，50千米范围内企业空间集聚可以显著降低企业人均污染排放强度。这印证了基准回归的结论。

表 10.4 稳健性检验：替换核心解释变量、被解释变量以及双边缩尾和双边截尾检验

变量	（1）替换核心被解释变量	替换核心解释变量		（4）2.5%水平双边缩尾	（5）2.5%水平双边截尾
		（2）	（3）		
lnagg	-0.2821*** (-11.09)			-0.2463*** (-9.17)	-0.2291*** (-8.13)
lnagg10		-0.1600*** (-11.21)			
lnagg90			-0.2459*** (-5.91)		

续表

变量	（1）替换核心被解释变量	替换核心解释变量		（4）2.5%水平双边缩尾	（5）2.5%水平双边截尾
		（2）	（3）		
inco	0.6058 ***	−0.1675 ***	−0.1010 **	−0.1367 ***	−0.1468 ***
	（20.93）	（−5.23）	（−2.49）	（−4.13）	（−4.38）
inte	0.0794 ***	−0.0377	−0.0364	−0.0318	−0.0208
	（3.43）	（−1.36）	（−1.16）	（−1.15）	（−0.74）
invt	−0.5350 ***	−0.3634 **	−0.2836	−0.4296 **	−0.3776 **
	（−3.86）	（−2.22）	（−1.43）	（−2.57）	（−2.25）
tang	−0.6797 ***	−0.4327 ***	−0.3068 **	−0.4340 ***	−0.4385 ***
	（−6.05）	（−3.03）	（−2.17）	（−3.03）	（−3.00）
liqui	−0.0909 ***	−0.2169 ***	−0.2114 ***	−0.2140 ***	−0.2109 ***
	（−3.07）	（−6.22）	（−3.08）	（−6.39）	（−6.79）
tagr	0.0030	−0.0392 ***	−0.0229 **	−0.0384 ***	−0.0394 ***
	（0.28）	（−3.28）	（−2.02）	（−3.12）	（−3.08）
Constant	−9.7396 ***	−15.1541 ***	−14.4868 ***	−14.1771 ***	−14.4287 ***
	（−26.99）	（−46.57）	（−25.64）	（−35.76）	（−35.81）
企业固定效应	Yes	Yes	Yes	Yes	Yes
时间固定效应	Yes	Yes	Yes	Yes	Yes
R^2	0.272	0.104	0.064	0.095	0.087
N	30504	30471	19426	30471	29540

2. 替换核心解释变量

本章在基准模型中使用了50千米作为构建核心解释变量的空间范围。本部分进一步将空间范围设定为10千米和90千米，构建全新的集聚指标替换原核心解释变量（lnagg）进行稳健性检验。检验结果如表10.4第（2）列和第（3）列所示。第（2）列是以10千米为范围的企业空间集聚（lnagg10）的估计系数，第（3）列是以90千米为范围的企业空间集聚（lnagg90）的估计系数，估计系数均在1%水平上显著为负。该检验结果进一步证实了企业空间集聚可以促进企业污染排放强度降低，加强了基准回归结果的准确性。

3. 双边缩尾和双边截尾检验

本部分对变量分别进行2.5%水平的双边缩尾和双边截尾处理，以求减小变量中个别极端值对回归结果造成的估计偏误。检验结果如表10.4第（4）列和第（5）列所示。结果显示，50千米范围内企业空间集聚对企业污染排放强度的影响均在1%水平上通过显著性检验，并且估计系数为负，从而加强了本章基准回归结果的准确性。

4. 内生性检验

为了更全面地考察企业空间集聚对企业污染排放强度的影响，在进行稳健性检验时还需要重视可能存在的内生性问题。为消除基准模型可能存在的内生性问题，本部分使用工具变量法和二阶段最小二乘法进行内生性检验，工具变量选择了城市层面和企业层面的地理变量。

（1）城市层面地理变量作为企业集聚的工具变量。本部分使用 289 个样本地级市的平均地形起伏度（*topographic relief*）作为企业空间集聚影响企业污染排放强度的工具变量进行内生性检验。企业出于对建设成本、交通成本等客观条件的考虑，通常会选择在地形较为平坦的地区建厂。一般来说，一个城市的地形越平坦，其城市建设越便利，基础设施越完善，这对该城市地区吸引新人口、发展新经济有积极作用，地形平坦的城市更有可能吸引更多新企业入驻，进而形成企业集聚。城市平均地形起伏度属于自然地理条件，不会对企业污染减排行为造成直接的影响，符合工具变量的选择要求。

（2）企业层面地理变量作为企业集聚工具变量。本部分在测算样本企业空间集聚指标的同时，还根据刘修岩（2014）的思路测算了企业的 30 千米范围内地理集中度：

$$G\_potential_i = \sum_{j \neq i} \frac{1}{d_{ij}} \tag{10.7}$$

本部分使用样本企业的地理集中度（*geography potential*）作为企业空间集聚影响企业污染排放强度的工具变量进行内生性检验。式中，d_{ij} 是企业 i 和企业 j 间的地理距离。企业地理集中度越高，说明该企业周边集聚的企业数量越多，企业集聚水平越高。虽然企业地理集中度与企业空间集聚指标间存在相关性，但企业地理集中度作为一个自然地理变量，只反映了该企业在一定空间范围内的地理位置，并不会对企业污染减排行为产生直接影响，具有明显的外生性，因此该指标符合工具变量的选择要求。内生性检验结果如表 10.5 和表 10.6 所示。

表 10.5　2SLS 第一阶段结果

工具变量	（1）	（2）	（3）
G_relief	−0.6857 *** (−68.99)		−0.2805 *** (−38.68)
G_potential		0.0062 *** (202.59)	0.0058 *** (184.54)
时间固定效应	Yes	Yes	Yes

续表

工具变量	(1)	(2)	(3)
企业固定效应	Yes	Yes	Yes
Sanderson-Windmeijer multivariate F test	4758.9300 [0.0000]	41041.0200 [0.0000]	21838.8800 [0.0000]
Anderson canon. corr. LM statistic 检验	4086.5930 [0.0000]	16851.7000 [0.0000]	16752.8600 [0.0000]
R^2	0.081	0.077	0.079
N	28877	28586	27171

表 10.6 2SLS 第二阶段结果

变量	(1)	(2)	(3)
lnagg	−0.0523 *** (−2.78)	−0.0234 ** (−2.55)	−0.0235 ** (−2.52)
inco	−0.4004 *** (−19.19)	−0.4143 *** (−24.92)	−0.4240 *** (−24.88)
inte	−0.0867 *** (−9.03)	−0.0835 *** (−9.08)	−0.0814 *** (−8.63)
invt	−1.4470 *** (−8.07)	−1.0636 *** (−5.98)	−1.1709 *** (−6.35)
tang	−1.5356 *** (−26.97)	−1.5288 *** (−27.33)	−1.5470 *** (−26.92)
liqui	−0.0779 *** (−5.44)	−0.0671 *** (−4.77)	−0.0654 *** (−4.51)
tagr	−0.0553 *** (−5.65)	−0.0453 *** (−4.86)	−0.0512 *** (−5.12)
Constant	−12.5580 *** (−60.13)	−12.8670 *** (−72.67)	−12.7711 *** (−70.34)
企业固定效应	Yes	Yes	Yes
时间固定效应	Yes	Yes	Yes
Cragg-DonaldWald F 检验	4758.9320	41041.0200	21838.8800
Sargan 检验			0.7460 [0.3879]
R^2	0.081	0.077	0.079
N	28877	28586	27171

表 10.5 第（1）列显示，城市平均地形起伏度参数估计为负，并在 1%水平上显著。这说明城市地形起伏程度越低，企业空间集聚水平越高。第（2）列显示，企业地理集中度参数估计为正，且在 1%水平上显著。这说明企业的地理集中度与企业空间集聚正相关。第（3）列显示，将城市平均地形起伏度和企业地理集中度同时作为工具变量时，估计系数均在 1%水平上显著，且符号方向与前文估计结果保持一致。可见，本部分选取的地理变量与企业空间集聚之间存在显著的关联性，均符合作为工具变量的条件。

表 10.6 第（1）列是以城市平均地形起伏度作为工具变量，并采用 2SLS 进行估计的结果，弱工具变量测试中，CD 检验的 F 值 4758.9320 远大于 Stock-Yogo 的 10%临界值 16.38，AR 检验 P 值小于 0.1，通过检验；表 10.6 第（2）列是以企业地理集中度作为工具变量，并采用 2SLS 进行估计的结果，弱工具变量测试中，CD 检验的 F 值 41041.0200 远大于 Stock-Yogo 的 10%临界值 16.38，AR 检验 P 值小于 0.1，通过检验；表 10.6 第（3）列是同时使用城市平均地形起伏度和企业地理集中度作为企业间空间可达性的工具变量，采用 2SLS 进行估计的结果，CD 检验的 F 值 21838.8800 远大于 Stock-Yogo 的 10%临界值 19.93，AR 检验 P 值小于 0.1，Sargan 检验 P 值小于 0.1，通过检验。另外，表 10.6 结果显示，企业空间集聚估计系数均在 1%或 5%水平上显著，说明估计结果仍较为稳健，验证了基准回归结果的结论。

四、企业集聚外部性影响污染排放强度的机制检验

理论分析显示，企业集聚可以通过绿色知识外溢效应、劳动力"蓄水池"效应和绿色中间品共享效应影响企业污染减排。为检验上述机制，本部分进一步构建绿色技术外溢效应（gts）、绿色劳动力"蓄水池"效应（glp）和绿色中间品可达性（gps）三个指标，借鉴江艇（2022）的方法进行机制检验。机制检验结果如表 10.7 所示。

表 10.7　机制检验结果

变量	（1）绿色知识外溢效应	（2）绿色劳动力"蓄水池"效应	（3）绿色中间品共享效应
lnagg	0.0992***	0.0374**	0.0504***
	(4.49)	(2.46)	(4.14)
inco	0.0626***	0.0760***	0.0522***
	(5.38)	(4.13)	(4.66)

续表

变量	（1）绿色知识外溢效应	（2）绿色劳动力"蓄水池"效应	（3）绿色中间品共享效应
inte	0.0334**	0.0569	0.0410
	(2.24)	(1.60)	(0.85)
invt	0.0542***	0.0704**	0.1226***
	(5.10)	(2.22)	(4.15)
tang	0.0559	0.0270***	0.0267***
	(1.42)	(3.22)	(2.92)
liqui	0.1287***	0.0829***	0.1308**
	(5.20)	(5.25)	(2.09)
tagr	0.0229***	0.0477***	0.0587**
	(3.01)	(6.04)	(2.45)
Constant	0.7108***	1.1762***	1.0705***
	(10.96)	(9.92)	(3.50)
企业固定效应	Yes	Yes	Yes
时间固定效应	Yes	Yes	Yes
R^2	0.096	0.102	0.087
N	30471	29854	30471

企业间绿色技术外溢效应（*ts*）使用企业 i 对其 50 千米范围内其他绿色制造业企业 j 研发资源的可达性来度量。具体指标构建如下：

$$gts_i = \sum_{j=1,\ j \neq i} \frac{R_j}{d_{ij}^{\delta}} \tag{10.8}$$

式中，R_j 表示其他绿色行业的企业 j 研发投入占其营业总收入的比重（%）。绿色制造业行业主要有节能环保产业、清洁生产产业、清洁能源产业、生态环境产业、基础设施绿色升级五个行业领域。δ 是空间衰减参数，这里设定为 1，下文同。

本部分通过测算企业 i 的 50 千米范围内邻近绿色行业企业 j 的高技术劳动力的规模，进而构建指标衡量企业层面的劳动力"蓄水池"效应（*glp*）。具体指标构建如下：

$$glp_i = \sum_{j=1,\ j \neq i} \left(U_j^e \left(\frac{\frac{U_j^e}{U_j}}{\frac{U^e}{U} - 1} \right) \right) \times d_{ij}^{-\delta} \tag{10.9}$$

式中，U_j^e 是企业 i 周边 50 千米范围内绿色行业企业 j 的技术雇员规模，U_j 是企业 j 的总雇员规模，U^e 是企业 i 周边 50 千米范围内所有绿色行业企业技术雇员规模，U 是企业 i 周边 50 千米范围内所有绿色行业企业的总雇员规模。该指标反映了企业 i 对其周边 50 千米范围内邻近绿色行业企业高技能劳动力的可达性。

企业绿色中间品空间可达性（gps）使用企业 i 对其周边 50 千米范围内制造业绿色中间品的可达性度量。具体指标构建如下：

$$gps_i = \sum_{j=1, \ j \neq i} \frac{U_j^g r_{gr}}{r_{GR} d_{ij}^\delta} \tag{10.10}$$

式中，U_j^g 是绿色行业 g 中绿色中间品生产企业 j 的雇员规模，r_{gr} 是企业 j 所在绿色行业 g 与企业 i 所在行业 r 之间的完全消耗系数，r_{GR} 是企业 i 所在行业 r 对所有绿色中间品生产行业的完全消耗系数。绿色中间品主要包括以上五个绿色行业领域中的绿色材料、绿色包装等方面。

表 10.7 第（1）列显示，企业集聚对绿色知识外溢的参数估计显著为正，说明企业集聚提高了企业获取各类绿色知识的便利性，强化了企业间绿色环保及清洁生产技术的交流、传播，降低了企业获取先进知识的成本，进而降低了企业污染减排强度。第（2）列中企业空间集聚的参数估计在 5% 水平上显著为正，说明企业集聚有助于其周边区域形成绿色技能劳动力的"蓄水池"，增强了企业对于绿色技能人才的可获得性，提高了绿色劳动力供给与企业岗位需求的匹配效应，进而减少企业对于绿色技能劳动力的搜寻、培训及投入成本，降低企业污染排放强度。第（3）列中企业空间集聚的参数估计依然在 1% 水平上显著为正，意味着企业集聚加强了上下游企业间的投入产出关联，提高了绿色中间品生产中的规模经济效应，不仅为企业以较低价格获得高质量绿色中间品提供了保障，也强化了企业获得绿色中间品的便利性和共享效应，从而降低企业污染排放强度。

五、进一步分析

（一）企业集聚和企业减排间非线性关系研究

基于集群生命周期理论，部分学者认为集聚带来的外部性是非线性的，企业集聚对企业污染减排的影响是一种阶段性、短期的影响，影响曲线可能是倒 U 形（李筱乐，2014；杨仁发，2015；谢荣辉和原毅军，2016），甚至是倒 N 形（邵帅等，2019）。企业集聚初期，随着集聚水平提高，企业可以通过专业化集聚和多样化集聚带来正外部性，从而提高企业绿色技术水平和绿色生产能力，促进污染减排；企业集聚后期，在缺乏全行业技术创新的环境下，企业生产趋于同质化，此时产业规模的过分扩张和企业区位的过度集中可能导致同一行业的企业在规模有限的要素市场和产品市场上恶性竞争，企业为了追逐更多利润而忽视对绿色技术的研发和升级，进而造成资源浪费和排放加剧。为探究企业集聚和企业污染排放之间是否存在上述非线性关系，本部分在基准回归模型中加入企业空间集聚的二次项，构建如下计量模型：

$$\ln E_{it} = \alpha_0 + \alpha_1 \ln aggi_{it} + \alpha_2 (\ln aggi_{it})^2 + \sum_k \beta_i H_{it}^k + \varepsilon_{it} \qquad (10.11)$$

检验结果如表 10.8 和表 10.9 所示。表 10.8 第（2）、第（4）、第（5）和第（6）列分别是式（10.11）使用 10 千米、20 千米、30 千米和 40 千米为地理空间范围构建的企业空间集聚的回归结果，第（1）、第（3）列分别报告了式（10.10）使用 10 千米、20 千米为地理空间范围构建的企业空间集聚的基准回归结果；表 10.9 第（1）~第（5）列分别是式（10.11）使用 50 千米、60 千米、70 千米、80 千米和 90 千米为地理空间范围构建的企业空间集聚的回归结果。结果显示：在 10 千米和 20 千米范围内，二次项（$\ln agg10$）^{2} 和（$\ln agg20$）^{2} 估计系数不显著，说明 10 千米和 20 千米范围内企业集聚和企业污染排放之间不存在显著的非线性关系，但一次项 $\ln agg10$ 和 $\ln agg20$ 的基准回归系数显著为负，说明 10 千米和 20 千米范围内企业集聚和企业污染排放间存在显著的负线性关系；在 30 千米范围内，二次项（$\ln agg30$）^{2} 的估计系数显著为正，说明 30 千米范围内企业集聚和企业污染排放之间存在 U 形关系，且大部分企业的企业空间集聚（$\ln agg30$）小于式（10.11）的极小值点 11.756，说明 30 千米范围内企业集聚对企业污染排放强度降低有显著积极影响；当地理空间范围扩大到 30 千米以上，一直到 90 千米范围内，二次项（$\ln agg40$）^{2}、（$\ln agg50$）^{2}、（$\ln agg60$）^{2}、（$\ln agg70$）^{2}、（$\ln agg80$）^{2} 和（$\ln agg90$）^{2} 估计系数均显著为负，说明逐渐扩大地理范围后企业集聚和企业污染排放之间存在倒 U 形关系，且大部分企业的企业空间集聚（$\ln aggi$）大于式（10.11）的极大值点[1]，证明企业集聚可以促进大部分企业污染排放强度降低，加强了本部分基准回归结果的准确性。综上分析，我国企业的集聚水平较不平衡，过度集聚和集聚不充分的情形可能同时存在，随着企业间地理距离的增加，企业集聚对企业污染减排的影响会呈现较复

---

[1] $\ln agg30$ 均值 8.616，中位数 8.440，式（10.11）极小值点 11.756；$\ln agg40$ 均值 12.894，中位数 12.688，式（10.11）极大值点 8.732；$\ln agg50$ 均值 12.830，中位数 12.742，式（10.11）极大值点 6.926；$\ln agg60$ 均值 13.281，中位数 13.262，式（10.11）极大值点 10.246；$\ln agg70$ 均值 13.386，中位数 13.447，式（10.11）极大值点 10.539；$\ln agg80$ 均值 13.417，中位数 13.473，式（10.11）极大值点 10.293；$\ln agg90$ 均值 13.584，中位数 13.572，式（10.11）极大值点 11.080。

杂的非线性变化，但整体而言，企业集聚可以通过集聚外部性促进企业污染排放强度降低。

表 10.8　进一步分析：非线性关系回归结果（0~40 千米范围）

变量	（1）	（2）	（3）	（4）	（5）	（6）
lnagg10	−0.1600*** (−11.21)	−0.2478*** (−2.68)				
(lnagg10)²		0.0039 (0.94)				
lnagg20			−0.1692*** (−7.38)	0.0860 (0.46)		
(lnagg20)²				−0.0104 (−1.35)		
lnagg30					−0.9969*** (−10.14)	
(lnagg30)²					0.0424*** (7.80)	
lnagg40						0.4366 (1.34)
(lnagg40)²						−0.0250** (−1.98)
inco	−0.1675*** (−5.23)	−0.1709*** (−5.27)	−0.1737*** (−4.85)	−0.1730*** (−4.84)	−0.2157*** (−7.06)	−0.1487*** (−3.90)
inte	−0.0377 (−1.36)	−0.0374 (−1.35)	−0.0093 (−0.31)	−0.0093 (−0.31)	−0.0637** (−2.43)	−0.0062 (−0.21)
invt	−0.3634** (−2.22)	−0.3660** (−2.23)	−0.1711 (−0.97)	−0.1628 (−0.93)	−0.4017** (−2.55)	−0.2280 (−1.23)
tang	−0.4327*** (−3.03)	−0.4324*** (−3.03)	−0.4405*** (−2.81)	−0.4398*** (−2.81)	−0.3424** (−2.51)	−0.4430*** (−2.90)
liqui	−0.2169*** (−6.22)	−0.2170*** (−6.20)	−0.2102*** (−5.63)	−0.2094*** (−5.64)	−0.2168*** (−5.78)	−0.1935*** (−3.16)
tagr	−0.0392*** (−3.28)	−0.0395*** (−3.32)	−0.0414*** (−3.34)	0.0416*** (−3.35)	−0.0364*** (−3.26)	−0.0354*** (−2.77)
Constant	−15.1541*** (−46.57)	−14.6476*** (−23.29)	−15.2001*** (−42.00)	−0.1730*** (−4.84)	−0.2157*** (−7.06)	−19.0134*** (−9.03)
企业固定效应	Yes	Yes	Yes	Yes	Yes	Yes

续表

变量	(1)	(2)	(3)	(4)	(5)	(6)
时间固定效应	Yes	Yes	Yes	Yes	Yes	Yes
R^2	0.104	0.104	0.088	0.089	0.167	0.076
N	30471	30471	25878	25878	30471	22827

表 10.9 进一步分析：非线性关系回归结果（0~90 千米范围）

变量	(1)	(2)	(3)	(4)	(5)
$\ln agg50$	0.2729 (1.03)				
$(\ln agg50)^2$	−0.0196* (−1.95)				
$\ln agg60$		0.6885 (1.59)			
$(\ln agg60)^2$		−0.0336** (−2.05)			
$\ln agg70$			0.8010* (1.70)		
$(\ln agg70)^2$			−0.0380** (−2.14)		
$\ln agg80$				0.7102 (1.46)	
$(\ln agg80)^2$				−0.0345* (−1.89)	
$\ln agg90$					1.0282* (1.66)
$(\ln agg90)^2$					−0.0464** (−2.03)
$inco$	−0.1372*** (−4.13)	−0.1334*** (−3.54)	−0.1305*** (−3.37)	−0.1107*** (−2.77)	−0.1055*** (−2.63)
$inte$	−0.0326 (−1.18)	−0.0280 (−0.97)	−0.0268 (−0.91)	−0.0359 (−1.14)	−0.0357 (−1.14)
$invt$	−0.4248** (−2.55)	−0.1729 (−0.94)	−0.2704 (−1.41)	−0.2411 (−1.22)	−0.2643 (−1.33)
$tang$	−0.4369*** (−3.05)	−0.3406** (−2.52)	−0.3443** (−2.48)	−0.3017** (−2.13)	−0.3080** (−2.18)

续表

变量	（1）	（2）	（3）	（4）	（5）
liqui	-0.2132 ***	-0.1830 ***	-0.1816 ***	-0.2113 ***	-0.2099 ***
	(-6.36)	(-2.96)	(-2.93)	(-3.06)	(-3.05)
tagr	-0.0385 ***	-0.0301 ***	-0.0309 **	-0.0235 **	-0.0235 **
	(-3.14)	(-2.60)	(-2.55)	(-2.05)	(-2.04)
Constant	-17.5593 ***	-20.7139 ***	-21.4528 ***	-20.9963 ***	-23.1374 ***
	(-10.04)	(-7.22)	(-6.79)	(-6.43)	(-5.48)
企业固定效应	Yes	Yes	Yes	Yes	Yes
时间固定效应	Yes	Yes	Yes	Yes	Yes
R^2	0.096	0.069	0.069	0.065	0.066
N	30471	21029	20393	19426	19426

（二）数字化转型视角下企业集聚的污染减排效应

从阿罗"不确定性的负量度"的思路来解决信息成本问题和斯蒂格利茨对"特定信息结构的净价值"的思考（Stiglitz，1985），到学者们对信息社会价值（George and Alessandro，2007）、信息获得途径（Xavler and David，2006）和信息与市场的组织关系（Avinash，2009）的研究，越来越多的学者开始意识到信息在经济学和社会生产过程中的重要作用。从宏观市场角度看，成熟的信息市场既是缓解经济不确定性的重要手段，又是增加社会整体福利的有效工具。张永林等（2011）提出市场信息集聚效应，认为成熟的信息市场不仅仅是通过解决多重均衡和降低交易费用来提升资源配置效率，还能通过信息集聚产生规模报酬递增和增强市场流动性。从微观生产视角看，信息在使用中具有可共享、可互补和可相容的内在价值，不仅可以影响企业生产效率和市场运转效率，还能通过减少生产过程中的沟通时间损耗而提高劳动生产率和资源利用效率。随着数字信息技术的发展和企业数字化转型，信息要素作为一种全新的生产投入品，势必会对企业空间分布格局及其污染排放强度产生重要影响。本部分借鉴 Dauth 等（2017）和 Acemoglu 等（2021）的研究，利用样本企业的年报文本数据和"词频—逆文本频率"（TF-IDF）方法测算企业的数字化水平：

$$\ln szh_{it} = \sum_{w}\left[\ln(fr_{it}^{w}+1)\times\ln\frac{N_{t}}{n_{t}^{w}+1}\right] \qquad (10.12)$$

式中，$\ln(fr_{it}^{w}+1)$ 表示数字化关键词 w 在企业 i 第 t 年的年报中的词频；$\ln\dfrac{N_{t}}{n_{t}^{w}+1}$ 表示包含数字化关键词 w 的逆文本词频，N_{t} 是企业 i 第 t 年的年报总数，

n_t^w 是企业 i 第 t 年包含数字化关键词 w 的年报数量。基于此，本部分构建包含企业数字化水平（lnszh）的交互项模型：

$$\ln E_{it} = \alpha_0 + \alpha_1 \ln agg_{it} + \alpha_2 \ln szh_{it} + \alpha_3 \ln agg_{it} \times \ln szh_{it} + \sum_k \beta_i H_{it}^k + \varepsilon_{it}$$

$$(10.13)$$

检验结果如表 10.10 所示。第（1）列是使用 50 千米作为地理空间范围的企业空间集聚指标的回归结果，企业空间集聚的回归系数在 5% 水平上显著为负，交互项系数在 1% 水平上显著为负。这表明在一定的空间范围内，企业集聚水平提高可以有效增强企业对数字信息要素的使用能力和效率，通过集聚的正外部性降低数字信息要素价格并增加数字信息要素的投入使用量，进而推动企业污染排放降低。

表 10.10 基于数字化转型、国内大市场潜力和企业投资能力的交互项回归结果

变量	（1）基于数字化转型的进一步分析	基于国内大市场的进一步分析		（4）投资能力强	（5）投资能力弱
		（2）	（3）		
ln$agg50$	-0.0964** (-2.43)		0.1302 (0.77)	-0.0542*** (-2.73)	-0.0359 (-1.28)
ln$agg30$		-0.6087*** (-3.99)			
ln$szhcp$	0.2222** (2.10)				
ln$agg50$×ln$szhcp$	-0.0275*** (-3.40)				
ln$Mpotential$		-0.1236* (-1.66)	0.3982*** (3.06)		
ln$agg30$×ln$Mpotential$		-0.0198** (2.38)			
ln$agg50$×ln$Mpotential$			-0.0239** (-2.47)		
$inco$	-0.1069*** (-3.21)	-0.2189*** (-6.25)	-0.1648*** (-4.61)	-0.2500*** (-5.66)	-0.1275*** (-2.94)
$inte$	-0.0264 (-0.95)	-0.0567** (-2.01)	-0.0279 (-0.96)	0.0007 (0.02)	-0.0223 (-0.68)

续表

变量	（1）基于数字化转型的进一步分析	基于国内大市场的进一步分析		（4）投资能力强	（5）投资能力弱
		（2）	（3）		
invt	−0.4777*** （−2.84）	−0.2799* （−1.72）	−0.3592** （−2.08）	−0.6501** （−2.57）	−0.2596 （−1.37）
tang	−0.3961*** （−2.82）	−0.3529** （−2.42）	−0.4035*** （−2.70）	−0.0992 （−0.51）	−0.3060** （−2.00）
liqui	−0.2225*** （−3.72）	−0.2232*** （−5.37）	−0.2193*** （−5.78）	−0.2600** （−2.49）	−0.1847*** （−7.03）
tagr	−0.0319*** （−2.80）	−0.0398*** （−3.24）	−0.0432*** （−3.38）	−0.0187* （−1.93）	−0.0682*** （−2.86）
Constant	−16.1156*** （−29.38）	−11.7826*** （−8.40）	−20.3350*** （−9.05）	−16.1290*** （−31.32）	−17.3790*** （−41.47）
企业固定效应	Yes	Yes	Yes	Yes	Yes
时间固定效应	Yes	Yes	Yes	Yes	Yes
R^2	0.118	0.149	0.101	0.075	0.065
N	26723	28480	28480	12951	13714

（三）国内大市场下企业集聚的污染减排效应

新经济地理理论认为，不同区域市场间的互动过程是形成产业活动空间集聚和保持地区经济增长的主要驱动力。遵循国家经济双循环发展思路，国内大市场的潜力被不断发掘，部分地区的经济实力和市场规模得到了极大加强。同时，经济发达地区与企业集聚地区存在一定的空间重叠，因此，大量企业进行绿色生产经营活动时会受到国内大市场和地方区域市场的影响。当一家企业所在地区市场潜力足够大，一方面，企业会获得更多的高质量消费需求，包括大量绿色技术产品的市场需求，这给予企业充分的市场保障和意愿来优化绿色生产过程、推进绿色产品创新和研发绿色新技术，从而实现企业减排；另一方面，潜力大的市场更有可能催生一些新需求和新行业，如基于污染排放物处理的新产业链，专业化的污染处理企业可以有效降低地区全行业的污染排放强度。基于此，本部分尝试从国内大市场潜力视角探究企业集聚对企业污染减排的影响。本部分引用韩峰和袁香钰（2023）基于互联网信息技术修正的国内市场潜力指标：

$$\ln Mpotential_k = \ln\left(\sum_j \frac{I_j}{(\eta d_{jk})^\delta} + \frac{I_k}{d_{kk}^\delta} \right) \tag{10.14}$$

该指标综合度量了一个城市地区可以获得的市场规模水平和不同城市市场之间的需求互动，既包含了统一的国内大市场内涵，又兼顾了不同市场间的空间互动过程，还考虑了互联网技术对国内大市场的整合效应。其中，η 表示基于城市 j 和城市 k 之间互联网协同发展水平的距离修正参数，I_j 和 I_k 分别是城市 j 和城市 k 的互联网发展水平，用年城市互联网宽带接入用户数表示。本部分进一步构建包含国内市场潜力指标的交互项模型：

$$\ln E_{it} = \alpha_0 + \alpha_1 \ln agg_{it} + \alpha_2 \ln Mpotential_k + \alpha_3 \ln agg_{it} \times \ln Mpotential_k + \sum_k \beta_i H_{it}^k + \varepsilon_{it}$$

$$(10.15)$$

实验结果如表 10.10 第（2）、第（3）列所示。第（2）、第（3）列分别是式（10.15）使用以 30 千米和 50 千米地理范围构建的企业空间集聚指标的回归结果。结果显示，30 千米范围内，企业空间集聚估计系数在 1% 水平上显著为负，交互项估计系数在 5% 水平上显著为负；50 千米范围内，企业空间集聚估计系数不显著，但交互项估计系数在 5% 水平上显著为负。说明在 30 千米范围内，国内大市场优势可以进一步强化企业空间集聚的污染减排效应，但 50 千米范围内，国内大市场优势影响不显著。产生如此结果的原因可能是：第一，国内企业集聚水平较低，企业主要通过自身绿色投资实现污染排放强度降低，企业间互相影响的范围有限；第二，绿色产品的市场需求不足，国内市场潜力的度量主要依赖传统工业产品的市场需求；第三，基于绿色需求的新产业发展不成熟，在全行业中不占据优势地位，目前我国经济发展依旧依赖传统制造业。

（四）基于企业融资能力的进一步研究

企业要实现一定的减排目的，主要有三种方法：一是企业从产品 i 的生产中减少更多比例的投入要素，从而实现污染排放减少，但这种减排方式在一定程度上牺牲了企业生产效率和产品产量，对绝大多数企业来说这是"不可接受"的方法；二是企业增加研发绿色技术所需的固定投入，进而实现企业绿色升级和污染减排，这种方法不会影响企业正常产出，看起来是可以被企业"接受"的；三是降低生产过程中投入的要素价格，包括知识要素价格、劳动力价格和中间品价格，这要求企业提高自身对生产要素的获得能力。显而易见的是，如果一家企业要通过方法二和方法三实现污染减排，那么该企业需要大量的资金支持，这对该企业的融资能力提出了很高的要求。因此本部分基于企业融资能力强弱来分析企业空间集聚对企业污染减排的影响。企业融资能力使用企业年利息支出和企业年固定资产净值的比值来衡量。本部分以所有样本企业的融资能力均值来区分企业融资能力强弱，企业融资能力样本均值为 0.1271，大于样本均值为融资能力强，反之为弱。实验结果如表 10.10 第（4）、第（5）列所示。结果显示，在 50

千米空间范围内，融资能力强的企业的空间集聚估计系数在1%水平上显著为负，融资能力弱的企业的估计系数不显著。结果证明，融资能力强的企业能充分利用企业集聚带来的正外部性显著降低污染排放强度，融资能力弱的企业则不能。

六、本章小结

为实现"人与自然和谐共生"的中国式现代化，满足人们对美好生活的新需求，中国企业亟须提高自身的绿色生产能力，加强污染减排，做到中国制造"又绿又好"。通过强化企业空间集聚，充分发挥集聚经济效应，推动企业间绿色知识传播、绿色人才有效匹配、绿色中间品高水平共享，中国企业可以有效实现污染排放强度降低。本章从企业空间集聚视角出发，基于潜力模型和企业微观地理信息数据构建企业集聚指标，基于上市公司年报、上市公司社会责任报告以及上市公司网站上的企业污染排放数据构建企业污染排放强度指标，并结合2007～2022年中国上市制造业企业财务数据进行数据匹配，研究探讨了企业集聚对企业污染排放的影响。结果显示：

（1）加强企业集聚对中国企业降低污染排放强度有显著的促进作用，该估计结果在更换核心解释变量和核心被解释变量、考虑极端值影响和内生性之后依然显著。具体而言，企业集聚通过知识外溢效应、劳动力"蓄水池"效应和中间品共享效应来促进企业污染减排水平提高。

（2）本章研究了在集聚视角下，企业集聚与企业减排间是否存在非线性关系。结果显示，随着企业空间集聚的地理范围扩大，企业集聚和减排强度间存在明显的、复杂的非线性关系，但整体而言，集聚可以促进企业污染排放强度降低。

（3）本章进一步研究了在数字化转型、国内大市场优势和企业融资能力视角下，企业集聚对污染减排的影响。结果显示，企业数字化转型可以加强企业使用数字信息要素的能力，进而强化企业空间集聚的污染减排效应；国内大市场潜力可以强化企业空间集聚的污染减排效应，但作用范围有限；企业融资能力越强，企业集聚对污染减排的推动作用越明显，反之，企业融资能力越弱，企业集聚对污染减排的推动作用越不明显。

第十一章　依托空间集聚优势推进
制造业高质量发展的系统方案

本章在前文研究基础上，立足于空间集聚优势的发挥，着重从六个方面提出推进人口城镇化协同发展的对策：一是在国内大循环和国际双循环的新发展格局之下，各地区及企业集群如何因地制宜培育优势和特色产业，充分挖掘和利用空间集聚优势促进企业创新水平和创新质量不断提升；二是如何充分发挥数字化转型和集聚优势、网络外部性优势的协同作用，推动企业不断提高全要素生产率；三是如何基于空间集聚外部性不断培育和打造制造业贸易竞争新优势，进而实现制造业全球价值链升级；四是如何最大化发挥生产性服务业集聚效应，促进制造业出口产品质量升级；五是如何充分利用企业集群的空间集聚优势，不断提高企业绿色可持续发展水平；六是如何在统一国内大市场下，不断壮大空间集聚红利，进而促进制造业企业高质量发展。

一、充分利用各地区及企业集群的空间集聚优势
提高企业创新水平和创新质量

首先，各地区应因地制宜培育优势和特色产业，加大力度促进企业和产业充分集聚，加快形成高质量产业集群。应构建多元化共享平台，引导先进制造业在集聚中优化提升创新水平和创新质量。各地区应根据各自的实际情况，引导优势产业合理集聚，实现区域经济绩效与环境绩效的双赢。促进企业间高质量中间品、先进技术以及创新人才的交流共享，不断培育提升地区创新优势。在主导产业定位基础上，围绕产业链关键环节和支撑领域进行深入的调查研究，加快引进优质创新技术龙头企业，培育具备持续创新能力的本土企业，不断完善高质量产业链和先进制造业集群。另外，政府可以通过提高准入门槛，吸引一批优质、低污染、高附加值的企业，改善集聚区产业结构，不断提升制造业集群绿色化、先进性水平。

其次，在人力资本外部性方面，应实施人才战略，进一步吸引、留住和培育

人才，提高劳动力与企业的匹配度，靶向汇聚更多的创新人才。企业应该为人才提供足够的发展空间、平台和福利，加速企业人力资本水平的提高，从而提高企业研发投入的活跃度和创新效率。政府应加大创新理念和创新意识宣传力度，为企业高质量创新提供持续动力；坚持人才促进产业发展和吸引人才集聚的双向互利观，促进人力资本提升与高新技术产业集聚的良性循环互动。这将从根本上解决中国技术创新能力不足的问题。此外，应根据当地产业发展情况，出台鼓励引进人才的政策。人才引进工作完成后，要做好人才保障工作，解决人才后顾之忧。人力资源与其他资源的合理匹配，才能保证技术市场的活跃，增强创新成果的转化能力。

再次，在技术外溢效应和中间品供给方面，要降低高技能劳动力、创新技术、创新中间品以及资金等要素在不同企业间的流动壁垒，通过增强企业技术外溢效应和中间品的可得性，破除绿色创新过程中的技术和资本桎梏，为企业创新质量提升注入不竭动力。要坚持市场主导地位，多渠道、高效率地实现技术创新的交流交易活动，同时强化政府引导作用，通过法律法规保障专利转让和技术成果变现等过程。另外，各地区应在中间品市场中充分发挥市场的主导作用，努力打通区域间投入产出环节的堵点，鼓励企业积极参与中间品市场的共建共享，让各种创新资源按照市场信号反映的供求比例流向最有效的部门和地区，促使各类创新要素在不同区域、不同等级城市间有序流动和有效配置。各地区要基于本区域资源禀赋和优势而发展适宜的产业，打通区域间中间品市场和最终产品市场的投入产出关联机制，为转换经济发展内生增长动力提供强大支撑。

最后，企业在同一地区集聚也不可避免存在竞争行为，因而在企业竞争效应方面，应该积极引导集群内的企业竞争与合作共存，坚决抵制恶意竞争；加快产业耦合集聚，促进同质化、关联化产业集中，形成产业链和网络，同时实现错位竞争，提高资源产出比和竞争力。政府可以通过提高环保补助门槛，引导企业进行高质量创新活动，激发企业绿色创新活力，激励企业占领绿色潜在市场；引入环境监督平台，淘汰不合格的非绿色企业。要大力培育新产业、新业态、新模式，促进实体经济转型升级，从而以培育发展具有创新竞争力的企业和产业为重点，培育高质量发展新动能。

二、协同发挥数字化转型及集聚经济、网络外部性综合优势，不断提升企业生产率

首先，企业数字化和集聚网络均显著提升了企业全要素生产率，且二者在全

要素生产率提升中具有协同效应，因而企业在促进转型升级和发展过程中，一方面，要进一步推进数字化发展战略，增强数字技术引进、研发力度，提升数字技术在企业各部门的应用广度和深度，加快数字技术在企业生产、经营、营销等活动中的融合和渗透，打造企业发展数字经济新优势，提升企业的持续高质量发展能力；另一方面，要借助数字技术加强与周边其他关联企业间的交流和联系，依托当地集聚网络提升企业集聚效应和从当地生产网络获取外部资源的能力，形成集聚优势、网络优势和数字经济优势的协同效应。此外，企业应积极在生产经营活动中引进、研发和应用数字技术，利用企业数字化转型契机和稳定的本地化生产网络关系化解外部不利冲击，降低发展的风险和不确定性，同时将自身数字化转型和集聚网络发展与国家电子商务示范城市试点等政策相结合，抓住政策帮扶机遇、利用政策优惠红利，顺利实现企业转型升级和高质量发展。

其次，稳定、可靠的集聚网络是企业获取外部资源和递增收益，进而提升全要素生产率的重要依托。因此，一方面，企业要依据市场效率原则选择与自身发展阶段、生产技术、市场特征、产业发展环境相吻合的区位进行布局，从而与周边企业建立起彼此关联、交易效率高且产业链稳定的企业集群，充分利用和发挥企业集聚效应获得生产经营中的递增收益，提升全要素生产率；另一方面，要依托企业集聚区或企业集群构建稳定的社会网络关系，提升企业在社会网络关系中的地位，与其他企业以集聚区为依托形成由各类社会网络关系构成的集中的地域化组织，并通过在这种本地化的地域组织中获取信息和知识来促进全要素生产率提升及自身发展。

再次，企业数字化和集聚网络对高技术行业全要素生产率影响效果强于非高技术行业，因而各地区在推动高技术行业数字化转型、充分发挥其集聚效应和网络效应的同时，应进一步加快非高技术行业数字化转型步伐，推进非高技术行业本地化生产网络构建，提高非高技术企业与高技术企业以及非高技术行业内部企业间关联水平和集聚效应，实现数字技术与当地集聚网络间的深度融合和协同发展，进而发挥数字优势、集聚经济效应和网络效应的协同作用助推非高技术企业全要素生产率提升。

最后，企业数字化和集聚网络发展对私营企业全要素生产率的促进作用明显好于国有企业和外资企业，因而各地区在推进私营企业数字化转型和有效集聚的基础上，要着力推进外资企业数字化转型与本地生产网络间的相互作用和协同发展，使外资企业数字技术发展与开拓本地生产网络、促进企业有效集聚有机结合，充分发挥数字化转型与集聚网络的协同效应以提升企业全要素生产率。对于国有企业而言，应进一步深化市场化改革，更多依据市场规律和效率原则选择区位布局，加强与周边企业在投入产出、科研活动等方面的联动和协作，增强其与周边企业间的关联效应，使其真正从集聚的规模经济效应和技术外溢效应中获益；与此同时，强化国有企业数字化转型与本地集聚网络间的融合与联动，不仅使数字技术在本地集聚网络发展中充分发挥信息优势，而且使集聚网络在企业数字化转型中发挥集聚经济和网络外部性优势，从而实现数字优势、集聚优势和网络优势的协同联动，共同推动国有企业全要素生产率提升和高质量发展。

三、立足空间集聚外部性，培育和打造制造业全球价值链升级新优势

空间集聚优势可以作为提升制造业出口国内附加值率进而推进制造业价值链攀升的重要切入点，这为制造业培育贸易竞争新优势进而实现制造业高质量发展提供了重要的经验证据和政策启示。

首先，各类空间集聚优势均促进了制造业出口国内附加值率提升，有助于制造业真实贸易利益的获取、出口竞争力提升和国际分工地位的提高。因而，各地区在做大做强制造业、培育制造业贸易竞争新优势、促进制造业价值链攀升过程中，应充分识别并挖掘自身集聚优势，利用自身优势条件以及不同优势因素间的互补性，因地制宜地打造具有地域化特征的制造业集聚中心。同时，充分利用城市之间以及城市与腹地之间在要素市场和最终商品市场等方面的空间关联性因势利导，促进劳动力、中间品、技术等要素的有序流动和高效配置，将城市自身优势转变为空间规模优势，使不同城市制造业均能从各自集聚优势中获益，从而形成优势互补、高效协同的空间集聚格局，助推企业由价值链低端生产环节向价值链中高端的攀升。

其次，应进一步推进城市间劳动力市场的深度融合，消除劳动力市场空间分割。要鼓励不同贸易类型企业引进专业技术人才，加大对企业引进专业技术人才或职工专业技能培训的补贴力度，通过专业化劳动力雇佣与配置模式的升级助推制造业的高质量发展。由于专业化劳动力可得性显著提升了中部地区企业的出口国内附加值率，而对东西部地区影响不显著，因此中部地区更应加强城市间劳动力市场的融合，打造具有中部特色的专业化劳动力集聚品牌，通过专业化劳动力的规模和种类增加而增强中部地区制造业发展的动力；东部地区在注重劳动力规模和种类的同时应注重提升专业技能劳动力的空间配置效率，加强城市间劳动力技能培训、管理、信息服务等全方位合作，消除劳动力流动壁垒；西部地区，一方面应加大对专业型人才的引进，以更好地发挥专业化劳动力可得性对当地制造业发展的促进作用，另一方面应引导和组织农村富余劳动力接受专业化技能培

训，强化当地的专业化劳动力的区域性与独特性。分城市样本的分析结果发现，专业化劳动力可得性提升了大城市企业的出口国内附加值率，但对中小城市影响不显著，因此对于大城市来说，应在市场与政府的共同作用下继续巩固自身专业化劳动力的集聚优势；而中小城市除从外部引进专业型人才外，还应积极开展专业化教育和培训，为当地制造业培养更适合自身发展的专业化人才。

再次，中间服务共享效应对企业出口国内附加值率的提升效应仅存在于大城市，因此大城市在努力提升中间服务市场共享程度的同时要创新中间服务市场的共享机制，通过打造完善的中间服务共享平台为本市及周边城市制造业迈向价值链中高端提供支撑。一方面，各地区及中小城市应主动向大城市学习中间服务共享机制建设的经验，利用后发优势探索出更适合自身制造业发展的中间服务共享机制；另一方面，要着力于降低中间服务的流动壁垒并取消对中间服务共享的限制性措施，通过打造不同所有制类型、不同地区与不同等级城市企业协同共享的中间服务机制为中国制造业更好地参与国际分工、提高制造业价值链分工地位注入新的动力。

又次，中间投入品空间共享效应能够显著提升一般贸易企业与加工贸易企业的出口国内附加值率，因此，应进一步强化不同城市间制造业的投入—产出关联效应，促进城市间制造业中间品市场的互通、互联和共享，在更大空间范围内实现制造业中间品供给的规模经济效应，降低国内中间品价格、提高中间品多样化水平，提升企业出口国内附加值份额。应鼓励不同贸易类型的企业积极参与到中间品市场的共建共享中，协同发挥市场与政府在中间品空间共享中的互补作用，竭力打造健全、规范的中间投入品市场运行机制。从不同地区的影响差异看，中间投入品空间共享效应显著提升了东部地区和大中等城市企业的出口国内附加值率。因此，对于东部地区和大中城市来说，一方面，应发挥市场在中间投入品配置中的决定性作用，通过市场机制形成更有效率的中间投入品市场，从而激发中间投入品共享中的规模经济效应；另一方面，应加强区域或城市间的合作与交流，在相互学习与借鉴中创新中间投入品共享机制，探索出更适合当地制造业发展的中间投入品共享机制。制造业中间品共享效应由于中部地区较为严重的市场分割而对制造业出口国内附加值率提升产生了明显的抑制作用。因此，中部地区应逐步消除地方保护主义，加强与其他地区中间投入品协同共享机制建设，使中间投入品共享成为助推当地制造业价值链升级的内生动力。对于西部地区和小城市来说，应充分吸收经济发达地区和大城市中间投入品共享的经验，结合本地区、本城市的比较优势建设适合自身制造业发展的中间投入品共享机制，使中间品供给的规模经济效应得到有效发挥，推进制造业价值链向高端攀升。

最后，应进一步发挥市场在专业人才、技术等高端经济资源配置中的决定性作用，降低这些要素在不同贸易类型企业间的流动壁垒，通过专业人才与技术在不同贸易类型企业之间的自由流动为企业的高质量发展注入源源不断的动力，促进不同贸易类型企业尤其是加工贸易企业向制造业价值链中高端攀升。对于东部地区和大城市，空间技术外溢对制造业出口国内附加值率的提升效应较为明显，因此应通过市场主导与政府引导相结合，探索更高效的专利转让、技术成果转化等机制，为本地区及周边地区企业间空间技术外溢效应的有效发挥创造条件。对于中西部地区和小城市而言，一方面，应逐渐削弱或取消地方保护主义，通过市场的自发作用让各类技能劳动力与专业技术配置于效率较高的地区，为不同类型专业人才与技术的交流、溢出搭建平台；另一方面，要注重专业技术、人才等高端生产要素的溢出效率，通过构建完善的地区、城市间人才与技术交流、共享机制来提高技术外溢的效率。对于中等城市而言，地方保护主义和技术外溢效应的吸收能力不足严重阻碍了技术外溢效应的发挥，一方面，应着重扭转贸易保护主义倾向，通过构建人才与技术流动、交流与溢出的市场保障机制，充分发挥技术外溢效应在提升企业出口贸易利得中的积极作用；另一方面，要注重城市创新能力及其与大城市相关产业承接能力的培养，大力引进专业人才和技术以提升本市整体创新能力、缩小与大城市技术差距的同时，提高自身技术承接和吸收能力，充分发挥技术外溢对企业出口国内附加值率的提升效应。

四、最大化发挥生产性服务业集聚效应，促进制造业出口产品质量升级

首先，生产性服务业集聚显著提升了本市制造业出口产品质量，但抑制了周边城市的制造业出口产品质量升级。各地区应不断更新和培育适宜本地发展的生产性服务业集群，充分利用生产性服务业的集聚效应和空间关联效应促进制造业与生产性服务业深度融合，将人工智能、大数据分析等智能化生产技术运用于制造业产品生产过程，并结合产品包装设计、品牌建设等一系列增值服务，推动实现智能制造，提高制造业产品附加值，进而促进制造业出口产品质量升级。在注重本地生产性服务业集聚发展的同时，各地区应重视与邻近地区的协调发展，通过推进行政体制改革，打破区域壁垒，消除阻碍要素跨区域配置的体制机制障碍，避免以行政手段干预和阻断区域间生产性服务业与制造业天然的投入产出联系。城市规模异质性分析结论进一步揭示了负向空间溢出效应来源。生产性服务业集聚主要通过抑制同等级城市间的制造业出口产品质量升级进而产生负向空间溢出效应，且城市规模越大，抑制作用越强，说明这种负向溢出作用的根源在于

同级地方政府间的绩效竞争。政府部门应转变官员政绩考核评价标准，削弱同级政府官员间的竞争程度，并设立独立机构有效监管地方政府间的策略性互动行为，有效打击并杜绝地方政府利用经济手段割裂地区经济联系，阻碍周边同等级城市经济发展的不当行为。

其次，伴随城市规模减小，生产性服务业集聚对本市制造业产品质量升级的促进作用逐级递减，小城市甚至表现为负向影响。可见，中小城市生产性服务业资源存在严重的低效配置问题，其集聚发展模式与本地制造业发展的需求相背离。中小城市应当明确自身的发展定位，秉持"为需求而发展"而非"为政绩而发展"的发展理念，结合本地产业结构和制造业发展的切实需求，发展适宜的生产性服务业，严防因官员"政绩工程"而导致低端型生产性服务业扎堆式集聚。Ⅰ型及以上大城市的生产性服务业集聚对周边低等级城市的制造业出口产品质量升级均产生正向空间溢出效应，除小城市外，Ⅱ型大城市、中等城市的生产性服务业集聚均促进了周边Ⅰ型及以上大城市的出口产品质量升级。说明Ⅰ型及以上大城市与周边低等级城市间存在较好的产业互动发展关系，Ⅰ型及以上大城市可利用自身较好的工业基础及优质经济发展条件，大力发展与自身产业结构相匹配的高端型生产性服务业，促进高端型生产性服务业与现代制造业融合发展，在促进Ⅰ型及以上大城市制造业出口产品质量升级的同时，通过弥补周边低等级城市对高端型生产性服务业的需求，进一步提升周边低等级城市制造业出口产品质量。Ⅱ型及以下城市可作为Ⅰ型及以上大城市的工业发展"腹地"，有效承接Ⅰ型及以上大城市淘汰的"落后"工业，以夯实自身工业基础，逐步培育适宜性生产性服务业集聚发展。

再次，生产性服务业集聚对本市加工贸易类企业产品质量的提升作用强于一般贸易类企业和混合贸易类企业，且仅抑制了周边城市混合贸易类企业的制造业产品质量升级。这说明我国生产性服务业发展水平与加工贸易类企业的需求最为匹配，而加工贸易类企业产品附加值低，技术含量较低，对低端型生产性服务业的需求更大，因而我国生产性服务业集聚仍以低端型生产性服务业集聚为主，整体处于较低水平。我国应着重提高生产性服务业集聚质量，防止生产性服务业内部结构低端锁定，政策应扶持高端生产性服务业集聚发展，以高端生产性服务业集聚带动地区高新技术行业发展，推动传统要素依赖型行业向技术、人才密集型行业转型，从而提高我国制造业企业产品附加值，实现制造业出口产品质量升级，并进一步提高我国在全球贸易中的参与度，改变我国参与国际贸易的主要方式，由加工贸易向混合贸易与一般贸易类型转变，逐步提升我国企业在全球价值链中的战略定位。

最后，生产性服务业集聚仅对本市集体企业的制造业出口产品质量产生了消极影响。就间接效应而言，生产性服务业集聚对周边城市的国有企业与集体企业无影响，却抑制了周边城市私有企业与外资企业的制造业出口产品质量升级。各地区应借助生产性服务业集聚带来的技术创新效应，加快低效落后的集体企业退出市场。同时，地方政府应充分关注本地私有企业和外资企业的发展，减少政府对企业发展的干预，让市场依据效率原则自由配置资源，确保不同所有制类型企业在公平公开的环境下竞争。另外，生产性服务业集聚发挥负向空间溢出作用的企业载体，主要是私有企业与外资企业，相较于国有企业与集体企业，私有企业与外资企业更偏向于依靠市场与自身实力获取资源，也更容易受到不规范市场行为的影响。各级地方政府应明确，产业关联与区域协调是实现经济发展"共赢"局面的有效途径，而非阻碍其他城市发展的政绩竞争手段，应统筹区域发展，彻底打破行政区划限制，形成相互协调、优势互补的城市一体化发展格局。

五、充分利用企业集群的空间集聚优势，推进企业绿色可持续发展

首先，各地区要坚定不移实施创新驱动战略，完善以企业为创新主体、市场为创新导向、政府为创新保障的绿色技术创新体系，并推动企业高质量集聚，充分发挥企业间绿色知识外溢效应，促进企业污染排放强度降低。具体来说，各地区要明确适应当地产业环境的绿色技术创新方向，强化关键绿色技术攻关能力；各地区要培育和支持具有地方特色的绿色技术领军企业，充分发挥其行业领导能力，在产业布局上吸引更多同质或互补企业向领军企业集中，促进企业间技术研发互动；各地区要鼓励企业和研究机构科研人员流动、交流，完善企业和个人的环境考核激励机制，激发绿色科研部门创新活力。

其次，各地区要充分认识到绿色劳动力要素和绿色劳动力市场在企业实现绿色生产转型过程中的重要作用，要加强绿色技术人才队伍建设和绿色劳动力市场建设，充分发挥企业集聚带来的绿色劳动力"蓄水池"效应，进而促进企业污染排放降低。具体来说，第一，各地区要扩大绿色技术研发人才规模：一方面要强化对高校、职校和科研院所的政策指导，引导其培养更多具备绿色创新能力的人才；另一方面要鼓励企业与学校和研究机构在绿色技术领域进行合作教学和联合培养，提高绿色劳动力质量。第二，各地区要建设一流绿色劳动力市场，提高绿色劳动力匹配质量：一是要强化绿色技术人才经纪人队伍建设，充分发挥其在人力资本配置方面的枢纽作用；二是要提高劳动力绿色知识产权服务和保护水平，充分保障企业高效率、高水平使用绿色劳动力要素；三是要坚持"引进

来"，充分吸收外来绿色技术人才以提高地区绿色劳动力市场质量。

最后，各地区要重视绿色中间品在企业绿色生产转型中的重要作用，充分发挥企业集聚带来的绿色中间品共享效应以促进企业污染排放降低。具体来说，一是各地区要依据地方产业现状，依托市场实际需求，建设完备的绿色中间品交易市场，健全绿色中间品交易制度，完善交易市场信息传递、供需匹配、产品保护等机制，提高绿色中间品交易质量和水平。二是各地区要健全绿色中间品推广机制，明确绿色中间品目录和社会效益，鼓励企业在生产过程中更多使用绿色中间品。三是各地区要整合地区上下游产业链，引导新的绿色产业融入原有产业链，通过政策引导、政策奖励等方式推进地区产业整体绿色转型升级，进而实现地区全产业污染减排。

六、发挥统一大市场和空间集聚协同优势，促进制造业企业高质量发展

首先，各地区要进一步降低区域间市场壁垒和地方保护水平，打通生产要素投入、创新成果产出、市场要素分配与流通的各个环节，促进不同地区产品市场的互联互通互动，以更高的市场一体化水平保障区域间创新链条的内生良性循环，为企业依靠国内大市场推动研发创新、打造自主可控的创新体系创造条件。

其次，最终产品市场需求和中间品空间供给对企业创新的协同效应在不同行业和地区具有明显的异质性特征，应根据不同行业和地区的具体特征，因地制宜地推进创新驱动战略。对于不同行业来说，应在保持高科技行业在中间品市场和最终产品市场既有优势的前提下，进一步提升非高科技行业在区域间获取中间品和最终产品市场的便利化水平，使多样化的高质量中间品和统一国内大市场在非高科技行业转型升级和技术创新中发挥越来越重要的作用，进而使中间品市场和最终产品市场形成的国内大市场优势成为各类企业自主创新的有力支撑；对于不同地区而言，要加强东、中、西部地区企业之间的交流与合作，通过促进东部地区对中、西部地区的信息溢出，推动中、西部地区在经济内循环中提升产品的创新力和竞争力；中、西部地区要主动作为，通过强化其与东部地区城市间投入和产出两方面的空间优势，推动形成国内要素市场和产品市场的大循环，深化投入产出机制对制造业企业创新能力提升的协同效应，为促进企业创新成果的进一步转化以及企业核心竞争力的提升提供源源不断的动力。

再次，国内市场和国际市场在企业创新过程中具有协同效应，但国际市场扩张对本土中间品空间供给的企业创新效应却产生了抑制作用，意味着企业同时面

向着国内市场和国际市场开展研发创新行为，国内市场和国际市场需求扩张带来的规模经济效应对企业创新产生了相互强化作用，而国际市场扩张不仅未与本土中间品市场建立起相互促进的联动机制，反而抑制了国内中间品市场的创新效应。各地区在推进创新驱动发展战略过程中，一方面要进一步引导企业面对国际、国内两个市场，更好利用国际国内市场的联动效应和规模经济效应推动企业创新；另一方面要推动国内中间品市场的区际整合，充分发挥国内中间品市场的规模经济效应，促使企业在出口产品创新中更多利用国内中间品和创新要素，提升国内中间品市场对出口企业创新的支撑作用，促进国内中间品与国际产品市场的有效衔接和联动发展，实现国内中间品市场供给与国际最终产品市场需求的良性循环和协同发展。

最后，基础设施发展是构建统一大市场、降低企业间交易成本、壮大提升制造业空间集聚优势的重要抓手。各地区一方面要深入推动高铁等公共交通网络建设，实现更大范围的空间集聚；另一方面应建立高质量的产业园区或开发区，完善基础设施建设，加强集群内企业、科研机构、高校之间的交流互动，为企业绿色转型发展提供良好的政策和环境。同时，为最大限度发挥产业集聚产生的知识技术溢出效应和规模经济效应，应围绕技术热点，积极运用物联网、大数据、5G、人工智能、区块链等新型基础设施和新技术促进创新资源共享，以期最大限度地发挥劳动力、中间品、先进技术等要素市场便利性及最终市场的规模经济效应，为推动制造业高质量发展注入不竭动力。

第十二章　总结和展望

打造先进制造业集群是推进制造业高质量发展的重要抓手。根据党的十九大报告关于经济高质量发展的质量变革、效率变革、动力变革的论述，本书从创新驱动、效率提升、价值链升级、产品升级、污染减排五个方面来界定制造业发展质量，并基于集聚经济理论、新经济地理理论、社会关系网络理论、全球价值链理论、贸易附加值理论、企业污染排放理论构建理论框架和作用机制，综合使用中国上市企业数据、中国工业企业数据等对五个方面进行实证分析。本章将对这些研究进行总结，并说明不足之处和未来的研究方向。

一、总结

（一）理论观点

1. 各地区在打造先进制造业集群时，要特别关注连续空间和微观企业集聚效应的作用

目前，多数研究使用预先确定的地理区域（省、市或县等）测度制造业集聚程度和集聚外部性，但这些地理单元不仅大小和形状各不相同，而且其边界也是预先任意确定，无法反映制造业集聚的真实状态和效果。换言之，由于这些地理单元并不一定与实际的经济区域一致，因而这种基于地域范围界定和测度集聚的方法，很可能会因地理尺度和加总水平而产生偏误。由离散空间产生的这些问题可称为可塑性地域单元问题。为解决这些问题，本书从微观企业层面识别其空间集聚效应，并进一步使用基于微观距离的潜力模型方法以及上市制造业企业微观地理信息数据来测度企业层面的空间集聚指标。由于基于微观距离的测度方法是空间的连续函数，能够不依赖于地理分区而同时提供所有空间尺度上的集聚信息，因而能够为科学反映企业空间集聚形态提供支撑和依据。各地区在培育和打造先进制造业集群时，应摒弃行政区划边界的限制，依据当地优势条件和企业间关联机制，合理规划企业布局，形成在空间上连续稳定的制造业集聚带，助力制造业充分发挥集聚效应，推动集群内企业发展质量不断提升。

2. 在集聚效应识别方面，应更加关注集聚的效果，注重具体集聚经济效应的发挥，而非"集聚"本身

尽管国内外大量文献以集聚经济理论为基础，探讨了产业集聚的空间外部性或空间外溢效应，但多数研究仅从集聚规模和集聚密度等形式上的空间布局状态反映产业集聚。纯粹的规模或密度只能反映集聚的"形"，而难以表征集聚的"神"，更加无法对表征内在集聚机制的集聚经济效应进行细致、准确的刻画，对于集聚效应是来源于何种集聚模式和空间集聚外部性（专业化劳动力"蓄水池"效应、中间品及中间服务的规模经济效应以及空间技术外溢效应）却知之较少。这就难以准确识别推进制造业高质量发展的具体集聚机制，也无法判断制造业高质量发展的具体推进模式。本书依据区域经济学中具有空间互动意义的潜力模型，具体识别和测度了企业层面的空间集聚程度以及专业化劳动力"蓄水池"效应、中间品规模经济效应、空间技术外溢效应等空间集聚机制，系统探讨不同空间集聚机制的衰减特征、作用尺度及其对制造业高质量发展的影响差异，识别不同集聚优势作用下的制造业高质量发展模式，为各地区、各城市、各行业乃至各类型企业根据自身优势因地制宜地推进制造业高质量发展提供学理支撑和现实依据。

3. 企业空间集聚在产生集聚经济效应的同时，还会产生网络外部性，从而在集聚经济效应和网络外部性的协同作用下推动企业高质量发展

企业集群集聚效应的发挥不仅可以通过劳动力市场供需匹配效应、投入产出空间关联效应和空间技术外溢效应等提升企业获取、利用数据信息的能力，而且可以通过集群中企业间的密切联系和不断的相互作用建立起稳定的社会关系。这些社会关系相互交织而构成了一种被集群内企业普遍认同的关系网络。这些关系网络或者表现为供应商与生产商、私人经济主体与公共经济主体间的非正式的"非贸易"关系以及一系列由员工流动和企业间模仿而产生的隐性知识传播、学习网络，或者表现为更正式的、贯穿整个企业集群的合作协议，比如企业间、个人与企业间在技术发展、职业和在职培训、基础设施和公共服务供给等领域形成的各类合作协议等。这些关系网络根植于特定地域组织内，能够有效保障市场机制的有序运行及市场效率的充分发挥，从而与集聚效应产生协同效率。本书将这种兼具市场与社会属性的企业空间组织形态称为集聚网络。集聚网络是既定空间范围内企业间以及不同行为者间在相互作用基础上形成的兼具集聚效应和网络外部性的空间组织形式。其中，集聚效应体现了集聚网络的市场属性，而网络外部性反映了集聚网络的社会属性。在市场属性方面，企业为获得更高生产率优势而在空间中集聚，空间邻近性使企业间建立起密切的市场关联关系，促进了集聚效应的充分发挥和知识（尤其是隐性知识）在企业间的有效转移；在社会属性方

面，企业间的不断相互作用，增进了彼此的信任和忠诚关系，由此形成根植于这一空间集聚组织的社会关系网络，关系邻近性或网络外部性使处于关系网络优越位置的企业在机会识别、外部数据获取及资源整合和利用方面更具优势，因而进一步增强了企业间知识的传播、学习和外溢效应。此外，集聚组织中由社会关系网络形成的共同价值观和行为规范有助于维护信任关系的稳定性，进而降低知识外溢、集体学习和创新过程的风险和不确定性，确保经济主体市场效率和集聚效应的充分发挥。因而，集聚网络中市场和社会两方面属性相辅相成，协同提升了企业的知识外溢效应和生产效率，进而推动制造业企业发展质量不断提高。

4. 数字化转型并未使企业间地理距离的作用消失，反而进一步强化了企业布局的地理集中趋势和集聚经济效应、网络外部性的发挥

这一观点背后的逻辑主要体现在两个方面。一方面，从信息或知识的有用性看，企业数字化和集聚网络在获取有用信息方面具有协同性或互补效应。数字化转型虽然能够使企业以较高效率获得大量信息和知识，并能够利用智能化技术对信息进行筛选、甄别，但若事先未对信息来源或拥有有用信息的对象进行有目的性的筛选，大量无用信息的充斥，也会带来较大信息甄选成本（包括相关设备成本和时间成本等）。而集聚网络中的企业与周边企业之间天然地存在密切业务往来，并通过投入产出关联、技术外溢、网络关系等集聚机制联系在一起。处于集聚网络中的企业无须通过烦琐的筛选过程，便可从相互关联的企业中便捷地获取有用信息和知识，从而提升技术创新和生产率水平。因而，集聚网络保障了企业的有用信息来源，从而能够强化企业数字化的信息获取能力；处于集聚网络中企业的数字化转型能够增强企业间的关联效应，从而进一步提升所获信息的有用性。

另一方面，从知识的属性看，企业数字化和集聚网络在隐性知识传播和面对面互动中具有互补性。知识有显性知识和隐性知识之分。显性知识是能够被编码、复制，并以正式、系统的方法（如规则和程序）进行明确传达和转移的知识，包括易于教授或记录的个人知识和技能，以及存在于标准操作程序、文档、信息系统和规则中的公共知识等。由于该类知识易于以明确的（因而是可以传输的）形式获得，因而显性知识传播是一种从数字化中获益最多的知识传输类型。即通过数字化手段传输的主要是标准化和专业化的显性知识，因而能够克服地理限制进行长距离传播。而隐性知识是内含于知识学习者自身、通过经验学习的知识，其特点是难以表达、形式化和交流。这类知识主要包括个人经验、技能、习惯和抽象知识以及存在于高层管理模式、组织对过去经验的共识、企业惯例、企业文化和传统中的知识等。因而，隐性知识是一种高度语境化、多样化和复杂性、难以编码甚至无法编码的知识，只能通过直接的面对面接触来获得，无法通

过信息或数字技术进行常规化和远距离传播。与显性知识相比，隐性知识在企业创新过程中发挥着更为重要的作用，因而即使企业在数字化环境下，也需要集聚在一起，以获得更多面对面交流和隐性知识的机会，提升自身创新水平和竞争优势。此外，数字化转型在提高显性知识传输效率、提升信息交流和相互作用频率的同时，会导致跨空间传输信息和知识（尤其是隐性知识）的成本增加，从而增加了地理集聚和面对面沟通的相对重要性。数字化作用下，经济个体间信息传输频率的提升，不仅导致信息的数量、种类和复杂性随之增加，而且使得处理这些复杂事务所需的隐性知识数量不断增加。由于隐性知识传递本质上需要面对面接触，因而长距离信息传输所涉及的机会成本将随着所产生信息的数量、种类和复杂性增加而不断提升。这需要进行短距离的面对面接触以降低不断增加的沟通成本，提高隐性知识转移效率。这种现象的例子在国际商业银行业务中比较常见，如许多新型金融产品的高度复杂性使得供需双方要进行繁复的面对面谈判才能够保证其得到有效供应。Gokan 等（2019）指出，尽管信息和通信技术发生了深刻变革，但通过信息和通信技术传播知识是不完整和不充分的，空间分离的个体之间仍需要面对面接触以获得更多潜在的隐性知识。由此可见，企业数字化转型并未使地理距离的作用消失（Tranos and Nijkamp，2013；Battiston et al.，2017），反而进一步强化了企业布局的地理集中趋势和集聚经济效应、网络效应的发挥（国务院发展研究中心市场经济研究所课题组，2022）。

（二）主要研究结论

本书基于空间集聚优势视角，从微观企业集聚程度和集聚来源两个方面，在集聚经济理论、新经济地理理论、社会关系网络理论、全球价值链理论、贸易附加值理论、企业污染排放理论基础上，立足制造业高质量发展的创新驱动、效率提升、价值链升级、产品升级、污染减排五维概念框架，构建统一的空间集聚优势驱动制造业高质量发展的理论分析框架，采用空间计量、宏观计量、微观计量等方法以及中国城市面板数据、中国工业企业数据、中国上市企业数据等对以上机制进行实证检验，并得到以下研究结论：

1. 在空间集聚优势影响制造业企业创新驱动方面

本书主要探讨了国内大市场和中间品空间共享效应对企业创新的影响、集聚外部性对企业创新质量的影响两个方面。具体而言，在国内大市场和中间品空间共享效应相结合推进企业创新方面，本书发现，国内大市场的需求优势和制造业中间品的空间供给优势可通过降低企业平均成本和企业中间品成本、促进产业链技术外溢等渠道显著提升企业创新水平，进而在企业创新过程中形成中间品供给推动和最终产品市场需求拉动的空间协同效应。在使用城市地理信息数据和我国历史上 1644~1911 年各州、府、县衙门数据构造工具变量进行内生性分析以及考虑样本极端值、更换核心变量后，该结果依然较为稳健。进一步考虑到国际市场的影响后，国际市场与国内大市场在企业创新过程中具有协同效应，但国际市场潜力扩张却弱化了国内中间品市场对企业创新的促进作用；中间品空间供给和最终产品市场需求对企业创新存在协同效应，但在不同行业和地区具有明显的异质性特征。具体表现在，最终产品市场需求潜力与中间品空间供给对高科技行业企业创新具有显著影响，而对非高科技行业影响不显著；中间品市场和最终产品需求市场基于空间关联机制而产生的协同效应主要存在于我国东、中部地区，而在西部地区并不明显。

在企业集聚外部性影响创新质量方面，本书发现企业空间集聚在 30 千米的空间范围内显著提升了其创新质量，且该结果在考虑样本极端值、更换创新质量和空间集聚指标以及考虑内生性问题后，依然较为稳健。机制检验结果显示，企业空间集聚可通过发挥技能人才"蓄水池"效应和人力资本外部性、强化技术外溢效应、提高中间品的空间可得性以及促进企业间竞争等途径提升企业创新质量。扩展性分析发现，政府积极的产业政策有助于强化空间集聚的创新质量提升效应；空间集聚对企业创新质量的促进作用显著存在于设有国家级开发区或开通高铁的城市；中央环保督察和生态绩效考核不仅均有助于强化空间集聚对创新质量的提升效应，而且在该作用过程中还具有明显的协同效应。

2. 在数字化转型背景下集聚网络影响制造业企业效率提升方面

本书发现企业集聚网络对全要素生产率的有效空间作用边界为 50 千米，该范围内企业数字化和集聚网络均有助于全要素生产率提升，且二者在推进生产率提升中还具有明显的协同效应和相互强化作用。进一步研究发现，知识外溢效应是企业数字化和集聚网络推动企业全要素生产率提升的重要机制，且多样化知识外溢的作用明显强于专业化知识外溢；集群内知识学习网络的发展、国家电子商务示范城市试点和金融危机冲击均有效强化了企业数字化和集聚网络对全要素生产率的提升效应及其协同效应。另外，企业数字化和集聚网络对全要素生产率的影响还具有明显的异质性特征，依赖于企业所在行业类型及所有制性质等方面。具体表现在，企业数字化和集聚网络对高科技行业全要素生产率的提升效应强于非高科技行业；对私营企业全要素生产率具有明显的促进作用和协同效应，但对外资企业未产生明显协同效应；企业数字化显著提升了国有企业全要素生产率，且集聚网络的发展进一步强化了企业数字化的全要素生产率提升效应，但该影响效果小于私营企业。

3. 在空间集聚优势影响制造业企业价值链升级方面

本书研究结果显示，劳动力"蓄水池"效应、中间品空间共享效应、技术外溢效应以及市场需求的空间关联效应可通过降低企业边际成本、提高国内中间品效率和增加国内中间品种类等机制提升制造业企业出口国内附加值率；且这一结果在考虑样本极端值、更换被解释变量测度指标以及控制核心解释变量内生性后依然成立。进一步研究发现，市场潜力扩大有助于强化制造业中间品空间共享效应对企业出口国内附加值率的促进作用，但却弱化了中间服务空间共享效应以及空间技术外溢效应的作用效果，对劳动力"蓄水池"效应的影响不显著。各类空间集聚优势对制造业出口国内附加值率的影响具有明显的异质性特征，依赖于企业贸易类型、所在地区及所在城市等级等方面。具体表现为，专业化劳动力可得性提升了一般贸易与加工贸易企业、中部地区与大城市企业的出口国内附加值率，但对东、西部地区以及中、小城市企业的影响不显著，且对加工贸易企业出口国内附加值率的促进作用大于一般贸易企业；中间服务共享效应促进了大城市企业出口国内附加值率的提升，但对其他类型细分样本企业的影响不显著；中间投入品空间共享效应显著提升了一般贸易企业与加工贸易企业，东部地区与大、中城市企业的出口国内附加值率，但却降低了中部地区企业出口国内附加值率，对西部地区和小城市企业的影响不显著；空间技术外溢效应有助于一般贸易企业、东部地区和大城市企业出口国内附加值率的提升，但未对中等城市、中西部地区以及加工贸易企业出口国内附加值率产生积极影响；市场潜力扩大的规模经济效应对一般贸易与加工贸易企业、东部地区以及大城市企业出口国内附加值率提升有显著的促进作用，但对中西部地区及中小城市企业出口国内附加值率的影响不显著。

4. 在生产性服务业集聚影响制造业企业产品升级方面

本书发现生产性服务业集聚通过降低企业生产成本、促进企业技术创新等途径显著提升了城市自身制造业出口产品质量，但对周边城市制造业出口产品质量升级却产生了抑制作用。对不同出口贸易类型的企业而言，生产性服务业集聚促进了本地加工贸易、一般贸易与混合贸易企业的制造业产品质量升级，作用强度逐级递减，仅对周边地区的混合贸易企业产生了抑制作用；对不同所有制类型企业而言，生产性服务业集聚仅抑制了本市集体企业的制造业出口产品质量升级，就间接效应而言，生产性服务业集聚对周边城市的私有企业和外资企业产生了负向空间溢出效应，而对周边地区的国有企业与集体企业无显著影响。对不同规模等级的城市而言，伴随城市规模的减小，本市生产性服务业集聚对当地制造业产品质量的促进作用逐级减弱，直至转变为抑制效应。从间接效应看，Ⅰ型及以上大城市、Ⅱ型大城市的生产性服务业集聚均产生了显著的正向空间溢出效应，而中等城市生产性服务业集聚却抑制了周边城市制造业出口产品质量升级，小城市未通过显著性检验。基于不同规模等级城市间空间交互效应的分析结果表明，就同等级城市间的溢出效应而言，除小城市未通过显著性检验外，其余等级城市均对周边同等级城市产生了显著为负的空间外溢效应。就不同等级城市间的溢出效应而言，Ⅰ型及以上大城市对周边低等级城市均产生了促进作用，小城市显著抑制了周边Ⅱ型大城市的制造业出口产品质量升级，中等城市对周边Ⅱ型大城市无影响，Ⅱ型大城市对周边中等城市产生了负向的空间溢出作用，小城市对周边中等城市无明显影响，仅有Ⅱ型大城市对周边小城市产生了正向空间溢出作用，其余等级城市均未通过显著性检验。

5. 在集聚外部性影响制造业企业污染减排方面

本书发现企业集聚可通过知识溢出效应、劳动力"蓄水池"效应和中间品共享效应显著降低企业污染排放强度；该结论在使用城市和企业层面自然地理数据构造工具变量进行内生性分析、考虑样本极端值以及更换核心变量估计后依然成立。进一步分析发现，随着企业空间集聚的地理范围扩大，企业集聚与减排强度间存在明显的非线性关系；数字化转型和国内大市场优势进一步强化了企业空间集聚的污染减排效应，且企业融资能力越强，企业集聚对污染减排的推动作用越明显。

（三）研究价值

本书基于空间集聚优势视角，通过综合集聚经济理论、新经济地理理论、社会关系网络理论、全球价值链理论、贸易附加值理论、企业污染排放理论，将空间集聚程度及集聚来源与"创新驱动、效率提升、价值链升级、产品升级、污染减排"等发展质量因素相结合，构建中国制造业高质量发展的空间分析框架。这在理论上是根据中国制造业集聚和发展实践对高质量发展动力机制的一次拓展及补充。在实践层面上，本书不仅有助于各地区、各制造业行业以及各类型企业依托自身集聚优势制定适宜的、有差别的高质量发展战略，而且能够帮助其认识自身在制造业发展中的优势和短板，通过趋利避害、取长补短，利用"综合集聚优势"有效推进高质量发展。因而，本书具有重要的理论和实践意义。

1. 理论价值

第一，制造业高质量发展的创新驱动、效率提升、价值链升级、产品升级、污染减排五维概念框架的提出，可为从微观企业层面探讨制造业发展质量提供一个崭新的视角和突破口。目前，探讨制造业发展质量的研究多基于宏观层面，且更多从全要素生产率一个方面反映制造业的高质量发展水平。然而，地区或行业层面的宏观分析可能会掩盖制造业企业内部微观主体的行为特征，且仅从效率提升一个方面无法全面反映制造业发展的质量水平。企业是制造业发展的微观主体，企业的生产、经营、创新、出口及排污行为直接决定了制造业整体的发展情况。因而从创新驱动、效率提升、价值链升级、产品升级、污染减排等层面全面分析微观企业行为，更有助于刻画制造业发展的质量水平。为此，本书基于中国制造业集聚及制造业发展现状，提出微观企业层面高质量发展的五维分析新框架，为准确、全面反映制造业发展质量提供理论依据。

第二，从空间集聚优势视角出发，可将集聚外部性理论与高质量发展的五维概念框架统一于新的制造业发展质量空间分析框架，从而拓展制造业高质量发展的空间动力机制。目前，探讨产业集聚与制造业发展关系的研究，多基于产业集聚规模或集聚密度与制造业某一方面特征进行探讨，不仅未考虑制造业发展质量的多维性，而且忽视了产业集聚背后的不同集聚模式以及知识溢出效应、劳动力"蓄水池"效应、中间品共享效应等集聚机制的作用。而将集聚外部性理论与制造业发展质量的五维框架相结合，不仅能够探讨各类空间集聚优势与制造业创新驱动、效率提升、污染减排等本地化特征间的关系，而且有助于进一步探讨空间集聚优势对制造业出口价值攀升、出口产品质量等制造业参与国际生产体系特征的作用机制。单从某一理论视角难以对高质量发展的推进机制进行全面细致的分析。本书基于集聚经济理论、新经济地理理论、社会关系网络理论、全球价值链理论、贸易附加值理论、企业污染排放理论，将企业集聚程度以及劳动力"蓄水池"效应、中间品共享效应、技术外溢效应等空间集聚外部性与创新驱动、效率提升、价值链升级、产品升级、污染减排等发展质量因素置于统一的高质量发展理论分析框架，从而拓展了中国制造业高质量发展的空间动力机制。

第三，在制度层面探讨集聚外部性影响企业高质量发展中市场和社会关系网络为代表的非正式制度的作用，为充分利用空间集聚优势的市场和社会属性合力、发挥市场力量和社会关系网络的协同效应提供理论依据。随着中国经济发展进入高质量发展阶段，企业集群转型升级趋势愈发明显，企业间的网络效应和市场的资源配置效应相互交织，共同对企业发展质量产生影响。发挥市场在要素空间配置中的主导作用，同时借助企业间关系网络这一非正式制度因素的推动作用，必将成为推进企业高质量发展实践中的重要政策取向。然而，鲜有文献在规范的理论框架中同时纳入市场和社会属性因素，以综合分析集聚效应和社会关系网络在企业高质量发展过程中的协同效应。本书构建了集聚外部性和企业关系网络共同影响企业高质量发展的理论框架，深入探讨市场力量作用下的企业集聚效应以及社会关系网络作用下的网络外部性对制造业高质量发展的综合作用效果。

2. 应用价值

第一，依托空间集聚优势推进制造业高质量发展的空间分析框架的提出，将有助于各地区全面认识自身在制造业发展中的优势和短板，从而趋利避害、取长补短，利用区域"综合集聚优势"有效推进制造业发展质量提升。作为不均质大国的组成部分，各地区推进制造业高质量发展的优势条件各不相同，产业集聚及制造业发展模式必然各异。一些地区的制造业发展可能同时受到各类空间外部性优势的一种或几种力量的共同作用。因此，各地区探寻自身有效的制造业发展质量提升模式时，关键在于充分、全面、科学识别自身优劣势因素，进而发挥"综合集聚优势"的作用。本书基于集聚经济理论、新经济地理理论、社会关系网络理论、全球价值链理论、贸易附加值理论、企业污染排放理论而构建的制造业高质量发展综合理论分析框架，将为各地区制造业发展中科学识别各类优势因素、挖掘"综合集聚优势"提供理论依据和保障。

第二，从空间集聚优势有效发挥视角推进制造业高质量发展，有利于助力各地区有效发挥市场主导作用和政府对市场的有效干预作用，推进制造业高质量发展。依托空间集聚优势推进制造业高质量发展策略的提出，有助于各地区在空间集聚优势识别和挖掘中打破地方政府对制造业发展的过度干预，有效界定政府与市场在制造业发展中的作用和合理边界，促进制造业集群向"市场主导+政府引导"的发展模式转变。各地区在"市场主导+政府引导"的制度安排下，基于连续空间思想打破行政边界阻碍，依据市场原则和自身空间集聚优势推行"最大化发挥集聚经济效应的制造业集聚模式"，能够充分发挥市场在配置资源、引导要素和企业集聚中的主导作用以及政府在有效发挥市场机制中的引导作用，推进真正意义上"空间集聚优势驱动制造业高质量发展"战略的有效实施。

第三，本书为各地区、各类城市、各行业乃至不同类型企业因地制宜地提出差别化的制造业高质量发展路径，从而实现制造业发展质量的整体提升提供依据。制造业发展质量的协同推进，依赖于制造业集聚而产生的各类空间外溢效应及各类空间要素的相互作用。空间集聚优势驱动下，各地区依据市场原则和自身集聚优势发展适宜性制造业、推进制造业集聚，有助于深化区间制造业分工，促进要素和企业在空间中的有序流动及优化配置。通过估计和测算各地区、各城市、各制造业行业乃至不同类型企业高质量发展中各类空间驱动机制的空间边界及其作用方式差异，可帮助各地区识别有别于其他地区或行业的差别化的制造业发展质量提升模式，进而精准制定符合自身优势条件的制造业高质量发展战略。

二、研究展望

集聚外部性作为推动企业高质量发展的重要机制，是企业递增收益和持续成长的来源。在劳动力"蓄水池"效应、中间品共享效应及知识外溢效应的作用下，集聚区中的企业频繁地进行着各种类型的空间互动。企业从空间互动中获得集聚收益的同时，不断强化着彼此间的网络联系。网络联系既有基于投入产出关联而建立的生产网络，也有在技术合作与传播过程中产生的技术关联网络，以及在人员流动、生产交易中产生的社会关系网络。这些网络联系的强弱使得同一集聚区中的企业获得或产生的集聚收益具有明显的异质性特征。但已有关于集聚效应研究的相关文献，并未从网络嵌入视角探讨不同企业间集聚收益的异质性问题。

此外，伴随数字化进程不断推进和数字技术的广泛传播及应用，数实融合趋势日益明显。数智时代的制造业集群已经不再单纯是制造业企业间的空间集中布局，而呈现产业链纵向融合集聚、横向共生集聚以及数实协同集聚的态势。这需要使用更为精准的方法去识别不同企业在产业链及数实相互作用中的位置（包括地理位置、功能位置和经济位置），详细分析其与上下游企业、数字企业间的各类联系，并从各种联系中解析出产业链纵横向融合共生集聚及数实协同集聚的结构和特征。然而，囿于数据和分析技术的限制，已有研究并未在制造业集聚效应研究中对产业链纵横向集聚以及数实协同集聚进行更为深入的探讨，从多维空间网络嵌入视角探讨数实协同集聚、产业链纵横向共生融合集聚对制造业高质量发展影响的研究更在少数。以上两个方面可能是本书在后续研究中需要进一步拓展的方向。

参考文献

［1］包群，邵敏，Ligang Song. 地理集聚、行业集中与中国企业出口模式的差异性［J］. 管理世界，2012（9）：61-75.

［2］崔晓敏，余淼杰，袁东. 最低工资和出口的国内附加值：来自中国企业的证据［J］. 世界经济，2018（12）：49-72.

［3］陈诗一，陈登科. 雾霾污染、政府治理与经济高质量发展［J］. 经济研究，2018（2）：20-34.

［4］陈长石，姜廷廷，刘晨晖. 产业集聚方向对城市技术创新影响的实证研究［J］. 科学学研究，2019，37（1）：77-85.

［5］陈劲，梁靓，吴航. 开放式创新背景下产业集聚与创新绩效关系研究——以中国高技术产业为例［J］. 科学学研究，2013，31（4）：623-629+577.

［6］陈建军，陈国亮，黄洁. 新经济地理学视角下的生产性服务业集聚及其影响因素研究——来自中国222个城市的经验证据［J］. 管理世界，2009（4）：89-101.

［7］陈露，刘修岩，叶信岳，等. 城市群视角下的产业共聚与产业空间治理：机器学习算法的测度［J］. 中国工业经济，2020（5）：99-117.

［8］陈旭，邱斌，刘修岩. 空间集聚与企业出口：基于中国工业企业数据的经验研究［J］. 世界经济，2016（8）：94-117.

［9］陈晓红，李杨扬，宋丽洁，等. 数字经济理论体系与研究展望［J］. 管理世界，2022，38（2）：208-224+13-16.

［10］钞小静，任保平. 中国经济发展质量的时序变化与地区差异分析［J］. 经济研究，2011（4）：26-41.

［11］钞小静，任保平. 城乡收入差距与中国经济增长质量［J］. 财贸研究，2014，25（5）：1-9.

［12］蔡海亚，徐盈之. 产业协同集聚、贸易开放与雾霾污染［J］. 中国人口·资源与环境，2018（6）：93-102.

［13］蔡跃洲，付一夫. 全要素生产率增长中的技术效应与结构效应——基于中国宏观和产业数据的测算及分解［J］. 经济研究，2017（1）：72-88.

［14］蔡跃洲，牛新星．中国数字经济增加值规模测算及结构分析［J］.中国社会科学，2021（11）：4-30+204.

［15］戴翔，刘梦，张为付．本土市场规模扩张如何引领价值链攀升［J］.世界经济，2017（9）：29-52.

［16］范剑勇，冯猛，李方文．产业集聚与企业全要素生产率．世界经济，2014（5）：51-73.

［17］范金，姜卫民，刘瑞翔．增加值率能否反映经济增长质量？［J］.数量经济技术经济研究，2017（2）：21-37.

［18］樊秀峰，程文先．中国制造业出口附加值估算与影响机制分析［J］.中国工业经济，2015（6）：83-95.

［19］傅元海，唐未兵，王展祥．溢出机制、技术进步路径与经济增长绩效［J］.经济研究，2010（6）：92-104.

［20］傅十和，洪俊杰．企业规模、城市规模与集聚经济——对中国制造业企业普查数据的实证分析［J］.经济研究，2008，43（11）：112-125.

［21］高翔，刘啟仁，黄建忠．要素市场扭曲与中国企业出口国内附加值率：事实与机制［J］.世界经济，2018，41（10）：28-52.

［22］高翔，黄建忠，袁凯华．价值链嵌入位置与出口国内增加值率［J］.数量经济技术经济研究，2019（6）：41-61.

［23］官华平，谌新民．珠三角产业升级与人力资本相互影响机制分析：基于东莞的微观证据［J］.华南师范大学学报（社会科学版），2011（5）：95-102.

［24］郭克莎．论经济增长的速度与质量［J］.经济研究，1996（1）：36-42.

［25］郭丰，杨上广，柴泽阳．企业数字化转型促进了绿色技术创新的“增量提质”吗？——基于中国上市公司年报的文本分析［J］.南方经济，2023（2）：146-162.

［26］顾乃华．我国城市生产性服务业集聚对工业的外溢效应及其区域边界——基于HLM模型的实证研究［J］.财贸经济，2011（5）：115-122+44.

［27］国务院发展研究中心市场经济研究所课题组，王微，邓郁松，等．新一轮技术革命与中国城市化2020～2050——影响、前景与战略［J］.管理世界，2022，38（11）：12-28.

［28］何强．要素禀赋，内在约束与中国经济增长质量［J］.统计研究，2014（1）：70-77.

［29］何曼青．经济全球化背景下产业集群发展与我国产业竞争力提升

［J］．宏观经济研究，2008（4）：14-20.

［30］郝颖，辛清泉，刘星．地区差异，企业投资与经济发展质量［J］．经济研究，2014（3）：101-114.

［31］韩峰，洪联英，文映．生产性服务业集聚推进城市化了吗？［J］．数量经济技术经济研究，2014，31（12）：3-21.

［32］韩峰，赖明勇．市场邻近、技术外溢与城市土地利用效率［J］．世界经济，2016（1）：123-151.

［33］韩峰，李玉双．产业集聚、公共服务供给与城市规模扩张［J］．经济研究，2019（11）：149-164.

［34］韩峰，柯善咨．追踪我国制造业集聚的空间来源：基于马歇尔外部性与新经济地理的综合视角［J］．管理世界，2012（10）：55-70.

［35］韩峰，阳立高．生产性服务业集聚如何影响制造业结构升级？——一个集聚经济与熊彼特内生增长理论的综合框架［J］．管理世界，2020，36（2）：72-94+219.

［36］韩峰，袁香钰．国内大市场优势和企业自主创新［J］．财经研究，2023（12）：4-18.

［37］黄群慧，余泳泽，张松林．互联网发展与制造业生产率提升：内在机制与中国经验［J］．中国工业经济，2019（8）：5-23.

［38］胡国恒．利益博弈视角下本土企业的价值链升级与能力构建［J］．世界经济研究，2013（9）：12-18+89.

［39］胡浩然，李坤望．企业出口国内附加值的政策效应：来自加工贸易的证据［J］．世界经济，2019（7）：145-170.

［40］金碚．关于"高质量发展"的经济学研究［J］．中国工业经济，2018（4）：5-18.

［41］江小涓．我国出口商品结构的决定因素和变化趋势［J］．经济研究，2007（5）：4-16.

［42］江小涓，靳景．数字技术提升经济效率：服务分工、产业协同和数实孪生［J］．管理世界，2022，38（12）：9-26.

［43］江艇．因果推断经验研究中的中介效应与调节效应［J］．中国工业经济，2022（5）：100-120.

［44］纪月清，程圆圆，张兵兵．进口中间品、技术溢出与企业出口产品创新［J］．产业经济研究，2018（5）：54-65.

［45］荆林波，袁平红．全球价值链变化新趋势及中国对策［J］．管理世界，2019（11）：72-79.

［46］冀朝鼎．中国历史上的基本经济区［M］．岳玉庆译．杭州：浙江人民出版社，2016．

［47］柯善咨，郭素梅．中国市场一体化与区域经济增长互动：1995－2007年［J］．数量经济技术经济研究，2010（5）：62-72．

［48］孔东民，刘莎莎，王亚男．市场竞争、产权与政府补贴［J］．经济研究，2013，48（2）：55-67．

［49］寇宗来，刘学悦．中国城市和产业创新力报告2017［R］．复旦大学产业发展研究中心，2017．

［50］梁文泉，陆铭．后工业化时代的城市：城市规模影响服务业人力资本外部性的微观证据［J］．经济研究，2016，51（12）：90-103．

［51］梁琦．产业集聚论［M］．北京：商务印书馆，2009．

［52］陆铭，冯皓．集聚与减排：城市规模差距影响工业污染强度的经验研究［J］．世界经济，2014（7）：86-114．

［53］陆铭，欧海军．高增长与低就业：政府干预与就业弹性的经验研究［J］．世界经济，2011（12）：3-31．

［54］李静．初始人力资本匹配、垂直专业化与产业全球价值链跃迁［J］．世界经济研究，2015（1）：65-73．

［55］李贲，吴利华．开发区设立与企业成长：异质性与机制研究［J］．中国工业经济，2018（4）：79-97．

［56］李善民，黄灿，史欣向．信息优势对企业并购的影响——基于社会网络的视角［J］．中国工业经济，2015（11）：141-155．

［57］李坤望，王有鑫．FDI促进了中国出口产品质量升级吗？——基于动态面板系统GMM方法的研究［J］．世界经济研究，2013（5）：62-68．

［58］李飞跃，葛玉好，黄玖立．技术技能结构、人力资本构成与中国地区经济差距［J］．中国人口科学，2012（4）：35-46．

［59］李晓萍，李平，吕大国，江飞涛．经济集聚、选择效应与企业生产率［J］．管理世界，2015（4）：25-37．

［60］李筱乐．市场化、工业集聚和环境污染的实证分析［J］．统计研究，2014，31（8）：39-45．

［61］李红阳，邵敏．城市规模、技能差异与劳动者工资收入［J］．管理世界，2017（8）：36-51．

［62］李强，魏巍．提高经济增长质量会抑制中国经济增长吗［J］．财贸研究，2016，27（1）：28-35．

［63］李胜旗，毛其淋．制造业上游垄断与企业出口国内附加值——来自中

国的经验证据 [J]. 中国工业经济, 2017 (3): 103-121.

[64] 李平, 付一夫, 张艳芳. 生产性服务业能成为中国经济高质量增长新动能吗 [J]. 中国工业经济, 2017 (12): 5-21.

[65] 李勇, 任保平. 转换成本、晋升激励和经济增长质量 [J]. 财贸研究, 2019, 30 (3): 1-14.

[66] 林毅夫, 任若恩. 东亚经济增长模式相关争论的再探讨 [J]. 经济研究, 2007 (8): 4-12.

[67] 林子秋, 李应博. 知识作用视角下城市间环境规制异质性与绿色创新质量研究 [J]. 科技进步与对策, 2022, 39 (21): 33-44.

[68] 刘斌, 魏倩, 吕越, 祝坤福. 制造业服务化与价值链升级 [J]. 经济研究, 2016 (3): 151-162.

[69] 刘斌, 王乃嘉. 制造业投入服务化与企业出口的二元边际——基于中国微观企业数据的经验研究 [J]. 中国工业经济, 2016 (9): 59-74.

[70] 刘叶, 刘伯凡. 生产性服务业与制造业协同集聚对制造业效率的影响——基于中国城市群面板数据的实证研究 [J]. 经济管理, 2016, 42 (6): 16-28.

[71] 刘明宇, 芮明杰, 姚凯. 生产性服务价值链嵌入与制造业升级的协同演进关系研究 [J]. 中国工业经济, 2010 (8): 66-75.

[72] 刘海英, 赵英才, 张纯洪. 人力资本"均化"与中国经济发展质量关系研究 [J]. 管理世界, 2004 (11): 15-21.

[73] 刘志彪. 生产者服务业及其集聚: 攀升全球价值链的关键要素与实现机制 [J]. 中国经济问题, 2008 (1): 3-12.

[74] 刘毓芸, 徐现祥, 肖泽凯. 劳动力跨方言流动的倒 U 型模式 [J]. 经济研究, 2015 (10): 136-148+164.

[75] 刘修岩. 空间效率与区域平衡: 对中国省级层面集聚效应的检验 [J]. 世界经济, 2014 (1): 55-80.

[76] 刘奕, 夏杰长, 李垚. 生产性服务业集聚与制造业升级 [J]. 中国工业经济, 2017 (7): 19.

[77] 卢福财, 罗瑞荣. 全球价值链分工条件下产业高度与人力资源的关系: 以中国第二产业为例 [J]. 中国工业经济, 2010 (8): 76-86.

[78] 卢昌崇, 陈仕华. 断裂联结重构: 连锁董事及其组织功能 [J]. 管理世界, 2009 (5): 152-165.

[79] 吕大国, 沈坤荣, 简泽. "出口学习效应"的再检验: 基于贸易类型的实证分析 [J]. 经济评论, 2016 (2): 124-136.

［80］吕越，罗伟，刘斌．异质性企业与全球价值链嵌入：基于效率和融资的视角［J］．世界经济，2015（8）：29-55.

［81］吕越，刘之洋，吕云龙．中国企业参与全球价值链的持续时间及其决定因素［J］．数量经济技术经济研究，2017（6）：37-53.

［82］吕越，陈帅，盛斌．嵌入全球价值链会导致中国制造的"低端锁定"吗？［J］．管理世界，2018（8）：11-29.

［83］吕越，盛斌，吕云龙．中国的市场分割会导致企业出口国内附加值率下降吗［J］．中国工业经济，2018（5）：6-24.

［84］吕朝凤，朱丹丹．市场化改革如何影响长期经济增长？——基于市场潜力视角的分析［J］．管理世界，2016（2）：32-44.

［85］马述忠，张洪胜，王笑笑．融资约束与全球价值链地位提升——来自中国加工贸易企业的理论与证据［J］．中国社会科学，2017（1）：83-107.

［86］马丹，何雅兴，张婧怡．技术差距、中间产品内向化与出口国内增加值份额变动［J］．中国工业经济，2019（9）：117-135.

［87］毛其淋，许家云．外资进入如何影响了本土企业出口国内附加值？［J］．经济学（季刊），2018（4）：169-204.

［88］毛其淋，许家云．贸易自由化与中国企业出口的国内附加值［J］．世界经济，2019，42（1）：5-27.

［89］孟美侠，曹希广，张学良．开发区政策影响中国产业空间集聚吗——基于跨越行政边界的集聚视角［J］．中国工业经济，2019（11）：79-97.

［90］莫莎，欧佩群．生产性服务业集聚对出口产品质量的影响分析——基于我国275个地级城市的证据［J］．国际商务（对外经济贸易大学学报），2016（5）：17-27.

［91］倪红福．中国出口技术含量动态变迁及国际比较［J］．经济研究，2017（1）：46-59.

［92］聂辉华，谭松涛，王宇锋．创新、企业规模和市场竞争：基于中国企业层面的面板数据分析［J］．世界经济，2008（7）：57-66.

［93］潘闽，张自然．产业集聚与中国工业行业全球价值链嵌入［J］．技术经济与管理研究，2017（5）：108-112.

［94］彭向，蒋传海．产业集聚、知识溢出与地区创新——基于中国工业行业的实证检验［J］．经济学（季刊），2011，10（3）：913-934.

［95］彭正银，黄晓芬，隋杰．跨组织联结网络、信息治理能力与创新绩效［J］．南开管理评论，2019，22（4）：187-198.

［96］彭支伟，张伯伟．中国国际分工收益的演变及其决定因素分解［J］.

中国工业经济，2018（6）：64-82.

［97］钱学锋，黄玖立，黄云湖．地方政府对集聚租征税了吗？——基于中国地级市企业微观数据的经验研究［J］．管理世界，2012（2）：25-35+193.

［98］钱锡红，杨永福，徐万里．企业网络位置、吸收能力与创新绩效——一个交互效应模型［J］．管理世界，2010（5）：118-129.

［99］齐绍洲，林屾，崔静波．环境权益交易市场能否诱发绿色创新？——基于我国上市公司绿色专利数据的证据［J］．经济研究，2018，53（12）：129-143.

［100］任保平，宋文月．中国省域创新驱动发展水平评价及其影响因素分析［J］．统计与信息论坛，2019（1）：73-82.

［101］苏屹，李丹．能源产业集聚与绿色创新绩效的空间效应研究［J］．科研管理，2022，43（6）：94-103.

［102］孙浦阳，韩帅，许启钦．产业集聚对劳动生产率的动态影响［J］．世界经济，2013（3）：33-53.

［103］史丹，李鹏．中国工业70年发展质量演进及其现状评价［J］．中国工业经济，2019（9）：5-23.

［104］施炳展．中国企业出口产品质量异质性：测度与事实［J］．经济学（季刊），2014，13（1）：263-284.

［105］施炳展，邵文波．中国企业出口产品质量测算及其决定因素——培育出口竞争新优势的微观视角［J］．管理世界，2014（9）：90-106.

［106］单豪杰，师博．中国工业部门的资本回报率：1978-2006［J］．产业经济研究，2008（6）：1-9.

［107］师博，沈坤荣．政府干预、经济集聚与能源效率［J］．管理世界，2013（10）：6-18.

［108］随洪光．外商直接投资与中国经济增长质量提升——基于省际动态面板模型的经验分析［J］．世界经济研究，2013（7）：67-72+89.

［109］随洪光，刘廷华．FDI是否提升了发展中东道国的经济增长质量——来自亚太、非洲和拉美地区的经验证据［J］．数量经济技术经济研究，2014（11）：3-20.

［110］随洪光，段鹏飞，高慧伟，等．金融中介与经济增长质量——基于中国省级样本的经验研究［J］．经济评论，2017（5）：64-78.

［111］沈坤荣，傅元海．外资技术转移与内资经济发展质量——基于中国区域面板数据的检验［J］．中国工业经济，2010（11）：5-15.

［112］沈利生，王恒．增加值率下降意味着什么？［J］．经济研究，2006

（3）：59-66.

[113] 邵朝对，苏丹妮. 产业集聚与企业出口国内附加值：GVC 升级的本地化路径 [J]. 管理世界，2019（8）：9-29.

[114] 邵帅，张可，豆建民. 经济集聚的节能减排效应：理论与中国经验 [J]. 管理世界，2019（1）：36-60.

[115] 苏丹妮，盛斌，邵朝对. 产业集聚与企业出口产品质量升级 [J]. 中国工业经济，2018（11）：117-135

[116] 苏丹妮，盛斌，邵朝对，陈帅. 全球价值链、本地化产业集聚与企业生产率的互动效应 [J]. 经济研究，2020（3）：100-115.

[117] 苏丹妮，盛斌. 产业集聚、集聚外部性与企业减排——来自中国的微观新证据 [J]. 经济学（季刊），2021（5）：1793-1816.

[118] 孙三百. 城市移民收入增长的源泉：基于人力资本外部性的新解释 [J]. 世界经济，2016，39（4）：170-192.

[119] 陶锋，赵锦瑜，周浩. 环境规制实现了绿色技术创新的"增量提质"吗——来自环保目标责任制的证据 [J]. 中国工业经济，2021（2）：136-154.

[120] 唐宜红，张鹏杨. FDI、全球价值链嵌入与出口国内附加值 [J]. 统计研究，2017（4）：36-49.

[121] 唐红祥，张祥祯，吴艳，等. 中国制造业发展质量与国际竞争力提升研究 [J]. 中国软科学，2019（2）：128-142.

[122] 田秀娟，李睿. 数字技术赋能实体经济转型发展——基于熊彼特内生增长理论的分析框架 [J]. 管理世界，2022，38（5）：56-73.

[123] 田巍，余淼杰. 企业出口强度与进口中间品贸易自由化：来自中国企业的实证研究 [J]. 管理世界，2013（1）：36-52.

[124] 王文甫，明娟，岳超云. 企业规模、地方政府干预与产能过剩 [J]. 管理世界，2014（10）：17-36.

[125] 王永钦，李蔚，戴芸. 僵尸企业如何影响了企业创新？——来自中国工业企业的证据 [J]. 经济研究，2018（11）：101-116.

[126] 王洪庆，郝雯雯. 高新技术产业集聚对我国绿色创新效率的影响研究 [J]. 中国软科学，2022（8）：172-183.

[127] 王海花，杜梅. 数字技术、员工参与与企业创新绩效 [J]. 研究与发展管理，2021，33（1）：138-148.

[128] 王直，魏尚进，祝坤福. 总贸易核算法：官方贸易统计与全球价值链的度量 [J]. 中国社会科学，2015（9）：108-127+205-206.

[129] 汪建新，贾圆圆，黄鹏. 国际生产分割、中间投入品进口和出口产品

质量 [J]．财经研究，2015（4）：54-65.

[130] 魏下海，郭凯明，吴春秀．数字技术、用工成本与企业搬迁选择 [J]．中国人口科学，2021（1）：104-116+128.

[131] 温忠麟，叶宝娟．中介效应分析：方法和模型发展 [J]．心理科学进展，2014，22（5）：731-745.

[132] 文东伟，冼国明．企业异质性、融资约束与中国制造业企业的出口 [J]．金融研究，2014（4）：98-113.

[133] 吴建峰，符育明．经济集聚中马歇尔外部性的识别——基于中国制造业数据的研究 [J]．经济学（季刊），2012（2）：675-690.

[134] 吴非，胡慧芷，林慧妍，等．企业数字化转型与资本市场表现——来自股票流动性的经验证据 [J]．管理世界，2021，37（7）：130-144+10.

[135] 吴三忙．制造业地理集聚与地区专业化分工水平：1995~2005 [J]．改革，2007（12）：24-30.

[136] 向国成，邝劲松，文泽宙．研发投入提升经济发展质量的分工门槛效应研究——来自中国的经验证据 [J]．世界经济文汇，2018（4）：84-100.

[137] 解学梅，韩宇航．本土制造业企业如何在绿色创新中实现"华丽转型"？——基于注意力基础观的多案例研究 [J]．管理世界，2022，38（3）：76-106.

[138] 谢荣辉，原毅军．产业集聚动态演化的污染减排效应研究——基于中国地级市面板数据的实证检验 [J]．经济评论，2016（2）：18-28.

[139] 谢申祥，冯玉静．21世纪中国制造业出口产品的规模、结构及质量 [J]．数量经济技术经济研究，2019，36（11）：22-39.

[140] 宣烨．本地市场规模、交易成本与生产性服务业集聚 [J]．财贸经济，2013（8）：117-128.

[141] 宣烨，余泳泽．生产性服务业集聚对制造业企业全要素生产率提升研究——来自230个城市微观企业的证据 [J]．数量经济技术经济研究，2017，34（2）：16.

[142] 席强敏，陈曦，李国平．中国城市生产性服务业模式选择研究——以工业效率提升为导向 [J]．中国工业经济，2015（2）：18-30.

[143] 肖周燕，沈左次．人口集聚、产业集聚与环境污染的时空演化及关联性分析 [J]．干旱区资源与环境，2019，33（2）：1-8.

[144] 肖静，曾萍．数字化能否实现企业绿色创新的"提质增量"？——基于资源视角 [J]．科学学研究，2023，41（5）：925-935+960.

[145] 徐瑛，陈澍．中国工业劳动力"蓄水池"现状及其对新建企业选址

的影响 [J]. 中国人口科学, 2015 (3): 44-54.

[146] 徐现祥, 李书娟, 王贤彬, 毕青苗. 中国经济增长目标的选择: 以高质量发展终结"崩溃论" [J]. 世界经济, 2018 (10): 3-25.

[147] 许宪春, 张美慧. 中国数字经济规模测算研究——基于国际比较的视角 [J]. 中国工业经济, 2020 (5): 23-41.

[148] 许和连, 成丽红, 孙天阳. 制造业投入服务化对企业出口国内增加值的提升效应——基于中国制造业微观企业的经验研究 [J]. 中国工业经济, 2017 (10): 64-82.

[149] 许和连, 王海成. 最低工资标准对企业出口产品质量的影响研究 [J]. 世界经济, 2016, 39 (7): 73-96.

[150] 许家云, 毛其淋, 胡鞍钢. 中间品进口与企业出口产品质量升级: 基于中国证据的研究 [J]. 世界经济, 2017, 40 (3): 52-75.

[151] 许家云, 徐莹莹. 政府补贴是否影响了企业全球价值链升级? ——基于出口国内附加值的视角 [J]. 财经研究, 2019 (9): 17-29.

[152] 杨洋, 魏江, 罗来军. 谁在利用政府补贴进行创新? ——所有制和要素市场扭曲的联合调节效应 [J]. 管理世界, 2015 (1): 75-86+98+188.

[153] 杨仁发. 产业集聚与地区工资差距——基于中国 269 个城市的实证研究 [J]. 管理世界, 2013 (8): 41-52.

[154] 杨仁发. 产业集聚能否改善中国环境污染 [J]. 中国人口·资源与环境, 2015 (2): 23-29.

[155] 杨仁发, 李娜娜. 产业集聚、FDI 与制造业全球价值链地位 [J]. 国际贸易问题, 2018 (6): 72-85.

[156] 杨汝岱. 中国制造业企业全要素生产率研究 [J]. 经济研究, 2015 (2): 63-76.

[157] 杨慧梅, 江璐. 数字经济、空间效应与全要素生产率 [J]. 统计研究, 2021, 38 (4): 3-15.

[158] 严若森, 华小丽. 环境不确定性、连锁董事网络位置与企业创新投入 [J]. 管理学报, 2017, 14 (3): 373-381+432.

[159] 闫志俊, 于津平. 出口企业的空间集聚如何影响出口国内附加值 [J]. 世界经济, 2019, 42 (5): 76-100.

[160] 闫逢柱, 苏李, 乔娟. 产业集聚发展与环境污染关系的考察——来自中国制造业的证据 [J]. 科学学研究, 2011 (1): 79-83+120.

[161] 原毅军, 谢荣辉. 产业集聚、技术创新与环境污染的内在联系 [J]. 科学学研究, 2015, 33 (9): 1340-1347.

[162] 叶振宇，庄宗武. 产业链龙头企业与本地制造业企业成长：动力还是阻力 [J]. 中国工业经济，2022（7）：141-158.

[163] 尹靖华，韩峰. 市场潜力、厚劳动力市场与城市就业 [J]. 财贸经济，2019，40（4）：146-160.

[164] 易先忠，包群，高凌云，张亚斌. 出口与内需的结构背离：成因及影响 [J]. 经济研究，2017（7）：81-95.

[165] 阳立高，龚世豪，王铂，晁自胜. 人力资本、技术进步与制造业升级 [J]. 中国软科学，2018（1）：138-148.

[166] 姚洋，张晔. 中国出口品国内技术含量升级的动态研究——来自全国及江苏省、广东省的证据 [J]. 中国社会科学，2008（2）：67-82.

[167] 余淼杰，张睿. 中国制造业出口质量的准确衡量：挑战与解决方法 [J]. 经济学（季刊），2017，16（2）：463-484.

[168] 余泳泽，张先轸. 要素禀赋、适宜性创新模式选择与全要素生产率提升 [J]. 管理世界，2015（9）：13-31+187.

[169] 余泳泽，刘大勇，宣烨. 生产性服务业集聚对制造业生产效率的外溢效应及其衰减边界——基于空间计量模型的实证分析 [J]. 金融研究，2016（2）：23-36.

[170] 余泳泽，潘妍. 中国经济高速增长与服务业结构升级滞后并存之谜——基于地方经济增长目标约束视角的解释 [J]. 经济研究，2019（3）：152-167.

[171] 喻胜华，李丹，祝树金. 生产性服务业集聚促进制造业价值链攀升了吗——基于277个城市微观企业的经验研究 [J]. 国际贸易问题，2020（5）：57-71.

[172] 曾艺，韩峰，刘俊峰. 生产性服务业集聚提升城市经济增长质量了吗？[J]. 数量经济技术经济研究，2019，36（5）：83-100.

[173] 詹新宇，崔培培. 中国省际经济增长质量的测度与评价——基于"五大发展理念"的实证分析 [J]. 财政研究，2016（8）：40-53+39.

[174] 詹新宇，苗真子. 地方财政压力的经济发展质量效应——来自中国282个地级市面板数据的经验证据 [J]. 财政研究，2019（6）：57-71.

[175] 周密，刘秉镰. 供给侧结构性改革为什么是必由之路？——中国式产能过剩的经济学解释 [J]. 经济研究，2017（2）：69-83.

[176] 张国峰，王永进，李坤望. 产业集聚与企业出口：基于社交与沟通外溢效应的考察 [J]. 世界经济，2016（2）：48-74.

[177] 张虎，韩爱华，杨青龙. 中国制造业与生产性服务业协同集聚的空间

效应分析［J］．数量经济技术经济研究，2017，34（2）：18.

［178］张虎，韩爱华．制造业与生产性服务业耦合能否促进空间协调——基于 285 个城市数据的检验［J］．统计研究，2019，36（1）：39-50.

［179］张杰，陈志远，刘元春．中国出口国内附加值的测算与变化机制［J］．经济研究，2013，48（10）：124-137.

［180］张杰，郑文平，翟福昕．中国出口产品质量得到提升了么？［J］．经济研究，2014（10）：46-59.

［181］张杰，陈志远，杨连星，等．中国创新补贴政策的绩效评估：理论与证据［J］．经济研究，2015，50（10）：4-17+33.

［182］张杰，高德步，夏胤磊．专利能否促进中国经济增长——基于中国专利资助政策视角的一个解释［J］．中国工业经济，2016（1）：83-98.

［183］张可，汪东芳．经济集聚与环境污染的交互影响及空间溢出［J］．中国工业经济，2014（6）：70-82.

［184］张鹏杨，唐宜红．FDI 如何提高我国出口企业国内附加值？——基于全球价值链升级的视角［J］．数量经济技术经济研究，2018（7）：80-97.

［185］张晴，于津平．制造业投入数字化与全球价值链中高端跃升——基于投入来源差异的再检验［J］．财经研究，2021，47（9）：93-107.

［186］赵涛，张智，梁上坤．数字经济、创业活跃度与高质量发展——来自中国城市的经验证据［J］．管理世界，2020，36（10）：65-76.

［187］赵玉林，谷军健．中美制造业发展质量的测度与比较研究［J］．数量经济技术经济研究，2018（12）：116-133.

［188］赵永亮．中国内外需求的市场潜力研究——基于工资方程的边界效应分析［J］．管理世界，2011（1）：28-37.

［189］张永林，张春杨，李晓峰．市场信息集聚效应与交易效率的研究［J］．管理科学学报，2011（11）：52-62.

［190］郑玉歆．全要素生产率的再认识——用 TFP 分析经济增长质量存在的若干局限［J］．数量经济技术经济研究，2007（9）：3-11.

［191］钟娟，魏彦杰．产业集聚与开放经济影响污染减排的空间效应分析［J］．中国人口·资源与环境，2019（5）：98-107.

［192］朱于珂，高红贵，丁奇男，等．地方环境目标约束强度对企业绿色创新质量的影响——基于数字经济的调节效应［J］．中国人口·资源与环境，2022，32（5）：106-119.

［193］祝树金，段凡，邵小快，等．出口目的地非正式制度、普遍道德水平与出口产品质量［J］．世界经济，2019，42（8）：121-145.

［194］ Abdel-Rahman H. M. , Fujita M. Productivity Variety, Marshallian Externalities and City Size ［J］. Journal of Regional Science, 1990, 30 (2): 165-183.

［195］ Abel J. R. , Deitz R. Agglomeration and Job Matching Among College Graduates ［J］. Regional Science and Urban Economics, 2015 (51): 14-24.

［196］ Acemoglu D. , Zilibotti F. Productivity Differences ［J］. The Quarterly Journal of Economics, 2001, 116 (2): 563-606.

［197］ Acemoglu D. , Ozdaglar A. E. , Siderius J. Misinformation: Strategic Sharing, Homophily, and Endogenous Echo Chambers ［R］. NBER Working Paper, No. 28884, 2021.

［198］ Acemoglu D. , Chernozhukov, V. , Werning I. Whinston, M. D. Optimal Targeted Lockdowns in A Multigroup SIR Model ［J］. American Economic Review: Insights, 2021, 3 (4): 487-502.

［199］ Acemoglu D. , Johnson S. , Robinson A. J. The Colonial Origins of Comparative Development: An Empirical Investigation ［J］. The American Economic Review, 2001, 91 (5): 1369-1401.

［200］ Acemoglu D. The Crisis of 2008: Structural Lessons for and from Economics ［J］. Critical Review, 2009, 21 (2-3): 185-194.

［201］ Agovino M, Rapposelli A. Agglomeration Externalities and Technical Efficiency in Italian Regions ［J］. Quality & Quantity: International Journal of Methodology, 2015, 49 (5): 1803-1822.

［202］ Ahn J. B. , A. K. Khandelwal, and S. J. Wei. The Role of Intermediaries in Facilitating Trades ［J］. Journal of International Economics, 2011, 84 (1): 73-85.

［203］ Akcigit U. , Baslandze S. , Stantcheva S. Taxation and the International Mobility of Inventors ［J］. American Economic Review, 2016, 106 (10): 7-14.

［204］ Almeida P. , Kogut B. Localization of Knowledge and the Mobility of Engineers in Regional Networks ［J］. Management Science, 1999, 45 (7): 905-917.

［205］ Argüello R. , García A F, Valderrama D. Information Externalities and Export Duration at the Firm Level ［J］. Documentos de Trabajo, 2013 (1): 7-14.

［206］ Aslesen H. W. , Isaksen A. Knowledge Intensive Business Services and Urban Industrial Development ［J］. The Service Industries Journal, 2007, 27 (3): 321-338.

［207］ Asche F. , Roll K. H. , and Tveteras R. Profiting from Agglomeration? Evidence from the Salmon Aquaculture Industry ［J］. Regional Studies, 2016, 50

（10）：1742-1754.

［208］Ashik R. F. , Mim A. S. , Neema N. M. Towards Vertical Spatial Equity of Urban Facilities: An Integration of Spatial and Aspatial Accessibility ［J］. Journal of Urban Management, 2020, 9（1）：77-92.

［209］Avinash D. Governance Institution and Economic Activity ［J］. American Economic Review, 2009（99）：15-24.

［210］Bacchiocchi E. , Florio M. , Giunta A. Internationalisation and the Agglomeration Effect in the Global Value Chain: The Case of Italian Automotive Suppliers ［J］. International Journal of Technological Learning, Innovation and Development, 2012, 5（3）：267-290.

［211］Baldwin R. E. , Okubo T. Heterogeneous Firms, Agglomeration and Economic Geography: Spatial Selection and Sorting ［J］. Journal of Economic Geography, 2006, 6（3）：323-346.

［212］Ballester C. , Calvó-Armengol A. , Zenou Y. Who's Who in Networks. Wanted: The Key Player ［J］. Econometrica, 2006, 74（5）：1403-1417.

［213］Barro R. J. , Sala-i-Martin X. , Blanchard O. J. , et al. Convergence Across States and Regions ［J］. Brookings Papers on Economic Activity, 1991（1）：107-182.

［214］Barro R. J. Quantity and Quality of Economic Growth ［R］. Central Bank of Chile Working Papers, 2002.

［215］Batisse C. Dynamic Externalities and Local Growth: A Panel Data Analysis applied to Chinese Provinces ［J］. China Economic Review, 2002（13）：231-251.

［216］Battiston D. , Blanes Vidal J. , Kirchmaier T. Is Distance Dead? Face-to-Face Communication and Productivity in Teams ［J］. Annual of Regional Science, 2017（1）：7-14.

［217］Barufi A. M. B. , Haddad E. A. , and Nijkamp P. Industrial Scope of Agglomeration Economies in Brazil ［J］. Annual of Regional Science, 2016（56）：707-755.

［218］Becattini G. Industrial Districts: A New Approach to Industrial Change ［M］. Cheltenham: Edward Elgar, 2004.

［219］Behrens K. , Brown W. M. , Bougna T. The World is not yet Flat: Transport Costs Matter! ［J］. The Review of Economics and Statistics, 2018, 100（4）：712-724.

［220］Ben Arfi W. , Hikkerova L. , Sahut J. M. External Knowledge Sources,

Green Innovation and Performance [J]. Technological Forecasting and Social Change, 2017 (129): 210-220.

[221] Bernard A. B. , Redding S. J. , Schott P. K. , Multiproduct Firms and Trade Liberalization [J]. The Quarterly Journal of Economics, 2011, 126 (3), 1271-1318.

[222] Berliant M. , Fujita M. Dynamics of Knowledge Creation and Transfer: The Two Person Case [J]. The International Society for Economic Theory, 2009 (2): 7-14.

[223] Berliant M. , Fujita M. The Dynamics of Knowledge Diversity and Economic Growth [R]. University Library of Munich, Germany, MPRA Paper 21009,2010.

[224] Boschma R. Proximity and Innovation: A Critical Assessment [J]. Regional Studies, 2005, 39 (1): 61-74.

[225] Boschma R. , R. Eriksson, and U. Lindgren. How Does Labour Mobility Affect the Performance of Plants? The Importance of Relatedness and Geographical Proximity [J]. Journal of Economic Geography, 2008, 9 (2): 169-190.

[226] Bonacich P. Communication Networks and Collective Action [J]. Social Networks, 1987, 9 (4): 389-396.

[227] Bradley R. , and Gans J. Growth in Australian Cities [J]. Economic Record, 1998 (74): 266-278.

[228] Brambilla I. , and Potor G. High–Income Export Destinations, Quality and Wages [J]. Journal of International Economics, 2016, 98 (2): 21-35.

[229] Brandt L. , Biesebroeck J. V. , Zhang Y. Creative Accounting or Creative Destruction? Firm-level Productivity Growth in Chinese Manufacturing [J]. Journal of Development Economics, 2012, 97 (2): 339-351.

[230] Broda C. M. , Greenfield J. , and Weinstein D. E. From Groundnuts to Globalization: A Structural Estimate of Trade and Growth [J]. Research in Economics, 2006, 71 (4): 759-783.

[231] Brown S. V. , Tucker J. W. Large–Sample Evidence on Firms' Year–over–Year MD&A Modifications [J]. Journal of Accounting Research, 2011, 49 (2): 309-346.

[232] Camagni R. , and R. Capello. Regional Innovation Patterns and the EU Regional Policy Reform: Towards Smart Innovation Policies [J]. Seminal Studies in Regional and Urban Economics, 2013, 44 (2): 313-343.

[233] Capello R. Regional Economics [M]. Routledge 2 Park Square, Milton

Park, Abingdon, Oxon OX14 4RN, 2007.

[234] Capello R. Regional Economics [M]. New York: Routledge, 2007.

[235] Capello R. Regional Economics [M]. Chetenham: Eclward Elgar, 2015.

[236] Capello R., and C. Lenzi. Regional Innovation Patterns from An Evolutionary Perspective [J]. Regional Studies, 2018, 52 (2): 159-171.

[237] Cai H., and Q. Liu. Ompetition and Corporate Tax Avoidance: Evidence from Chinese Industrial Firms [J]. Economic Journal, 2009, 119 (537): 764-795.

[238] Caniëls M. C. Knowledge Spillovers and Economic Growth: Regional Growth Differentials Across Europe [J]. Knowledge Spillovers and Economic Growth: Regional Growth Differentials Across Europe, 2000 (1): 7-14. ·

[239] Cainelli G., Fracasso A., and Vittucci M. G. Spatial Agglomeration and Productivity in Italy: A Panel Smooth Transition Regression Approach [J]. Papers in Regional Science, 2014 (1): 7-14.

[240] Cainelli G., Ganau R., Giunta A. Spatial agglomeration, Global Value Chains, and Productivity. Micro-evidence from Italy and Spain [J]. Economic Letters, 2018 (169): 43-46.

[241] Cainelli G., and Ganau R. Distance-based Agglomeration Externalities and Neighbouring Firms' Characteristics [J]. Regional Studies, 2018, 52 (7): 922-933.

[242] Carlino G. A., Chatterjee S., Hunt R. M. Urban Density and the Rate of Invention [J]. Journal of Urban Economics, 2007, 61 (3): 389-419.

[243] Carlino G., Kerr W. R. Agglomeration and Innovation [J]. Handbook of Regional and Urban Economics, 2015 (5): 349-404.

[244] Chang C. L., Oxley L. Industrial Agglomeration, Geographic Innovation and Total Factor Productivity: The Case of Taiwan [J]. Mathematics and Computers in Simulation, 2009, 79 (9): 2787-2796.

[245] Chen L., Hasan R., Jiang Y. Urban Agglomeration and Firm Innovation: Evidence From Asia [J]. The World Bank Economic Review, 2022, 36 (2): 533-558.

[246] Cheng Z. H. The Spatial Correlation and Interaction Between Manufacturing Agglomeration and Environmental Pollution [J]. Ecological Indicators, 2016 (2): 1024-1032.

[247] Cockburn I., Henderson R. Public-private Interaction in Pharmaceutical Research [J]. Proceedings of the National Academy of Sciences, 1996 (23):

12725-12730.

[248] Cohen W. M. , Levinthal D. A. Absorptive Capacity: A New Perspective on Learning and Innovation [J]. Strategic Learning in a Knowledge Economy, 2000 (1): 39-67.

[249] Cohen S. Basic Knowledge and the Problem of Easy Knowledge [J]. Philosophy and Phenomenological Research, 2002 (2): 309-329.

[250] Coles M. G. , and Smith E. Marketplaces and Matching [J]. International Economics Review, 1998, 39 (1): 239-254.

[251] Combes P. P. Economic Structure and Local Growth: France, 1984 ~ 1993 [J]. Journal of Urban Economics, 2000, 47 (3): 329-355.

[252] Combes P. P. , G. Duranton, L. Gobillon, et al. Estimating Agglomeration Economies with History, Geology, and Worker Effects [M]. New Haven: Social Science Electronic Publishing, 2010.

[253] Copeland B. , Taylor M. Trade and the Environment. Theory and Evidence [M]. New Haven: Princeton University Press, 2003.

[254] Copeland B. , Taylor M. Trade, Growth and the Environment [J]. Journal of Economic Literature, 2004 (42): 7-71.

[255] Cramer C. Can Africa Industrialize by Processing Primary Commodities? The Case of Mozambican Cashew Nuts [J]. World Development, 1999, 27 (7): 1247-1266.

[256] Cingano F. , Schivardi F. Identifying the Sources of Local Productivity Growth [J]. Journal of the European Economic Association, 2004, 2 (4): 720-742.

[257] Dauth W. , Findeisen S. , Suedekum J. , et al. German Robots-The Impact of Industrial Robots on Workers [J]. European Economics: Labor & Social Conditionse Journal, 2017 (1): 7-14.

[258] Dean J. M. , K. C. Fung, and Z. Wang. Measuring Vertical Specialization: The Case of China [J]. Review of International Economics, 2011, 19 (4): 609-625.

[259] Dong F. , Wang Y. , Zheng L. , et al. Can Industrial Agglomeration Promote Pollution Agglomeration? Evidence from China [J]. Journal of Cleaner Production, 2020 (1): 7-14.

[260] Dixit A. K. , Stiglitz J. E. Monopolistic Competition and Optimum Product Diversity [J]. The American Economic Review, 1997, 67 (3): 297-308.

［261］Drucker J., Feser E. Regional Industrial Structure and Agglomeration Economies: An Analysis of Productivity in Three Manufacturing Industries ［J］. Regional Science and Urban Economics, 2012, 42 (1): 1-14.

［262］Duranton G., and Overman H. G. Testing for Localization Using Micro-Geographic Data ［J］. Review of Economic Studies, 2005 (72): 1077-1106.

［263］Duranton G., and Puga, D. Micro-foundations of Urban Agglomeration Economies ［J］. Handbook of Regional and Urban Economics, 2004 (4): 2063-2117.

［264］Ehrl P. Agglomeration Economies with Consistent Productivity ［J］. Regional Science and Urban Economics, 2013, 43 (5): 751-763.

［265］Ellison G., Glaeser E. L. Geographic Concentration in U. S. Manufacturing Industries: A Dartboard Approach ［J］. Journal of Political Economy, 1997, 105 (5): 899-927.

［266］Ellison G., Kerr G. What Causes Industry Agglomeration? Evidence from Coagglomeration Patterns ［J］. The American Economic Review, 2010, 100 (3): 1195-1213.

［267］Eriksson R., Lindgren U. Localized Mobility Clusters: Impacts of Labour Market Externalities on Firm Performance ［J］. Journal of Economic Geography, 2009, 9 (1): 33-53.

［268］Eswaran M., and A. Kotwal. The Role of the Service Sector in the Process of Industrialization ［J］. Journal of Development Economics, 2002, 68 (2): 401-420.

［269］Ethier W. J. National and International Returns to Scale in the Modern Theory of International Trade ［J］. Journal of Yanbian University, 1982, 72 (3): 389-405.

［270］Ezcurra R., Pascual P., Rapun M. Regional Specialization in the European Union ［J］. Regional Studies, 2006, 40 (6): 601-616.

［271］Fan H., Li Y. A., Yeaple S. Trade Liberalization, Quality, and Export Prices ［J］. Review of Economics and Statistics, 2015, 97 (5): 1033-1051.

［272］Fan H. C., Yao A. L., Stephen R. Y. On The Relationship Between Quality And Productivity: Evidence From China's Accession To The WTO ［J］. Journal of International Economics, 2018 (110): 28-49.

［273］Fang L. Agglomeration and Innovation: Selection or True Effect? ［J］. Environment and Planning, 2020, 52 (2): 423-448.

［274］Feenstra R. C. , Romalis J. Exports and Credit Constrains under Incomplete Information: Theory and Evidence from China ［J］. Review of Economics and Statistics, 2014, 96 (3): 729-744.

［275］Fisher J. The Dynamic Effects of Neutral and Investment-specific Technology Shocks ［J］. Journal of Political Economy, 2006 (114): 413-451.

［276］Fazio G. , and Maltese E. Agglomeration Externalities and the Productivity of Italian Firms ［J］. Growth and Change, 2015, 46 (3): 354-378.

［277］Faggio G. , Silva O. , Strange W. C. Heterogeneous Agglomeration ［J］. The Review of Economics and Statistics, 2017, 99 (1): 80-94.

［278］Feldman M. P. The Geography of Innovation ［M］. Berlin: Springer, 1994.

［279］Forman C. C. , Zeebroeck N. V. Digital Technology Adoption and Knowledge Flows Within Firms: Can the Internet Overcome Geographic and Technological Distance? ［J］. North-Holland, 2019 (8): 7-14.

［280］Forslid R. , Okubo T. , UIltveit-Moe K. H. Why Are Firms That Export Cleaner? International Trade, Abatement and Environmental Emissions ［J］. Journal of Environmental Economics and Management, 2018 (91): 166-183.

［281］Fontagné L. , and Santoni G. Agglomeration Economies and Firm-level Labor Misallocation ［J］. Journal of Economic Geography, 2019, 19 (1): 251-272.

［282］Francois J. , Woerz J. Producer Services, Manufacturing Linkages, and Trade ［J］. Journal of Industry, Competition and Trade, 2008, 8 (3): 199-229.

［283］Fujita M. , and P. Krugman. When is the Economy Monocentric?: Von Thunen and Chamberlin Unified ［J］. Regional Science and Urban Economics, 1995, 25 (4): 505-528.

［284］Fukao K. , Miyagawa T. , Mukai K. , et al. Intangible Investment in Japan: Measurement and Contribution to Economic Growth ［J］. Blackwell Publishing Ltd, 2009 (3): 7-14.

［285］Ganau R. Productivity, Credit Constraints and the Role of Short-Run Localization Economies: Micro-Evidence from Italy ［J］. Regional Studies, 2016, 50 (11): 1-15.

［286］Ge S. , Liu X. The Role of Knowledge Creation, Absorption and Acquisition in Determining National Competitive Advantage ［J］. Technovation, 2022 (112): 7-14.

［287］Angeletos, George-Marios, Pavan, et al. Efficient Use of Information and Social Value of Information ［J］. Economitrca, 2007 (4): 1103-1142.

[288] Gokan T. , Kichko S. , Thisse J. F. How do Trade and Communication Costs Shape the Spatial Organization of Firms? [J]. Journal of Urban Economics, 2019 (9): 103-191.

[289] Goldfarb A. , Tucker C. Digital Economics [J]. Journal of Economic Literature, 2019, 57 (1): 3-43.

[290] Gordon I. R. , Philip M. C. Innovation, Agglomeration, and Regional Development [J]. Journal of Economic Geography, 2005 (5): 523-543.

[291] Glaeser E. L. , Kallal H. D. , and Scheinkman J. A. Growth in Cities [J]. Journal of Political Economy, 1992, 100 (6): 1127-1152.

[292] Glaeser E. L. Learning in Cities [J]. Journal of Urban Economics, 1999, 46 (2): 254-277.

[293] Glaeser E. L. , and J. D. Gottlieb. The Wealth of Cities: Agglomeration Economies and Spatial Equilibrium in the United States [J]. Journal of Economic Literature, 2009, 47 (4): 983-1028.

[294] Greenstone M. , Hornbeck R. , Moretti E. Identifying Agglomeration Spillovers: Evidence From Winners and Losers of Large Plant Openings [J]. Journal of Political Economy, 2010 (3): 536-598.

[295] Griliches Z. Hybrid Corn: An Exploration in the Economics of Technological Change [J]. Econometrica, 1957, 25 (4): 501-522.

[296] Grossman M. , and Krueger A. B. Environmental Impacts of A North American Free Trade Agreement [M]. Peter Garber, ed. , MIT Press, 1994.

[297] Groot H. L. F. , Poot J. , Smit M. J. Agglomeration, Innovation and Regional Development: Theoretical Perspectives and Meta-Analysis [J]. SSRN Electronic Journal, 2007 (2): 7-14.

[298] Gupta H. , Barua M. K. A Framework to Overcome Barriers to Green Innovation in SMEs Using BWM and Fuzzy TOPSIS [J]. Science of the Total Environment, 2018 (633): 122-139.

[299] Hall B. H. Trajtenberg, Market Value and Patent Citations [J]. RAND Journal Economics, 2005, 36 (1): 16-38.

[300] Hallak J. C. , Sivadasan J. Productivity, Quality and Exporting Behavior under Minimum Quality Constraints [R]. MPRA Paper, 2008.

[301] Haller P. , and Heuermann D. F. Job Search and Hiring in Local Labor Markets: Spillovers in Regional Matching Functions [J]. Regional Science and Urban Economics, 2016 (60): 125-138.

［302］Halpern L. , M. Koren, and A. Szeidl. Imported Inputs and Productivity ［J］. American Economic Review, 2015, 105 (12): 3660-3703.

［303］Han F. , Xie R. , Fang J. , et al. The Effects of Urban Agglomeration Economies on Carbon Emissions: Evidence from Chinese Cities ［J］. Journal of Cleaner Production, 2018 (172): 1096-1110.

［304］Hanlon W. W. , and Miscio A. Agglomeration: A Long-run Panel Data Approach ［J］. Journal of Urban Economics, 2017 (99): 1-14.

［305］Hanson G. Market Potential, Increasing Returns and Geographic Concentration ［J］. Journal of International Economics, 2005, 67 (1): 1-24.

［306］Harris C. The Market as a Factor in the Localization of Industry in the United States ［J］. Annals of the Association of American Geographers, 1954, 44 (4): 315-348.

［307］Hayes A. F. Introduction to Mediation, Moderation, and Conditional Process Analysis: A Regression-based Approach ［M］. New York: Guilford Press, 2018.

［308］He J. , Li C. , Yu Y. , et al. Measuring Urban Spatial Interaction in Wuhan Urban Agglomeration, Central China: A spatially Explicit Approach ［J］. Sustainable Cities and Society, 2017 (32): 569-583.

［309］Head K. , Ries J. , and Swenson D. Agglomeration Benefits and Location Choice: Evidence from Japanese Manufacturing Investments in the United States ［J］. Journal of International Economics, 1995 (38): 223-247.

［310］Helpman E. The size of regions ［A］//Topics in Public Economics: Theoretical and Applied Analysis ［M］. Cambridge: Cambridge University Press, 1998.

［311］Helmers C. Choose the Neighbor before the House: Agglomeration Externalities in a UK Science Park ［J］. Journal of Economic Geography, 2019, 19 (1): 31-55.

［312］Helsley R. W. , Strange W. C. Innovation and Input Sharing ［J］. Journal of Urban Economics, 2002, 51 (1): 25-45.

［313］Henderson J. Vernon. The Sizes and Types of Cities ［J］. The American Economic Review, 1972, 64 (4): 640-656.

［314］Henderson J. V. , Kuncoro A. , and Turner M. Industrial Development in Cities ［J］. Journal of Political Economy, 1995, 103 (5): 1067-1090.

［315］Henderson J. V. Marshall's Scale Economies ［J］. Journal of Urban Economics, 2003 (53): 1-28.

[316] Hirschman A. The Strategy of Economic Development [M]. New Haven: Yale University Press, 1958.

[317] Hosoe M. , Naito T. Trans-boundary Pollution Transmission and Regional Agglomeration Effects [J]. Papers in Regional Science, 2010 (1): 99-120.

[318] Hsu P. H. , X. Tian, and Y. Xu. Financial Development and Innovation: Cross-country Evidence [J]. Journal of Financial Economics, 2014, 112 (1): 116-135.

[319] Huang Y. , C. Chen, L. Lei, and Y. Zhang. Impacts of Green Finance on Green Innovation: A Spatial and Nonlinear Perspective [J]. Journal of Cleaner Production, 2022 (365): 132548.

[320] Ioannides Y. M. , Zhang J. Walled Cities in Late Imperial China [J]. Journal of Urban Economics, 2017, 91 (1): 71-88.

[321] Ingstrup M. B. , Damgaard T. Torben Damgaard. Cluster Development Through Public Sector Facilitation [J]. Resources and Competitive Advantage in Clusters, 2013 (1): 46-65.

[322] Jacobs J. The Economy of Cities [M]. New York: Vintage, 1969.

[323] Jacobs J. Cities and the Wealth of Nations?: Principles of Economic Life [M]. New Haven Yale University Press, 1985.

[324] Jacobs W. , Koster H. R. A. , Oort F. G. V. Co-agglomeration of Knowledge-Intensive Business Services and Multinational Enterprises [J]. Journal of Economic Geography, 2014, 14 (2): 433-475.

[325] Jaffe A. B. , and K. Palmer. Environmental Regulation and Innovation: A Panel Data Study [J]. Research Papers in Economics, 1997, 79 (4): 610-619.

[326] Jang S. , J. Kim, and M. von Zedtwitz. The Importance of Spatial Agglomeration in Product Innovation: A Microgeography Perspective [J]. Journal of Business Research, 2017 (78): 143-154.

[327] Jiang Y. , and J. Zheng. Economic Growth or Environmental Sustainability? Drivers of Pollution in the Yangtze River Delta Urban Agglomeration in China [J]. Emerging Markets Finance and Trade, 2017, 53 (11): 2625-2643.

[328] Jirčíková E. , Pavelkovád, Bialic-davendra M. , Homolka L. The Age of Clusters and Its Influence on Their Activity Preferences [J]. Technological and Economic Development of Economy, 2013 (4): 621-637.

[329] Jofre-Monseny J. , R. Marín-López, and E. Viladecans-Marsal. The Mechanisms of Agglomeration: Evidence From the Effect of Inter-Industry Relations On

the Location of New Firms [J]. Journal of Urban Economics, 2011, 70 (2-3): 61-74.

[330] Jofre-Monseny J., Marín-López R., and Viladecans-Marsal E. The Determinants of Localization and Urbanization Economies: Evidence from the Location of New Firms in Spain [J]. Journal of Regional Science, 2014, 54 (2): 313-337.

[331] Jorgenson W. D. Information Technology and the U. S. Economy [J]. The American Economic Review, 2001, 91 (1): 1-32.

[332] Justiniano, Alejandro G. E., Primiceri and Tambalotti A. R. Investment Shocks and the Relative Price of Investment [J]. Review of Economic Dynamics, 2011 (14): 101-121.

[333] Kang C. D. The Effects of Spatial Accessibility and Centrality to Land Use on Walking in Seoul, Korea [J]. Cities, 2015 (46): 94-103.

[334] Ke S., He M., Yuan C. Synergy and Co-Agglomeration of Producer Services and Manufacturing: A Panel Data Analysis of Chinese Cities [J]. Regional Studies, 2014, 48 (11): 1829-1841.

[335] Ke S. Agglomeration, Productivity, and Spatial Spillovers Across China Cities [J]. Annals of Regional Science, 2010 (45): 157-179.

[336] Kee H. L. and Tang H. Domestic Value Added in Exports: Theory and Firm Evidence from China [J]. American Economic Review, 2016, 106 (6): 1402-1436.

[337] Keeble D., Nacham L. Why Do Business Service Firm Cluser? Small Consultancies, Clustering and Decentralization in London and Southern England [J]. Transactions of the Institute of British Geographers, 2002, 27 (1): 67-90.

[338] Kekezi O., and J. Klaesson. Agglomeration and Innovation of Knowledge Intensive Business Services [J]. Industry and Innovation, 2020, 27 (5): 538-561.

[339] Khandelwal A. The Long and Short (of) Quality Ladders [J]. Review of Economic Studies, 2010, 77 (4): 1450-1476.

[340] Khandelwal A., Schott P. K., Wei S. Trade Liberalization and Embedded Institutional Reform: Evidence from Chinese Exporters [J]. American Economic Review, 2013, 103 (6): 2169-2195.

[341] Klepper S. The Origin and Growth of Industry Clusters: The Making of Silicon Valley and Detroit [J]. Journal of Urban Economics, 2010, 67 (1): 15-32.

[342] Koh H., N. Riedel, and T. Böhm. Do Governments Tax Agglomeration Rents? [J]. Journal of Urban Economics, 2013 (75): 92-106.

［343］Koo J. Technology Spillovers, Agglomeration, and Regional Economic Development ［J］. Journal of Planning Literature Incorporating the Cpl Bibliographies, 2005, 20 (2): 99-115.

［344］Koo J., and Cho K. R. New Firm Formation and Industry Clusters: A Case of the Drugs Industry in the U. S. ［J］. Growth and Change, 2011, 42 (2): 179-199.

［345］Koopman R., Z. Wang, and S. Wei. Tracing Value-Added and Double Counting in Gross Exports ［J］. American Economic Review, 2014, 104 (2): 459-494.

［346］Koopman R., Z. Wang, and S. Wei. Estimating Domestic Content in Exports When Processing Trade is Pervasive ［J］. Journal of Development Economics, 2012, 99 (1): 178-189.

［347］Krugman P. Scale Economics, Product Differentiation, and the Pattern of Trade ［J］. American Economic Review, 1980, 70 (5): 950-959.

［348］Krugman P. A Dynamic Spatial Model ［R］. National Bureau of Economic Research Working Paper, No. 4219, 1992.

［349］Krugman P. Increasing Returns and Economic Geography ［J］. The Journal of Political Economy, 1991, 99 (3): 483-499.

［350］Li T., Z. Shi, D. Han, and J. Zeng. Agglomeration of the New Energy Industry and Green Innovation Efficiency: Does the Spatial Mismatch of R&D Resources matter? ［J］. Journal of Cleaner Production, 2023 (383): 7-14.

［351］Liu X., F. Liu, and X. Ren. Firms' Digitalization in Manufacturing and the Structure and Direction of Green Innovation ［J］. Journal of Environmental Management, 2023 (335): 117525.

［352］Liu X. Tax Avoidance through Re-Imports: The Case of Redundant Trade ［J］. Journal of Development Economics, 2013 (104): 152-164.

［353］Liu X., Patacchini E., Zenou Y. Endogenous Peer Effects: Local Aggregate or Local Average? ［J］. Journal of Economic Behavior and Organization, 2014 (103): 39-59.

［354］Liu S., Zhu Y., Du K. The Impact of Industrial Agglomeration on Industrial Pollutant Emission: Evidence from China under New Normal ［J］. Clean Technologies and Environmental Policy, 2017 (19): 2327-2334.

［355］Loughran T., McDonald B. Measuring Readability in Financial Disclosures ［J］. Journal of Finance, 2014, 69 (4): 1643-1671.

［356］ Lu Y., Tao Z., and Yu L. The Markup Effect of Agglomeration ［R］. Working paper, 2014.

［357］ Lu J. G., Hafenbrack A. C., Eastwick P. W., Wang D. J., Maddux W. W., Galinsky A. D. "Going Out" of the Box: Close Intercultural Friendships and Romantic Relationships Spark Creativity, Workplace Innovation, and Entrepreneurship. ［J］. Journal of Applied Psychology, 2017, 102（7）: 1091-1108.

［358］ Lucas R. E. On the Mechanics of Economic Development ［J］. Journal of Monetary Economics, 1988（1）: 3-42.

［359］ Malecki E. J. The Geography of Innovation ［J］. Handbook of Regional Science, 2021（1）: 819-834.

［360］ Mameli F. Agglomeration Economies and Local Growth in Italy ［D］. University of Reading, 2007.

［361］ Marshall A. Principles of Economics: An Introductory Volume ［M］. London: Macmillan, 1890/1961.

［362］ Martin P., Mayer T., and Mayneris F. Spatial Concentration and Plant-level Productivity in France ［J］. Journal of Urban Economics, 2011（69）: 182-195.

［363］ Matusik S. F., Hill C. W. L. The Utilization of Contingent Work, Knowledge Creation, and Competitive Advantage ［J］. Academy of Management Review, 1998, 23（4）: 680-697.

［364］ McCann P. Sketching Out a Model of Innovation, Face-to-face Interaction and Economic Geography ［J］. Spatial Economic Analysis, 2007, 2（2）: 117-134.

［365］ Meekes J., and W. H. J. Hassink. Endogenous Local Labour Markets, Regional Aggregation and Agglomeration Economies ［J］. Regional Studies, 2023, 57（1）: 13-25.

［366］ Melitz M. The Impact of Trade on Intra-Industry Reallocations and Aggregate Industry Productivity ［J］. Econometrica, 2003（71）: 1695-1725.

［367］ Melitz M. J., and Ottaviano G. Market Size, Trade, and Productivity ［J］. Review of Economic Studies, 2008（75）: 295-316.

［368］ Melo P. C., D. J. Graham, and R. B. Noland. A Meta-Analysis of Estimates of Urban Agglomeration Economies ［J］. Regional Science and Urban Economics, 2009, 39（3）: 332-342.

［369］ Metcalfe J. S. Evolutionary Economics and Creative Destruction ［M］. London: Routledge, 2002.

［370］Moretti E. Workers' Education, Spillovers, and Productivity: Evidence From Plant-Level Production Functions ［J］. American Economic Review, 2004, 94 (3): 656-690.

［371］Moretti E. Human Capital Externalities in Cities ［J］. Handbook of Regional and Urban Economics, 2004 (4): 2243-2291.

［372］Mowery D., Rosenberg N. The Influence of Market Demand Upon Innovation: A Critical Review of Some Recent Empirical Studies ［J］. Research Policy, 1993, 22 (2): 107-108.

［373］Mukim M. Does Agglomeration Boost Innovation? An Econometric Evaluation ［J］. Spatial Economic Analysis, 2011, 7 (3): 357-380.

［374］Nevo A. Measuring Market Power in the Ready-to-Eat Cereal Industry ［J］. Econometrica, 2001, 69 (2): 307-342.

［375］Nonaka I., and Takeuchi H. The Knowledge-Creating Company: How Japanese Companies Create the Dynamics of Innovation ［M］. New York: Oxford University Press, 1995.

［376］Nunn N., Qian N. US Food Aid and Civil Conflict ［J］. The American Economic Review, 2014, 104 (6): 1630-1666.

［377］Orlando M. J., Verba M., Weile S. Universities, Agglomeration, and Regional Innovation ［J］. Review of Regional Studies, 2019 (3): 407-427.

［378］Olson G., and J. Olson. Mitigating the Effects of Distance on Collaborative Intellectual Work ［J］. Economics of Innovation and New Technology, 2003, 12 (1): 27-42.

［379］Pan X., W. Cheng, Y. Gao, T. Balezentis, and Z. Shen. Is Environmental Regulation Effective in Promoting the Quantity and Quality of Green Innovation ［J］. Environmental Science and Pollution Research, 2021, 28 (5): 6232-6241.

［380］Peng H., N. Shen, H. Liao, Q. Wang. Multiple Network Embedding, Green Knowledge Integration and Green Supply Chain Performance—Investigation Based on Agglomeration Scenario ［J］. Journal of Cleaner Production, 2020 (259): 120821.

［381］Pessoa A. Agglomeration and Regional Growth Policy: Externalities Versus Comparative Advantages ［J］. The Annals of Regional Science, 2014, 53 (1): 1-27.

［382］Porter M. E. The Competitive Advantage of Nations ［M］. New York: Free Press, 1990.

［383］Porter M. E. Clusters and the New Economics of Competition. ［J］. Harvard

Business Review, 1998, 76 (6): 77-90.

[384] Potter A., Watts H. D., Turok I. Revisiting Marshall's Agglomeration Economies: Technological Relatedness and the Evolution of the Sheffield Metals Cluster [J]. Regional Studies, 2014, 48 (4): 603-623.

[385] Puga D. The Rise and Fall of Regional Inequalities [J]. European Economic Review, 1999, 43 (2): 303-334.

[386] Puga D. The Magnitude and Causes of Agglomeration Economies [J]. Journal of Regional Science, 2010, 50 (1): 203-219.

[387] Raspe O., and Van Oort F. Growth of New Firms and Spatially Bounded Knowledge Externalities [J]. Annual of Regional Science, 2011 (46): 495-518.

[388] Redding S., and A. J. Venables. Economic Geography and International Inequality [J]. Journal of International Economics, 2004, 62 (1): 53-82.

[389] Rosenthal S. S., and Strange W. C. Geography, Industrial Organization, and Agglomeration [J]. The Review of Economics and Statistics, 2003 (85): 377-393.

[390] Rosenthal S. S., and W. C. Strange. Evidence on the Nature and Sources of Agglomeration Economies [A]. Henderson J. V., and J. F. Thsse. Handbook of Regional and Urban Economics [C]. 2004 (4): 2119-2171.

[391] Rong Z., X. Wu, and Boeing P. The Effect of Institutional Ownership on Firm Innovation: Evidence from Chinese Listed Firms [J]. Research Policy, 2017, 46 (9): 1533-1551.

[392] Schmookler J. Economic Sources of Inventive Activity [J]. The Journal of Economic History, 1962, 22 (1): 1-20.

[393] Schmutzler J., and E. Lorenz. Tolerance, Agglomeration, and Enterprise Innovation Performance: A Multilevel Analysis of Latin American Regions [J]. Industrial and Corporate Change, 2018, 27 (2): 243-268.

[394] Schott P. K. Across-Product versus Within-Product Specialization in International Trade [J]. The Quarterly Journal of Economics, 2004, 119 (2): 647-678.

[395] Shearmur R., and Polèse M. Do Local Factors Explain Local Employment Growth? Evidence from Canada, 1971-2001 [J]. Regional Studies, 2007, 41 (4): 1-19.

[396] Shi J., and W. Lai. Incentive Factors of Talent Agglomeration: A Case of High-tech Innovation in China [J]. International Journal of Innovation Science, 2019, 11 (4): 561-582.

［397］Shishido S. , Nobukuni M. , Kawamura K. , et al. An International Comparison of Leontief Input－Output Coefficients and its Application to Structural Growth Patterns ［J］. Economic Systems Research, 2000, 12 (1): 45-64.

［398］Smith C. , Smith J. B. , Shaw E. Embracing Digital Networks: Entrepreneurs' Social Capital Online ［J］. Journal of Business Venturing, 2017, 32 (1): 18-34.

［399］Smolny W. Innovations, Prices, and Employment ［J］. Endogenous Innovations and Knowledge Spillovers, 2000, 46 (3): 65-112.

［400］Slaper T. F. , Harmon K. M. and Rubin B. M. Industry Clusters and Regional Economic Performance: A Study Across U. S. Metropolitan Statistical Areas ［J］. Economic Development Quarterly, 2018, 32 (1): 44-59.

［401］Stiglitz J. E. Information and Economic Analysis: A Perspective ［J］. The Economic Journal, 1985, 95 (1): 21-41.

［402］Staritz C. , G. Gereffi, and O. Cattaneo. Shifting End Markets and Upgrading Prospects in Global Value Chains ［J］. International Journal of Technological Learning Innovation and Development, 2011 (4): 1-13.

［403］Su Y. , Hua Y. , Deng L. Agglomeration of Human Capital: Evidence from City Choice of Online Job Seekers in China ［J］. Regional Science and Urban Economics, 2021 (11): 91.

［404］Suedekum J. , Blien U. Stimulating Employment Growth with Higher Wages? A New Approach to Addressing an Old Controversy ［J］. European Economics: Labor & Social Conditions Journal. , 2007, 60 (3): 441-464.

［405］Thabet K. Industrial Structure and Total Factor Productivity: The Tunisian Manufacturing Sector between 1998 and 2004 ［J］. The Annals of Regional Science, 2015 (54): 639-662.

［406］Tranos E. , Nijkamp P. The Death of Distance Revisited: Cyber cc lace, Physical and Relational Proximities ［J］. Journal of Regional Science, 2013, 53 (5): 855-873.

［407］Turkina E. , B. Oreshkin, and R. Kali. Regional Innovation Clusters and Firm Innovation Performance: An Interactionist Approach ［J］. Regional Studies, 2019, 53 (8): 1193-1206.

［408］Upward R. , Z. Wang, and J. Zheng. Weighing China'S Export Basket: The Domestic Content and Technology Intensity of Chinese Exports ［J］. Journal of Comparative Economics, 2013, 41 (2): 527-543.

［409］ Usai S, Paci R. Externalities and Local Economic Growth in Manufacturing Industries ［R］. Working Paper CRENoS, 2003.

［410］ Venables A. J. Equilibrium Locations of Vertically Linked Industries ［J］. International Economic Review, 1996, 37 (2): 341-359.

［411］ Van Soest D. P. , Gerking S. and Van Oort F. G. Spatial Impacts of Agglomeration Externalities ［J］. Journal of Regional Science, 2006, 46 (5): 881-899.

［412］ Van Oort F. G. , OALC Atzema. On the Conceptualization of Agglomeration Economies: The Case of New Firm Formation in the Dutch ICT Sector ［J］. The Annals of Regional Science, 2004 (38): 263-290.

［413］ Verhoogen E. Trade, Quality Upgrading, and Wage Inequality in the Mexican Manufacturing Sector ［J］. Quarterly Journal of Economics, 2008, 123 (2): 489-530.

［414］ Wang Z. , S. Wei, and K. Zhu. Quantifying International Production Sharing at the Bilateral and Sector Levels ［R］. NBER Working Paper, 2013.

［415］ Willem A, Buelens M. Knowledge Sharing in Inter-unit Cooperative Episodes: The Impact of Organizational Structure Dimensions ［J］. International Journal of Information Management, 2009, 29 (2): 151-160.

［416］ Wixe S. The Impact of Spatial Externalities: Skills, Education and Plant Productivity ［J］. Regional Studies, 2015, 49 (12): 2053-2069.

［417］ Xavler G. , David L. Costly Information Acquisition: Experimental Analysis of A Boundedly Rational Model ［J］. American Economic Review, 2006 (4): 1043-1067.

［418］ Yang N. , J. Hong, H. Wang, and Q. Liu. Global Value Chain, Industrial Agglomeration and Innovation Performance in Developing Countries: Insights from China's Manufacturing Industries ［J］. Technology Analysis & Strategic Management, 2020, 32 (11): 1307-1321.

［419］ Yang X. , H. Zhang, and Y. Li. High-speed Railway, Factor Flow and Enterprise Innovation Efficiency: An Empirical Analysis on Micro Data ［J］. Socio-Economic Planning Sciences, 2022, 82 (PB): 7-14.

［420］ Yuan H. , Y. Feng, C. C. Lee, and Y. Cen. How does Manufacturing Agglomeration Affect Green Economic Efficiency ［J］. Energy Economics, 2020 (92): 104944.

［421］ Zeng D. Z. , Zhao L. X. Pollution Havens and Industrial Agglomeration

[J]. Journal of Environmental Economics and Management, 2009 (2): 141-153.

[422] Zhang H. Y. How does Agglomeration Promote the Product Innovation of Chinese Firms [J]. China Economic Review, 2015 (35): 105-120.

[423] Zhao L. Markups and Agglomeration: Price Competition vs. Externalities [R]. VIVES Discussion Paper, No. 22, 2011.

[424] Zhang L. Intellectual Property Strategy and the Long Tail: Evidence from the Recorded Music Industry [J]. Management Science, 2018, 64 (1): 24-42.

[425] Zheng Q., Lin B. Impact of Industrial Agglomeration on Energy Efficiency in China's Paper Industry [J]. Journal of Cleaner Production, 2018 (184): 1072-1080.

[426] Zhang L., P. Rong, Y. Qin, and Y. Ji. Does Industrial Agglomeration Mitigate Fossil CO_2 Emissions? An Empirical Study with Spatial Panel Regression Model [J]. Energy Procedia, 2018 (152): 731-737.

[427] Zhang D., Rong Z, and Ji Q. Green Innovation and Firm Performance: Evidence from Listed Companies in China [J]. Resources Conservation and Recycling, 2019 (144): 48-55.

[428] Zhang W., Liu X., Wang D., Zhou J. Digital Economy and Carbon Emission Performance: Evidence at China's City Level [J]. Energy Policy, 2022 (165): 112927.

[429] Zucker L. G., Darby M. R., Armstrong J. S. Commercializing Knowledge: University Science, Knowledge Capture, and Firm Performance in Biotechnology [J]. Management Science, 2002 (1): 138-153.